北京师范大学自主科研基金——中央高校基本科研业务费专项资金 资
教育部区域和国别研究培育基地北京师范大学俄罗斯研究中心出版资金 助

俄罗斯犯罪认定
基础要论

赵 路／著

中国检察出版社

图书在版编目（CIP）数据

俄罗斯犯罪认定基础要论/赵路著. —北京：中国检察出版社，2014.3

ISBN 978 - 7 - 5102 - 1199 - 7

Ⅰ.①俄⋯ Ⅱ.①赵⋯ Ⅲ.①犯罪 - 定罪 - 研究 - 俄罗斯 Ⅳ.①D951.24

中国版本图书馆 CIP 数据核字(2014)第 104960 号

俄罗斯犯罪认定基础要论
赵 路 著

出版发行：中国检察出版社

社 址：北京市石景山区香山南路 111 号 （100144）

网 址：中国检察出版社（www. zgjccbs. com）

编辑电话：(010)68658769

发行电话：(010)68650015 68650016 68650029 68686531

经 销：新华书店

印 刷：河北省三河市燕山印刷有限公司

开 本：720 mm × 960 mm 16 开

印 张：19.25 印张

字 数：350 千字

版 次：2014 年 3 月第一版 2014 年 3 月第一次印刷

书 号：ISBN 978 - 7 - 5102 - 1199 - 7

定 价：58.00 元

谨以此书致谢敬爱的师长与亲友！

本书研究与出版同时获得最高人民检察院重点科研项目、北京师范大学青年基金项目、法学会自主科研项目支持，在这里一一致谢！

犯罪认定的基本要义
（代序）

俄罗斯圣彼得堡国立大学法学院

舍别里科夫·弗拉基斯拉夫·费得洛维奇教授[*]

前　言

因在圣彼得堡国立大学法学院从事刑事法教学，且教授与研究的题目恰恰与犯罪认定的问题相关，得知北京师范大学刑事法律科学研究院赵路博士也在研究这一问题时，我很高兴，也很荣幸接受她的邀请来为这部有关俄罗斯犯罪认定基础理论研究的书稿作序。同时，也借此向中国刑事法学界的诸位同行致以问候。

对于俄罗斯的犯罪认定及其基础，我个人有一些研究和心得，很想更深入地与业界同行，尤其是具有相似理论模式的中国学界同行探讨。很长一段时间，我们没有和中国同行做过直接的碰面和交流，能够在此向中国学者介绍俄罗斯刑事立法的基本精神和理念，能够通过这种方式同各位商榷这个问题，我本人觉得这是一种十分珍贵的体验，也希望能够将犯罪认定理论本身的一些基本理念与原则在这里加以解释。鉴于赵路博士在其书稿中已经对犯罪认定各基础理论部分中的重要问题作了较为详尽的阐述，本文希望能够对书中没有过多提及的犯罪认定理论体系本身，在基本概念与特定问题上加以补充介绍，以便中国同行了解我们在这方面的研究状况，进而希望有更多机会同中国学者进行交流。

---

[*]　Щепельков Владислав Федорович.

一、犯罪认定的理论定位

（一）犯罪认定的理论概念

现在，越来越多的教科书、科学文献与著作经常会提到这样一个专业的法律词汇——"犯罪认定（既行为的刑事法认定）"，其基本概念根据我国著名学者库德里亚夫采夫教授的观点是指："对实行行为[①]与刑事法规范所规定的犯罪构成在构成特征上进行精确匹配的印证确定[②]与法律契合。"[③] 该定义可以明确两个问题：

第一，犯罪认定包括两个紧密相关的成分：实质的犯罪认定（即刑事法意义上的）[④] 与程序的犯罪认定（即刑事诉讼法意义上的）。

对实行行为的特征（属于一种事实行为的构成）与刑事法规定中犯罪构成的特征（属于一种法律规定的特定行为构成）完全符合（即同一性）的确定，属于犯罪认定的实质部分。准确的说，这恰好是对社会性危害行为的刑事法评价，包含在对应当适用何种刑事法规范的确定过程中。而犯罪认定的刑事诉讼部分则明确地显示，该活动仅在刑事诉讼程序的框架内才具有法律上的意义。即是指，在代表"受权者"[⑤] 的相关人员（调查官、侦查官、检察官以及法官）适用刑事法规范时，犯罪认定活动才具有刑事诉讼上的意义。当然，作为一种思维过程以及该思维过程的结果，犯罪认定也可以存在于刑事诉讼程序的框架之外。不过，如果这样的话，这种犯罪认定也就不再具有所谓的法律意义。这样讲是为了确定一个问题，即犯罪认定概念本身是跨学科的，它存在于不同的法律部门中，且这种状况也并不妨碍我们对其组成部分分别进行实体或程序的研究，从该理论本身来讲，其在很大程度上也可以理解为是一个局部的刑事法理论。

第二，犯罪认定作为法律实体部分的概念，在本体系内同样包括两个成

---

① 这里即指事实行为。

② 译者注：即指实行行为特征与法定犯罪构成特间完全符合。这一概念产生于20个世纪70年代，当初该定义仅限于犯罪行为与犯罪构成间对应印证。后期，行为的含义得到了扩展，具有排除犯罪性情节与情节轻微等不作为犯罪处理的行为，都归类于犯罪认定中行为的范畴之内。

③ 参见库德里亚夫采夫. B. H：《犯罪认定的基本理论》，莫斯科大学出版社，1972年版，第7～8页。

④ 译者注：也可以理解为"实体的"。

⑤ Управомоченный，指具有相应权属的，等同于我们的有权机关或公务人员。

分。一方面，它表现为是一种思维过程，根据既定的法律进行。另一方面，它又体现为是该思维过程的结果，其后果往往在相应案件的诉讼程序文本中得以显现。

（二）犯罪认定的理论作用

一般来讲，在刑事法律活动中，犯罪认定是法律适用不可或缺的部分。经常会有将犯罪认定同刑事法规范中预定的罪状适用加以等同，甚至混为一谈的状况。这种状况是可以理解的，因为犯罪认定要求明确所认定的行为构成同犯罪构成是否具有同一性，即犯罪认定是对刑事罪状中的犯罪构成与已经实施的社会危害行为在构成上进行同一性确定的活动。二者区别在于，一个是法律明确规定的规范，另一个是法律活动中确定评价行为与犯罪行为是否具有同一属性的思维活动。也就是说，罪状是明确规定在刑事规范中的行为特征（行为构成），相对比犯罪认定（犯罪构成）这种思维活动而言，它具有相对稳定性，而犯罪认定则是将事实行为的特征与这些法律明定罪行的特征在同一性上进行对比确定，它需要通过思维活动和印证过程予以实现。

在俄罗斯的刑事法理论中，犯罪认定作为一个已经体系化的系统理论，实际上具有超越其概念的更为广泛的含义。该概念的定义直指犯罪行为的认定，但犯罪行为的认定结果往往会成为实行行为具有非罪性特征的根据或结论（例如，鉴于事实上的情节轻微，或具有排除行为成罪性情节，[①] 或过错缺失等状况而导致的行为非罪）。这种根据或结论在某种程度上与犯罪认定直向罪行确定性的属性是互相矛盾的。从概念上讲，犯罪认定确定性体现的是对行为成罪性的肯定，正如赵路博士所谈到的那样，它是一个积极进向的概念体系。同时，犯罪认定作为认定行为具有非罪性的根据与结论这一特点也体现出其存在相当的反向性，即在确定行为的犯罪属性同时，也存在对行为罪行确定性进行否定的属性。[②] 不过，我们依旧应当承认，犯罪认定这一术语越是得到展开，在辨识非罪行为时就越有理由与根据。同样，对于确定犯罪行为也就可以越来越明确，刑事法的意旨也就越来越容易实现。要知道，认定者最初也不能明确，行为人实施的到底是不是犯罪，又是具有何种性质与形式的犯罪。就好比事物总是会有正反两个方面，对于这些问题的回答实际上是可以通过犯罪认定的思维活动在同一时间做出判定的。也许，从语法学家的角度来讲，更能准确地评断"行为的刑事法认定"这一术语的使用问题，或许只有他们才能够

---

① 译者注：也被译为排除犯罪性因素或排除成罪性因素。
② 译者注：即否定行为构成犯罪的属性。

将犯罪行为与非罪行为的辨识状况全面地用语言概括出来。不过，仅就目前状况来看，学者们还是普遍认为，在当前俄罗斯的刑事法理论体系内，"犯罪认定"同"犯罪构成"这对术语总体来讲尚且稳定，已经形成了一个比较和谐的印证关系，如果没有特别必要，可以不去寻找新的词语代替它。

二、犯罪认定的法律意义与划分类别

（一）犯罪认定的法律意义具有多个层次和多个方位

多数学者都认为，在法律的活动中，尤其是在刑事法范畴内，犯罪认定是一个多方位、多层次的概念。这里暂不谈及其在行政违法与民事违法中的问题，仅就刑事法体系而言，它主要具有刑事实体、刑事诉讼程序、刑事侦查及犯罪学上的意义。不过，对此需再次申明，犯罪认定所具有的这种意义仅在以下情况下才能具备，即在适用刑事法律规范认定行为是否为罪的情况下才具有该定义的应有之义。

通常，犯罪认定的刑事法意义涵括以下几个方面：

1. 是在犯罪认定过程中确定实施社会危害行为者应当承担何种刑事责任的法律根据；

2. 是明确刑事责任的基本界限；

3. 是预先确定涉嫌犯罪者的刑事责任根据；①

4. 对刑罚裁定与其他具有刑事法律性质的措施如何适用的问题产生决定性影响；

5. 在很大程度上能够决定免除刑事责任与刑罚问题如何处理。

犯罪认定在刑事诉讼程序上的意义在于：

1. 犯罪认定预先确定案件的管辖权、侦查权与审判权；

2. 犯罪认定在许多方面为处于侦查期间的过错人免除其所担任的职务提供了相应的法律根据；

3. 错误的犯罪认定是刑事案件发回调查官与侦查官重新侦查审理的依据。

除以上所列明的刑事法意义外，犯罪认定在刑事侦查学与犯罪学上的意义也不可忽略。在刑事侦查学上，其意义在于它在很多方面预先决定了各机关在组织筹备上如何调节协同关系的问题。而在犯罪学上，犯罪认定的意义则在于

---

① 例如《俄罗斯联邦刑事法典》第 316 条隐瞒罪行罪（隐瞒犯罪行为）要求窝藏隐瞒的犯罪行为是达到重度或极其重度的犯罪时才应当承担刑事责任。

它是犯罪率统计的重要参照指数。

（二）犯罪认定类别划分的问题

为便于研究探讨，学术界通常会对犯罪认定的类别进行不同的划分，划分的根本标准取决于进行犯罪认定的主体由谁来担当。一般来讲有正式认定（有权认定）与非正式认定（非权认定）。正式的犯罪认定源自于国家司法管辖机关在适用刑事法规范时作出并在相应案件诉讼程序文本中予以反映的认定方式（如《关于刑事案件受理及法院刑事案判决裁定的决议》等），具有相应法律意义上的后果。非正式的犯罪认定则不具有官方权威性的强制力，不能决定相应案件的审理与裁判，所下结论也不具有法律上的效力。但是，值得注意的是，在所有非正式的认定类别中，需要将学理上的犯罪认定单独归列出来，即那些由学者根据法的基本理念与基础理论所作的研究与科学实验，以及从这些研究与实验结果中得出来的相应结论。这种学理认定在法律理论与实践中具有重要的意义。

此外，在非正式犯罪认定中需要特别关注以下几个问题：

其一，作为思维过程的犯罪认定。在确定应当适用何种刑事法律规范时所遵循的思维过程，大体上包括三个层次：

1. 解释法律（阐释其含义），借助该解释确定刑事法禁止行为的构成个数；通过语法与体系化的方法明确法律的真意；

2. 解释行为，即对行为所具有的那些显著的法律特征进行确定，从已然行为的所有特征中分离出那些仅在刑事法律适用时具有意义的特征；

3. 在对比基础上确定相应规范，即将通过行为解释所确定的那些显著的法律特征与通过刑事法解释所确定的犯罪构成进行比较后确定相应规范。

其二，犯罪认定的法律逻辑基础。在犯罪认定中，作为思维过程的有诸如犯罪构成这样的一个刑事法的概念范畴。根据《俄罗斯联邦刑事法典》（以下简称法典）第8条规定，刑事责任承担的基础是"实施含有本法典规定犯罪所有构成特征的行为"。立法者认为，犯罪构成是刑事责任承担的法律根据。但是，值得探讨的问题是，犯罪构成在刑事立法上的地位如此重要，其概念却一直在立法上没有被明确定义，我们探讨的犯罪构成，只是一个在理论学说中不断地被反复提及与定义的概念体系。

根据刑事法理论的主流观点，犯罪构成是指"刑事法所规定，且作为具体犯罪类别的社会危害行为在刑事立法规范条文中所具备的所有主观与客观特征"。我们传统上将犯罪构成分为四个组成部分：犯罪的主体、主观方面、客体与客观方面。借助于犯罪构成可以从形式上将犯罪行为同非罪行为区分开来，可以将一个犯罪行为同另一犯罪行为区分开来。于此含义上，构成是犯罪固定形式的信息模型。犯罪构成诸特征既在法典分则规范中被加以预先设定，也在该法典总则中得以严格的概括与规范。刑事法典分则部分的罪刑规范规定的是犯罪客观方面的诸项特征（如社会危害行为、社会危害后果、犯罪方法、犯罪工具、犯罪实施时的情势、犯罪的时间与地点等）、犯罪主观方面的特征、犯罪主体以及犯罪客体。同时，在法典总则规范中也对许多犯罪构成规定了相同特征：共犯与未完成犯罪的特征类别、过错的内涵、犯罪主体的共同特征等。

司法实践因此而要求明确地认定，立法者规定在法典总则、分则两个部分的规范中，一个犯罪构成的所有特征，如何通过固有的逻辑形式紧密联系在一起组成相应的体系模式。毫无疑问，各种犯罪构成间有着明确的逻辑关系。这些逻辑关系通过体系化的法律解释得以明确，法律解释的结果能够确定构成与构成之间、构成个别特征间的逻辑联系。因为犯罪构成采取的结构划分方式为实质构成（包括社会危害后果）与形式构成（不包括社会危害后果的特征），也鉴于不同的构成结构类别对犯罪结束时间的确定规则不同。

如果按照社会危害性程度不同来加以区分，所有的犯罪构成被学者们划分为三类：基本构成、法定构成（包含加重情节的）与特定构成（包含减轻情节的）。基本构成，即没有减轻情节与加重情节的构成，作为认定中等程度社会危害性的犯罪所应当具有的基础构成，基本构成包含一系列的主观与客观特征，对于所有确定类型的犯罪模式来讲是必需的，也是特定的形式。

同时，在确定任何一个犯罪的构成特征时，都必须要考虑到是否具有排除行为成罪性的情节。在具有该情节的情况下，自然会得出犯罪构成缺失的结论。法典总则规定了六种法定排除行为成罪性的情节：必要防卫（第37条）、拘捕犯罪实施者致害（第38条）、紧急避险防卫（第39条）、身体强制或心理强制（第40条）、正当风险（第41条）及执行命令或指令（第42条）。而在刑事法的理论研究中，学者们还提出以下一些情况也应考虑列为法定的排除行为成罪性情节，这些情节（如因被害人同意或者请求而受托对其实施侵害，履行公务，执行法律、未经患者同意等）在实践中是经常被探讨的。当前，俄罗斯的刑事立法显示出一种趋势，即具有其他排除行为成罪性情节的规定在不断地扩大或加强，立法者在未来的法律修订活动中也在考虑是否进一步加大对该情节的立法补充。这种考虑具有国际化的倾向，符合俄罗斯刑事立法发展的必然方向。因为很多国家的刑事立法与此同时都明显显示出排除行为成罪行情节有着适当扩大的发展趋势。

可以确定的是，一个国家在犯罪惩治基本体系内的所有既定规范，对保护公民利益，强化法律秩序与社会安全具有重要意义。一方面，这些规范构筑了一道明确的保障，以使实施致害行为的人免予不合理的责任追究。另一方面，它也是犯罪人免予遭受不当私刑与惩罚的保障。

三、犯罪认定所应遵循的基本原则

尽管一直受到理论界与实务界的指责与争议，当代犯罪认定理论还是逐渐形成了一系列的理论原则与规范。作为一种社会司法实践活动，犯罪认定毫无疑问是需要一系列的理论原则来支撑的。可以说，在俄罗斯的刑事法律理论体系中，有关犯罪认定基础原则的数量及其基本定义与内容都已经十分明确，通过不断的研究、探讨与实践，迄今被所有研究者所认可的，在犯罪认定活动当中应当遵循的基本原则有两个，即认定的准确性原则与完整性原则。

（一）犯罪认定的准确性原则

犯罪认定的准确性原则意味着在犯罪认定过程中要准确确定那些包含在涉案行为中的诸项法律特征。不得在犯罪认定中采取"过限认定"① 或"缺限认定"，② 如果采用夸大认定标准或过限的认定方式，将那些实际上不具有犯罪属性或尚存疑问的行为认定为是具有犯罪特征的行为，第一，这种认定不具准确性，因此也有违法律。第二，往往会给辩护方在侦查或起诉阶段提供可予交易的理由。同样，低标准认定或"缺限认定"也是有违法律的认定，即不考虑具体事实中具有评价意义的个别行为特征而进行的认定。

犯罪认定的准确性原则排斥择选性认定。择选性认定是犯罪认定要注意回避的一种错误认定。例如，在认定诈骗罪时会经常犯一个典型错误，即认为过错人通过欺骗或者恶意利用他人信任而实施的盗窃具有的是盗窃罪的犯罪意图。这种认定方式毫无疑问存在着很多猜测的成分，起诉得不到应有的具体化。按照俄罗斯刑事立法的规定，诈骗可以通过欺骗的手段实施，可以通过恶意利用他人信任的手段实施，也可以是即利用欺骗又利用他人信任的手段实施，除此之外，法律对诈骗罪没有规定第四种形式。

---

① 译者注：即在犯罪认定过程中，超越本罪对犯罪构成特征要求的限度，利用与评价非犯罪构成内的诸项行为特征。

② 译者注：即在犯罪认定过程中，降低本罪对犯罪构成特征要求的限度，不能全面利用与评价符合犯罪构成特征要求的诸项行为特征。

（二）犯罪认定的完整性原则

犯罪认定的完整性原则要求在认定中必须明确指出法律上对过错人罪行构成作出具体规定的所有条文与款项。这首先就关涉到当一个行为符合几个犯罪构成要件时如何对犯罪构成数量进行认定的问题。这种情况下，对实行行为认定不当很容易混淆或者错过对几个不同犯罪的类别确定。例如，如果行为人非法通过海关运输运送毒品，则他的实行行为在构成上至少符合两个犯罪的构成特征。首先就是法典分则第 229 - 1 条，① 其次是法典分则第 228 条。②

在实行行为的犯罪构成具有可择选性的情况下，犯罪认定的完整性原则要求必须指明犯罪行为的所有特征。因此，如果行为人先起购买毒品是为了自己使用，其后又储存与运输毒品，则认定中就应当明确指出，过错人的实行行为符合法典分则第 228 条规定中的三种社会危害行为（购买、存储与运输毒品）。

犯罪认定的完整性原则同样要求指明实行行为在犯罪构成方面的必要特征。这首先就关涉到对行为过错特征的认定。如此，如果行为人实施的是一个杀人行为，则要求指明带有何种意图（是直接的还是间接的）杀人，以及揭示过错中所隐含的内容。

（三）其他犯罪认定中需要遵循的原则

同时，犯罪认定还要求必须参考法典基本原则中所隐含的各项认定原则：

——主观归责。根据法典第 6 条（过错原则）的规定，行为人仅对那些由其过错引发而实施的社会性危害行为及产生的社会性危害后果承担刑事责任；刑事法禁止对无过错致害行为追究刑事责任。

——禁止二次认定（禁止重复认定）。根据法典第 6 条第 2 款的规定，任何人不得因同一犯罪两次承担刑事责任。实际上，这一规则在理论上的解释要宽泛于它的字面含义。不得二次认定不仅仅是指不得重复性地对同一罪行进行评价与裁断，而且也是指不得多次对具有同一法律意义的事实进行评价与裁断。

---

① 译者注：《俄罗斯联邦刑事法典》第 229 - 1 条为"走私麻醉品、精神致幻物或其前体与类似物，或含有麻醉品、精神致幻物或其前体的植物，或含有麻醉品、精神致幻物或其前体的植物的部分，用于专业检验或制造麻醉品或精神致幻物的工具与设备。"

② 译者注：《俄罗斯联邦刑事法典》第 228 条为"非法购买、存储、运输、制造、加工麻醉品、精神致幻物或者麻醉品、精神致幻物类似物，以及非法购买、存储、运送含有麻醉品或精神致幻物成分的植物或其含有麻醉品、精神致幻物成分的部分"。

——存疑时解释有利于被告原则（其直接根据来源于宪法与诉讼法的基本原则与精神）。根据俄罗斯联邦最高法院全体会议于 1996 年 4 月 29 日第 1 号决议《关于法庭判决》中第 4 项规定，根据法律的意旨，犯罪认定时如果对实行行为存在不可消除的疑问，则应当倾向于对被告做有利解释，存疑时解释有利于被告规则不仅仅是指当刑事被告人的过错在整体上存在无法排除的疑问时，也包括起诉指控中对犯罪行为的个别情节、过错形式、行为人参与实施犯罪的程度与性质，以及减轻与加重刑事责任的情节中存有无法排除的疑问时适用该规则。同样，如果立法解释中具有无法排除的疑问时，也要求采取相似的做法。

鉴于犯罪认定中对犯罪行为的评价总是会受到实行行为事实情节的制约。因此，为准确认定犯罪，要求必须掌握实行行为的完整信息。实践中经常会出现这种状况，即犯罪认定结果在不同的诉讼阶段存在不同的状况：在刑事案件立案阶段或许是一种认定结果，而在案件的起诉阶段则可能是另一种认定结果。这不需归咎于认定者是否做出了错误认定，问题在于在犯罪认定根据上存在着各种不同的事实信息。例如，刑事案件是按照法典分则第 105 条第 1 款规定提起的，而在刑事诉讼的法庭审理阶段又确定该犯罪具有流氓动机，则案件的起诉根据就转变为是法典分则第 105 条第 2 款第 10 项规定。

四、刑事诉讼中的犯罪认定

刑事诉讼中的犯罪认定表现为必须遵循法定的形式性。实行行为认定为是犯罪必须要遵循法典分则在个罪规范中规定的相应程序（法律条文，相应情况下为条文中的款和项）。不能只是泛泛地将社会危害行为认定为是犯罪，还要求指明，实施的是何种形式的犯罪（偷盗、杀人还是其他的犯罪）。因此，如果实施了没有减轻或加重情节的杀人，则应当依照法典分则第 105 条第 1 款的规定进行认定。而带有牟利动机的绑架罪就需要按照法典分则第 126 条第 2 款第 8 项的规定加以认定。

从文本形式上讲，法律没有明确规定，所认定的犯罪应当按照何种次序标明条文编号，条文下设的款、项编号。按照我们的观点，刑事法规范的编号应当以"从小到大"的规则合理排列，即最先要指明的是分则条文的项，然后是条文的款，最后是该条文编号。但是，近期在司法实践中完全适用的是相反的"从大到小"的编序：首先列出的是法典分则条文编号，其次是条文下设相应款项的编号。这种先行列出分则条文编号的方式即为所谓的"序列式犯罪认定"，此种方式带来的便利是我们能够立即就区分出行为人所实施的犯罪属于什么类别的罪行（例如，如果是第105条，则是杀人罪，如果是第162条，则是抢劫罪等等），然后能够进一步确定该罪行的具体属性。一个犯罪可能仅通过法典分则条文中的一个条款就可以认定。例如，如果是犯罪团伙事先同谋后实施的非法入室行窃，仅依照法典分则第158条第3款规定就可以认定该行为，尽管其还符合法典分则第158条第2款第1项规定的一个显著特征，——"事先同谋的团伙盗窃"。法典分则第158条第2款与第3款规定的规范彼此间产生竞合与冲突。通常，这种情况下必须要求通过专门的规范来进行认定（在刑事法规范产生冲突与竞合时的详细认定规则我们其后会继续探讨）。与此同时，在刑事起诉书或法院刑事案判决中的描述部分，必须明确写出所有具有法律意义的情节。实施事先同谋的团伙盗窃在所谓"序列式犯罪认定"排序中没有明确规定，但在法律文本的描述部分给予了明确表述，其后在刑罚裁定时会作为影响社会危害性行为性质与程度的情节予以考量。

如果一个犯罪具有几个加重情节，且这些情节规定在同一条文、条款的不同分项中，犯罪认定就需要指明该罪行所涉及的相应分项规定。例如，如果以占有财产为目的实施团伙抢劫，该抢劫数额极其巨大且带有对被害人重度侵害的情节，则该罪行要求适用法典分则第162条第4款第1、2、3项的规定予以认定。也有不需要指明分则相应规范的情况，即犯罪认定时对于具有两种不同状况而需分别援引总则规定的情况除外。

如果实施的是未完成犯罪，则必定要援引法典总则第30条规定的相应款项。比如，预备杀人行为的认定即需要依据法典分则第105条规定，同时也必须依据该法典总则第30条第1款的基本原则。普通抢劫未遂需要依据法典总则第30条第3款并该法典分则第161条相应款项的规定认定。对于援引法典总则规范的必要性在该法典第29条第3款中已经直接予以明确：未完成犯罪（未遂的犯罪）的刑事责任，应遵循本法典对完成犯罪（既遂的犯罪）应承担刑事责任的相应条文规定，且援引本法典总则第30条规定认定。

对具有非犯罪实行者身份的共犯，其行为的认定也要求援引总则规定进行。法典总则第34条第3款规定，组织犯、教唆犯与帮助犯，在犯罪中不同时兼具协作犯身份时，刑事责任应当依照相应条文对其犯罪所定刑罚，并且援引本法典第33条加以认定。因此，抢劫行为的帮助犯就应当根据法典总则第33条第5款与分则第162条相应款项进行认定。杀人行为的组织者就应当根据法典总则第33条第3款并分则第105条规定加以认定。如果杀人行为的组织者同时还承担了犯罪行为协作者的角色，则其行为的认定仅根据法典分则第105条的规定认定即可。但组织犯罪的事实行为将会在诉讼文本的描述部分予以反映，并在其后刑罚裁定的时候予以考量。援引法典总则第33条规定的立法条文这里必须要适用。如果行为人同时身为教唆犯的，或帮助犯的，则必须同时援引法典第 33 条第 4 款或第 5 款。

以上认定中较有意义的状况是，当帮助犯、教唆犯、或者组织犯实施未完成犯罪时如何认定其刑事责任。依据刑事法的直接意旨，在该种情况下要求同时援引法典总则第 30 条与第 33 条。例如，对于处于杀人未遂阶段的组织者，如果要追究其所应当承担的刑事责任，则该罪行的认定需要根据法典总则第 30 条第 3 款、第 33 条第 3 款并分则第 105 条规定进行。需要说明，在司法实践中，对于未完成犯罪的认定往往会违背法律的本意，并不援引法典第 33 条规定进行认定。从理论者的角度来看，对法典第 33 条规定的援引不仅仅是在完成犯罪中，在未完成犯罪中也同样需要。

处于诉讼程序的犯罪认定在以下情况下具有自己的特点，即刑事法条文对某项犯罪规定为空白罪状的情况下，为确定行为的违法性而需参考其他部门法领域内的规范性法律。同"序列式犯罪认定"一样，这里要求指明行为人所实施的犯罪行为侵害了其他部门法领域内的哪些规范。因此，俄罗斯联邦最高法院 2007 年 4 月 26 日全体会议第 14 号决议《法院有关审理侵犯著作权、毗邻权、发明权与专利权，以及非法使用商品标识类刑事案件的审理实践》第 1 项规定，在对实施法典第 146 条规定行为的行为人认定罪行时，法院应当确定该行为人对著作权或者毗邻权予以侵犯的事实，并需在刑事案判决书中指明，行为人实施的罪行及其结果对作者或著作权人何种权利造成侵害，该权利受俄罗斯联邦哪些具体的法律规定所保护。

关于确定其他部门法领域内何种规范被违反及该规范的援引如何选择适用的问题，在以下情况下并不会引发认定上的困难，即其他部门法领域内的规范性法令对涉及刑事责任的行为以行政命令的形式规定了可援引的根据。因此，俄罗斯联邦最高法院 2008 年 12 月 9 日全体会议第 25 号决议《有关违反道路交通运行规则与交通工具运营法规，以及对交通工具无盗窃目的的非法侵占类犯罪案件的司法实践》第 3 项指出：① 在审理法典分则第 264 条规定罪行时，法院应当在刑事案判决中指明，该犯罪具体违反了《道路交通运行与交通工具运营法》中的哪些条例，以致产生法典分则第 264 条规定的法律后果，这种犯罪具体是怎样的表现形式。

此外，有关道路交通法的具体内容明确规定在行政命令列表中。如果行政命令不是以单独规范的形式加以规定，而是隐含在几项不同的行政规范甚至于是暗含于法律的本意之中，此时就需要以援引的必要性与充分性为考量的基础。

---

① 俄罗斯联邦最高法院公告 2009 年第 2 期。

一方面，要求必须指出规制该违规行为的相应规定，另一方面，在刑事案件的诉讼文本中也要求严格限制负载大量多余信息。如此，在以下情况下，触犯法典分则第 146 条第 2 款规定的罪行，即实施了非法传播合法作品的假冒伪劣或复制本文形式的非法利用著作权客体行为，侵犯了《俄罗斯联邦民事法典》第 1229 条所指作品的独家专利权时，对于该罪行的认定需要援引《俄罗斯联邦民事法典》相应条文。学者们常常探讨的一个问题就是，除《俄罗斯联邦民事法典》第 1229 条之外是否还需要援引《俄罗斯联邦民事法典》中其他规定独家专利权交易的条文，结论显而易见是否定性的，因为援引《俄罗斯联邦民事法典》第 1229 条就已经足够保障对该类行为的罪行认定。

五、刑事法规范冲突时的犯罪认定

刑事法规范冲突是需要借助体系化的法律解释予以处理的一种法律矛盾。A. A. 格勒岑佐教授认为：冲突规范是指"对于一个具有可罚性的行为，法律上同时规定有两个或多个可以对其进行处罚的刑事规范"。[①] 如此，对于同一行为，可能法典分则第 105 条第 1 款规定会与该条第 2 款规定产生冲突，同样，法典分则第 105 条规定会与第 106 条至第 108 条规定产生冲突。对于以上刑事规范在语义上的冲突，只能通过体系化的法律解释来进行处理。在俄罗斯的刑事法理论中，大多将冲突规范划分为一般与特别的规范冲突，部分与整体的规范冲突。

（一）一般与特别、整体与局部的规范冲突

1. 一般与特别的规范冲突

一般与特别的规范冲突是指，一般规范与特别规范之间在犯罪认定中存在互相交叉、竞合的情况，往往是因为特别规范规定的行为是一般规范规定行为中的一部分。如此，根据语法含义，法典分则第 105 条杀人罪第 1 款规定概括了所有故意导致他人死亡的情况。同时法典分则第 317 条亦规定蓄意侵害护法机关工作人员生命的刑事责任，后一规范就是故意侵害他人生命的特别规范。根据法典总则第 17 条第 3 款的规定，对于一个犯罪，如果一般规范与特别规范都做出了相应规定，计算犯罪个数是没有意义的行为，该犯罪的刑事责任只能依据特别规范的规定进行追究。

---

① 参见 A. A. 格勒岑佐：《犯罪认定》，莫斯科出版社 1947 年版，第 21 页。

2. 局部与整体的规范冲突

局部与整体的规范冲突是指，一个规范（局部规范）对某一行为规定了刑事责任，而该行为又属于另一被其他规范（整体规范）规定刑事责任的某一行为的组成部分。就像重伤害罪（法典分则第 111 条）与抢劫致人重伤罪（法典分则第 162 条第 4 款第 3 项）两规范间存在着整体与局部冲突的状况。在整体规范与局部规范产生冲突的时候，对实行行为的罪行认定需要依据整体规范的规定进行，因为该规范概括了相应行为中所有具有法律意义的特征。如此，如果在抢劫过程中导致被害人遭受重度的身体伤害，则认定就要根据法典分则第 162 条第 4 款第 3 项的规定进行，将法典分则第 111 条作为补充认定的做法完全是没有必要的。问题谈到这里就涉及到了数罪的问题。根据法典总则第 17 条第 1 款的规定，行为人实施了两个或多个犯罪行为，未因其中任何一个犯罪行为受到刑事处罚的，应当认定为是总和数罪。但是以下情况不在此列，即当实施的两个或多个犯罪行为为法典分则条文作为加重刑罚处罚情节予以特别规定的。

（二）诸项规范冲突在犯罪认定中的辩证逻辑关系

理论中对如何合理区分整体规范与局部规范的冲突问题一直存有争议。问题在于，如何在同一个属性框架下，以同一标准为划分根据和基础，进而将一种现象区分为几种不同的表现形式。一般来讲，区分局部规范与整体规范冲突应以二者在内容与规模上的逻辑关系为基础。这种属性同样适用于一般与特别的规范冲突。如此，法典分则第 158 条第 1 款规定是该条第 2 款第 1 项规定的局部规范，而第 2 款第 1 项规定则毫无疑问属于第 1 款规定的整体规范。通过以上阐述看来，整体规范与局部规范冲突在刑事法理论中似乎具有独特的地位，但是，通常这种局部与整体的关系也被学者理解为是一般与特殊的关系。因此，一般规范同特别规范往往也属于是局部与整体的规范。一般规范与特别规范，整体规范同局部规范实际上也不过是基于不同视角对同一现象所作出的不同定义和评价而已。

因此，应公正地确定划分诸如整体与局部规范冲突的类别属性具有一定的合目的性。此外，正确识别冲突规范与相应犯罪认定规则的构建将会轻松地解释这些规范间具有何种形式逻辑关系，从而正确引导犯罪的认定。特别规范往往可以通过区分法定特征与特别特征来表现。由此，相对应规范即称为是法定规范（加重情节）或特别规范（减轻情节）。该类规范在理论探讨与实践检验过程中形成了以下几项认定的基本规则：

1. 在基础规范同法定规范产生适用冲突的时候，应当适用法定规范。

2. 在基础规范同特别规范产生冲突时，应当适用的是特别规范（例如，在法典分则第 105 条第 1 款与第 108 条第 1 款规定产生规范冲突时，应当适用第 108 条第 1 款的规定）。

3. 在两个法定规范产生适用冲突时，应当适用的是更具法定意义的规范，也就是说规定有更为严厉刑事责任的规范（例如，在法典分则第 158 条第 2 款第 1 项与第 158 条第 3 款规定产生规范冲突时，应当适用第 158 条第 3 款的规定）。

4. 在两个特别规范产生冲突时，适用规则应当更加倾向于更具特别意义的规范，即规定了更为严厉刑事责任的规范（例如，法典分则第 107 条与第 108 条第 1 款规定产生规范冲突时，应当适用第 108 条第 1 款的规定）。

5. 在法定规范同特别规范产生冲突时，应当适用特别规范（例如，在正当防卫过限情况下杀死两个人，此时应当按照法典分则第 108 条第 1 款规定认定，而不是第 105 条第 2 款第 1 项的规定）。实践中更为复杂的问题在于，如何在规范冲突的情况下进行犯罪认定。此时需要识别冲突规范的类别，如果能够确定处于冲突状态的相应规范的属性，除极少数例外情况，在只选一项适用的情况下是不应当产生选择上的难题。目前实践中对于冲突规范的识别往往不是依靠法律中规定的形式性规则，而是以刑事法的基础理论原则为基础，遗憾在于，并不是所有问题都能够依据法律的基本原则来处理。

例如，理论中常常探讨以下这个问题，即有关企业负责人实施盗窃并导致无法支付员工工资的罪行认定。该罪行具有法典分则第 145 条第 1 款（拖欠应当支付的工资、养老金、助学金、补助金或其他款项）与第 160 条（摄取或盗用）规定的犯罪构成特征。这种情况下，应不应当认定为是两个犯罪，亦或仅作为一个盗窃来作限定？从理论上讲，完全可以寻找到不同方法来解决该问题。争议在于是否应当认定为是伴随有其他罪行的杀人（抢劫，强奸等等）。在俄罗斯联邦最高法院全体会议作出解释的基础上，倾向于认为该类规范不具有冲突状况。例如，在 1999 年 1 月 27 日俄罗斯联邦最高法院全体会议 1 号决议《关于审理杀人案件（俄罗斯联邦刑事法典分则第 105 条）的司法实践》第 13 项规定："伴随强奸或暴力性性行为的杀人，应当理解为是在实施特定行为的过程中或者为隐瞒该类行为而兼具杀人行为的犯罪，例如因实施该类犯罪受阻而基于报复动机杀人的。这种情况下应当是实施了两个独立的犯罪，实行行为应当按照法典分则第 105 条第 10 项规定认定，并且视案件具体情况，按照法典分则第 131 条或第 132 条相应条款认定。"① 如此，俄罗斯联邦最高法院全体会议认为，法典分则第 105 条第 2 款第 10 项、第 131 条与第

---

① 俄罗斯联邦最高法院公告 1999 年第 3 期。

132 条规定中的规范，互相并没有产生冲突（不是特别规范，也不是一般规范）。这种对包含多项罪行构成的杀人行为如此认定的做法，毫无疑问遭到了理论界的批评。司法实践对伴随其他犯罪的杀人行为在认定时也存在其他的方式。例如，楚瓦什最高法院曾经认定过错人在强奸时实施了杀人行为时应按照《俄罗斯苏维埃联邦刑事法典》分则第 102 条第 6 款规定予以认定，从而排除了该刑事法典第 117 条罪名的适用。其裁断根据在于："该罪的强奸行为没有表现出独立的犯罪构成，仅是法定规范，其行为要件充足于《俄罗斯苏维埃联邦刑事法典》第 102 条第 6 款规定罪状。"①

六、立法变更时的犯罪认定

犯罪认定还要考虑到随时变更的立法。因为法典自从制定颁布之后就一直处于不断的修订与调整之中，所以在犯罪认定时应特别考虑刑事法的时间效力，明确确定犯罪行为是否具有适用刑事法回溯力规则（法典总则第 10 条）的可能性。一般来讲，如果犯罪是在旧法有效期限内实施的，按照普遍通行的规则，这一犯罪将按旧法优于新法的规则进行认定。如果被认定的行为按照新的法律是作非罪化或者免定罪行处理的，即要求按照新的法律进行认定。需要注意的情况是，当其他部门法领域内规范性法律变更时的犯罪认定规则需要另行探讨。

对此，鉴于科研分析、立法发展及刑事法规范与法律适用实践间各种复杂的关系，允许当其他部门法领域内规范性法令有所变动的情况下，适用刑事法的溯及力原则进行犯罪认定：

1. 行政侵权或其他违法行为。《俄罗斯联邦行政违法法典》第 7.27 条中（以下简称行政违法法典）规定了通过盗窃、欺诈、占有或滥用公款等手段侵占他人财产的轻微盗窃行为，不具备法典分则第 158 条第 2 至 4 款、第 159 条第 2 至 3 款、第 160 条第 2 至 3 款规定的犯罪构成特征。这种情况下，行政违法法典在注解中对上述条文进行解释，即盗窃他人财物，如果所偷盗的财物不超过 1000 卢布的，应当被认定为是轻微的盗窃行为。如果行政违法法典注解中有关轻微盗窃行为的数额有所增加而导致部分行为的非罪化，则有必要适用刑事法溯及力的规定来认定。

2. 对部分原先被认定为是犯罪的行为撤销了法律禁制，其结果是其后在

---

① A. E. 米尔库舍夫：《论故意杀人案件司法实践中的几个问题》，载《俄罗斯联邦司法》1998 年第 3 期。

实施此类行为时将完全不用承担任何的刑事责任。例如，在俄罗斯联邦最高法院 2004 年 11 月 18 日第 23 号全体会议决议《关于办理非法经营与将通过犯罪手段获取的钱款或其他财产合法化（洗钱）案件的司法实践》第 17 项规定，如果联邦立法从仅在获取专门执照或许可证的基础上才可以实施的活动类别中排除相应的活动种类，则意味着从事该种类经营活动人员的行为因此就缺失了法典分则第 171 条规定罪行的犯罪构成。这同时意味着，对因其他部门法规范变更而被非罪化的行为中止刑事追诉。

3. 新置法律对其他部门法领域内相应规范是否具有溯及力作出明确规定。如此，《俄罗斯联邦税务法典》第 5 条第 4 项规定，有关税款缴纳与费用收取的立法令，对撤销收税与收费、降低税款与费用的税率与费率、取消纳税人、缴费人、税务代理人及其代表人责任或者以其他方式改善相应税收状况的，如果法律对此直接规定了溯及既往的效力，即可视为具有溯及效力。参照该原则，俄罗斯联邦最高法院全体会议规定："在以下情况下，当立法令对相应税款与费用予以撤销，亦或对相应税款与费用的税率与费率予以降低，如果立法已经赋予该法令具有溯及力，则税款与收费的计算参照规定的新法进行。"[①] 刑事立法的适用实践证明，其他部门规范性法令的变动往往会通过纳入到刑事罪状中的构成特征间接影响刑事法溯及力规范的适用。实践中会经常出现一个特别的状况，即鉴于法典分则第 105 条第 2 款第 10 项规定中为实施该行为或以隐瞒该行为为目的而实施杀人的这个行为已非罪化，从而将该条款第 10 项行为转而认定为是该条第 1 款规定罪行的。而法典第 105 条第 2 款第 10 项所规定的罪状并不是空白罪状。这里没有明示或者隐藏可以援引其他部门法规范的含义，但立法者间接通过犯罪构成特征进而形式地显示出对犯罪认定需要参考其他法律部门规范性的可能性，如果这样会促使相应犯罪的刑事责任可以在借助其他部门法规范的变更而撤销或减轻。虽然法典的这种适用方式在学者中间引发了不同的评价，但是，它是具有确定根据的。因为法典第 105 条第 2 款第 10 项中的规定是"为隐瞒其他罪行或者便于实施其他犯罪而杀人"所应当承担的是刑事责任并不是行政违法责任。同时，如果相应行为不是犯罪，则为了实施其他犯罪或是为了掩盖罪行而实施的杀人行为会被视为是存疑的行为而留置。

---

① 俄罗斯联邦最高法院 2006 年 12 月 28 日第 64 号决议《法院有关审理税务犯罪的刑事立法适用实践》第 15 项（俄罗斯联邦 2007 年最高法院公告第 3 期）。

自　序

　　犯罪认定基础理论，在俄罗斯刑事法理论体系中是最具理论奠基意义及理论特色的基石性理论，它既是俄罗斯刑事法总论的底基，是其犯罪论与刑罚论得以构架的基础，也是俄罗斯刑事法分论框架得以成建的理论支撑，是其分论体系中各罪刑类属能够成立并适用于实践的理论依托。作为一个相对完整的理论体系，犯罪认定基础理论下包含有诸多理论分支，构筑并承载了俄罗斯刑事法理论体系的基本结构与适用，对俄罗斯刑事立法与司法实践中的定罪与量刑起到了明确的指导作用。本书探讨的问题是俄罗斯犯罪认定的基础理论体系，①

---

　　①　在俄罗斯的刑事法学理论中，"犯罪认定"的科学概念被定义为："在刑事法律中，犯罪认定是指对实行行为与此种或彼种犯罪构成元素与犯罪构成特征间相应性（相同性）进行判断的一个过程，通过法律信条（法律符号）对其进行法律征表确证（закрепление юридическими символами '对法律条文、款项的援引'）的过程。简言之，犯罪认定就是对人们这样或那样的行动、举止进行法律上的评价，从而明确犯罪的具体样态。"更简单地说，就是对行为是否为罪进行法律的判断。对行为与犯罪在内在罪质（即指犯罪属性、性质）与法律罪状间进行同一性的求证，其求证起点以调查机关侦查行动为开始，以法院的刑事判决为终点。（参见：А. И. Плотников. Теоретические основы квалификации преступлений. Оренбург: Изд - во ОИ МГЮА, 2001. с - 1. ）上一概念为俄罗斯理论界通说，但是，在当前俄罗斯的理论界中，这一概念是个狭义的犯罪认定概念，在认识论上具有相当大的局限性，该定义只指明了犯罪认定是行为入罪认定的判断根据，没有明确行为出罪认定以及特定行为认定中如何排除罪质的理论根据问题，犯罪认定中所隐含的罪质排除职能有待强调。可以说，犯罪认定与犯罪认定基础实际上是从狭义与广义两个区域对行为是否成罪进行判断的思维模式。犯罪认定的判断思维直接指向入罪，不考虑行为中任何隐性的出罪情节，犯罪认定基础则对行为的出入罪进行全面评价，其中更包含了对特定行为罪质的排除判断。此外，需要说明的是，"犯罪认定基础理论"在俄罗斯学界是一个正在完善中的理论，目前俄罗斯学者对于它的定义也较为杂乱，这里不做一一介绍，将在以下内容中详细阐述。另有一点，有关犯罪认定理论同犯罪认定基础理论之间的关系，俄罗斯学界一直颇有争议，结论也不十分明确。多数学者认为二者是相同的理论体系，不过表述不同而已。也有学者认为，二者不尽相同。这种观点在承认两种理论在基本内容、体系、框架与功能等方面有相交之处的前提下，又分为"从属说"与"相对独立说"两种看法，焦点在于对"排除行为成罪性情节"理论在指导具体犯罪认定活动中的位属与功能的看法不同（这部分理论一直被中国学者等同于所谓的"正当化事由"、"合理化事由"、"阻却违法事由"、"排除犯罪事由"、"排除社会危害性行为"或者"排除犯罪性行为"等，也有学者将其认为是诸项"法定的"或"超法规的"免除刑事责任与刑罚的事由或理由。对此，作者认为有一定理解错误，除却"安乐死"、"相约自杀"、"自救行为"以及"被害人承诺"等尚有待于进一步探讨是否具有罪质的特殊行为外，从俄罗斯当前理论界界定的功能来看，它更倾向于是在法律上为一个造成危害的行为确定如何免除刑事责任与刑事处罚的理论根据。有关于此，详见该理论部分的论述）。从属说承认犯罪认定基础理论中包含有排除行为成罪性情节，在定罪活动中，对行为的犯罪属性与犯罪构成符合性判断的活动先行，在行为符合以上两种成罪要求的前提下，如果再具有排除行为成罪性情节，则应当成罪的行为不应当做犯罪来处理，排除行为成罪性情节在这里是一个消灭行为罪质的依据。相对独立说则认为，在定罪活动中，对于行为的犯罪属性与犯罪构成符合性以及排除行为成罪性情节是一起判断评价的，前两者是入罪的必要根据，符合即构成犯罪，后者是出罪的情节或条件根据，如果具有排除行为成罪性的情节，行为的属性与构成要件即使符合犯罪认定要求也不能作为犯罪予以认定，二者对向而行，相对独立。本书不绝对支持某一种观点，作者认为，行为是否成罪的评价是以犯罪属性与犯罪构成符合性为基础的，如果该行为在法律规定上属于非罪的特定行为类型，则意味着在法律上已明确免除刑事责任与刑事处罚就是法定的入罪根据，而不是法定的入罪认定规则。犯罪认定与犯罪认定基础是相互关联且相互独立的两个理论体系，这一结论具有合理性。说起来，犯罪认定理论更倾向单纯的行为入罪化研究，大致类似于中国现在通说的四要件犯罪构成理论，是犯罪认定活动的本体理论部分，该概念具有狭义性。犯罪认定基础理论则囊括了犯罪认定的本体与相关理论。本书有关犯罪认定基础理论的研究会涉及犯罪认定本体部分的重要内容，虽然两种理论（认定与认定基础）在理论框架、构造与内容上有许多重合一致的地方，二者依旧具有本质区别，犯罪认定基础理论更多倾向于对行为入、出罪的相对性、整体性研究，尤其是对俄罗斯刑事立法中排除行为成罪性情节理论的研究，这同犯罪认定理论纯粹研究行为如何单向入罪化这一特点有本质区别。

重点不仅在于对犯罪认定理论体系本体诸多问题的探讨，实质上更是倾向于对理论研究与司法实践中支撑犯罪认定活动的几大理论基础及其体系——一般行为入罪认定①中评价行为犯罪属性、犯罪构成符合性的"犯罪概念"② 与"犯罪构成"理论，③ 法定行为出罪认定中排除行为罪质或者说评价行为罪质有无的"排除行为成罪性情节"理论的探讨，④ 从犯罪认定基础理论根据这一角度阐述俄罗斯学界对于立法与司法实践中确证与否定行为是否有罪应当遵循何种思路与规则的问题进行论述，在对俄罗斯犯罪认定基础理论进行整体性研究的基础上，尝试较为全面地阐述俄罗斯犯罪认定理论本体部分及相关部分的基础结构，历史来源与发展，各历史时期理论模式的基本状况、体系、构造与功能。笔者希望，通过对与中国当代通说四要件犯罪构成理论本源相同⑤但模式不同的俄罗斯犯罪认定基础理论体系的始源考察，能够为当代中国犯罪构成理论的研究与改进多寻找一条反思差错、可资借鉴的"他山之路"。

有关犯罪认定基础理论，在俄罗斯刑事法中的地位比之犯罪认定理论来讲较为隐性，犯罪认定是司法实践中屡屡应用的理论，探讨与关注者众，而犯罪认定基础理论则并不常常直接应用于司法实践，往往要取决于现实案件的具体状况与司法者对刑事法理论的具体掌握，因此，俄罗斯学者目前对于该理论也是在不断地探讨与完善。实际上，在多数情况下，俄罗斯学者常常谈到的犯罪认定理论可以等同于我国学者所说的定罪论，也可以将其理解为是我国当前通

---

① 这种入罪认定是针对一般行为而言，虽然理论上显现的是具有一般情节的行为在入罪认定时所应遵循的规则与依据，但在认定过程中对犯罪构成特征的择时时，已隐含了正当行为特征排除规则或非犯罪构成特征的认定规则，这种一般行为的出罪规则与依据同排除行为成罪性情节出罪规则不同，一个为隐含的，针对的是一般行为性质本身属性，一个为法定的，针对的是特殊行为出罪的法定情节。

② 虽然理论界对于"犯罪概念"定义有很多理解，但鉴于现行俄罗斯刑事立法对其已作出明确定义，本书以下所有论证，基本以法定定义为基准，该概念请参照以下注释。参见：《俄罗斯联邦刑事法典》，赵路译，中国人民公安大学出版社2009年版，第11页。

③ 同犯罪概念不同，该概念只有不同的理论定义，没有立法定义。虽然现行《俄罗斯联邦刑事法典》多次在条文中提及"犯罪构成"概念，但对该概念在立法上没有做出任何规范性定义，有关犯罪构成的定义均来自理论探讨，立法上没有定论。

④ 如以上注解，这种出罪认定方式同一般行为入罪认定中隐含的出罪规则与依据完全不同，它具有法定性与特定性，是立法专对几种特殊行为罪质排除从法律上予以明确规定的规则与依据。法律有规定，则该行为不作为犯罪来处理；法律无规定，无论行为的目的如何正当，只要有侵害与危害，则一定会成为法律评价、规制的对象。

⑤ 为便于同俄罗斯犯罪构成理论区分论述，也为进一步说明中国学界当前犯罪构成理论研究的诸多问题，本节以下一概遵从大多数中国学者对中国式犯罪构成理论体系的名称表述——"四要件犯罪构成"。当然，如此不怕累赘啰唆地执着于此，实际上是作者更想从本质上纠正一个误解，用所谓"四要件"犯罪构成理论体系来对比其他相似的理论体系，可比性太小。究其本质，第一，没有共同的语境；第二，下概念与上概念等同不是科学之举。

认的四要件犯罪构成理论，这是一个偏分论性的理论，更多关涉的是法律规范中具体各罪行为如何认定的问题，多涉及立法技巧问题，而犯罪认定基础理论则是一个偏总论的理论，它更侧重于对社会生活行为的评价，更强调犯罪行为的共同属性与基本特征，多涉及立法的原理。在俄罗斯的法制体系中，这一理论体系得以存在的实质是学理上为更好地在立法与司法中的犯罪认定活动提供具有概括性指导方法与判断根据而构建的一个根基性理论。二者之间既有相交，又有分别，对于犯罪认定基础的研究实质上根本离不开犯罪认定，而犯罪认定的理论研究某种程度上则必须依赖于犯罪认定基础中的诸多理论。从功能上讲，犯罪认定基础较之犯罪认定是更为全面、基层的罪行评价论，而犯罪认定较之犯罪认定基础则是更为直接和专项的罪行确定论。二者在形成、发展过程中紧密交叉且相对独立。对于这一特点，在俄罗斯法制发展史上早有溯源。从始罗斯原始社会氏族部落时期"初罪"思想形成到当代俄罗斯学界通认的"整体性、立体化"犯罪认定理论体系的确立，① 犯罪认定理论的形成与发展经历了多长的时间，犯罪认定基础理论体系也就伴随其共同经历了多长时间的历史发展。基于俄罗斯犯罪认定基础理论自身特点及其特定历史发展背景与理论结构的纷繁复杂，不是本书及作者本人所能够全力涉及的，因此，本书仅对该基础理论的组成体系，即其罪行评价论中对行为的入罪与出罪进行全面判断的基本部分（实质性判断基础、形式性判断基础及排除行为成罪性情节），在历史发展与当代状况等方面进行历史考察。从该理论各分支部分的历史发展原点开始，追溯既往，遵循俄罗斯社会各时期、各阶段的发展脉络，对该理论初始、形成、发展及变革的时代历程及当代理论模式的组成结构、适用方式、存在问题与解决方法等根基性问题进行现实考察。最后，将其同中国四要件犯罪构成理论的研究状况与司法实践进行对比分析，继而提出本书的考察结论与延续思考。

基于以上研究，本书认为："犯罪概念"、"犯罪构成"与"排除行为成罪性情节"是构架俄罗斯当代犯罪认定基础理论的重要基石。这种结构在形成

---

① "整体性"是指理论上认为应当将行为人行为的实质性判断与形式性判断相互结合从而在整体上认定犯罪的思维方式，"立体化"强调的则是司法实践中依据立法对行为进行形式判断时所应采用的基本法律判断模式，这里对外的行为是否成罪所采用的法律判断模型是从"犯罪构成基本特征"—"犯罪构成主、客观元素"—"犯罪构成"这样一个由粗到细、疏到密、简到繁、低到高、一般到特殊的层次化、立体化的择选行为比照模式。"整体性"是俄罗斯学界对于犯罪认定应当遵循何种认识论的通认看法，"立体化"是指其司法实践上根据立法规定认定犯罪时法律判断模式的法定体例，二者不是相对独立的两个部分，"整体性"认定犯罪的方式只能通过"立体化"的犯罪模式验证予以表现，并实现对行为是否为罪在形式与实质同一性上的确证。

上有着深刻的法律文化背景与悠久的理论历史传承，对俄罗斯民族传统精神与文化特质、俄罗斯历史与当代的刑事立法思想、刑事政策及刑事司法适用等问题有着诸多考量。从入罪判断角度来看，犯罪认定基础理论依托的是现行《俄罗斯联邦刑事法典》第14条立法明确的犯罪概念，① 参照立法对各罪具体罪状设定的犯罪构成，② 在入罪认定上对行为人行为是否成罪进行社会本质判断（犯罪的实质性判断）与法律模型比照（即行为的法律判断或犯罪的形式性判断），结合犯罪的内在属性（实质性）与外部形式（表现特征）对行为人行为进行法律确证。据此模式，认定行为人行为是否为罪，是此罪还是彼罪、是重罪还是轻罪就需要对行为人及其行为是否具有刑事行为性、社会危害性、过错实施性与刑事违法性进行罪质的判定（以社会本质为视角进行的行为性质判断，属于一般的法实质评判），在形式上要求其符合当前刑事法律对犯罪所设定的各项犯罪构成主客观元素的组合（即犯罪构成，是行为成罪模型的符合性对比，属于特别的法形式评判，往往在刑事法典中表现为对各种犯罪构成特征进行概括与具体的罪状表述）。法的实质性判断对犯罪认定活动起到的是基础的、概括的指导，指照的是普遍意义上犯罪所应具有的实质样态，法的形式评判是犯罪认定的具体操作流程，指照的是立法上被刑事法律规范所规定的各种具体犯罪，性质的判断是对形式评判的基本框定，形式的评判则是对性

---

① 《俄罗斯联邦刑事法典》第14条有关犯罪概念的规定为两款："款1. 过错地实施本法典以刑罚震慑予以禁止的社会性危害行为，应当认定为是犯罪；款2. 作为或（不作为），尽管在形式上包含有本法典规定的某一行为的特征，但因影响不大（情节轻微），不具有社会危害性的，则不应当认定为是犯罪。"参见：《俄罗斯联邦刑事法典》，赵路译，中国人民公安大学出版社2009年版，第11页。

② 俄罗斯学者认为"犯罪构成"作为刑事法律中的一个法定概念，是一种法律模型，是犯罪类型在法律上的一个比照框架。但是，作为一种体系化的制度，犯罪构成本身也具有理论性，它是一个完整的理论系统，具有相应的概念、类属、目的、价值与意义等特有的理论特性。简单来讲，法律规范上它显现的是法律的形式特征，理论体系上它显现的是理论的实质属性。

质评判的法律确信，二者之间互为基础，相互认证、结合定罪。① 这应当是犯罪认定基础理论中有关犯罪认定活动的最为基础的本体部分。

可以说，这种认定模式的形成在俄罗斯经历了一段曲折历程。对不同犯罪认定模式的探讨在俄罗斯学界由来已久，俄罗斯的学者们，曾经在不同时期尝试构建了多种有关犯罪认定的判断模式并应用于理论实践。直至现当代犯罪认定基础理论模式打造构架之后，才算形成较为稳定的状态。它结合了俄罗斯传统理论学说中的各种思想观念，在被当代俄罗斯刑法学者赋予了一定的现实意义（适时、有效、合理、公正）后，在 20 世纪中后期形成了较为完整的理论体系。从俄罗斯社会发展状况来看，导致俄罗斯犯罪认定基础理论由一种零散、长期混乱的历史面貌到现今较为完整的理论体系这一形象转变的关键在于俄罗斯学界对犯罪认定价值追求的认识在不断地更迭。在代表无产阶级政权的苏维埃联盟成立之前，俄罗斯犯罪认定基础理论所追求的价值目标较为单一。这种单一的价值观分为两个时期：第一时期，即始罗斯时期，当时国家形式尚未形成，等级观念与剥削制度还没有在氏族部落中出现，犯罪认定的价值目标在于对氏族部落及其成员的利益保障，其主要内容是对财产、生命与荣誉的保护，价值追求体现出平等、公正与秩序；第二时期，在基本的国家形式，即基辅罗斯建立（古罗斯时期）直至其后沙皇统治的俄罗斯帝国时期，犯罪认定的价值追求则是对统治阶级利益的无极限保护，体现的是统治权力的意志，虽然其价值观念中隐含着一定的平等、自由、公正、秩序等具有当代意义的法治观念。但应明确的是，所谓的这样一些隐含的法治观念，无论其形式上体现得多么合理，其实质目的都是保护统治阶级的权力与地位。如果不是出于对特权的保护，那么，一切所谓的公平、正义、秩序等都是免谈的事情，由此可见一斑，权力的神圣化是奠基于当时朴素的平等观念之上的。

---

① 如果受到评价的行为不具有特定的排除行为成罪性情节，对于定罪活动来讲，犯罪认定中出罪与入罪的根据实际上是相互联系的，入罪评价就已经隐含了出罪评价。但在具有这一特定情节时，行为成罪与排除罪质的根据就不能单一遵循以上一般行为认定出、入罪所应遵循的步骤和规则。或者说，行为只有符合形式与实质两个方面的条件时构成犯罪，但行为在符合这两个方面条件的同时且具有排除行为成罪性的情节，则该行为不被作为犯罪来处理。此时，因行为变得复杂而需要进一步作出判断。因此，如果行为在形式与实质上符合成罪要求，则认定犯罪没有问题，一旦在此基础上还具有法律特别规定的排除行为成罪性情节，则根据法律规定，即使符合犯罪条件也不会将其作为犯罪来处理。在犯罪认定基础理论体系中，实质与形式判断是行为入罪的根本依据，排除行为成罪性情节则是行为出罪的特别理由，是在对行为进行实质与形式判断之后进一步对行为罪质的判断，只有行为本身危害性达到了构成犯罪的程度，排除行为成罪性情节的存在抵销行为危害性，该行为才不作为犯罪来处理。从思维逻辑角度来讲，这并不难以理解，因为任何罪行的判定都要先从行为是否造成现实危害谈起，如果不先看到现实产生的危害，那就没有进一步探讨行为是否应当作为犯罪来处理的必要了。

　　随着东欧剧变，苏联解体直至俄罗斯联邦成立，当代俄罗斯犯罪认定基础理论价值目标的变更体现出多元化倾向（这段时期从苏维埃联盟到俄罗斯联邦跨越了人类的两个世纪，所有对有关俄罗斯社会思想价值观念扭转原因探究的思考都不得不涉及和面对这样一个时代转折点，犯罪认定基础理论亦是如此），在近代俄罗斯，其价值追求是在法制原则基础上，① 将人与公民的权利与自由、统治阶级的专政与特权二者在法律上进行调和与制衡，其主要内容包括"以法为治"、"公平公正"、"三权分立"、② "人权思想"与"人道主义"等。③ 伴随着价值追求的变更，俄罗斯的犯罪认定基础理论由简单的思想形式逐渐形成完整的理论体系。它具有一定的逻辑性与合理性，兼顾了事物整体性判断思想所倡导的实质与形式结合的方式（这种判断同我们所说的主客观相结合不同，实质是指事物的内在属性，或者说事物的社会属性，而形式则是事物本身在外部上所表现出来的特征，这里是指行为的法律属性或特征），犯罪认定流程据此得以全面具体，显现出较强的适用性（或实用性）。在行为人行为性质的评判与行为模型比照的判断步骤上具有从普遍到特殊、从一般到个别的思维性质，合乎事物认识的普遍逻辑与思维方式，更便于司法实践的具体操作。

　　反思中国，遑论犯罪认定基础理论，甚至是犯罪认定理论也鲜见有人关注。④ 相反，在定罪活动中起到类似职能的四要件犯罪构成理论却正处于一个

---

　　① 这条原则实际上也就是目前被学界所推崇的"罪刑法定"原则的俄式原版。根据现行《俄罗斯联邦刑事法典》第3条"法制原则"规定："款1. 行为的成罪性（行为构成犯罪时所具有的性质）及其应受刑事处罚性，与其他相应的刑事法律后果，仅由本法典予以确定；款2. 本刑事法禁止适用类推原则。"从规范内容来看，与中国罪刑法定原则的规定没有太多出入。参见：《俄罗斯联邦刑事法典》，赵路译，中国人民公安大学出版社2009年版，第7页。

　　② 俄罗斯联邦时期实行的是"三权分立"体制，国家权力的行使建立在立法权、执行权和司法权分立的基础之上。执行权由俄联邦总统和政府行使，司法权由俄联邦法院行使，立法权由俄联邦议会行使。根据俄罗斯联邦宪法："联邦议会由联邦委员会和国家杜马组成。"也就是说，"联邦委员会"是俄联邦议会的上院，"国家杜马"是俄联邦议会的下院。国家杜马是全国性的，在俄罗斯联邦主体建立的则是地方杜马。

　　③ 同俄罗斯苏维埃时期不同，这些古老的价值观与法律思想在当代俄罗斯现行法制体系中几乎得到了完全的体现。

　　④ 这里的犯罪认定同中国学界现在适用的犯罪认定在概念的定义上有着本质区别。本书中的犯罪认定指的是一般的、基本的理论体系，对司法实践中具体的犯罪认定活动起的是概括、指导作用，中国学界常常探讨的犯罪认定，同俄罗斯的"犯罪裁定理论"较为近似。暂时还是一个零散的理论概念，趋向于单向定罪，强调的是定罪过程中肯定犯罪的"进向"，而不是否定犯罪的"回向"。虽然中国学者们论及犯罪认定的文章不在少数，但多是针对司法实践中各种具体罪行的认定问题，不具普遍性，不能成为认定一般犯罪行为的规则与依据。往往都会表述为"……罪行的认定……"、"……罪的认定……"、"认定……罪"，而且，标准、规则、依据各有不同，并没有基本的理论体系，连基本的犯罪裁定理论体系也说不上有。

饱受争议且理论多变的时期。① 近些年，因对现实中定罪活动产生的诸多问题，对国内通说四要件犯罪构成理论是否应当改革的探讨，一直都是中国学界论辩不断的话题，由此引发诸多学者的哲思，也出现了很多值得探讨的观点与设想。本书认为，这种判断行为是否为罪的理论，在中国，无论是称为四要件犯罪构成理论、犯罪构成要件理论抑或犯罪构成理论，无论是称为犯罪认定理论抑或犯罪认定基础理论，无论是称为犯罪成立理论抑或构成要件理论，无论是递进式、双层式还是耦合式，也无论是排除式、对仗式还是并列式，首要问题还是在于应先厘清各理论体系缘何得以形成并适用的真正原因，究其弊，虑其利，反思其备受推崇、经久不衰的真谛，厘清其应当具有的框架、模式、功能与内容，借鉴其发展的历史经验，并由此明确应如何打造并树立具有中国本土特性的理论体系这一长远历史目标。

　　那么，当下在具有本土特色的犯罪构成理论体系（抑或犯罪认定或犯罪认定基础理论体系）尚未完成构建之前，为了便于更好地指导刑事立法与司法活动，可以适当参考当代俄罗斯犯罪认定基础理论体系的结构与内容，补全和调整中国现有的四要件犯罪构成理论。这是因为，从历史本源来讲，俄罗斯的犯罪认定基础理论与中国四要件犯罪构成理论虽然表述不同，构造有异，但二者在根源上具有相似性，基本功能与价值追求也显现出一定的契合，借鉴俄罗斯犯罪认定基础理论模式补全中国四要件犯罪构成理论模式在体系构造、应用功能上的不足，应当为解决中国目前四要件犯罪构成理论研究的窘迫状况多提供了一个较为便利的选择。

　　鉴于俄罗斯犯罪认定基础理论的变革与发展经验为我们所带来的启示，结合中国四要件犯罪构成理论的研究状况与基本问题，作者认为，中国在改进当前四要件犯罪构成理论体系时要关注于理论的本土性——立足现实国情、倡导

---

　　① 作者认为，与其将这样一套判断行为成罪的理论按照中国学者的习惯称为"犯罪构成理论"，或者按照中国学者介绍过来的大陆法习惯称为"犯罪成立理论"抑或英美法习惯的"构成要件理论"，将之称为"犯罪认定基础理论"似乎也无不妥。只不过在这一称谓下，要对当前中国适用的理论体系进行补全和完善。将目前中国四要件犯罪构成理论体系中不当的职能去除，在犯罪认定基础这一大的理论概念与体系下，重新对现有的犯罪认定诸项理论进行结构与功能调整，使之能够重新具有犯罪认定基础理论所应具有全部罪行评价职能。作者一直想通过本书说明和强调的是，以俄罗斯犯罪认定基础理论的"相关系"作参考会发现，中国四要件犯罪构成理论无论是理论探讨还是司法实践，实际上都是非常混乱。结构形式上同俄罗斯犯罪构成理论相同、职能上被等同于俄罗斯的犯罪认定基础理论、同排除行为成罪性情节部分职能相同的正当化行为理论找不到理论归处，由此产生的问题就是履行部分定罪职能的理论（进行形式判断的四要件犯罪构成理论）被当作履行全部定罪职能的理论（犯罪认定基础理论）来使用，这样，难免不会导致理论与实务上的混乱。对于当代中国四要件犯罪构成理论甚至于刑事法上的诸多悖论与混乱，这一点难辞其咎。

本民族精神与文化的传承；理论的整体性——判断事物应当将其内在性质与外在形象（抽象与具体）进行结合，对于犯罪行为从形式与实质两个方面进行全面的评价；理论价值目标的明确性——以"罪刑法定"原则为基点，倡导人权保障与人道主义，保障法律的公正与公平；理论系统的逻辑、合理与实用性——打造科学、合理、实效的定罪体系，为构建具有中国特色的犯罪认定及其基础理论体系奠定基础。这一阶段，最重要的问题是如何解决中俄两国具有同源性的两种理论体系间本土性与本土化的问题，也就是说，应当如何处理中国四要件犯罪构成理论的本土性与俄罗斯犯罪认定基础理论本土化间的协调问题。作者认为，只要处理好俄罗斯犯罪认定基础理论同中国四要件犯罪构成理论的本土化与本土性的关系，短期内完善中国现行四要件犯罪构成理论，长期内打造具有中国特色的犯罪认定基础理论就不应当具有任何实质的障碍。限于本文立意与篇幅，本书暂且也只关注于对俄罗斯犯罪认定基础理论部分的介绍与探讨，不对当前中国理论与实务中关涉犯罪认定（或说犯罪裁定）问题的诸多观点与案例进行过多对比与评价。

最后，对于中国刑法及刑法学圈子中诸多的科学与谬误、真理与悖论、推崇与批判、破除与再立将是本人有关犯罪认定问题探讨的第二部分《中国犯罪认定原理体系构建论》的重要内容。心有余悸，这或许也将是本人踏入所谓刑法圈即将 10 年的一个思想上的整理，或者说是一段旅程的结束，一个有待画上的句号。

赵　路

2014 年 3 月

说　明

　　基于学界对俄罗斯法学理论研究中部分概念译意的争议与不明确，这里先将本书将要涉及的几个主要概念在此做一说明，其他相关概念在文章涉及时以题下注释的方法予以解释。对于原文文本中的部分概念，本书认为不能做本土化理解或转化性翻译的，为防止概念的混淆与误解，一般遵从原文直译表达。

　　1. "Квалификация преступленийии"、"Основы квалификации преступлений"——"犯罪认定"、"犯罪认定基础"。

　　2. "состав преступления"——"犯罪构成"。该词在中国各版本俄汉大词典中译意各有不同，有的译为"犯罪要素"，有的译为"犯罪构成"，也或者为"犯罪构成要素"，在中国刑事法学界该词一般被理解为是"犯罪构成"。根据俄罗斯大百科词典释义，"состав"词意应当解析为一个联合整体是由各个不同组成部分结合而成。是指整体事物由组成成分、混合物质、构成、部分结合成的整体，本意直接理解应当为"犯罪成分的集合"或"集合的犯罪成分"。鉴于中国刑事法学者已普遍将该词理解为"犯罪构成"，且并未完全背离原词基本含义，本书遵从多数意见，以"犯罪构成"译意为准，为便于区分，在涉及中国相关理论时则表述为"四要件犯罪构成"。①

　　3. "Элемент состава преступления"——"犯罪构成元素"。"Элемент состава преступления"词组在中国学界译意也是较为混乱，有学者译为"犯罪构成因素"、"犯罪构成要素"，也有学者提出该词应当是"犯罪构成要件"，是犯罪构成"состав преступления"的下位概念，是犯罪构成要素"признак состава преступления"的上位概念，在犯罪构成系统中是承上启下的中阶概念。本书遵从文本原意，认为将该词译为"犯罪构成元素"较为恰当明确。从词意上讲，"Элемент"原文转译过来应当是"初级"、"基础"、"元素"、"成分"、"要素"、"机器构造的组成元件"等，它指意为整体中的部分与个体形式，在犯罪构成系统中，应当是指犯罪构成各部分的组成单位。需要说明

---

① 虽然此犯罪构成与中国当前采用的犯罪构成称谓相同，但是实际的内容与功能有一些差别。

的是，与"состав преступления"、"признак состава преступления"两个词组不同，"Элемент состава преступления"不是法律概念，只是理论概念。而前两个概念是现行《俄罗斯联邦刑事法典》中明确的法定概念，这两个词组在现行《俄罗斯联邦刑事法典》第 8 条、第 29 条第 1 项中都有提及。①

4."признак состава преступления"——"犯罪构成特征"。该词组通常被理解为"犯罪构成要件"，也有学者认为是"犯罪构成要素"，使用场景同样非常混乱。从词义上讲，"признак"一词基本含义为"征候"、"征兆"、"特征"、"迹象"、"特点"、"特性"等，本身并没有有关"要件"或"要素"的含义。作者认为，对其进行转译没有必要，且造成理解上的混乱，直接译为"犯罪构成特征"更为妥当。上已提及，"состав преступления"与"признак состава преступления"都是现行《俄罗斯联邦刑事法典》中的法定概念，主要的依据来自于各版本的俄罗斯高教专业教材与现行《俄罗斯联邦刑事法典》第 8 条、第 29 条相关规定。

因此，按照俄罗斯学界通说观点，"犯罪构成"的组成结构应当为，一级概念"犯罪构成"，二级概念"犯罪构成元素"，三级概念"犯罪构成特征"。② 概念间由低向高级级相叠，层层递进，是一个正树型结构或者正三角型的结构，本书将其描绘为立体化犯罪认定对比模型。

5."деяния"与"действие（бездействие）"——"行为"与"作为（不作为）"。在俄罗斯语言习惯中，"деяния"为雅语，是指"整体性的行为"，意为所做的"事情"，所从事的"活动"。其在刑事法律领域里，是指具有法律意义的"刑事行为"。"действие（бездействие）"该词一般是指日常生活中的行为、行动、活动、举动、举止或者说是动作或无相关的行为、行动、举动等，在俄罗斯刑事法中是指整体行为"деяния"中的各部分举动，其复数时应当译为"行为"，单数时是指单个的"身体举动或身体动作"。这组概念被中国学者翻译得也很混乱，常译为"行为与不作为"、"行为与不行为"或"作为与不行为"，直接导致其与"деяния"的混淆，进而造成对俄罗斯刑事法中"行为"概念的不准确理解。实际上，在俄罗斯刑事法当中它是指"刑

---

① 现行《俄罗斯联邦刑事法典》第 8 条"有关刑事责任根据"的规定："实施符合本法典规定犯罪构成全部特征的行为，应当认定为具有承担刑事责任的根据。"第 29 条第 1 项规定："款 1. 在行为人的犯罪实行行为中，如果包含有本法典规定犯罪构成的所有特征，则该犯罪行为应当认定为是完成犯罪。"

② 实际上应当是"犯罪构成元素特征"，因为在犯罪认定中只有在具有特定的"犯罪构成特征"的时候才能够构成其上一级的"犯罪构成元素"，但是因为该词具有独立性属，这里直译理解，特此说明。

事行为"（деяния）其下所包含的不同行为表现，分为"作为"与"不作为"（действие，бездействие）两种形式。

6. "Уголовный кодекс Российской Федерации"——现行《俄罗斯联邦刑事法典》。有关"刑事法典"一说，作者认为，从语义角度讲，译为"俄罗斯联邦刑事法典"比较恰当，它与"уголовно‐процессуальный кодекс Российской Федерации——《俄罗斯联邦刑事诉讼法典》"、"уголовно‐исполнительный кодекс Российской Федерации——《俄罗斯联邦刑事执行法典》"三者是配套的刑事法规体系。这里特别加以说明，本书所指"刑事法典"即为我们通常所说的所谓实体"刑法典"。

以上译意为作者一家之见，如有不当的理解，还请学界前辈与同仁多多指教。

内容摘要

犯罪认定基础理论，在俄罗斯的刑事法理论体系中是一个相当重要且完整的知识体系，对于中国学界来讲，目前它暂时还应算是一个陌生的领域。但是，对于我们来说，它又应当是一块非常熟悉的区域。其基本组成中的很多内容，在中国的刑事法理论中大多能够找到一个相互对应比照的部分。不同的是，中国刑事法体系内有关犯罪认定基础理论的内容，立法规定上较为零散片面，理论学说上又有很多的矛盾冲突，是当前中国刑事法学界中争议最大的问题。它的确立，关涉到中国刑法学理论根基与构造模式设定的是否科学、合理、有效，现行刑事立法与司法实践是否能够确实实现当代刑事法治基本要求的问题。而在俄罗斯的刑事法体系内，这些矛盾冲突、零散片面的内容通过一定的规则被合理地归纳排列，综合成为一个较为合理的、科学的理论体系，成为搭建俄罗斯犯罪认定基础理论的各基础部分，对俄罗斯司法实践中的罪行认定起到了积极的惩治功效。随着时间的推移，在当代俄罗斯法律界对传统理论不断发展扬弃的过程中，这一理论系统不断得以完善。迄今为止，不仅构建起完整的理论框架，业已形成独树一帜的理论特色。了解它，对于中国四要件犯罪构成理论的改进与完善具有重要意义。

本书从研究内容上讲划分为五块，共为五个章节。基本上，包括对当代俄罗斯犯罪认定基础理论体系的历史性考察，包括对构建该理论体系的几大重要基础部分的基本构造与职能等问题的历史性探究，也包括对中国四要件犯罪构成理论改进与完善的初步思考：

本书第一章对俄罗斯民族的基本属性与该理论的历史演进历程进行了史延性考察，提出俄罗斯民族特性因其地理位置、传统文化、民族精神与法治文明的影响而独具特色，由此使得俄罗斯犯罪认定及其基础理论因形成过程中具有俄罗斯本民族的特质而显现出独特的样貌。从始罗斯时期开始，在"初罪"概念及其认定标准，以及其后形成的禁忌规范、行为规范、公社规范与宗教规范等所包含的各种定罪因素中，已初步具有了该基础理论的思想萌芽。在俄罗斯刑事立法成文化时期，俄罗斯犯罪认定基础理论的萌芽开始逐渐孕育，其后，理论模式随着不同时期法令的制定而显现出其大致轮廓。在"基辅罗斯——拜占庭条约"时期、《罗斯真理》与"法律汇编"时期、《一六四九年法律全书》与《一七一五年军法条例》时期，犯罪认定的基本内容都得到了不断完善，犯罪认定的初步模式渐渐形成。这段时期，对于如何确定犯罪，在当时的思想观念上已经形成了一般性的理论指导，法律规范适用上则通过立法设定了具体规则予以确证。其后，俄罗斯的刑事立法进入"法典化活动"时期，基本的犯罪认定模式得以形成并持续发展，同时，在这一时期形成了不同的学说与学派。在这一领域，较为著名的三大流派为：实体特征判断说、法律特征判断说以及整体性评价说。其中整体性评价说所倡导的观念是当前俄罗斯学界较为推崇的通说。

本书第二章对犯罪认定基础理论中的形式性判断基础①——法定的犯罪行为特征模式进行了考察。因其依托于犯罪认定理论中的犯罪构成理论，所以，这部分探讨实际上是对当代俄罗斯犯罪构成理论发展历程及状况所作的考察与分析。这部分笔者尽力较为全面地介绍了犯罪构成理论的基本构造，俄罗斯学界有关于犯罪构成理论研究的基本状况，阐述了学者们对该理论所持的不同观点与看法。其中，着重介绍了俄罗斯当代有关犯罪构成立体性认证模型问题。本章从犯罪构成客观元素的两个组成——犯罪客体与犯罪客观方面、犯罪构成主观元素的两个组成——犯罪主体及犯罪主观方面的理论发展状况入手进行了阐述与分析。对于犯罪客体问题，本章从"客体"传统观念的发展、当代学界的理论状况以及犯罪客体同犯罪对象关系的问题等几方面展开了探讨；犯罪客观方面则对俄罗斯学界当前对具有社会危害性的行为、危害后果，以及该危害行为与危害后果间因果关系的研究状况进行了阐述与分析；对于犯罪主观元素方面，考察了犯罪主体的基本问题，以及相关概念、刑事责任承担的起始年龄、刑事责任能力的有无等，对主体认定中的特殊状况："不排除刑事责任能力且罹患精神性障碍者"的刑事责任、"醉酒"与"特殊主体"的问题做了深入研究与探讨；在犯罪主观方面对当前俄罗斯学界有关"过错理论"的研究状况及主要形式——"故意"与"过失"以及"双重过错形式"的问题做了详细介绍与分析。

本书第三章对犯罪认定基础理论中的实质性判断基础②——行为的社会属

---

① 也称为"法律性判断基础"，在犯罪认定基础理论这一范畴内，犯罪的法律性特征与形式性特征，或者说犯罪的法律性判断基础与形式性判断基础，在本书中没有具体区别。

② 也称为"实体性判断基础"，在犯罪认定基础理论这一范畴内，犯罪的实体性特征与实质性特征，或者说犯罪的实体性判断基础与实质性判断基础，在本书中指意相同，没有区别。

性判断做了全面考察。这一考察是在犯罪概念及其特征基础上展开的。通常来讲，从犯罪概念基本定义上看，犯罪是具有一定社会属性或特征的行为（一般也被认为是犯罪的社会实体属性）。这些社会特征正是本章中所考察的犯罪认定实质性判断基础的重要组成，也即行为社会属性判断所体现的几个重要特征抑或条件。根据俄罗斯学界的观点，犯罪实质性判断基础的第一个特征是指犯罪首先应当是具有刑事意义的行为（犯罪社会属性判断中的"本体条件"）——刑事行为。具有刑事意义的行为应当显示出其是行为主体有意识、有意志的客观外化活动。刑事行为在表现形式及后果上体现为积极的作为、消极的不作为及相应的危害结果。第二个特征，也就是犯罪社会属性判断中的"实质条件"——社会危害性。对此从社会危害性理论的基本状况、理论地位、社会危害性与其他犯罪特征间关系等几方面进行了探讨。对于犯罪的第三个特征（犯罪社会属性判断中的"责任条件"）——过错实施性。则是从"过错"语意内涵、过错制度的立法发展与过错观念的思想发展，以及过错责任性等几个方面对过错理论进行了梳理与研究；本章第五部分对犯罪社会属性判断的"法律条件"——刑事违法性在当前的研究状况、刑事违法性与社会危害性、应受刑罚性间关系等几个方面进行了分析与探讨。

以上第二、三章对犯罪认定形式性与实质性判断根据的探讨阐明了俄罗斯犯罪认定活动中一般行为的入罪规则与依据，本书第四章则关注于对该基础理论体系中的另一重要部分——法定的行为出罪理论——"排除行为成罪性情节"部分的考察与研究。对于排除行为成罪性情节理论部分形成与发展的基本状况、立法沿革、理论探讨在这一章中做了较为详细的阐述与分析。并对俄罗斯立法上明文规定的六种法定排除行为成罪性情节："必要防卫"、①"拘捕犯罪人致害"、"急迫救难"、②"理由充分的风险"、"执行命令与指令"以及"身体强制或心理强制"的理论体系与具体内容进行了系统阐述。通过研究得出结论：俄罗斯的排除行为成罪性情节理论是伴随犯罪行为认定中"正向入罪"活动相向而行的一个"反向出罪"的理论体系。它具有特殊性，一般情况下，行为的出罪认定是同该行为的入罪认定紧密相连的，入罪要件的符合则意味着出罪要件的违反，而排除行为成罪性情节的出罪功能同行为的入罪判定对向，入罪要件符合但具有法定排除犯罪性情节，则行为就被排除了犯罪的罪质，那么也就谈不上作为犯罪来进行裁定的问题了。或者说犯罪认定实质与形式判断基础研究的是在具有何种罪质与罪度时"行为达致犯罪"的问题，而

---

① 其意大致与中国"正当防卫"理论相同。
② 其意大致与中国"紧急避险"理论相同。

排除行为成罪性情节理论研究的则是什么样的法定情节会抵销"行为达致犯罪"时的罪质与罪度，从而使得应当认定为是犯罪的行为不作为犯罪来处理。本书通过这一章的研究，尝试分析并解释了一个中国学界长期存在并争议不断的话题，即中国的"正当行为理论"体系的归属与功能，[①] 或者说它应当是属于四要件犯罪构成理论体系之内，还是四要件犯罪构成理论体系之外一个独立的理论体系问题（这一问题的研究实际上也涉及目前学界对中国四要件犯罪构成理论体系是否合理、科学、有效等争议问题的解决）。对比俄罗斯的相应理论，本书认为，中国的正当行为理论应当是一个独立的理论体系，[②] 虽然它与行为定罪问题紧密相关，但它不应归属四要件犯罪构成理论体系之内，四要件犯罪构成理论更倾向于是明确行为入罪的规则体系，它则不同。将其安置在犯罪认定基础理论体系，作为一般行为入罪论对应的特殊行为出罪理论，应当更加合理且实用。[③]

在犯罪论体系中，排除行为成罪性情节理论具有独立的理论地位与特质，不需要依赖、附属于其同位阶理论体系之下。而且，在犯罪认定活动中，对是否具有排除行为成罪性情节的判断并不是先行的，也不是同犯罪认定本体判断规则并行的，它也不具有定罪规则的一般指导性。从思维逻辑发展进程来看，对于任何造成危害的行为，都不会先去评价是否具有排除行为成罪性的情节，

---

① 我国学者对于这一理论概念的表述有很大区别，诸如"正当性行为"、"合理化事由"、"阻却违法性事由"、"排除犯罪事由"、"排除社会危害性行为"或者"排除犯罪性行为"等，为便于对比，本书在涉及国内这部分内容时，采取传统观点，概称之为"正当行为理论"。大致等同于俄罗斯的"排除行为成罪性情节理论"。此外，本书认为，中国刑法对"正当行为"与"紧急避险"概念的表述不是十分准确，应将该理论概念重新调整，重新定义。详情请见本部分正文。

② 实际上，这部分大抵等同于其相应的排除行为成罪性情节理论。但中俄两国犯罪认定基础理论与四要件犯罪构成理论设定的构造与功能具有差异，二者在各自理论体系中功用不同，规定内容也有差别，中国刑法中的正当行为仅包括正当防卫与紧急避险两种，而俄罗斯刑法中规定的相应行为有六种。此外，对于中国刑法中这一理论概念，学者们也有不同的定义，秉持传统观念学者往往将其表述为"正当行为"、"正当化行为"等，而学界持不同意见的改革者和创新者则将其表述为"排除社会危害性事由"、"排除犯罪的事由"、"责任阻却事由"或者"违法阻却事由"、"犯罪阻却事由"等。

③ 这一点在俄罗斯学界也存在较大争议，学者们对于排除行为成罪性情节也各有定义。有的学者认为，既然是排除行为的成罪性，实际上还是对行为是否能够构成犯罪进行判断；反对者则认为，行为是否为罪要从行为本身来认定，这种情况下，行为的危害性肯定是要入罪的，但是因为其前提性情节具有正当性，由此排除将行为作为犯罪来处理的可能，不是行为不具危害性而不为罪，而是根据立法规定的具体、特定的情节，将相应危害行为不作为犯罪来处理。立法将相应危害行为不作为犯罪来处理，则是因为该行为实施的前提具有正当性情节。比如说，执行命令与指令的杀人，危害性显而易见，但因立法者规定执行正当命令或指令的杀人行为是不作为犯罪来处理的，由此从法律上将这种情况下杀人行为的成罪性质予以排除，由此也就没有进一步将其作为犯罪予以刑罚处罚的必要。针对后一种反对者的观点，又引发学界对犯罪原因的多种探讨，有关于此，本书另有论证，此处不做赘述。作者认为，反对者观点具有一定合理性，这里论述时也支持该观点。

然后再评价是否具有犯罪危害性这一所有罪行都应具有的一般属性。一般来讲，通过入罪依据对行为进行评价之后，如果行为本体符合犯罪认定的实质判断与形式判断的基本要求，就已经构成犯罪，所有的评价或判断条件完全充足，没有多余的枝节。但罪行判断之后，该行为具有相应的排除行为成罪性质与程度的某项法定情节，则为了补充、指导、校正具体的犯罪认定，排除行为成罪性情节理论才具有适用空间，其理论价值在正向的犯罪认定进程之外得以体现。可以说，排除行为成罪性情节制度适用的前提是行为导致了一定的社会危害，该危害达致可以用犯罪来予以评价，但同时，又具有立法规定的应将该危害行为予以非罪化的相应事由或情节，即危害行为在具有我们所谓的"正当化"的或"排除行为社会危害性"的，抑或"排除行为成罪性"的情节时，立法规定适用该制度，将具有该类情节的危害行为不作为犯罪来处理。我国学者有关四要件犯罪构成理论与正当行为间关系混乱的争议实质上忽略了一个问题，行为的正当性来自于立法的规定，无论什么情节，该情节必须是法定的才是正当的，否则，只要危害达致刑事法可以管辖的时候，就必须当做犯罪来处理，这是罪刑法定原则的铁律，无法违背。有关这一点，从各国刑法对于排除行为成罪行情节规定在类别、数量上的差别也可以感觉得到。俄罗斯通过刑事立法规定了六种排除社会危害性情节，这在各国的立法规定中应当是属于很多了，究其实质，目的还是在扩大对公民人身权利与自由的法律保护及对社会有益行为方面给予立法上的支持。

本书第五章是在对俄罗斯犯罪认定基础理论考察之后的一个延展性思考。从当下中国四要件犯罪构成理论研究状况入手，探讨俄罗斯犯罪认定基础理论所具有的相应特点，及其为中国四要件犯罪构成理论完善究竟能够提供哪些有益的启示。本部分在对中国四要件犯罪构成理论研究状况做一归纳总结之后，从俄罗斯犯罪认定基础理论与中国四要件犯罪构成理论基本状况的契合性、基本价值理念的契合性上进行分析，最后在本章第四部分提出对比研究后的反思。作者认为，中国的四要件犯罪构成理论在发展完善过程中完全可以借鉴俄罗斯犯罪认定基础理论及其相关理论中的有益方面，重新定位四要件犯罪构成理论自身的职能、范围与作用。同时，理论界与实务界更应尽快入手打造新的犯罪认定基础理论模式与体系。有关于此，应当注重保持理论的本土性、推进理论的本土化，发扬理论的自身特质，提高理论的科学、合理与有效性，从而进一步促进中国刑事法理论的发展、巩固并完善中国刑事法律制度与刑事法治的建设。

关键词：犯罪认定基础；实质判断；形式判断；排除行为成罪性情节；犯罪构成改进

Abstract

Crime identified the basic theory, theory of criminal law system in Russia is a very important and complete system of knowledge, speaking for the Chinese scholars, it is temporarily should also be regarded as an unfamiliar area. However, for us, it also should be a very familiar with the area. Many of its basic components, mostly in China's criminal law theory be able to find a mutually corresponding cf part. Different crime identified the basic theory in the Chinese criminal law system, legislative provisions are fragmented sided doctrine, there are a lot of contradictions and conflicts, is the most contentious issue, the current Chinese criminal law experts, concerned Chinese Criminal Jurisprudence theoretical foundation and structure mode. n Russian criminal law system, these conflicts, fragmented sided by certain rules reasonably summarized arranged integrated into a more reasonable and scientific theoretical system and components constitute a Russian crime identified the basic theory. Over time, in the contemporary Russian legal profession in the process of development sublation traditional theory, this theory systems continue to be perfect, so far, not only built up a complete theoretical framework, has formed a unique theoretical characteristics. Understand it has an important significance for the improvement and perfection of the four elements theory of crime constitution.

The book speaking from the research content is divided into five, and a total of five chapters. History ductility explore basically include contemporary Russian criminal finds historical investigation of the basis of the theoretical system, including building the theoretical system of several important basic part of the basic structure and functions of the other issues, also constitute a theory of the four elements of crime in China improvement preliminary thinking:

The first chapter of this book on the Russian national identity and the theory of history Evolution History ductility examine proposed Russian national identity and unique because of its location, traditional culture, national spirit and the rule of law and civilized, which makes Russia the Crimeits basic theory of the formation process has the characteristics of the Russian nation and show a unique appearance. From the beginning of Rose period, the various convictions factors contained in the beginning of sin "concept and its recognized standards, and the subsequent formation of the ta-boo norms, codes of conduct, the commune norms and religious norms, has initially has the basic theoryIdea. Russian criminal legislation into the culture period, the Russian crime identified the basic theory sprouting began bred Subsequently, the the-oretical model with the different periods of the enactment of the Act, showing its broad contours. In the period of Kievan Rus-Byzantine treaty," " Rose truth" and "legal assembly" period, " the 1649 law book," "with the 1715 martial law Ordi-nance" period, the Crimethe basic content are constantly improving, the initial mode of the Crime gradually formed. Period, how to determine the crime, then ideas have formed a general theoretical guidance on the legal norms applicable to set specific rules to be corroborated by the legislation. Subsequently, the Russian criminal legisla-tion into a period of codification activities, the Crime patterns are formed and sus-tained development of the formation of a different doctrine and school, at the same time, during this period. One of the more famous of the three genres: the entities characteristics of judgment, the legal characteristics judge said, as well as the overall evaluation of said. The concept advocated holistic commented current through said Russian academia more respected.

The second chapter of the book were studied to determine the basis of the form of the basic theory of the Crime-legal characteristic pattern of criminal behavior. Its rel-ying on the theory of crime constitution theory, the Crime So, this part explore con-temporary Russian crime constitute a theory of the course of development and status of their investigation and analysis. This part of more comprehensive introduction to the basic structure of crime constitution theory, the basic situation of the Russian acade-mia about the study of the theory of crime constitution, scholars of the theory held by different views and perspectives. Which focuses on contemporary Russian crime con-stitutes stereo certification model. This chapter from two crime constitutes objective el-ements-the object of a crime and crime objective, crime constitutes a subjective ele-ment two components-the subject of crime and criminal subjective aspect theory de-velopment the start were described and analyzed. The object of the crime problem and other aspects of the development of the situation and the object of the crime of con-temporary academic theory this chapter from the traditional concept of "object" relationship with the target of a crime carried out to investigate; objective aspect of crime on the Russian academia current behavior of social harmharmful consequences, as well as the harm behaviors and harmful consequences causality condition described and analyzed; assume the starting age for criminal subjective element, examines the subject of a crime, as well as related concepts, criminal liability, criminal liability-whether other issues, the main identified special status: "do not exclude criminal capacity and is suffering from mental disorder" criminal responsibility "drunk" and "special subject" to do the in-depth study and discussion; at the crime subjectiveaspects of Russian academic research situation and the main form of "fault theory" - "deliberate" and "negligence" as well as "double fault of the form" made a detailed description and analysis.

The third chapter of this book do a comprehensive inspection of the the substantive judgments foundation in the basic theory of the Crime-social behavior attribute judgment. This expedition is expanded on the basis of the concept of crime and its characteristics. Generally, the point of view from the basic definition of the concept of crime, the crime has a certain social attributes or characteristics of the behavior (generally considered to be a social entity attributes of the crime). These social characteristics precisely crimes examined in this chapter finds substantial judgment based on an important component, that several important characteristics or the conditions embodied in the behavior of social property to determine. According to the Russian academic point of view, the crime substantive judgment based first feature is the crime should be the first criminal significance ("crime society attributes to determine body condition") — a criminal act. Acts with criminal sense should show the actors conscious objective outside activities will. Criminal behavior in the manifestations and consequences reflected positive as negative acts and harm results; second feature, which is criminal society in the property to determine the "real conditions" -harmful to society. This from aspects of the basic conditions of social harm theory, the theoretical status of the relationship between social harm and other criminal characteristics; For the third feature of the crime (criminal the social attributes judge in the "responsibility for conditions") — fault implementation. From the semantic connotation of "fault", the fault system legislative development and ideological development of the concept of fault, and the fault liability and other aspects of the fault theory the combing and research; Part V of this chapter is the legal judgment of crime and social attributes conditions-criminal illegality in the current study, of criminal illegal and harmful to society, should be subject to several aspects of the analysis and discussion of the penal relations.

More than two, three chapters based on the form of the Crime and substantive judgment explore and clarify the rules and the basis of the general behavior of the Russian crime identified activities incriminating fourth chapter of this book is another concern in the basic theoretical system the important part-the legal acts of the theory of the crime - "to exclude acts as sinful nature episode" part of the investigation and research. For eliminating the behavior into the plot the theoretical part of the forma-tion and development of the sinful nature of the basic situation, the legislative histo-ry, do a more detailed description and analysis of the theoretical discussion in this chapter. And six Russian legislation expressly provides to exclude behavior into the circumstances of the sinful nature: "necessary defense", "the arrest of the perpetra-tors of Damages Caused by", urgent rescue , justified the risks, execute commands and instructions and "theoretical system with the specific content of physical force or psychological coercion" systematically expounded. The study concluded: Russia's ex-clusion acts as sinful nature plot theory is associated with criminal behavior a sin "re-verse" the theoretical system identified in the "forward incriminate activities opposite line. It has the particularity, under normal circumstances, acts out the crime identi-fied closely linked into the elements of the crime in line with the mean of the ele-ments of the crime of violation is identified with the incriminating behavior, to the ex-clusion of the behavior into a crime of the crime plot out function with incriminating behavior determination to meet but have to, into the elements of the crime of statutory rule out criminal episode, the behavior is excluded from crime, the crime of quality, then it alone as a crime to determine the problem. Or crime identified the substance and form judgments based research in the quality of what sin sin" behavior a crimi-nal problem, to the exclusion of behavior into the plot theory study of the sinful na-ture is what statutory circumstances offset by "acts of to achieve crime and quality of the crime at the time of the crime", so that it shall be deemed to be criminal behav-ior as a crime. Book by this chapter, try to analyze and interpret a Chinese scholars and highly controversial topic, that China's "legitimate behavior theory" vested with the function of the system, or that it should belong to the four elements of crime theo-ry within the system, or the four elements of crime theoretical system outside inde-pendent theoretical system (the study of this problem actually involves the academic world of the four elements of crime in China constitute a theoretical system is reasonable, scientific and effective disputeresolved). Comparing the corresponding theory in Russia, the book argues that the theory of proper conduct should be an independent theoretical system, although it is closely related with the behavior of convicted problem, but it should not vest the four elements of crime within the theoretical system, the four elements of crime theory tend to be clear rules of behavior incriminate system, it is different, and its placement in the Crime basic theoretical system as a general behavior into the sins of the corresponding special behavior a sin theory, should be more reasonable and practical.

In the commission of a crime system, exclude behavior into independent theoretical status and characteristics of the crime of sexual plot theory, does not depend on the subsidiary under its theory of the same order. Moreover, the activities of the Crime of whether to exclude behavior into sin plot judgment is not the first, nor is it the same crime identified the body parallel judgment rule, it does not have a the conviction general rule guiding. Any harm, will not go to evaluate whether or not to exclude behavior into the plot of the sinful nature, and then evaluate whether the general attributes of the crime. General incriminating evidence to evaluate the behavior, if the behavior of the body meet the real judgment and judgment in the form of basic requirements of the Crime, already constitutes a crime completely adequate evaluation or judgment conditions, no extra minor. Crimes judge the behavior appropriate to exclude behavior into sin nature and extent of a legal plot, in order to supplement, guidance, correction of specific crimes identified, exclude behavior into the crime of sexual plot theory applicable space, and its theoretical valuebe displayed in the Crime. Can exclude acts plot premise of the system is applicable to the crime of sexual behavior of social harm, but harmful behavior should be a sin of the subject matter or plot with legislative provisions, that we call "justified or exclude acts harmful to society", or will " exclude acts of a sinful nature" of the plot, the application of the system, with the class plot behavior as a crime. Russian criminal legislation alone expressly determine this based on the real purpose or that the maximum protection of human rights and legislative support socially beneficial behavior.

The fifth chapter of the book is identified the basic theory visits after the Russian criminal ductility thinking. Theoretical research status from the moment the four elements constitute a crime paper discusses the Russian crime identified corresponding characteristics of the basic theory of the four elements of crime which can provide useful inspiration theoretical perfect what. The part of the four elements of crime constitutes a theoretical research status summarized from Russian crime identified basic theory of the four elements constitute the basic theoretical situation fit crime analysis on the basic values fit, and finally in this chapter the fourth section presents the reflection of this comparative study. The authors believe that the crime constitutes a theory of the four elements in the process of development and improvement can learn Russian crime identified the beneficial aspects of the basic theory and related theories, reposition the four elements constitute a crime of the functions of the theory itself, should start as soon as possible to create new theoretical model system. About this, should pay attention to maintain the local nature of the theory of advancing theories localization, to carry forward the theory of its own characteristics, to improve the science and rationality of the theory of criminal law, so as to further promote the development of China's criminal law theory, consolidate and improve the Chinese criminal system and criminal the construction of the rule of law.

Keywords: The basis of the Crime; substance of judgment; forms of judgment; to exclude acts as sinful nature plot; crime constitutes improvement

目　　录

Contents

绪　　论

从苏维埃联盟解体到俄罗斯联邦成立至今二十多年的期间内，俄罗斯国家的政治体制与社会制度在各个层面都经历了重大变革。为适应社会发展形势的需要，俄罗斯当代的法律制度在最大程度上被重新调整与架构，既要传承与发扬俄罗斯本民族传统的法律制度与法制精神，又要面向欧洲，融入西方法律文明，承载西方法治精神成为当代俄罗斯国家法制建设的主流导向。曾以开创社会主义法律体系为荣的俄罗斯苏维埃联盟法律制度渐渐旧貌换新颜。那么，在国家政权转折剧变后的俄罗斯法制，究竟还有什么是传承自俄罗斯历史文化的法律遗产？究竟还有什么保留着俄罗斯苏维埃联盟的法制形象？又究竟还有什么能保持着与东方法律文明进行会话的区域？当代的俄罗斯联邦法治给了我们一个清晰的解答，它既不是以"民主、自由"为精神的俄罗斯联邦宪法，也不是以"公平、自治"为倡导的俄罗斯民事法制，只有传承自苏维埃的刑事法制，只有其刑事法治中诸多的基本精神、原则与规范，尚还保留着能够同东方法律文明直接沟通交流的区域。而其中，尤为显著的就是俄罗斯的犯罪认定及其基础理论体系。①

----

① 俄罗斯的犯罪认定与犯罪认定基础理论（Теория квалификации преступлений）与中国学界所研究的犯罪认定问题虽然有很多相似的内容，但实质上仍旧有很多本质差别。之所以至今没有中国学者关注于犯罪认定及其基础理论问题，其原因应当是多方面的，这一点以下注释会做进一步的追溯与分析。这里需要说明的是，犯罪认定基础理论，不仅是我们所认为的"是司法实践上对个罪进行判断时所应用的方法"，那个是犯罪裁定理论所应探讨的内容。同时，它也是刑事法律中一个独立且完整地对行为是否成罪进行全面判断的理论体系。它是一种既会对行为是否成罪在属性上做出本质上的判断，也会在法律规范上对行为是否成罪进行模型对比的方法论体系。其基本概念、体系框架与内容结构经历了一段漫长的历史演变。中国法律界内所提及的犯罪认定，诚如本书以上注解的分析，其意更近似于是对具体个罪的定罪方法，不被学者认可为一个整体、全面的罪行评价理论，多是指向个罪裁定与刑罚裁量时具体适用的司法规则，是对成罪行为具体应为刑事法规定中哪一种具体犯罪、应当处以何种刑罚在客观上所作的法律判定。在俄罗斯，具有这一功能的体系一般是被学界称为"犯罪裁定理论"（Теория Признания преступлений）。主要解决的是成罪行为应当采取哪一个罪的裁量规则认定罪行并应处以何种刑罚的问题。此外，从中国学界至今未有任何有关犯罪认定及其基础理论著述这一状况也可对中国学者尚未关注犯罪认定理论问题研究的状况小窥一斑。本书有关犯罪认定基础理论中提及的

　　提到俄罗斯的犯罪认定基础理论，[①]不能不感遗憾。中国学者关注不多，国内现有资料几乎未有任何提及。[②]但因多种原因，对于当代俄罗斯犯罪认定基础理论组成部分中的"犯罪概念"与"犯罪构成"理论、"排除行为成罪性情节"理论中的部分内容，对其基本定义、内容、职能、相互间关系等问题，

犯罪认定，从理论体系化视角来讲，已经全部涵盖了犯罪裁定的所有内容（刑法总论中的基本原则与规范实际上都是犯罪认定的指导规则，刑法分论条文规定的具体犯罪构成实际上指导的就是具体的犯罪裁定）。作为犯罪认定基础的理论，并不关注于刑事法总论中的所有问题，主要解决的还是在一般规范性上决定行为是否成罪，是否应当承担刑事责任的根据所来。在中国，学界一般将具有这一功能的理论体系称为"四要件犯罪构成理论"。近几年，由于英美刑事法与大陆刑事法研究的兴起，又或多以"犯罪成立理论"、"构成要件理论"或"犯罪论"来借代。

　　① 自俄罗斯苏维埃联盟时期开始至今，俄罗斯学界阐述犯罪认定及其基础理论问题的专著不下百余多本，论文也有千百余篇。尤其晚近 10 年，俄罗斯学界学者关注于犯罪认定及其基础理论研究的论述尤显增多。其之所以受到学者关注的原因，应当与俄罗斯国家现实的社会状况与学术环境紧密相关。苏维埃联盟解体与俄罗斯联邦成立，毫无疑问中断了曾经兴盛的俄罗斯社会主义制度的继续发展，20 世纪末期仿效西欧自由主义与民主制度思潮的兴起，使得俄罗斯联邦国家政治风格逐渐向西欧国家靠拢，部分学者纷纷提出应当在法律制度中逐渐借鉴、仿效、引进西方的政治、经济、法治体制。在刑事法治中，多数学者认为，吸收西方犯罪论与刑事论的具体理论方法已经是必要工作，针对于此，维护传统制度的学者则将注意力集中到将犯罪认定基础理论化、体系化的研究上，试图从现行制度中寻找一条承载俄罗斯本民族精神与特性的理论体系，由此引发了近些年对犯罪认定基础理论问题的探讨。

　　② 一者在于多数学者误认为中俄两国对行为人行为是否为罪的理论判断系统相似，没有研究必要，因而大多没有关注。二者也在于学术界对于俄罗斯传统刑事法律文化与当前刑事法律状况的介绍与了解存在过少与片面的情况。自 20 世纪 90 年代初至今，中国专门介绍俄罗斯刑事法理论的专著寥寥可数，颇受学者关注的仅有薛瑞麟教授的《俄罗斯刑事法研究》，赵微教授结合俄罗斯刑事法典所著的《俄罗斯刑事法》，黄道秀教授译著的《俄罗斯联邦刑事法典释义》与《俄罗斯刑事法教程》，黄芳教授的《俄罗斯刑事法》等一些概括性介绍俄罗斯刑事法理论体系的论著。这些论著大致上向我们介绍和描绘了俄罗斯刑事法的基本状况，对于俄罗斯刑事法理论中一些重大、专项的理论问题没有深入涉及。尤其是有关犯罪认定基础理论体系及其基本结构，只是按照教科书模式对其中部分内容诸如犯罪概念、犯罪构成、非罪化因素（即排除行为成罪性情节）等问题进行了一般阐述。本书通过比较研究可以肯定的是，"犯罪认定基础理论"是俄罗斯刑事法律理论中一个较为系统化的理论，有着多年的发展历程，是当代俄罗斯刑事法理论科学中的一个重要分支。以下两点也可以从另一个角度证明本书作者观点。首先，俄罗斯许多大学中的法学院系刑事法专业都将犯罪认定作为一门单独的课程来讲授。由此可见，犯罪认定这一问题在俄罗斯刑事法学的研究中具有一定的地位与意义。其次，迄今为止，以"犯罪认定理论"和"犯罪认定基础理论"为专项研究课题的专著在俄罗斯一直在不断地出版。据作者不完全统计，迄今为止已有百余多本。有一些著名学者的相关著述被一版再版。例如，В. Н. Кудрявцев 教授（В. Н. 库德里雅弗采夫）的《犯罪认定基础理论》一书，自 1972 年由俄罗斯苏维埃联盟莫斯科"Юридическая литература"出版局出版以来，至 2007 年已被再版十几次，其劲头盖过 А. Н. Трайнин 教授（А. Н. 特拉伊宁）的《犯罪构成基本理论》。为纪念于 2007 年 10 月 5 日仙逝的老先生，俄罗斯联邦莫斯科"Юристъ"出版公司在 2008 年又再版该书。А. В. Карнева 教授（А. В. 卡勒涅耶娃）的《犯罪认定理论基础》、Л. Д. Гаухман 教授（Л. Д. 戈乌赫曼）的《犯罪认定：法律·理论·实践》等书在俄罗斯也曾被多次修订再版。

中国学者则较为熟悉。本书内容关乎俄罗斯犯罪认定基础中的实质性判断基础——"犯罪概念"及形式性判断基础——"犯罪构成",关乎该基础理论中特定的犯罪认定规则——"排除行为成罪性情节",更涉及"犯罪构成"与"犯罪概念"理论体系的交叉及"排除行为成罪性情节"与"犯罪认定"理论体系间的对向,更与犯罪论与刑罚论体系所涵盖的"犯罪形态"、"犯罪罪数"、"复杂犯罪"、"刑罚的裁量与适用"等基本理论紧密相关。

　　本书对俄罗斯犯罪认定基础理论中的一个重要问题——"排除行为成罪性情节"的理论探讨应当是学界多加关注的问题。① 在俄罗斯的刑事法体系内,犯罪认定基础理论是在刑事法领域内全面评价行为人行为是否为罪、是否应当承担刑事责任的专项法的理论与法律判断模式,② 这是一种行为入罪判断的理论体系,而排除行为成罪性情节则是与其背道而驰的一种法定的行为出罪判断理论体系,即行为本身在符合犯罪构成条件的情况下,因具有法律特别规定的情节,从而将该行为的罪质通过法律予以去除,将符合犯罪认定特征的行

_____

① 在本书内容提要中作者已经强调,排除行为成罪性情节(这一理论也被学者称为"正当化情节"、"正当化事由"、"正当行为"等)是行为在形式与实质上符合犯罪的情况下,因具有法律上规定不将其作为犯罪处理的所谓"排除行为成罪性情节"时而将造成危害的行为不当做犯罪来处理的情况,这是犯罪认定所应遵循的一个特定行为出罪根据。实际上,有关于这一理论在国内的争议也是非常之多,由此引发了对中国四要件犯罪构成理论的指责,有的学者认为这一部分应当是犯罪构成中的内容,因为它也是对行为是否构成犯罪的判断,有的学者认为它不属于犯罪构成理论体系,但是又解释不明为什么在认定犯罪时,在具有这种情节的情况下,行为就不是犯罪,有的学者比照德日法系、英美法系相应理论进行论证,提出中国四要件犯罪构成理论逻辑不清、体系混乱,因此批判四要件犯罪构成理论有缺陷、不完善。从俄罗斯犯罪认定基础理论体系的内容来讲,这部分是犯罪认定的基本根据,是在对行为进行罪与非罪的评价时所适用的特定规则。其在犯罪人认定基础理论体系中具有重要意义。一般来讲,犯罪认定探讨的是行为具有何种特征才能构成犯罪,认定的过程是不断向前,直接指向犯罪的。其中最重要的一点,如果认定为犯罪行为,一定是该行为造成了相应的社会侵害从而使得其具有成罪的社会危害性,危害性决定其形式违法性,从而需要行为特征符合法定的犯罪行为特征,而排除行为成罪性情节是鉴于行为人目的的善意(危害行为的前情节或引发因素)而造成相应的社会侵害,善意目的本身不能消除行为对侵害对象所具有的危害性,而是该行为实质上对社会的无害或者有益抵销了对侵害对象造成的危害,罪质消除,难以认定犯罪。

② 关于犯罪认定,除以上学界定义外,《俄罗斯苏维埃联盟大百科词典》曾对其做过以下概括:"犯罪认定,源自拉丁语'Qualis',是指在刑事法中通过相应的实践活动,确定与确证实行行为的特征与刑事法规定中此种或彼种犯罪构成特征是否完全一致,是一种对行为性质进行确定的活动。犯罪认定是对实行行为进行刑事处罚措施或者其他法律后果裁定的基础。"错误的认定犯罪将会在法律适用过程中,导致法律规定情节与事实情节不相应,不能对照犯罪实行行为特征进行准确的法律判断,并因此下达不正确的刑事判决。而且,在俄罗斯刑事法中,犯罪认定错误是修改、变更与撤销刑事裁判的根据。当然,也有观点认为:"犯罪认定,来自于拉丁文'Qualis',是指对犯罪行为的刑事法律评价,是对犯罪行为特征与刑事法中规定的犯罪构成特征相应性的确定,其起点在于犯罪行为开始被侦查,其结束点为法院的刑事判决下达",从而将对犯罪的实质性认定排除到犯罪认定理论体系之外。

为不作为犯罪来处理。在犯罪认定活动的理论与实践中，这是三个相互关联且又各自独立的理论系统。虽然都涉及行为罪与非罪的评价判断，但，排除行为成罪性情节则需更深、更进一步对行为进行属性的评价。本书题意是对犯罪认定基础理论的考察，重点在于对支撑该理论的本体基础——"犯罪概念"与"犯罪构成"理论的探讨，同时，也关注于对犯罪认定的相关基础——"排除行为成罪性情节"的全面阐述。

有关俄罗斯犯罪认定基础本体论，中国学者很早之前就对其"犯罪概念"与"犯罪构成"这两大基础理论体系非常熟悉与了解，进行系统介绍、分析与阐述较为热烈的年代是 20 世纪中后期，当时探讨主要集中在引进与改造中国现有的四要件犯罪构成理论体系上，① 不知出于何种原因（或者只能纠结于是所谓的"历史的原因"吧），对于俄罗斯犯罪认定基础理论相关内容及其产生的历史背景与发展过程则几乎没有任何涉及和推介。晚近时期，有关探讨则主要是针对于对中国当前适用的，只具有俄罗斯犯罪认定基础理论体系部分内容的形式判断系统——"四要件犯罪构成理论"体系的探讨与批判，多是提出该理论在形式与内容上、本质与现象上或者整体与部分上存在着逻辑混乱的问题，② 并且针对于此提出了诸多的解决办法，较为激烈与鲜明的观点是认为：中国四要件犯罪构成理论问题的解决或者首先应当是全面地去苏俄化、③或者应当废除当前适用的四要件犯罪构成理论，大胆并具有开创性地将大陆法系犯罪论体系拿来适用，④ 抑或照搬英美法系的犯罪论系统也未尝不可，⑤ 又或者在保留现有理论框架前提下去除部分判断行为成罪的基本条件，如犯罪客

---

① 本书中提及的中国犯罪构成理论即指中国四要件犯罪构成理论，若无特殊说明，二者实际上指的是同一个理论体系。

② 参见王政勋：《犯罪构成与犯罪成立条件——兼论正当行为的地位》，载《刑事法学研究精品集锦Ⅱ》，法律出版社 2007 年版，第 127 页。

③ 中国学者陈兴良教授对此持坚决意见。此观点由陈教授首次提出后，在学界引起了广泛探讨，按照陈教授的观点，苏俄在犯罪构成理论问题上存在着三大缺陷：事实与价值相混淆；犯罪构成的平面化；规范判断的缺失。进而认为当前构造符合中国犯罪构成体系的前提在于去除苏俄化的不利影响。原文参见：http：//www.unusuniversus.com/viewswzcontent.asp？id=552，访问日期：2007 年 12 月 24 日。

④ 此为陈兴良教授为代表的一派学者所秉持的观点。

⑤ 参见付立庆：《重构中国犯罪论体系的宣言与自省》，载 http：//www.criminallaw.com.cn/article/default.asp？id=7851，访问日期：2012 年 3 月 12 日。

体、① 社会危害性，② 或者设计新的犯罪构成要件组成等，③ 也或者思考构建新的"犯罪构成理论"或"犯罪成立理论"等表述不同、功能相同的体系。④本书认为，对于中国所谓四要件犯罪构成理论缺陷与不足的批判应当间接来自于我们对俄罗斯的犯罪认定活动及其立法与理论体系的误读，问题在于我们对俄罗斯相关理论体系在整体性认知上存在因历史原因而造成的断点与片面，引进时不全面，改造得也较为牵强，直接将俄罗斯犯罪认定基础理论体系中部分成分——"犯罪构成论"体系替代整体的"犯罪认定论"系统来履行全面的犯罪认定职能是理论引进过程中的一大失误。因此，在判断行为人行为是否为罪的法律判断模式上，我们所采用的"四要件犯罪构成理论"、我们想当然的"俄罗斯犯罪构成理论"、⑤ 我们所了解的德日与英美法系"犯罪成立理论"或曰之"犯罪论"或"犯罪论系统"，⑥ 抑或"构成要件理论"或"犯罪构成双层模式"，⑦ 以及俄罗斯现今采用的"犯罪认定基础理论"实际上并没有处于

———————————

① 此为张明楷、周光权二位教授为代表的一派学者所秉持的观点。

② 参见陈兴良：《社会危害性理论——一个反思性检讨》，载《法学研究》2000 年第 1 期以及陈兴良：《社会危害性理论：进一步的批判性清理》，载《中国法学》2006 年第 4 期。

③ 这一点中国很多学者都曾做过尝试，如张明楷教授、陈兴良教授、李洁教授等学者都有专门的论述，这里不做赘述。

④ 此亦为李洁教授、张明楷教授、陈兴良教授等很多学者所秉持的观点。

⑤ 中国学者将当代中国所谓判断行为是否成罪的四要件犯罪构成理论等同于俄罗斯判断行为是否成罪的犯罪认定基础理论是不妥的。实际上，正如作者以上注释所作解释，俄罗斯的犯罪构成理论只是犯罪认定基础理论中的一个组成部分。俄罗斯犯罪认定基础理论中认定行为是否成罪，不仅需要犯罪构成模型的符合，而且也需要在性质上对行为是否具有罪质进行实质性判断，它是一种事实判断与性质判断结合认定犯罪的理论。而且，中国学者对于行为是否成罪这样一个理论判断体系，应当称为犯罪构成理论，还是犯罪论？抑或犯罪成立理论？或者是犯罪认定理论？在实际区分上也未能作出合理界定，对几者间关系并不能明确地解释清楚，而现实中处于不同法系的这几种概念对应的往往是不同的理论体系。同时，还应当注意的是，不同法系基于各自不同原因，对于如何认定犯罪都有不尽一致的规定。这里作者不得不多啰唆几句，本书中的犯罪认定基础理论在中国实际上被中国学者等同于四要件犯罪构成理论。实际上，它的外延要比俄罗斯的犯罪认定、中国四要件犯罪构成理论要大得多，但事实状况却是往往被中国学者理解为是所谓的犯罪裁定理论。这是有着本质区别的问题。俄罗斯的犯罪认定论是将行为的实质性评判放在犯罪概念中加以确定，行为成罪还需要在法律规范上，即犯罪构成上进行再一次的判断，行为进向成罪判断上实际要经过两个层次的判断。而中国的四要件犯罪构成论则认为，对行为成罪性的判断应当只是在法律规范上的一次性评价，行为成罪性的实质已经包含在法律规范所设定的模型中，一切有关犯罪是否成罪的判断仅在代表法律模型的犯罪构成中予以解决，此为二者本质上的不同。作者认为，这种不同应当还是来自于对俄罗斯犯罪构成理论的片面理解，同时也是对俄罗斯犯罪认定基础理论探考的忽略。归其原因，应当还是对俄罗斯刑事法理论的引进与改造上过于片面，人云亦云，没有做什么实际、具体的求证探考。

⑥ 中国有很多学者秉持该观点，曾从不同角度加以论证，值得参考与借鉴的著述参见陈兴良教授与何秉松教授等学者的相关研究。

⑦ 参见储槐植、江溯：《美国刑法》，北京大学出版社 2012 年版，第 2 页。

一个共同的对话层面，不是一个统一区域内的概念，问题域难以对应，话语平台不具同一性。可见，部分学者对相关的理论根据、立法规范与司法适用的探讨不做区分，将以上诸种不同行为成罪的法律判断方法与模式设定在同一理论框架内所作的种种比较，本身在理论根据上就不充分，研究的实际意义与研究结论的正确与否显而易见。实际上，无论哪一种理论体系，英美的也好，大陆的也好，中国或俄罗斯的也好，本质都是探讨对行为人行为是否构成犯罪应当采用何种方法和方式进行判断评价的问题，只不过各体系在具体评判对象、方法以及模式的设定、名称与应用上存在同异并存，各有千秋的状况而已。

由此产生的问题是，既然"历史的原因"导致了认识上存在着断点与片面，那么，俄罗斯的犯罪认定基础理论究竟是什么样子？与中国的四要件犯罪构成理论以及其他国家的相关理论究竟有何不同？具体差异又有哪些？被认为是"阶级产物"的它，又为什么能够在俄罗斯新的历史时期焕发出生命的色彩？而借鉴于自俄罗斯的四要件犯罪构成理论在中国又因为什么导致了今天的尴尬与困窘？这些迷惑与疑问督促本书从理论根基出发去探索与思考俄罗斯犯罪认定基础理论中的种种问题，对俄罗斯这种判断行为成罪的理论体系及排除行为罪质，进而将其不作为犯罪处理的理论根据进行阐述与分析，研究并探讨中俄两国相近的理论因体系设定的差异而导致在现实犯罪认定中产生的诸多问题，进一步反思问题的实质根源，从理论完善角度思考是否应当借鉴俄罗斯犯罪认定基础理论体系改进中国的四要件犯罪构成理论。在认定该理论具有一定的借鉴价值之后，接续的问题则是探讨在改进过程中应当如何处理理论的本土性与本土化问题，为解决中国四要件犯罪构成理论研究局面的混乱状况寻找根本的改进方法，为司法实践中具体的犯罪认定活动提供可资借鉴的理论指导。

对于一些中国学者将认定行为是否为罪的犯罪构成理论直接理解为是犯罪论的观点，不能说完全没有合理因素。但是，可以明确的是，俄罗斯的犯罪构成理论，并不像部分学者所认为和理解的那样，是所谓的、整体的"犯罪论"体系。犯罪构成在俄罗斯的刑事法中只是，且也只能是该理论体系基础组成中的一个部分，是俄罗斯刑事法犯罪论诸多分支理论得以存在的一个前提性基础，它对于俄罗斯刑事法犯罪论体系中诸如犯罪分类、犯罪形态、共同犯罪、总合数罪、① 累次犯罪、② 排除行为成罪性情节③以及犯罪裁定等理论问题均具有深刻影响，是对以上犯罪论诸多分支理论问题进一步研究的起点，也关乎俄罗斯刑罚论体系中诸多基本理论的适用，但不能因此就认为它是整个犯罪论。它自身也是一个完整的理论体系，有自己的基本概念、组成、特征、结构与功能等理论性要素，有分支理论系统，有不可替代的特定理论职能。限于多种原因，本书并未尝试也难以将以上诸多问题进行详细周至的考察，因此，只能将论域限定在犯罪认定基础理论构建所必须涉及的主体理论区域——实质性判断基础与形式性判断基础，以及关涉区域——排除行为成罪性情节体系以内。这是因为，只有这些区域才是俄罗斯犯罪论体系乃至俄罗斯刑事法体系之所以存在的最基础部分，只有对这些区域问题的充分了解，对俄罗斯犯罪认定基础理论体系中其他问题，乃至对俄罗斯刑事法体系中诸多问题的研究与解析才有可能谈及。这一重要性毋庸置疑，对于支撑俄罗斯犯罪认定基础理论的两个重要部分，俄罗斯知名的刑事法学者 Н. Ф. Кузнецова 教授（Н. Ф. 库兹涅佐娃）也曾有断言："'犯罪构成'与'犯罪概念'理论是犯罪认定不可分割的整体基础，是俄罗斯犯罪论体系构建的基本前提。行为人行为构成犯罪实质上必须是有过错地实施了刑事法以刑罚震慑予以禁止的社会危害行为，而因此应当承担刑事责任、接受刑事处罚则是因为它符合了刑事法律对此规定的此种或彼种犯罪构成特征的法律事实记述。"④ 这一提论也从一个侧面说明，在俄罗斯，对于犯罪认定的基本研究也主要是在"犯罪概念"与"犯罪构成"这两大实质性与形式性

---

① 该词在原文中为 "Совокупность преступлений"，在俄罗斯刑事法典中第 17 条中被明确予以规定，其条文含义强调的是在多个犯罪行为结合的情况下，对其罪质与罪状符合性如何进行判断的问题，以往被学界简译为"数罪"。本书认为，这样对词义译义表达得并不全面，省略了"总和"一词含义（Совокупность），所以译为"总合数罪"更为妥当，也符合原文本意，此外也以此与中国的数罪概念相区分。当然，此为作者一家之见，不当之处还请学界同仁批评指正。

② 累次犯罪 "Рецидив преступлений" 一般被中国学界理解为累犯 "Рецидивист"。但是，我们所不了解的是，在俄文中"累犯"与"累次犯罪"属于两个不同的概念与理论范畴。二者一是指行为，一是指行为人。从而还涉及俄罗斯学界的另一大争议，就是应当是"行为刑事法主义"还是"行为人刑事法主义"的问题。此两者，一个是客观方面的问题，一个是主观方面的问题，二者不可等同。因此，应当说，刑事法中的"累犯"与"累次犯罪"二者既有紧密的联系，同时也各有自己的定义、范围、职能、对象与体系。

③ 与中国现行刑事法规定仅有正当防卫与紧急避险两种正当化行为不同，俄罗斯刑事法中，法定的"排除行为成罪性情节"（也就是指我们所谓的"正当化行为"）具体包括"必要防卫"、"拘捕犯罪人致害"、"急迫救难"、"身体强制或心理强制"、"理由充分的风险"、"执行命令或指令"六项。详见《俄罗斯联邦刑事法典》第 37～42 条具体规定。

④ 参见：Кузнецова. Нинель. Федоровна. Уголовное Право И Мораль. Тематический план 1966 г. № 121. с－46.

判断基础之上展开的。

对于 Н. Ф. Кузнецова 教授提出的论断，现阶段，大多数俄罗斯学者是秉持赞同态度的。很多学者认为这种判断模式具有一定的逻辑性，其合理性与实用性也不可替代。① 这也是俄罗斯犯罪认定基础理论为什么没有在苏维埃联盟解体之后，立法机关大幅创制、修改法律体制的当代俄罗斯联邦法治时期受到变动的一个根本原因。俄罗斯学者也常常以此为例来阐明法学理论并不总是要困窘于政治的影响。但是，这种状况并不等于说俄罗斯学者只会孤芳自赏，对于犯罪认定基础理论自身系统中的许多不足，对于其他国家相关理论中的诸多优点，俄罗斯学者同样给予了中肯的评价。② 有关"犯罪概念"、"犯罪构成"、"排除行为成罪性情节"理论中的一些基本问题，很长一段时期以来，俄罗斯学者也有一定的反思与批判，比如：是否可以以行为人人身特性作为社会危害性的评价标准？③ 应受刑罚处罚性是否应当规列于犯罪基本特征之中？④ 刑事违法性究竟是犯罪的法律特征还是社会特征？⑤ 刑事行为性是否应当是犯罪的本质特征？⑥ 犯罪主体是否应当成为犯罪构成的基本元素？⑦ 犯罪客体存在的意义是什么？⑧ 排除行为成罪性情节中的法定情节是否应当缩减或扩充？⑨ 等等涉及犯罪认定基础本质的问题，俄罗斯学者也有着不同思考。对于以上诸多俄罗斯学界的理论争鸣，以下本书力求在尊重理论事实，展现理论实况的前提下逐一对其要义进行解析。

那么，当代俄罗斯犯罪认定基础理论究竟是一个什么样的理论体系？它是怎样形成的？经历了怎样的历史发展？有过什么样的划时代演变？得以推行的根本原因是什么？对其究根问底地进行探讨会对中国四要件犯罪构成理论的研

---

① 参见：А. И. Марцев. Уголовная ответственность как средство предупреждения преступлений. Омск. 1980. с－112.

② 参见：А. И. Санталов. Теоретические вопросы уголовной ответственности. Л.: Изд－во ЛГУ. 1982. с－32.

③ 参见：Курс советского уголовного права. Т. Ⅱ, Преступление. М.: Наука, 1970. с－45.

④ 参见：А. И. Марцев. Уголовная ответственность как средство предупреждения преступлений. Омск. 1980. с－231.

⑤ 参见：И. С. Ной. Уголовно-правовые отношения-одна из важнейших юридических гарантии конституционных прав и свобод граждан// Личность и уголовная ответственность. Саратов, 1979. с－57.

⑥ 参见：Я. М. Крайний. Уголовный закон и его применение. М., 1967. с－334.

⑦ 参见：В. Н. Кудрявцев. Объективная сторона преступления. М., 1960. с－35.

⑧ 参见：И. С. Ной. Уголовно-правовые отношения - одна из важнейших юридических гарантии конституционных прав и свобод граждан // Личность и уголовная ответственность. Саратов, 1979. с－114.

⑨ 参见：Правоведение. 1996. N 1. с－56.

究产生什么意义？本书中，将这些问题划分为几大方面进行了具体的考察和论述。对于犯罪认定基础问题，文中从理论体系最初的形成与发展、实质性判断基础与形式性判断基础，以及排除行为成罪性情节的历史演绎、理论体系价值追求变更等方面进行了考察与分析，并在此基础上形成了本书的结论，即对俄罗斯犯罪认定基础理论问题的研究对当代中国四要件犯罪构成理论的改进能够带来重要的借鉴意义。

如上所述，本书没有直接以当代俄罗斯犯罪认定理论为研究目标，未从犯罪认定理论的基本概念、特征、范围、目的、意义等体系性问题着手，而是侧重于对犯罪认定基础理论的形成与发展、其组成结构与基本内容，在犯罪认定活动不同阶段的职能进行了全面的考察研究，这种方式可以说是对俄罗斯犯罪认定及其基础理论的发展简史以及理论地基进行了一次全程的梳理与概括，是系统展开对俄罗斯犯罪认定理论研究前的理论梳理。而这，对当下中国四要件犯罪构成理论问题的研究而言又更为实际。

此时，对于中国四要件犯罪构成理论来说，最富吸引力的一个问题就是：随着一些欧美学派学者的不断研究，我们的四要件犯罪构成理论正逐渐被转化为西方犯罪论体系当中的一个细小部件，成为行为成罪判断理论其下的一个判断条件。如此一来，中国四要件犯罪构成理论中原本包含的对犯罪进行实质性判断的内容将被全部抹杀，完全成为所谓犯罪成立理论中的一个单纯的形式部件。此外，更有意思的一个命题则是：当代中国的刑事法律究竟赋予了四要件犯罪构成理论以何种功能与意义？它是否应当承担判断行为人行为是否成罪的全部功能？是否包括实质的，也包括形式的，更包括所谓超法规或排除犯罪化的诸项事由？如上所言，中国当下的四要件犯罪构成理论是在对俄罗斯犯罪构成理论予以引进与批判的基础上发展起来的，前者在很多方面是对后者的借鉴与改进。可是，未关注于俄罗斯犯罪认定理论及其基础根据，未将犯罪的实质性判断与犯罪构成比照模型（形式性判断）结合应用，赋予四要件犯罪构成理论对行为是否成罪以"内质"与"外象"（行为的外部表征或者说是形式上的特征）的全部评价职能，只表现出中国四要件犯罪构成理论对俄罗斯犯罪认定基础理论借鉴与改造的不彻底，不完整。鉴于中国当前四要件犯罪构成理论研究状况的混乱，对俄罗斯犯罪认定及其基础理论进行历时性与当代性考察即完整了解与掌握当代俄罗斯相关理论的基本工作，也是为中国四要件犯罪构成理论改进提供一个以资可鉴的蓝本。需要说明的是，我们研究俄罗斯犯罪认定基础理论的目的不在于仅仅是认识和了解它，而是要看该理论能为我们提供什么样的有益内容，能否为中国所借鉴和应用。因此，本书研究的目的与重点倾向于其对中国四要件犯构成理论改进所能作出何种贡献的探讨上，这也是本书第五章所谈及的主要内容。

　　此外，目前中国学界对俄罗斯犯罪认定基础理论体系中的"犯罪概念"、"犯罪构成"以及"排除行为成罪性情节"理论所作的研讨与批判均借鉴于传统译意的方法与术语。于此，本书对部分内容的译意有不同看法，因此，对理论术语与使用方法的相应性考察自然也是本书研究的组成部分。再者，有关学界探讨热烈的中国四要件犯罪构成究竟是刑事实体法上一个所谓的尚未"验明正身"、尚未"得到应有身份"、"只具形式性"的犯罪模型，还是一个系统全面的理论体系，一个完整的理论模式这个问题，作者一直赞同本人深以为敬的导师——中国著名刑法学者李洁教授的观点，即在刑事法律中它记述法律事实，表征犯罪形象，它应当是一个法律规定，在刑事理论系统中它有自己特有的研究区域与内容，能够对现实的司法活动提供一个指导，它应当是一个理论体系，刑事规定与理论体系是犯罪构成在刑事法规与刑事法理不同领域内的不同展现，二者结合构成当代中国"犯罪构成理论"的整体理论系统，并无丝毫冲突与不当。实际上，如果能够这样理解并合理科学地设置其内容、结构与职能的话，我们的四要件犯罪构成理论同俄罗斯的犯罪认定基础理论在功能上就没有什么实质性的差别。那么，接续下来的问题就应当是如何调整与改制中国现在的四要件犯罪构成理论，如何设定与建构中国犯罪认定基础理论体系的框架结构、基本内容与功能，而这，恰好是作者接续本书正在做的工作——《中国犯罪认定原理体系构建论》所应解决的问题。

第一章　以民族特性与演进历程为考察起点

一般来讲，任何新生事物在产生之初，都要经历一个由弱到强、由简单到精细，由部分到整体这样一个逐步发展完善的进程。一种新的学说，一个新的理论、一套新的科学体系在产生之初也当如此。它不可能先天就是一个完美或完整的系统，最初往往只是一些简单的部件、组织、结构等零散的东西，经过漫长的历史年代，在特定环境下，受特定因素影响，不断堆积、验证、改进、发展后逐步得以形成。这其中，影响其发展的因素极其广泛，民族的、外族的、历史的、当代的、政治的、经济的、思想意识形态的、社会文化传统的等等因素都会对其产生重要影响。对于俄罗斯的犯罪认定基础理论来讲，亦是如此。由最初零散的一些基本理念到完整的理论体系，同样经历了这样的演变历程。其中，历史演进过程是其形成与发展的必然路径，而民族特性则在这一漫长的演进历程中，在该理论独特属性形成方面上起到了决定性的影响与促导作用。对俄罗斯犯罪认定基础理论问题的全面考察，不能忽略其历史演进过程中民族特性的各个方面。

一、民族特性对理论特色形成的影响

俄罗斯是一个独特的民族，独特的地理位置、独特的民族文化传统与民族精神使得俄罗斯的法律制度在世界法律版图内占据了一定区域，其他任何国家或任一法系的法律制度都不能够简单地加以等同或替代。可以说，民族特性打造了具有独特意味的俄罗斯法制。

（一）地理位置

地理位置与民族特性紧密相关。一切有关于俄罗斯问题的思考，最深的根源都会探究到俄罗斯的地理位置上。俄罗斯19世纪著名的思想家 П. Я. Чадаев（П. Я. 恰达耶夫）曾说："有一个事实，它凌驾在我们的历史运动之上，它像一根红线贯穿着我们全部的历史……这一事实就是地理的事实。"这个事实时刻提醒着俄罗斯：它"既不属于欧洲，也不属于亚洲。"① 独特的地理位置使俄罗斯置身于东方与西方的交界处，欧东亚北的地理状况决定了俄罗斯必然成为一个处于欧亚之间，独立于欧亚之外，兼具欧亚特色的个体。这种交融并合的特点导致了俄罗斯民族形成自身独特的品格与特色，成就了俄罗斯民族独特的魅力及特有的思想意识与民族精神，造就了俄罗斯不同于东西方文明体系的独特文化，对俄罗斯法律体系形成自身特色产生了重要影响。因此，任何人都不能简单地将俄罗斯法域或者说俄罗斯法制划分到欧洲法域或者是亚洲法域当中，法律上的独树一帜一直是俄罗斯法律体制的一大特点。可以说，地理位置的独特性使得俄罗斯的法制系统与法律理论既包含有欧洲法的部分特点，也显示出亚洲法的部分属性。

从独特的地理位置这一点来看。作为一个占据一定位置且又独树一帜的法域，俄罗斯的法律制度与法律理论，其独特性更多显示出它是在综合吸收欧、亚法域某些特点之后形成的一个独立的法的体系。而这一点，对于俄罗斯犯罪认定基础理论体系的构建不能不说具有极大的决定作用。从犯罪认定及其基础理论的发展历程来看，它既受到了古罗马法系定罪思想的影响，又同时兼具有日耳曼法族犯罪论中"行为成罪规则"的部分特点，即只要有加害行为和危害结果就构成犯罪，不考虑主观意图，也没有故意和过失的区分问题，对于教会法中犯罪既违反神意与教义的观点也有所吸收，② 不仅如是，同时它又保持住了俄罗斯民族自身的法律本色，在犯罪认定理论的形成上，更是充分显示出其不流于任何地域法律体系的特点。结合欧、亚法律特色构建自己的法律体系这一指向在俄罗斯法制发展史中总是占据着重要地位。

（二）传统文化

俄罗斯的传统文化也颇具特色，它本身就是一种多元组成。在多年的民族历史演进过程中，俄罗斯的传统文化逐步融合了东斯拉夫人的多神教文化、北欧早期文化、拜占庭文化、蒙古鞑靼文化和近代欧美文化等具有悠久历史的欧亚大陆的多种文化元素。而近现代，俄罗斯则将欧洲近代文艺思潮，感伤主义、浪漫主义、现实主义、象征主义、未来主义渗透到俄罗斯本民族的文化当

---

① 参见杜文杰：《俄罗斯民族精神的两面性》，载 http：//www. zhmz. net/Article_ Show. asp？ ArticleID＝3871，访问日期：2007 年 10 月 30 日。

② 教会法将所有犯罪都看作违反天意的行为，因而都要受到惩罚。但这种惩罚不是报仇或报复，而是用惩罚手段恢复被犯罪破坏了的上帝所制定的秩序，因而在施用刑事法时要考虑对犯罪人的灵魂进行净化，应该多采用囚禁的办法来给犯罪人一个反省自新的机会。教会法比较重视犯罪的主观因素，认为一个人如不具有主观犯意，就不应该受到惩罚。

中，从而形成了自己的特色。这种既混杂了欧、亚文化，又有别于二者的特质深深蕴藏在俄罗斯千百年来社会文化史的发展历程，它总是能够促使俄罗斯在历史发展的各个阶段中有别于东西方，又总是能够将欧、亚大陆特有的思想内涵紧密地结合在俄罗斯的文化之中。①

俄罗斯学者自誉这种特殊的文化传统为"独特的欧亚主义文化系"。俄罗斯历史学家 Н. Я. Данилевский 教授（Н. Я. 丹尼列夫斯基）1869 年在自然科学，尤其是生物学的影响下撰写了《俄国与欧洲》一书，他用大量事实论证了世界文化史中存在着一种特殊的斯拉夫文化历史类型。他强调，这一文化类型之所以特殊就在于俄罗斯民族文化的独特性："它是崭新的、从历史的角度看是有前途的。"也正如俄罗斯学者所认为的那样："俄罗斯既不属于欧洲，也不属于亚洲，而是某种特殊的欧亚现象。"② "欧亚思想是特殊的文明共同体思想，它创造性地吸收和反映东西方、南北方的一切积极因素，是我们不可忽视的宝贵精神财富。"③ 用俄罗斯地缘政治、古典欧亚主义学家 П. Н. Савицкий（П. Н. 萨维茨基）的话来说，④ 欧亚主义"是俄罗斯民族意识对俄国革命的事实所做出的一种富有创造性反应的尝试。"⑤ 长久以来，俄罗斯的法律学者深深受到这种独特的欧亚主义文化观的影响，一直在追求创建一个不同于任何一个方向，不但优于任何法律体系而且也独具本土特色的法律体系。这一点，在本书有关俄罗斯犯罪认定及其基础理论的形成、发展与变革的历程中可以窥探到大量踪迹。同时，也可以从俄罗斯特有的法律体制上得以印证。

---

① 对此，一位西方学者曾作出不乏尖刻的精彩概括："俄罗斯文明显示出一种奇妙的混合特性，既有违抗不得的纪律，又充满着冷酷无情的压迫，虔诚中夹带着暴力，祈祷神祇而又亵渎它们，充满着音乐但也非常粗俗，忠诚而又残忍，一副奴隶似的卑微却时而表现出不屈不挠的英勇。这一民族无从发展出和平的美德，因为面对着漫长的冬天和待不到黎明的冬夜，他们必须要战斗，而这是一场苦斗，他们要战胜横扫冰封大地的凛冽极风。"

② 参见［俄］沃耶伊科夫：《欧亚派理论家论苏维埃联盟体制》，载《选择》2002 年第 2 期。

③ 参见：［俄］《俄罗斯的社会现代化》，载《俄罗斯科学院通报》1993 年第 3 期，转引自 http：// euroasia. cass. cn/Chinese/Production/Thought/005_ 3. HTM，访问日期：2007 年 12 月 25 日。

④ 其中包括有语言学家和文化学家 Н. С. 特鲁别茨科伊，地理学家和历史学家 П. Н. 萨维茨基，哲学家 П. П. 苏夫钦斯基，法学家 Н. Н. 阿列克谢耶夫，宗教哲学家 Л. П. 卡尔萨温、Г. В. 弗洛罗夫斯基、В. Н. 伊里英、Ф. А. 斯捷蓬、Б. П. 希里亚耶夫，历史学家 Г. В. 维尔纳茨基、П. М. 毕齐里、М. В. 沙赫马托夫，文艺学家 А. В. 科热夫尼科夫、Р. О. 雅格布森、Д. П. 斯维亚托波尔克－米尔斯基，东方学家 В. П. 尼基京，经济学家 Я. Д. 萨多夫斯基，作家 В. П. 伊万诺夫等俄罗斯各领域知名的学者。

⑤ 参见［俄］沃耶伊科夫：《欧亚派理论家论苏维埃联盟体制》，载《选择》2002 年第 2 期。

（三）民族精神

俄罗斯民族具有十分独特的民族精神。地处欧亚大陆结合处使其"既受到欧洲民族精神的影响，又难以排斥亚洲民族精神的同化，东西方民族的精神特质在俄罗斯的民族精神中冲撞、组合、重生。"① 素有"20 世纪俄国黑格尔"之称的俄罗斯著名宗教思想家 Н. А. Бердяев（Н. А. 别尔嘉耶夫）也说"东方与西方两股世界之流在俄罗斯发生碰撞，俄罗斯处于二者的相互作用之中，俄罗斯民族不是纯粹的欧洲民族，也不是纯粹的亚洲民族。""俄罗斯是世界的完整部分，它将巨大的东西方两个世界结合在一起。在俄罗斯民族精神中，东方与西方两种因素永远在相互角力。"这种起伏跌宕、徘徊于东西方文明之间的社会现实状况，对俄罗斯民族精神独特性起到了奠基作用。而这对于俄罗斯民族创建自己的法律制度与法律体系也产生着深刻影响。可以说，任何一个民族的文明抑或文化，都不曾像俄罗斯民族的那样独特，任何一个民族的精神也不曾像俄罗斯民族精神那样复杂，这种民族精神的注入，使得俄罗斯的法律制度在与其他民族法律制度相比时具有了一份特别的属性与意味。

有关民族精神对法律的影响，德国法学家 Friedrich Carl von Savigny（弗里德里希·卡尔·冯·萨维尼）曾经提出过"法律的本质是民族精神"这一论断，认为就某个民族的法律而言，它的存在基础、发展趋势以及不同的发展阶段都与该民族的民族性格息息相关。② 他认为"法律以及语言，存在于民族意识之中。"③ 法律同语言一样，"随着民族的成长而成长，随着民族的壮大而壮大，最后随着民族对于民族性的丧失而消亡。"萨维尼这一著名论断，应用到俄罗斯法域与俄罗斯犯罪认定基础理论体系当中并不为过。就像俄罗斯人自己

---

① С. Н. Булгаков（С. Н. 布拉格夫，1871～1944），俄罗斯著名宗教思想家、哲学家，基督教存在主义理论先驱。

② 参见：李宇先：《法律是"民族精神"的自然言说》，载 http：//article1. chinalawinfo. com/article/user/article_ display. asp？ArticleID = 30088，访问日期：2007 年 7 月 22 日。

③ 在其看来，"民族的共同意识（the common consciousness of people）乃是法律的特定居所。"法律绝不是那种应当由立法者以专断刻意的方式制定的东西，法律首先是由一个民族的特性，也就是所谓的"民族精神"（Volksgeist）所决定的，是民族精神缓慢、渐进、有机发展的结果，受到民族精神的影响，每个民族都会逐渐形成一些特色的传统和习惯，而通过对这些传统和习惯的不断运用，它们逐渐地变成了法律规则，只有对这些传统和习惯进行认真的研究，人们才能发现法律的真正内容，才能发现法律的精神。因此，法律是"民族精神"的自然言说。转引自：李宇先：《法律是"民族精神"的自然言说》，载 http：//article1. chinalawinfo. com/article/user/article_ display. asp？ArticleID = 30088，访问日期：2007 年 7 月 22 日。

认为的那样，俄罗斯民族是展翅傲立的双头鹰，[①] 多年以来，它一面面向西方瞭望着欧美大陆，另一面凝视东方迎向东亚大陆，身体内容纳着东西方民族精神的冲击与交融，血液里流淌着俄罗斯本民族坚强独立的传统品格，吸收与结合东西方的文化传统与精神实质，特立的俄罗斯民族精神信仰与民族性格由此而铸就。在这里，一切欧亚对立的都可以转变成统一，一切欧亚排斥的都可以得到融合。在俄罗斯民族漫长的历史发展进程中，这种特有的民族精神紧密地同俄罗斯的文化、政治、经济、法律、地理、历史、宗教等诸多因素纠缠，导致俄罗斯民族独特的法律制度与法制理念的逐渐形成、发展与传播。受其民族精神特质的影响，俄罗斯各个历史时期的法律规范与法律体制，无不充斥着对欧亚法律规范的包容，又强硬地显示出对这些法律的本土性改造与本土化过程，这些毫无疑问对俄罗斯犯罪认定基础理论形成自身特色产生了重大的影响。[②]

（四）　法制文明

与华夏悠悠几千年的社会法律文化传承相比，俄罗斯的法律制度并不具有十分丰厚的历史传承，它的法律史至今只有 1000 多年，它很年轻。但是，与其他一些欧美国家相比，比如美国，它又算得上是一个古老的法律体系。它曾经保持了欧洲最长时期的封建专制制度，也创立出世界上第一套系统的、多年以来被许多亚欧国家所临摹的社会主义法律制度。令人吃惊的是，正当许多国家热衷于对这份法律成果孜孜不倦地进行探讨的同时，苏维埃联盟却转瞬之间轰然解体，快速成为一个颇具特色的民主宪政国家，法律制度大量改造，传统观念顷刻颠覆，欧洲化的法制思想不断渗入俄罗斯传统法制中，其"变革之快速激烈至今还在深深震撼着全世界"。[③]

---

① 作为俄罗斯联邦的国家标记，双头鹰被赋予了俄罗斯民族精神的力量。该形象原为拜占庭帝国的徽记，1453 年拜占庭帝国被奥斯曼土耳其帝国灭亡后，皇帝君士坦丁的一个女儿索菲亚逃到了罗马，被罗马教皇抚养成人后，以联姻的方式嫁给了莫斯科大公伊凡三世，双头鹰的徽记也就跟随索菲亚公主来到了俄罗斯。俄罗斯将自己视为"第三罗马"，所以就继承了双头鹰的徽记。1991 年苏维埃解体之后，俄罗斯联邦成立承继了俄罗斯帝国时期应用的双头鹰作为国家标志，双头鹰徽记被赋予了当代意义，它一面向东，一面向西，象征着俄罗斯在欧亚大陆之间的独特处境，展现了俄罗斯在两大文明的版图中的独特地位。

② 因此，虽然俄罗斯国家历史不过千年之久，虽然俄罗斯民族没有悠久而古老的文化与文明，虽然俄罗斯的法律没有历史冲刷之后的那份深蕴，但是，这并不能成为我们批判俄罗斯法制甚至于其犯罪认定基础理论简单、无理性、不求思辨、不精细的理由，也并不能成为我们忽视俄罗斯法制发展的原因。俄罗斯的法律，同其民族精神特质一样，也许并不如我们所想的那样简单。

③ 参见张寿民：《俄罗斯法律发达史》，法律出版社 2000 年版。

　　从俄罗斯法律发展的历史来看，其法律文明一直徘徊于欧洲与亚洲、东方与西方之间。东来北往的移民流动，扩展了俄罗斯民族的思维与视野，促使俄罗斯在漫长的历史年代里不断吸收来自东西方不同的法律观念，并在俄罗斯这一地域内不断冲撞、交融、结合，最后生成新的法律思想，对于构建具有自身特色的法律制度产生了决定性作用。在不同的历史时期，你似乎都难以在它的法律体制中找到十分单纯的法律传统。但是，从每一个历史时期去看，你又会觉得它独具一份区别于其他国家的法律风格。而这，往往又正是俄罗斯法制独特性的所在。① 它的法律制度与法律文明，如同其国家制度与国家理念一样，"像在名为'社会'的搅拌机中不断转动那些物质，社会发展带动着机器的运转，将不断进入其中的不同类型的法律文化搅拌，形成了新的法律思想。期间，不断有新的内容添加，不断会吸收其他地域的法律成果，从量变到质变，形成了我们自己的法律体系。它既显现了俄罗斯民族的独特性，又杂混有欧亚法律文明的先进成果。"

　　最后，本书想要说明的是，虽然这里是以俄罗斯民族特性的几个方面作为俄罗斯犯罪认定基础理论问题研究的开端，但是，应当看到，以上这些特性不仅直接影响到当代俄罗斯犯罪认定及其基础理论模式的形成，在一切被打上俄罗斯标签的东西里，几乎都有这些因素在产生着影响。正因如此，俄罗斯的犯罪认定基础理论才能够是俄罗斯的，从而不属于或不附属于此外其他任何的法律体系或法域。也正因如此，随着时代的发展与社会的进步，俄罗斯的犯罪认定基础理论逐渐成为一个独立的体系，其主要框架与内容为当今世界许多国家所借鉴，更成为独立于英美、德日两大法系之外又一判断行为成罪的理论系统。

二、理论构建的基础

　　"研究过去，可以而且应当是理解现在、预见未来，并在此基础上把科学的发展看成为有明确目标的历史进程的一种手段，在我看来，如果这不是科学史的主要任务，也是其主要任务之一"，② 秉承该旨，本书对于当代俄罗斯犯

---

　　① 这种独特的法律文化使得俄罗斯在世界法律场景下有了独特的意义，促使其成就了一份独树一帜的法律制度与法治文明。

　　② 参见俄罗斯著名史学家 Б. М. Кедров 院士（Б. М. 凯德洛夫）：《苏维埃联盟刑事法科学史》，曹子丹、张广贤等译，法律出版社 1981 年版，第 5 页。

罪认定这一理论及其基础问题的研究，也是基于过去（历史）的角度而展开。①

亦诚如马克思所言："一切科学的历史进程，在达到它们真正出发点之前，总是要经过许多的弯路。"② 今天，在我们眼前展现的俄罗斯犯罪认定基础理论，最初并不能说是一个理论系统，只能说它是一种极其简单的定罪思想与认知方法，受到古朴的传统观念指导。在俄罗斯社会历史发展的最初阶段，它源自于始罗斯时期"обида"（初罪）这一观念，来自于氏族部族间对侮辱与仇恨行为的认知与判断。历经近十个世纪，简单的"初罪"认知方法逐渐系统化为基本的定罪模式，形成了一般的指导思想，犯罪认定及其基础的理论萌芽开始产生。此后，直至较为完善的理论系统形成，则又经历了近9个世纪的时间。其间，随着俄罗斯刑事立法的发展，有关于犯罪认定的基本思想不断得以完善，基础内容也逐渐得到补充与调整，直至19世纪初期，才渐渐形成一个基本的理论模式。但是，无论经历怎样的路途，历经时代怎样的淘洗，它终究还是形成了一个相对科学的理论体系。

---

① 俄罗斯的犯罪认定基础理论虽然是伴随着俄罗斯社会历史的发展而发展，但是，作为相对独立的系统，其发展阶段的划分又与俄罗斯社会历史各阶段的划分标准有所不同，本书依托俄罗斯刑事立法发展历史，将犯罪认定从基本概念产生到形成当代理论体系的发展节点划分为以下几个阶段。阶段一，初罪观念及其形成根源。这段时间应当为始罗斯原始社会氏族部落时期至公元10世纪初期。阶段二，以成文立法的形式明确何为犯罪以及相应刑罚。这一段时间跨越了公元10世纪至公元18世纪，历经了俄罗斯国家的几个重要的历史时期，该时期对于犯罪认定的基本条件也就是构成犯罪应当具有的基本要件已经形成了一个初期的模式。阶段三，为俄罗斯大公国时期，时间为公元14世纪至17世纪，该时期，以犯罪主体、犯罪客体、犯罪侵害相结合的犯罪构成认定理论初具模型。阶段四，为俄罗斯帝国时期（也被称为沙皇俄国时期），这段时间为公元17世纪至1917年的十月革命之前），该时期犯罪认定基础理论的特点是参照德国犯罪构成要件理论作为犯罪认定的基本判断方法。阶段五，为俄罗斯苏维埃社会主义共和国联盟时期，时间为1917年至1990年年初，该时期犯罪认定基础理论逐渐形成体系，结合犯罪实质性判断与形式性判断对行为进行评价。作为犯罪认定判断基础的犯罪构成已经形成以主、客观犯罪要件为构成元素的理论体系（俄罗斯学者认为其犯罪构成理论具有最大的合理性，兼顾了主观与客观各方面犯罪认定的重要因素，我们国家学者所说的四要件犯罪构成掩盖了犯罪构成理论的实质，将主客观条件等同于构成要件要素的个数相加，本书对此并不认同）。阶段六，为当前的俄罗斯联邦时期，时间为1991年至今，这段时期，俄罗斯联邦承继了苏维埃联盟时期的犯罪认定基础理论框架，通说观点基本上还是以主客观要件结合的犯罪构成理论作为认定犯罪的理论依据，构成元素中的部分内容被赋予了新的意义并作出了一定的调整与变动。

② 参见：《马克思恩格斯全集》（第13卷），人民出版社1979年版，第47页。

（一）"初罪"观念

"обида"① 是始罗斯与古罗斯时期对犯罪与犯罪现象的一种表述形式。它出现的起点可以追溯到俄罗斯远古时期（学者称之为始罗斯时期）。②

公元 5 世纪以前，俄罗斯人祖先东斯拉夫人③一直处于原始社会氏族部落

---

① 该词为始罗斯与古罗斯前期对于"罪"之概念的语义表述，其直接含义为"欺辱与怨恨"，多数俄罗斯学者认为它是俄罗斯当代犯罪概念在古罗斯时期的语言表达。这一词汇最初只是在氏族部落的语言中存在，古罗斯成文法时期，在《罗斯真理》中"обида"已经成为犯罪的法定概念。"обида"转译自拉丁文"injuria"，意为遭受的物质或身体侵害，在古罗马法有损害赔偿与侵权的含义。"injuria"一词，由"in"（否定，不合）和"jus"（法）合成，系指不法，即违反法律且无任何权利的行为（Without any right，contrary to Lay），但按其字义，"injuria"（违法）"有时与'过错'同义，又包含了'过错侵害'的含义。因为，因偶然事故杀害者，不适用阿奎利亚法，但以加害人无任何过错为限……"可见，在阿奎利亚法上，违法概念较具弹性，过错概念包含于"injuria"（违法）概念之中。"injuria"这一概念本义是指在生理上或精神上（即对名誉）对人造成侵害的行为。意大利法学家认为："由《十二表法》规定的残酷刑罚（其中包括同态复仇）使得裁判官引入了'侵辱估价之诉'，通过它，刑罚变成了财产刑，并授权审判员根据正直的标准逐案地确定幅度或罚金额。"中国学者认为，所谓"侵辱"或者称为"凌辱"（即"injuria"）的含义很广，不仅是对个人的自由、名誉、身份和人格等加以侮辱就构成，举凡伤害、凌辱个人的精神和身体的行为，都包括在内。转引自中国私法网，胡振元：《论一般侵权行为的构成要件——违法性》，载 http：//www.privatelaw.com.cn/new 2004/ztyj/..%5Cshtml%5C20070719-105909.htm，访问日期：2008 年 1 月 12 日。

② 这段时期，并无确实详尽的史实文字可考。但据考古学家考证，远古洪荒时期，在现今的俄罗斯境内就有人类活动的痕迹。这应当是俄罗斯民族历史产生的最初阶段。对于俄罗斯国家历史的开端，在俄罗斯历史文献中存在两种不同的看法：一者认为俄罗斯国家历史的初端应为公元 9 世纪中叶前，斯堪的纳维亚半岛迁入的瓦里亚基人带来了最早的文明萌芽，其后俄罗斯国家得以产生与形成。其主要观点表现在十八世纪俄罗斯科学院院士，著名的德意志学者 shletser（施莱策尔）所编著的有关始罗斯编年史著作中。而另一种看法则是在 19 世纪产生，在 И. Е. Забелин（伊万·耶格洛维奇·扎别林）《俄罗斯古代生活史》卷一中提出，东斯拉夫人自古就居住在《始初编年史》所载的居住地，甚至可以认为早在公元前几百年，东斯拉夫人就已经定居在俄罗斯平原境内。按照这种观点学者们的所说，俄罗斯民族的发展经历了一个漫长且复杂的历史进程，东斯拉夫人由原始的氏族联盟发展成为许多部落，在部落中产生了城市，从中又形成一些主要的大城市，俄罗斯国家雏形逐步形成，国家历史开始纪年。实际上第一种观点应当说是指向的俄罗斯国家历史形成的时代，而后一种观点则确定的是俄罗斯民族历史产生的时代。本书对于"犯罪认定基础理论"的探讨不受俄罗斯国家历史时段的限制，以法律概念初始形成时期——俄罗斯民族原始氏族部落历史开端作为理论考察的原点。以上史实参见 ［美］N. V. Riasanovsky（梁赞诺夫斯基）、M. D. Steniberg（斯坦伯格）：《俄罗斯史》，杨烨等译，上海人民出版社 2007 年版。

③ 关于"罗斯"的起源，众说纷纭，莫衷一是。一种观点认为罗斯人本来是指斯堪的纳维亚半岛的日耳曼部落——诺曼人（意为北方人）。他们以海上掠夺和贸易为职业。东斯拉夫人称他们为瓦良格人（意为商人），芬兰人则称他们为罗斯人（芬兰语，意为北方人或诺曼人）。所以罗斯人的名称来源于瓦良格人。公元 9 世纪瓦良格人南下征服东斯拉夫人，全部东斯拉夫人也就都被称为罗斯人。这就是有名的罗斯国家起源的"诺曼说"。而以 Б. А. Рыбаков 教授（Б. А. 雷巴科夫）为代表的苏维埃联盟历史学家则认为"罗斯"名称来源于东斯拉夫人，波利安人居住在第聂伯河支流罗斯河，所以他们又被称为罗斯人。

阶段，人们过着群居生活，相互结成集体共同进行耕作、狩猎、捕鱼，平均分配食物用品。血缘相近的氏族结合成为部落，选举酋长为部落首领。日常生活中，部落成员间或者部落间往往会因为一些需要诸如食物、水源、领地等产生争端，实施一些具有侵害他人生命或财产内容的行为，像抢劫、杀人、伤害、强奸、殴斗等，①这就在人们头脑中产生了类似于当代"犯罪"概念（преступление）的思想——"обида"的观念。②"обида"其意泛指氏族部落或部落成员间遭受到的各种欺辱以及因此所导致的仇恨，它包括身体的、财产的，甚至心灵、精神上的等。这时，人们对"обида"的认知中包含有一定的对行为性质进行判断的思维及如何判断的方法。俄罗斯学者认为，这种判断的思维与方法中包含了当代犯罪认定及其基础理论的思想萌芽。

公元5世纪左右，在斯拉夫氏族部落产生了一些简单的私法规范，"обида"作为一个概念在这些私法规范中正式得以出现，各部落间对什么行为是"обида"，什么行为不是"обида"，"обида"怎样处理形成了基本的共识，并互相约定了大致的裁断方法。据俄罗斯学者考证，这应当是当代俄罗斯犯罪概念的历史来源与原始形式，其实质内容并不因词汇使用的不同而有差别。故此，俄罗斯学界多认为"обида"是犯罪概念"преступление"的古罗斯语表述，并将之定义为"初罪"概念。

公元10世纪左右，对于如何认知"обида"，在各氏族部落间逐渐形成了公认的判断方式，俄罗斯学界认为这应当是犯罪认定模式最古老、最历史的形态。据俄罗斯社会学家与犯罪学家的考证，东斯拉夫人在这段时期对于当代所

---

①　按照俄罗斯大多数学者的观点，原始社会是存在犯罪的，原始社会中部落与氏族成员的冲突、争端中的行为所表现出来的特征与我们所说的犯罪行为特征并没有什么特殊的差别，都需要有具体的行为形式，需要有行为主体与一定的危害结果。这些行为所表现出的各种形式及其造成的侵害与我们现在所说的各种犯罪并无实质不同。

②　"罪"的认定是以"罪"的存在为基础，没有现实的犯罪现象就不可能存在犯罪认定的对象。始罗斯时期"обида"观念是否应当就是当代"犯罪"概念曾是俄罗斯学界较受争议的问题。按照多数人类学家与法律史家的观点，犯罪是一种阶级现象，是随着阶级的产生而产生，那么在没有阶级观念的原始社会或者说氏族部落是不可能存在犯罪的。但是，俄罗斯联邦社会科学院学者 А. Б. будьянов 教授（А. Б. 巴迦诺夫）提出不能说原始社会没有阶级与国家的概念就等于没有犯罪概念。犯罪现象在始罗斯时期就已存在，犯罪概念也有相关的定义，犯罪认定也有雏形可以探考。当代的犯罪概念虽然是在国家产生之后逐渐形成的，但是最初它也不是现代理论体系中所说的犯罪（преступление）。始罗斯氏族部落时期各种使人产生侮辱、怨恨感的行为"обида"，与阶级产生之后形成的犯罪概念在内容与形式上并没有实质的不同，"只不过人们不习惯称呼它为'犯罪（преступление）'，而是'обида（侮辱与怨恨）'罢了。"而且，原始社会中促发侮辱怨恨的行为是一种普遍存在的现象，那么据此认为犯罪概念在原始社会就已存在应当也没有什么不妥，如果以我们当代定义的犯罪概念去评价与衡量何为犯罪、去探究原始社会的犯罪，那么很明显是得不出什么"当代性"结论的。参见：Курс уголовного права. Том 1. Общая часть. Учение о преступлении – Под ред. Н. Ф. Кузнецовой, И. М. Тяжковой. 2004. с – 274.

说的犯罪现象（Преступность）① 具有一定认知，各部落形成了断定"обида"的基本思想与习惯的裁断方式。部落间对于"обида"所表达的利益侵害、责任违反、危害后果以及应当接受惩罚等都有了基本共识，针对"обида"表现的不同方式，遵从约定的裁判习惯进行相应的公共复仇。② 后期习惯逐渐演变为公社规范（部落规范），形成了约定的法则。В. В. Тяжникова 教授（В. В. 嘉日尼科娃）认为，从初罪观念及其裁断方式中可以看到当代俄罗斯犯罪认定模式中的一些基本内容，如"初罪"来自于对他人的欺辱——欺辱的实质是利益的侵害——利益的侵害表现为一定的恶质行为与后果的逻辑性认知。据此应当能够得出结论，俄罗斯当代犯罪认定基础理论的模式框架最初就应当出自于始罗斯"初罪"观念产生时期对初罪内容的这种逻辑性认知。③

需要说明的是，虽然"初罪"观念对于始罗斯时期人们认知与判断犯罪行为具有重要影响，但是，其他一些与初罪观念有关规范在犯罪行为的认知与判断过程中也产生了重要作用。

（二）禁忌规范④

在俄罗斯远古时期，居住在这一地域的人们生活在混沌愚昧之中，他们的意识中尚未形成具体的社会规则、原则等规范性概念，还未能形成什么应当做、什么不应当做、而什么又必须做的思想观念，犯罪以及犯罪认定的思想自然无由产生。但是，随着始罗斯原始社会的发展，氏族部落间或部落成员间因各种争端而逐渐产生有关是非对错的判断，在人们的意识中出现了何为"是

---

① 犯罪现象是社会现象，还是法律现象在俄罗斯学界是一个有争议的问题。按照多数学者的观点，犯罪是一种社会法律现象，它首先是一种社会现象，然后才是一种法律现象。犯罪应当是随着社会分裂成为对抗的阶级之后才出现的，因此，社会与国家形成之前是没有犯罪的。所以，也就没有出现规范的犯罪概念。

② Georg Hama Topoc（格奥尔格·哈马·托罗斯）在《编年史》中写道："每个民族或有书写成文字的法律，或习惯法——从祖辈流传下来的不成文法。以自己祖传的习俗为法律，不得奸淫和通私，不得盗窃，不得诽谤中伤，不得杀人，尤其是不得行恶。出于对神灵的敬畏，不食荤腥，不饮酒，不奸淫，不做任何恶事。"

③ 应当说明的是，"обида"此时还只是一个私法范畴中的概念，对于其施以的惩罚具有任意性。

④ 原始禁忌，是在原始人从生物群体向社会群体转化过程中产生的，目的在于控制人的原始自发的性本能对正在形成中的社会群体的危害，控制因两性关系发生的内部冲突。这种禁忌规范就是最早的社会意义上的行为规范，载 http://www.law.com.cn/lcs/program/html/falvchangshi_content.php? ItemID = 633677375&ID = 6928，访问日期：2008 年 1 月 13 日。

非"的观念，这种是非观念首先表现为对一些行为的一定"禁忌"。①

有关"禁忌"，俄罗斯学者 Ю. И. Семёнов（Ю. И. 谢苗诺夫）说："'禁忌'是比一般原始社会的禁规更为古老的社会规范的变种，是最古老的社会规范。"② 近年来，许多中外学者也开始认同这一观点，如"禁忌是法律诞生前的公共规范"，或有"禁忌是法律的前身"等说法。另一位苏维埃学者、法学家 Т. С. Явец（Т. С. 雅维茨）在其《法的一般理论——哲学和社会问题》一书中也曾提道："在遥远的过去，单纯依靠'禁忌'调整人们的相互关系，是规范人们行为的最初和最低级形式。在当时，'禁忌'的作用和效力是由恐惧和习惯保障的，它被看成是统治整个共同体的自然的、基本的力量。"③ 19世纪俄罗斯民族学家 М. М. Ковалевский（М. М. 科瓦列夫斯基）曾经有过一种解释，认为"禁忌"的出现是为防止原始人群集体内部的冲突，这种冲突是原始人群内部实行杂乱性关系的结果。④ 德国哲学家 Ernst Cassirer（恩斯特·卡西尔）在他的《人论》中谈到原始社会的禁忌时也有论述，他认为："禁忌"体系尽管有其一切明显的缺点，但却是人类迄今所发现的唯一的社会约束和义务体系。它是整个社会秩序的基石。原始社会体系中没有哪个方面不是靠特殊的禁忌来调节和管理的。统治者与被统治者、政治生活、性生活，无不具有神圣的契约。甚至连财产在一开始似乎也有一种禁忌制度：占有一个物或人——占有一片土地或同一个女人结婚——的最早方法，就是靠一个禁忌记

---

① 一般来讲，"禁忌"是某种在原始社会中存在的观念或规则，其禁止人们同"神圣"的或"不洁"的东西和事物接近，否则会招致超自然力的惩罚。20 世纪 80 年代初，苏维埃联盟史学家 Ю. И. Семёнов（Ю. И. 谢苗诺夫）在《婚姻和家庭的起源》中用大量史料证明：原始禁忌是社会规范的最早形态，属于某种最古老的社会规范，并从社会控制角度对原始禁忌问题做了深刻阐述。这有助于填补社会规范起源问题的空白。除此之外，中国学者蔡俊生的《人类社会的形成和原始社会结构》、美国学者怀特的《文化的科学》、法国学者 Lvy‐Bruhl（列维·布留尔）《原始思维》及 Friedrich Von Engels（弗里德里希·冯·恩格斯）《家庭、私有制和国家的起源》等论著也都在不同程度上涉及与原始禁忌有关的问题。参见蒋立山：《从原始禁忌看社会规范的起源——读谢苗诺夫〈婚姻和家庭的起源〉》，载 http：//www.laww.cn/html/2006‐07/4955.htm，访问日期：2007 年 11 月 13 日。

② 参见蒋立山：《从原始禁忌看社会规范的起源——读谢苗诺夫〈婚姻和家庭的起源〉》，载 ht-tp：//www.laww.cn/html/2006‐07/4955.htm，访问日期：2007 年 11 月 13 日。

③ 因此，他认为，原始社会中的社会规范是按着"禁止性规范"（禁忌）—"义务性规范"（道德义务）—"授权规范"这三个阶段发展起来的。"禁止性规范"，也就是原始禁忌，是社会规范发展的起点。显然，Т. С. Явец（Т. С. 雅维茨）是把此观点作为某种定论（至少在苏维埃联盟法学界无太大争论）的东西来论述的，因此他对此并未做过多的阐述，是 Ю. И. Семёнов（Ю. И. 谢苗诺夫）使我们对此有了较详细的了解。参见：蒋立山：《从原始禁忌看社会规范的起源——读谢苗诺夫〈婚姻和家庭的起源〉》，载 http：//www.laww.cn/html/ 2006‐07/4955.htm，访问日期：2007 年 11 月 13 日。

④ В. И. Сергеевич. Лекции и исследования по древней истории русского права. Под ред. и с предисл. В. А. Томсинова. М., 2004. С. 14‐16.

号来标志他们。禁忌作为一种规范的重要作用在于被它所否定的那些方面,①
部族或其成员往往因为行为符合了不同禁忌规范所否认的那些方方面面而受到
不同的惩罚。这其中,对禁忌规范违反的判断,对其否定方面的符合性认证其
实也就是始罗斯原始社会时期对于初罪观念的认知与判断方式,不同的禁忌规
范具有不同的判断标准,这应当就是始罗斯原始社会时期对于犯罪的不同认定
标准。因为,违反了禁忌就是对原始社会秩序的破坏,就是反社会生活的行
为,当然也就成了犯罪行为。可以看出,这其中包含对禁忌进行判断的思想应
当就是今天俄罗斯犯罪认定及其基础理论最初的思想形式之一。

(三) 行为规范

　　始罗斯时期,对于氏族部落或部落成员间争端的解决,往往是由当事双方
所在部落头领或各氏族部落头领针对发生的侵害事实共同协商处理。当时,对
于侵害行为的判断思维与判断过程甚为简单,部落成员如果认为自己受到了侵
害,如财产损害、身体伤害或侮辱名誉等,就可以请求本部落头领帮助复仇,
本部落头领会对其成员的“抱怨”(刑事诉讼学者认为,这即俄罗斯诉讼程序
中“申诉”的最早形式)进行事实性认证并决定是否向对方进行公共复仇。②
在判断所遭受的行为是否为侵害(或侮辱)的过程中,慢慢形成了一种惯例,
对应当将某些行为认定为是“侵害”行为或“侮辱”行为,各部落间约定俗
成地达成了一致的观点。其后,这些一致观点逐渐变成部落间公认的习惯。对
于违反该习惯的成员与部落,就会被认为是实施了犯罪,因此也必将会受到严
厉的报复或惩罚。③ 随着该习惯逐渐被各氏族部落所接受,产生了部族间共同
约定遵守的行为规范。这段时期,部落与成员的财产以及部落成员的健康与生
命是最为重要的东西。氏族首领会针对不同的财产、生命或者健康侵害决定采
取何种复仇方式,在这种举动中,包含了简单的“初罪”评价标准与阶梯刑

---

　　① 例如:“氏族的任何成员都不得在氏族内部通婚,这是氏族的根本规则,是维系氏族的纽带”。
因此,族外婚是氏族社会的基本婚姻形态和根本特征,它包括两方面内容。一方面,它意味着在不同
氏族组织的成员之间存在着性关系自由;另一方面,氏族内部成员的性关系又被严格禁止。在这两者
中,主要的和具有决定意义的是它的否定方面,是性禁忌规范。对违反这种规范而发生的两性关系,
一般不仅被看成是道德上的过失,而且是所有罪中最严重的罪行,通常要处死刑。在原始社会,杀
死乡亲往往可以被集体宽容,但违背了禁忌规则绝不会得到宽容。

　　② 参见: Теория государства и права. /Отв. ред. А. И. Королев, Л. С. Явич. Л. : Наука, 1987. с -
522.

　　③ 参见: Марксистско - ленинская общая теория государства и права. Социалистическое право.
/Под ред. Е. А. Лукашевой. М. : Наука и жизнь, 1973. с - 95.

罚的选择。① 由此可见，虽然人们对于犯罪认定的思想还处于混沌蒙昧的自发阶段，但是，从判断何种行为违反了何种行为规范而应当被认定为是何种"обида"并应受到相应惩罚这一逻辑方式上看，已经包含有较为体系化的犯罪判断方法与思想意识。

本书推断，此时犯罪认定及其基础理论尚未形成体系化萌芽的一个更加重要的原因应当在于，当时所有涉及犯罪的问题都处于初级的诉讼活动阶段，人们权利受到侵害时往往根据"抱怨"（申诉）规则诉诸本部落头领，由头领作出擅意裁断。这是一个没有任何实体法意味的时代，一切涉及定罪问题的思想观念都包含在所谓的初级诉讼活动之中，体系化的理论因此尚无从而论。

（四）公社规范（部落规范）

始罗斯时期，继"禁忌"（即"禁止性规范"）之后，逐渐出现了以道德为内容的义务性规范，即"氏族公社规范"（也称之为"部落规范"）。② "部落规范"具有社会规范的基本内容，在维持氏族部落的社会秩序上起到了一定的控制作用。随着人们对习惯与行为规范认知的逐渐完善，氏族部落对于违反部落习惯与风俗的行为或是侵害部落利益的行为形成了一定的裁断与惩罚规则。规则明确了何种行为是受到部落规范允许的行为，何种行为是应当受到部落规范报复的行为。③ 其中，应当受到报复的不同种类行为，究其实质，同当代各种传统的犯罪行为并没有什么具体的差异，例如盗窃、杀人、强奸、诈骗等行为。据《往年纪事》④ 记载，当时在东斯拉夫人的公社规范中包括许多规则，有解决婚姻家庭纠纷的、财产争议的、身体伤害的、生命侵害的等，这些规则几乎涵盖了始罗斯社会生产与生活的各个方面。

Friedrich Von Engels（弗里德里希·冯·恩格斯，1820～1895）在《家

---

① 参见：Н. Ф. Кузнецова. Состав преступления（спорные вопросы）//Вестн. Моск. ун - та. Сер. Право. 1987. N 4. с – 12.

② 参见：Теория государства и права. /Отв. ред. А. И. Королев, Л. С. Явич. Л. : Наука, 1987. с – 522. Марксистско - ленинская общая теория государства и права. Социалистическое право. /Под ред. Е. А. Лукашевой. М. : Наука и жизнь, 1973. с – 197.

③ 参见：Марксистско - ленинская общая теория государства и права. Социалистическое право. /Под ред. Е. А. Лукашевой. М. : Наука и жизнь, 1973. с – 197.

④ 又译为《编年纪事》或《最初编年史》、《史初编年史》。是俄罗斯从基辅罗斯时期流传下来的最古老的编年史。大体上按照年代顺序记述了东斯拉夫人和古罗斯国家的历史。它的编纂者一般认为是基辅彼舍拉（山洞）修道院僧侣涅斯托尔，资料来源主要是拜占庭编年史、斯拉夫人历史著述、某些罗斯编年史手稿、王公贵族档案以及民间传说等。该编年史中包含关于东斯拉夫人和古罗斯的政治、经济和文化方面的资料，其中对俄罗斯法律规范的形成做了详尽的记述。

庭、私有制和国家的起源》中认为，原始社会至少存在着侵犯氏族、部落制度、拒不服从氏族及部落最高权力的犯罪，杀人、伤害的犯罪，拒不保护母系血亲和否认母系血亲的犯罪，妻子通奸的犯罪等。[①] 还有诸如领罪、叛逆罪、胆怯、巫术、对立法贵族身份的违反、违反地方性法规、滥用贵族誓言等各种犯罪。[②] 对这些犯罪行为采取什么样的认定标准，具有哪些符合此种或彼种犯罪认定规则与形式特征的才能认定为是犯罪，从该部编年史有关始罗斯公社规范的记述中都可以找到对应规定。根据这些规定，对财产、健康或生命的侵害就是违反了公社规范的行为，应当受到报复，这也就是我们现在常说的：构成了犯罪的行为应当处之以刑罚的意思。可以断定，这种所谓公社规范违反与我们现在所说的刑事违法没有什么实质的不同，而对财产、健康与生命侵害事实根据的认定，基本上也包含了"侵害主体"、"侵害对象"与"侵害结果"这样一些当代犯罪构成体系中主客观元素所应具有的犯罪构成特征，只不过限于当时社会发展状况与原始人类认识的局限性而没有形成系统的理论模式和表述而已。

（五）宗教规范（多神教信仰）

在有关文献与记载中可以看到，在俄罗斯社会历史初期阶段，受地域与文化的影响，其祖先东斯拉夫人一直以多神教（也被称为自然物崇拜）为主要的宗教信仰。[③] 他们崇拜于各种自然的神灵，相信神是无处不在、无所不能的，把所有超乎思维理解之外的自然现象都解释为神的作用。崇拜自然界、崇拜祖先，将种种自然产生的现象奉作神明的意志加以顶礼膜拜，相信存在许多神，不同的神具有不同的权能，他们之间或者相生相克、相辅相成，或者上下隶属、等级森严，这一切都紧密地同偶像崇拜和通灵巫术相互关联。[④] 当时，

---

① 参见：Н. Ф. Кузнецова. Состав преступления（спорные вопросы）//Вестн. Моск. ун – та. Сер. Право. 1987. N 4. с – 13.

② 参见：А. Н. Трайнин. Общее учение о составе преступления. Госюриздат, 1957，стр. 59 – 60.

③ 多神教是指信奉多种神灵的宗教，这种宗教由原始社会的万物有灵论发展而来。人们对各种自然现象和社会现象，如天、地、日、月、风、雨、战争等现象不能理解，以为这些现象是由一些神秘力量所操纵的，并将其人格化，统统崇拜为神。各种多神教一般都有一些具有特定职司的神灵，如山神、河神、战神以及各种行业神等，也或许有一些与特定地区具有特定关系的神灵。社会分裂为阶级后，有的多神教，通常在众神灵中有一位最高的主神，其他诸神之间也有一定的等级关系，这实质上是阶级社会等级制度的反映，载 http：//www. tecn. cn/data/detail. php？id = 14487，访问日期：2007年5月14日。

④ 例如，始罗斯人信奉自然物，认同自然之中存在着诸神灵，天神称之为"斯瓦罗格"，太阳神称之为"达日博格"，雷电神为"佩隆"，以及火或者自然界其他的力量和现象，载 http：//www. tecn. cn/data/detail. php？id = 14487，访问日期：2007年5月14日。

没有统一的法律规范与形式，各氏族部落都奉行自己的习惯与规则，对于犯罪的认定与处罚规定相当繁多且相当混乱。其中，依靠古老神意进行裁决成为犯罪行为认定的一种方式，表现出"神灵裁断"、"神意定罪"的天意予裁思想。即指认定一个人是否具有罪孽、具有何种罪孽以及因此应当遭受何种惩罚，要以诸天神的意志来决定。在俄罗斯的《始初编年史》[①] 中也曾经说过，将违反部落规则的人流放到大自然中，让上天的神灵来对他们的罪恶进行裁决。也就是说，如果根据各部落的习惯与规范难以判断这个人是否有罪，那么，不同部落会根据不同的信仰由庇佑该部落的神灵进行裁断。信奉水神的氏族部落会将接受神灵裁判的人丢到水里或者海里、信奉火神的民族就会将人放到火中用火烧来考证，再如信奉天神的部落就会将人遣送到荒芜人烟的地方或者一望无际的平原地带或是莽莽丛丛的原始森林，让不同的神灵来裁决他的行为是否为罪，是否应当受到神的惩罚。这时，侥幸逃生的人就会被认为是受到宽恕的，也就意味着他没有罪过，他的行为自然就不是犯罪。[②]

应当说，始罗斯时期与初罪观念有关的还有其他诸如道德规范、伦理规范、等级规范等其他一些社会规范。但因这些内容多少在禁忌规范、行为规范、部落规范、宗教规范中有所包含，故这里不多作赘述。

三、理论的形成阶段

如果说始罗斯时期是当代俄罗斯犯罪认定理论思想萌芽产生的基础，那么，引导俄罗斯刑事立法成文化的社会规范成文化活动则使其得到了孕育形成的机会。这段时期以古罗斯（基辅罗斯）国家形成为开端，以俄罗斯中央集权形成与巩固及俄罗斯帝国创立时期为节点，俄罗斯刑事立法成文化活动促使犯罪认定理论至此开始了世纪新元。[③]

伴随古罗斯国家体制逐渐形成，许多通行公认的社会规范逐渐形成了文字性材料并予以公布昭示。由此，古罗斯的刑事规范也得以成文，当时的成文化法规中有了明确规定行为成罪属性与应受刑罚性质的决疑性法令

---

① 即《编年纪事》。

② 参见：Теория государства и права. /Под ред. А. Ф. Шебанова. М: Юридическая литература, 1968. c – 133.

③ 需要说明的是，这段时期，俄罗斯的刑事立法规范与其他法律规范诸如商事、民事、行政事务的法律规范还处于一个体系，而且刑事立法规范本身也没有总则与分则的具体区分界限。

（казуистические нормативные прдписания）。① 这些法令规范中具有俄罗斯当代犯罪认定基本模式的一些鲜明特征，显现出对于犯罪的确定既要注重犯罪行为在法律特征上的判断，也须注重对犯罪行为实体性特征予以认证的特点。可以看出，这种犯罪认定模式已经明显具有实质判断与形式判断的区别。根据当时立法者的观点，二者在犯罪认定中地位与作用基本相同，没有厚此薄彼的区别。从这些法令的具体内容上看，依据明确的规范性条文将行为成罪的认定特征划分为客观方面与主观方面的特征十分明显。当时的规范性条文中可以看到有规定具体的行为主体、行为侵害对象、行为侵害后果等当代犯罪构成理论所应当具有的内容。②

虽然在资料上难以考证决疑性法令适用时期古罗斯立法者对于犯罪认定模式设定的原因与思考过程，但是，从当时以及其后颁布的一系列条约、规范、法令与法典中可以推断，犯罪认定的内容与模式在不断扩充、完善，由此也可以推测犯罪认定的指导思想在不断前进发展，犯罪认定的理论体系正在逐渐得以形成。

（一）"基辅罗斯"——"拜占庭条约"时期

公元 9 世纪末 10 世纪初，古罗斯的几位大公③迫使拜占庭签订了 4 个条约。④ 在《九一一条约》与《九四四条约》中，明确规定了具体的刑事犯罪与刑事处罚类别以及刑事法律关系，条文详细列明了实施哪些违反条约的行为并造成哪些后果时，是应当按照拜占庭与古罗斯的法规与法律审理裁判的。需要注意的是，在古罗斯，初期的刑事责任形式也产生于这段时期。这些规定显现出 10 世纪前后古罗斯立法者在构建犯罪认定模式上的设想与尝试。当时对犯罪的形式判断与实质判断被立法者与司法者予以同样的注意。根据两部条约

---

① 也称"诡辩规则"或"决疑法则"。中世纪法学、烦琐法学和神学中利用一般的教条来分析解释个别事例的方法，是指在按照原则性的法律条文相应的处理各种具体的案件。较为令人吃惊的是，这种已被弃用的古老规则，在目前俄罗斯学界显示出逐渐兴起的态势。

② 参见：《规范性法令及其形式与意义》，载俄罗斯法律论文网，http://works.tarefer.ru/67/100006/index.html，访问日期：2012 年 4 月 29 日。

③ 在罗斯史上，奥列格（879～912）、伊戈尔（912～945）、奥尔嘉（945～969）和斯维雅托斯拉夫一世（969～972）四任公爵在位期间多次进攻君士坦丁堡迫使其签订了多个不平等条约。

④ 以往认为俄罗斯以成文法开始时制定的这些条约是承继了拜占庭法律习惯的影响，但是应当看到，这几部法规制定者的主要一方是基辅罗斯，它表达的是基辅罗斯统治者的意愿，所保护的是基辅罗斯的利益，因为同君士坦丁堡签订这样的法律条约，不可能不受到罗马法法律意识的影响，但是因此将俄罗斯法律的源头归结于罗马法是错误的观点，这也就像希腊和罗马的某些法律概念会互相渗透彼此的法律观念中，正像希腊—罗马法的术语渗入奥列格与希腊人签订的条约中的某些条文一样，但是二者依旧有本质的不同。

条文的规定，犯罪认定的主要依据是行为的"利益侵害性"与"侵害行为的客观表现"。"行为成罪的客观表现"是条约条文中规定的具体犯罪样态，而将某些行为认定为条约规定中的具体犯罪，则是因为行为实质上是对利益造成侵害。[①] 这些条约带有国家间性质，它的效力及于基辅罗斯与拜占庭两国国内的所有犯罪，对于古罗斯初级犯罪认定模型的构建也具有一定的指导意义。按照 В. С. Комиссаров 教授（В.С. 卡弥萨拉夫）的观点，这些条约中涉及刑事犯罪部分的规定，为当代俄罗斯犯罪认定模式搭建了初级的理论雏形，这个雏形以犯罪行为的实体特征与法律特征为构建基础。这里的实体特征是指行为的利益侵害性，法律特征则是条约中对各种侵害行为成罪的事实记述。[②] 但是，俄罗斯学者 А. В. Наумов 教授（А.В. 纳乌莫夫）则认为，俄罗斯的犯罪认定基础理论并没有那么长的历史发展期，在 19 世纪基本理论模式形成之前，根本无法在俄罗斯的法律发展史中探寻到它的基本形态。这段时期的法律："从中根本看不出一点思辨者的身影，它只不过是统治阶级表达意志的一个工具，没有理性、没有思想。"因此，也就没有所谓的理论形式。对此，应当承认，如果从历史发展观角度看待犯罪认定基础理论问题，其历史形态对于理论体系的形成还是具有一定的影响作用，要不就无法解释为什么当代犯罪认定模式与古罗斯时期犯罪认定方式中的许多相似之处，[③] 如对部分犯罪构成特征的规定——"在犯罪构成特征判断上，需要有特定的犯罪主体、犯罪意图、犯罪对象、危害行为以及其所致的危险与危害支持犯罪认定的进行。"根据《九一一条约》第 6 条规定，可以发现那段时间古罗斯的法律在犯罪认定中已经包含有"排除犯罪行为"（非罪化、必要防卫）的特别规定（例如：在犯罪地点抓捕时致犯人死亡或抵抗者死亡的，再或者打死小偷不受惩罚的规定），[④] 而从《九四四条约》第 5 条规定则可以发现，那段时期的"意图"、"未遂与既遂"与"行为主体"等表征当代犯罪构成特征的概念已经成为犯罪判断中

---

① 参见：В. С. Комиссаров. Российское уголовное право. Общая часть. Особенная часть. Совместно с кафедрой уголовного права МГЮА. М., изд-во " Проспект". 2006. с-55.

② 参见：Н. Т. Кадников. Классификация преступлений в зависимости от тяжести. ЮИ МВД РФ.. 2001 г. с-234.

③ 参见：Комментарий к Уголовному Кодексу Российской Федерации /Под ред. Скуратова. Ю. И., Лебедева В. М. - Изд. 3-е, изм. и доп. - М.: Норма-Инфра-М, 1999. с-452.

④ 《九一一条约》第 6 条："如若罗斯人偷盗基督徒的财物或者相反，基督徒偷盗罗斯人的财物，如果正在进行偷盗时被人抓获，盗贼为抗拒逮捕而被打死。那么，无论是基督徒，还是罗斯人，不应因打死窃贼而交付审判。"

的必要判断条件,① 再如《九一一条约》第4条对"犯罪主体"、"犯罪对象"与"客观行为"都作出了明确规定,② 具体"减轻与加重的犯罪情节"在该条约当中也有具体的规范性表述。③ 并且,其中还规定了犯罪认定的基本原则,即该条约第3条明确规定犯罪认定应当根基于相应的证据与事实,不得擅自裁断。④

    题外一点,从条约规定表述中我们可以了解,这段时间为了说明犯罪的基本范畴,已经开始统一使用"行为"、"犯罪"(обида、преступления、проказа、съгрешение)以及"刑罚"(наказание、епитимья、казнь)等专门的法律术语,在相关法律文书中出现了"犯罪认定"的规范性表述。是否由此可以推断,古罗斯这一时期犯罪认定的基本思想已经开始产生,而这,正如本书开篇所讲的那样,任何新生事物在产生之初,都要经历一个由弱到强、由简单到精细,由部分到整体这样一个逐步发展完善的转变过程。犯罪认定基础理论体系亦是如此,从最初的一些简单的思想部件、组织、结构等零散的东西,经过漫长的历史年代,在特定环境下,受特定因素影响,不断堆积、验证、改进、发展,最后逐步得以形成完整的理论体系。

---

    ① 《九四四条约》第5条:"如果罗斯人企图对我们帝国的人们进行某种图谋不轨的行为,将受到严重的惩罚。如若已经得手,应支付两倍的赔偿。如果是希腊人对罗斯人进行了同样的行为,将应受到如同他那样的惩罚。"

    ② 如果罗斯人杀死了基督徒,或者基督徒杀死了罗斯人,那么就在行凶现场处死凶手。如若行凶者逃亡,他要是有财产的话,应该根据法律规定,将其财产的一部分赔偿给被害人的近亲,而凶手的妻子则可以根据法律的规定保留一部分财产。如果说,行凶杀人者没有财产,而且又逃亡了,在未抓获前暂不进行审判,抓获后,予以处死。

    ③ 《九一一条约》第5条:如若用剑砍砸他人,或者使用某种器物打击他人,那么根据罗斯的法律,对于砍砸或打击的行为,应缴纳白银五升。如若行凶者没有财产,那应尽其所有交出全部东西,另外,在没有其他人向行凶者提供任何资助的情况下,行凶者要根据自己的信仰发誓。那么,他所拖欠的部分不再予以赔偿。

    ④ 该条文具体内容如下:"如果发生了有关行凶作恶的事,对于凶手我们双方商定如下处理:'如若证据确凿、案情清楚(在另外抄本里为"凡有明确、具体证据(物证)的控告,应当予以成立。或者如有犯法行为的明确证据"),对于这样的原告,应当予以信任,如若人们对案情从一开始就有所怀疑,则要求被怀疑方面的人举行发誓。如果按照自己的信仰举行过宣誓之后,还是证明他确实犯了罪,则应该受到惩罚。'"

（二）《罗斯真理》①与"法律汇编"时期

公元 11 世纪在古罗斯国家法制史上具有时代开篇之意。这一时期，古罗斯国家最重要的成文法典《罗斯真理》颁布。虽然当时的民事规范与刑事规范并没有得到详细的区分，刑事法典也没有单设出来，刑事法也没有划分总则与分则，犯罪认定的大致模式基本还保留着 20 世纪的样式。其主要的功能依旧只是一个裁判行为人行为与犯罪是否具有同一性的判断工具。不过，《罗斯真理》中明确出现了"обида"这一术语，并明文规定为是"对法律所保护的利益予以侵害的行为"，这就等于说是在法律上确认了犯罪行为——"обида"的基本性质。而这一概念，同现当代的犯罪概念又有什么实质性的差别呢？此外，在该部规范的具体罪状中，也以明确的罪刑规范对何种行为应当是具有犯罪性质的行为在法律上预先设定了行为的方式与模型。这不仅意味着当代犯罪认定基础模式中的实体性判断根据（犯罪的实体特征）在古罗斯时期就已经具有了法定的地位与身份，而且，也说明立法者对于犯罪认定模式应当如何构建业已有了一定的思索与探讨。只不过因特定的社会状况所限，统治者法律权力的绝对化，被统治者又极端服从于统治极权，从而导致在很长一段时间，这种变化并没有对当代犯罪认定基础理论的形成起到促进作用。

"法律汇编"则是继《罗斯真理》之后，随着古罗斯中央集权制的巩固而在不同历史时期对法律制度进行补充完善的一系列法律文件。② 这些法律汇编中有关犯罪认定的基本模式已经具有了当代犯罪认定模式的明显特征。其中，《德文斯基规约》、③《普斯克夫斯基诉讼文书》、④《一四九七年律书》⑤ 与《一五五零年律书》⑥ 等几部法律汇编对"犯罪概念"定义与"犯罪种类"的划分在法律上非常明确地加以规定，对犯罪认定模式与犯罪行为基本特征也进

---

① 又称《罗斯法典》或《雅罗斯拉夫真理》。《罗斯真理》中规定："如果发生了有关行凶作恶的事，对于凶手我们双方商定如下处理：如若证据确凿、案情清楚［在另外抄本里为'凡有明确、具体证据（物证）的控告，应当予以成立。或者如有犯法行为的明确证据'］，对于这样的原告，应当予以信任，如若人们对案情从一开始就有所怀疑，则要求被怀疑方面的人举行发誓。如果按照自己的信仰举行过宣誓之后，还是证明他确实犯了罪，则应该受到惩罚。"

② 参见：М. Ф. Владимирский – Буданов. Обзор истории русского права. Ростов – на – Дону, 1995. с – 223.

③ 参见：Двинская Уставная грамота.

④ 参见：Псковская Судная Грамота.

⑤ 参见：Судебник 1497 г，又译译为《一四九七年大公律书》。

⑥ 参见：Судебник 1550 г，即《一五零零年大公律书》。

行了明确规定。① 当时，这些法律汇编涉及的内容相当之广泛，几乎囊括了古罗斯社会制度的方方面面。这为其后俄罗斯刑事立法法典化活动奠定了基础依据，并在很大程度上影响到其后一系列刑事法典具体规范的设定与修订。该汇编中对于犯罪概念的定义、不同犯罪类别的构成特征等规定成为当时司法实践活动中犯罪判断的法律依据，并对犯罪认定基础理论组成内容的设定产生了决定性影响。

总体上讲，虽然这一时期俄罗斯犯罪认定及其基础理论的思想萌芽尚在孕育阶段，但是，相应的犯罪认定模式已经较为完善。构造上清晰地显现出与当代犯罪认定理论模式的两部分基础性判断根据组成十分近似的特征：

1. 实体性判断根据——法定化的犯罪实质概念。一般认为，俄罗斯的犯罪概念法定化时期是在 18 世纪之后。实际上，其作为一个法律概念并被法定化的时期应当是在 11 世纪《罗斯真理》颁布时期。② 《罗斯真理》将 "обида" 作为犯罪概念明确规定在条文中，并对其作出了明确的定义："致使个体或部分群体遭受某种物质的、身体的或道德情感上的侵害。" 这是一个最初的、实质性的犯罪定义，而这些侵害的具体表现形式则是以条文描述在《罗斯真理》中予以确定（当时的犯罪概念没有民事违法行为与刑事违法行为的区别，不过，这一实质定义的产生对于指导犯罪认定依然具有重要意义）。在《普斯克夫斯基诉讼文书》中，犯罪概念实质定义的范围得以扩大，在定义表述中增加了 "国家" 这个概念，从而将行为侵害的对象扩及到了国家范畴。《一四九七年律书》对于犯罪实质定义的解释则有别于《罗斯真理》与《普斯克夫斯基诉讼文书》，该律书认为："犯罪就是一切危害国家或统治阶级整体利益，法律因此应当禁止的任何行为。" 同时，该部律书给予了犯罪一个特别的法律符号或曰之为法律术语，即将犯罪喻为 "恶毒的事情" 或 "恶毒的活动"（лихим делом）。③

2. 法律性判断根据——明确的犯罪客体特征。④ 从《罗斯真理》有关犯罪概念的定义与具体罪刑规范规定上可以看出，犯罪客体是犯罪认定的判断依

---

① 参见：Развитие русского права в XV – первой половине XVII в. М.，1986. с–5.
② 在《罗斯法典》中可以看到，它有揭露行为本质的犯罪概念 "обида"，有犯罪构成模型的组成元素，或者说是犯罪构成特征，很多学者由此推论，这应当是当代俄罗斯犯罪认定理论基本模式的雏形。本书作者基本上也支持该观点。
③ 其他相似的概念还有 "лихое дело"（《Судебник Ивана Грозного》），"злое дело"（《Соборное Уложение 1649 года》）等。
④ 虽然这一时期没有明确地区分犯罪对象与犯罪客体，二者往往是混合在一起的，《罗斯真理》与《普斯克夫斯基诉讼文书》中有的条文中侵害的是具体犯罪对象，有的条文中则是抽象的权力或利益。但是，这并不妨碍认为当时的犯罪认定将犯罪客体作为形式性评价的内容。

据。最初的犯罪客体只限于个人与社会秩序，虽然古罗斯早期国家已经建立，但是，有关"国家"与"国家权力"的概念和理论很长时间未能形成。因此，以上两个概念在《罗斯真理》适用时并没有被规定为是法律客体，因此就更谈不上是否是犯罪客体的问题。而在《普斯克夫斯基诉讼文书》中，对犯罪构成特征的认定扩大了犯罪侵害对象（往往很多时候被等同于犯罪客体）的范围，除了人身个性与财产利益外，国家与部分公务人员的利益也成为犯罪侵害的客体。① 可以看到，犯罪客体与侵害对象当时是两个没有明显区别的概念，对侵害对象与犯罪对象、犯罪客体与侵害客体间区别与联系的划分依据也尚无可靠资料予以求证。

3. 法律性判断根据——明确的犯罪主体特征。《罗斯真理》的部分条文对犯罪主体进行了限定并根据不同的罪行属性进行了明确划分。犯罪主体被规定为是除奴隶之外所有对罪行应当承担责任的自由人。奴隶不具有自由人的身份，甚至当时的某些观念认为，因为奴隶是物品和附属品而不具有人的属性，因此，奴隶实施的违法行为应当由其主人承担。俄罗斯很多研究者认为，犯罪主体的范围在这一段时期是渐渐得以扩充的。到了《一四九七年律书》时，犯罪主体的规定产生了新的变动，奴隶成为独立的犯罪主体，同时也产生了有关"连带责任"与"特殊主体"的规定。根据该律书，奴隶在实施相应犯罪行为时，应当对自己的罪行承担罪责。"特殊主体"与"连带责任"则规定为是犯罪者的近亲属、同村居民应对该人的罪行承担相应责任，加害人或其近亲属应向被害人或其近亲属支付赔偿金等条文。②

需要说明的是，这段时期，虽然法律上确认了犯罪的客体与主体，犯罪认定也依据相关的规范进行判断。但是，古罗斯的法律者对于犯罪主观元素与客观元素并没有系统化的认识，因此也就没有形成系统性的犯罪认定模式。涉及于此而较有意思的是，在这些法典与汇编中初次出现有关主观过错的内容——"恶意的程度"，从主观上将犯罪分为恶意的、疏忽的与偶然的犯罪，此外，还区分了未遂与既遂犯罪形态，对共同犯罪做了具体规定，明确了教唆犯罪与有预谋犯罪的区别。③

---

① 参见：Советское уголовное право. Часть Общая Госюриздат, 1952, стр. 163.
② 参见：И. А. Исаев. История государства и права России. М. 1996. с – 241.
③ 参见：И. А. Исаев. История государства и права России. М. 1996. с – 39.

（三）《一六四九年法律全书》与《一七一五年军法条例》时期

17 世纪中期至 18 世纪，古罗斯通过并公布了以《一六四九年法律全书》①与《一七一五年军法条例》②为代表的一系列规范性法令。在这些法律文件中，刑事法与民事法规范各自形成了一个相对独立的规范体系。刑事规范独立成章之后，犯罪认定模式的设定与基本指导思想的确定问题开始受到立法者与法学家的关注。据《古罗斯法律思想史》所载，在《一六四九年法律全书》制定过程中，罗曼诺夫王朝第二代沙皇 Алексей Михайлович Тишайший（阿列克赛·米哈伊洛维奇·季莎申）曾组织国民会议对此进行讨论。当时，法律汇编委员会成员也曾借鉴日耳曼法与教会法中的定罪思想，设计了不同的定罪模型。最后，通过辩论，多数成员认为保持传统的犯罪认定模式并对其进行完善较为妥当。这时，对于沙皇、元老院与参议院的成员们来说，有关犯罪认定得以肯定的一个命题就是："客观地说，我们会认为，法定的犯罪认定模型正在重新受到调整，以行为实体特征作为犯罪认定基本标准的判断方法正在成为立法导向的新主流。"因为"法定的犯罪认定模型不具有抽象性，当其不能服务于沙皇统治的现实需要之后，它就面临着解体的命运。而犯罪实体性判断根据基本上是以利益侵害为主要特征，可以随时适应定罪活动的需要，对于法律规定调整不能的范围，利用法定判断根据与实体判断根据综合认定则可以更好地维护皇权统治"。③

从两部法规内容上看，在当时整个"法制流转"（юридический оборот）过程当中使用的一些概念与术语，完全符合俄罗斯当代犯罪认定理论中的基本概念与用语，如"犯罪"、"过错"、"故意"、"明知"、"行为"、"犯罪特征"、"责任"等颇具时代性的词汇。并且从立法上赋予了犯罪概念以新的定义："所有违抗沙皇意志、破坏法律规定同时侵害国家制定的法律秩序的行为都是犯罪。"④而什么行为是违抗沙皇意志的行为，在具体的犯罪认定中存在着很大的恣意性。还有一点就是，破坏法律规定与侵害国家制定的法律秩序应当入罪的规定使其带有一种"具有刑事违法性就应当成罪"的意味，这个规

---

① 参见：Соборное Уложение1649，也被译为《阿列克赛·米哈伊洛维奇法典》或《一六四九年会典》。

② 参见：соборноесуложение АРтикил Воинский1715，它是一部军事法典，但有些内容往往适用于一般居民。

③ 参见 http://hrono.ru/biograf/bio_a/alexey_mih.php，访问日期：2009 年 12 月 13 日。

④ 参见［俄］Н.Ф.库兹涅佐娃、И.М.佳日科娃主编：《俄罗斯刑事法教程（总论）》（上卷·犯罪论），黄道秀译，法律出版社 2002 年版，第 15 页。

定被俄罗斯学界视为其国家当代"法制思想"(可以将其认为是"罪刑法定思想"的俄罗斯版本)的本土根源。这时,在罪刑规范中设定的犯罪构成特征已经明确区分出主观因素与客观因素入罪的条件,如规范上已经认识到犯罪主观因素具有"纯粹的蓄意"(голый умысел——也可以将其称为"裸的故意",直译则是"赤裸裸的意图")这一特征,区分出故意犯罪与非故意犯罪类别,在主观因素中对犯罪参与主体也进行了一定的划分。① 在排除行为成罪性情节中首次将"急迫救难"② 作为犯罪认定的附加条件。要求认定犯罪时要考虑情节加重因素(手段极其残酷、利用自然灾害创造的条件、集众的犯罪等)与减轻情节因素(年龄、贫困、智力低下等)。并且,初次在条文中规定了将行为人罹患心理疾病作为免除刑罚处罚的情节。最为关键的是,对于犯罪主体与侵害对象规定得更加详细,特别设立了对 7 岁以下儿童免予刑事处罚的宽宥条款。显而易见,此时的立法对于犯罪主体条件已经有了更加具体的限制。③

此外,对于不同种类的犯罪在犯罪构成特征上划分得更加翔实。从犯罪种类上将犯罪划分为宗教罪、国事罪、侵犯人身罪和侵犯财产罪。在侵犯人身罪中,区分了杀人的故意与非故意杀人,规定了特别的杀人罪(如杀害双亲、杀害亲夫、杀害子女)与行为的方式与手段(如杀害亲夫的行为方式是活埋);将致人伤残、伤害与严重殴打等行为进行了区分,并从侵害名誉和财产罪中区分出来,构成单独的犯罪;在侵犯财产罪当中,明确了不同的侵财犯罪行为特征:窃盗、抢夺和强盗。并且规定了重犯盗窃至第三次则即处死刑(这明显是当代"累次犯罪加重处罚"的特别规定)。以上内容表明,当时在法律上已经具有较为完善的犯罪认定基础结构,这对当代犯罪认定基础理论模式的形成起到了构架作用,为该基础理论体系的形成与发展奠定了基础。

总体来讲,11 世纪至 18 世纪末,随着俄罗斯刑事立法规范逐渐同民事等其他部门立法规范分立并逐渐演变为一个独立的刑事法律系统,立法者与法学家在犯罪认定法律模型上,明确了犯罪行为的法律特征范围,如"犯罪主体"、"犯罪对象"、"犯罪客体"、"主观意图"、"排除行为成罪性因素"等规定。提出应当对犯罪特征与犯罪构成特征进行哲学的抽象与结合,使其成为具

---

① 犯罪的主要参与者为教唆犯与实行犯(第十章第 12 条),犯罪次要的参与者或者说过错人则是帮助犯与牵连犯(其中包括不揭发者、包庇者、窝赃者与藏匿者等)。

② 即指"紧急避险"(Крайняя необходимость),作者从该词语义上理解,认为译为"急迫救难"更为妥当。

③ 还规定了农奴犯罪的连带责任,侵犯沙皇与教会者的利益,对贵族的人身、财产与名誉进行的侵犯行为都会导致严厉的制裁。会视被害人社会地位高低的不同采取不同的刑事法措施。

有普遍指导意义的定罪思想。① 17 世纪下半叶，彼得一世法治改革时期，其改革智囊团中一名叫 Pheophan Prokopovich（费奥凡·普罗科波维奇）的学者②提出国家权力与法律适用间具有相对限制性，法律面前应当人人平等。由此认为俄罗斯的法制应当改革，应当走向合法开明的政治，融入欧洲先进的法治社会制度。彼得一世采纳了他的意见并对当时的法律制度进行大幅度的改进活动。当时，俄罗斯帝国的法学家们因此而提出应当限制法律权力的绝对化与任意性，在犯罪认定上应当将犯罪的实体特征判断与法律特征判断结合，从而保证能够使方方面面的犯罪行为与犯罪行为的方方面面都能受到法律的评价，这样，犯罪就能够得到合理制裁，法的正义与公平由此才能得到保障。③ 不过，上述思想虽然在当时具有一定的先进性与创新性，但因刑事立法规范本身没有形成一个独立的体系，刑事法总则与分则的内容也混杂在一起，加之统治特权不可能真正地倡导正义与公平，由此，其作为一个理论系统进行研究的重要价值并没有得到俄罗斯立法者与学者的过多注目。

　　经过以上一段时期的发展，犯罪概念的实质、形式性定义得以形成，其中有部分实质特征的规定（"行为成罪性"与"应受刑罚性"）、犯罪构成的基本概念及其部分组成特征（"过错"、"意图"、"加重情节"等）得到进一步的扩大与补充。最重要的就是法律不仅明确规定了"时效原则"即，行为成罪性与应受刑罚性应当由该行为实施时具有效力的法律进行评判。同时，还规定行为特征在不符合犯罪构成特征时应当"免除责任原则"（如"善意行为"，即因善意的误解、错误与无经验应当免除责任）。在各部汇编中出现了有关过错形式的内容（恶意的程度决定是否犯罪、何种犯罪、罪轻罪重）与共同犯罪的规定。初次提到何种教唆构成犯罪，规定了事先同谋团伙犯罪的共犯特征——"群体性的攻击"、"在斗殴与暴行中无共谋杀人"。1398 年的《德文斯基规约》初次规定了累次犯罪，1467 年的《普斯克夫斯基诉讼文书》将累次犯罪作为加重的犯罪情节明确予以规定。有关必要防卫④与犯罪未遂的法律规定也在这段时期逐渐完善。从这些情况来看，俄罗斯犯罪认定基础理论所要求具有的诸项条件，随着俄罗斯国家体制的不断完善而渐渐得以完善，这为下一步理论体系的形成与发展构建了一个稳固的基础。

---

　　① 参见：Советское уголовное право. Часть Общая Госюриздат, 1952, стр. 13.

　　② 俄罗斯国家和教会名人与神学家，彼得大帝改革的理论家和开明专制主义理论的倡导者。

　　③ 《罗斯真理》中将犯罪划分为"反对王公政权罪"、"侵害人身罪"、"侵犯财产罪"（包括强盗、窃盗、毁灭他人财产、损害他人财产、非法使用他人财产）等。

　　④ 也被中国学者译为"正当防卫"（Необходимая оборона），此处为直译。

四、理论的发展图景

19 世纪初，在俄罗斯产生了部门法法典编纂与刑事法规范体系化的明显趋势，俄罗斯的犯罪认定基础理论得以形成与发展应当归功于这段时期的刑事法法典编纂化活动。当时，新兴的资产阶级一方面逐渐强化自己同行政管理与集权统治的关系，另一方面资产阶级作为法律制度的新客体，必然要求法律对其进行更为充分的保护，编纂独立的刑事法典因特定的社会现实状况而成为必然要求。

刑事立法法典化初期，对于如何制定国家第一部刑事法典，在当时的俄罗斯学界产生了诸多争议，形成了许多观点与学说。在不断的辩论与探讨中，学者们认识到犯罪认定问题的理论价值及其对刑事立法规范制定与适用的重要意义。由此展开了系统性研究并逐渐形成了一个较为完善的知识体系。这一知识体系伴随着不同时期法典的制定，由普通的法律应用方法逐渐发展成为系统化的理论体系。

（一）理论图景的时代延展

1804 年，АлександрI. Павлович（巴甫洛维奇·亚历山大一世）沙皇组建了立法委员会，准备制定各个领域的部门法典。其中，如何单设刑事法典被认为是一个最重要的问题。应当编纂一部什么形式的刑事法典？怎样对基本指导原则与具体罪刑规范进行不同区分？是否应当在刑事法典中划分总则与分则？[①] 等等问题随之产生，并在立法者与法学家间产生了较大争议。在一系列法典编纂过程中的理论探讨，促成了刑事立法总则与分则的分立，从而导致刑事法总论与分论理论体系分支形成。这时，由于受西欧启蒙主义思潮影响，"罪刑法定"理念在世界范围内的传播使得俄罗斯学者接受到来自于其他国家的先进刑事法律思潮与法律理念，加之西方资产阶级社会政治法律学说的引进，引发了当时俄罗斯国内的一场政治与法律制度批判运动，采取何种犯罪认定模式能够更加妥当地认定犯罪，并在最大程度上保护刑事法所应保护的利益问题引起立法者与法学家的强烈关注与激烈争论。[②] 基于不同立场，立法者、学者间产生了观点上冲突，有主张借鉴德国多样态犯罪体系化构成要件学说

---

① 参见：Уголовное право. Общая часть. Учебник для вузов / Под ред. И. Я. Казаченко. , З. А. Незнамова. М. 2000. c – 257.

② 参见：А. С. Шляпочников. Толкование уголовного закона. М., Госюриздат, 1960, стр. 70.

的，有提出自主创新建立新的犯罪认定体系的，也有认为应当利用本土资源在现有模式上进行改造的观点提出（这时状况恰巧同中国当代犯罪构成理论改革争议的状况相似）。当时较为被广大学者所接受的是 Н. С. Таганцев 教授（Н. С. 塔甘采夫）提出的犯罪认定模式设定思路，[①] 即在总则中对犯罪实体特征进行明确的立法规定，作为一般的指导性原则，分则具体罪状中将各种体现犯罪实体特征的犯罪构成诸项特征进行法律说明，对具体各罪应当具有的实际样态进行法律明示，实体特征解释的是为什么行为构成罪，是性质的说明，构成特征的法律说明解释的是什么样的行为构成罪，从而构建了一个综合的"整体犯罪评价模式"，是表征上的说明。[②] 在他制定的 1903 年《俄罗斯帝国刑事法典》中，Н. С. Таганцев 教授也尝试着按照这种思路构架了该部法典。除这种整体性犯罪评价理论之外，在俄罗斯学界对于犯罪认定基础根据还存在着两种较有代表性的观点："法律特征判断说"与"实体特征判断说"（这两种观点的具体内容请见以后章节的详细阐述）。上述"整体犯罪评价学说"因与刑事立法与司法实践较好契合而成为学界通认观点，成为当代犯罪认定理论基础模式的一个理论根源。

可以看到，理论的探讨推动了立法的发展，立法的确认反过来又促进了理论的研究。其后制定并几次修订的《刑罚与矫正法典》及 1903 年《俄罗斯帝国刑事法典》因其制定者本身多为学界人士，因此受理论研究影响颇多，由此导致总则中犯罪概念的定义不断被加以调整，行为成罪的实体属性逐渐清晰，法定的犯罪认定模型也渐渐简洁合理，分则条文具体犯罪构成特征内容在不同时期的不同设定方式也反映出不同时期罪刑规范所规制的行为特征在不断被改进完善。这段时期，分则上可以看到已经形成基本的犯罪构成特征模式，各罪罪状往往表述为"某某人故意或过失地实施某某行为，导致某某危害结果的是某某罪"的表述，相应的理论体系在学界的探讨中也逐渐显现出清晰的轮廓。

1917 年，苏维埃社会主义共和国成立，因响应列宁建设苏维埃社会主义法律制度的号召，如何构建符合社会主义制度的、科学合理的刑事法典与刑事法律理论在苏维埃学界成为热烈探讨的话题，犯罪认定制度的新模式与新理论

---

① 对于是否要回到塔甘采夫时期的犯罪论体系构建犯罪构成理论体系的问题，中国学者支持与反对者各有高论。从塔甘采夫本人及有关其思想论述的著述来看，塔甘采夫的犯罪认定思想对于犯罪认定基础理论问题的研究还是具有极大价值的。但有关于此，关键的问题还是在于要正确了解塔甘采夫到底对犯罪认定做了什么样的论述。

② 参见：Н. С. Таганцев. : Русское уголовное право：Часть общая. Лекции 2 - е изд. , пересмотр. и доп. . Т. 2. 1902. с - 176.

如何构建问题，成为刑事法学家进行社会主义刑事法制改造的试验田。① 这时，对于旧的法律制度进行批评与否定是主流的立法指导思想，А. Н. Трайнин 教授（А. Н. 特拉伊宁）与 Я. М. Брайнин 教授（Я. М. 布拉伊宁）② 等学者在借鉴与改造大陆法系犯罪成立理论③的基本构造与要件基础上，创建了俄罗斯的"犯罪构成理论"。В. С. Комиссаров 教授认为，这为立法上的立体性法律模型打造了一个理论基础与基本框架，这不能不说是对犯罪认定理论新模式的探讨与收获。④ 不过，А. Н. Трайнин 教授把犯罪构成当成犯罪认定的唯一判断标准和承担刑事责任的唯一根据（认为犯罪认定的标准具有唯一性——犯罪构成符合性），并将犯罪构成理论与犯罪认定理论在职能上予以等同，否认犯罪行为的实体特征判断根据在认定犯罪中的地位与重要性（因其否认行为的实体特征判断与法律特征判断是综合评价行为是否成罪的理论根据，因此也就否认了犯罪概念在犯罪认定理论中占有重要地位的观点）。但是，他也认为犯罪概念与犯罪构成虽然相互不同但又"密切"联系，犯罪概念是犯罪构成的基础，犯罪概念对行为实质性的确定指导了犯罪构成的设定与犯罪认定的应用。这实际上是切割了犯罪概念在犯罪认定中的作用而将行为成罪的实体特征判断与法律特征判断直接放在犯罪构成这样一个小于犯罪认定理论的范畴内去研究，导致在犯罪认定根据上产生了一些解释不了的混乱。

虽然 А. Н. Трайнин 教授创建的犯罪构成学说将俄罗斯犯罪构成理论体系化，不过其著作忽略了对传统犯罪认定模式及其学说的阐述，导致读者在了解俄罗斯犯罪认定问题上的无知与茫然。实际上，对于传统犯罪认定基础理论问题，俄罗斯不少学者都进行过一系列的研究，著书立传者也不在少数。俄罗斯著名的刑事法学者 А. В. Карнева 教授（А. В. 卡勒涅耶娃）的《犯罪认定理论基础》、Л. Д. Геухман 教授（Л. Д. 戈乌赫曼）的《犯罪认定：法律·理论·实践》、⑤ В. Н. Кудрявцев 教授（В. Н. 库德里雅弗采夫）的《犯罪认定一般理论》⑥ 等专著对犯罪认定及其基础理论的问题都进行了较为系统的论证与探

---

① 参见：Бюллетень Верховного Суда РСФСР，1961，№ 1，с – 10.

② 也有译者翻译为 Я. М. 勃拉伊宁。

③ 较有意思的是，有一些俄罗斯学者曾经提出，只有德日的犯罪成立理论同俄罗斯犯罪认定基础理论具有平等地位。二者虽然体系显示不同形式，但都是有关犯罪认定的基础理论体系，具有相同意义，虽然具有各自的认定规则与方法，但又都可以从结构与内容上找到相似性，二者实际上是可以在同一个话语平台上探讨的。

④ 参见：В. С. Комиссаров. Российское уголовное право. Общая часть. Особенная часть. Совместно с кафедрой уголовного права МГЮА. М.，изд – во " Проспект". 2006. с – 45.

⑤ 参见：Квалификация преступлений：Закон，теория，практика. с – 78.

⑥ 参见：Общая теория квалификации реступлений，1972. с – 24.

讨，从理论根据与实践适用方面对以往的研究作了总结并提出了自己的观点。其中，对犯罪概念形式化的批判、理论化犯罪构成的一般概念、如何设定犯罪构成判断模型等问题的探讨深化了俄罗斯犯罪认定基础理论问题的研究。学者们对于犯罪认定究竟是什么概念、职能如何、体系如何等一系列问题有着不同的认识，但其关注问题主要还是集中于对犯罪认定的基础理论与基本模式的探讨，① 总体上还是围绕着如何完善犯罪认定基础理论使其更好地指导司法实践。不过，对于犯罪认定基础根据问题，由于受政治形态与意识观念影响，学者间持法律特征判断说者较多，因此将犯罪构成作为犯罪认定的唯一理论基础也在必然之中。而在这一时期，由于 А. Н. Трайнин 教授等人的研究成果与影响，犯罪构成理论已经独立出来形成体系化的理论系统。限于当时特定的社会体制，且支持该理论观点的学者都多多少少充当着政府的喉舌，所以，这种理论观点很长一段时间在俄罗斯都占据着话语权。

20 世纪 90 年代，俄罗斯联邦在取代苏维埃联盟成立新的国家政体之后，结合西欧先进立法思想制定具有本土特色的法律体制被几代俄罗斯联邦领导者所强调。但是，这样的法律政策指向并没导致俄罗斯刑事法体系得到根本性变革，某种程度上反到促进了当代犯罪认定理论研究的发展，在 Н. Ф. Кузнецова 教授与 В. С. Комиссаров 教授等老一代与新生刑事法学家的不断探索下，犯罪认定理论逐渐形成为一个较为完善知识体系。总体上，这段时期，随着刑事立法的不断改革与学者们的不断思索，总结前人理论经验，俄罗斯学者对于犯罪认定理论模式与理论根据，犯罪认定的概念、职能、体系等问题的认识逐渐系统化，以综合评价犯罪行为为主导的整体化理论模式逐渐形成。

可以说，实质特征判断学说、法律特征判断学说与整体性评价学说在不同历史时期都占据过重要的地位或主流地位，但是在任何一个历史阶段，三种学说都不曾孤立存在过，多多少少相互间会有一些连带、对比的关系。

（二）实体特征判断学说

实体特征判断学说产生于 19 世纪 30 年代 М. М. Сперанский 伯爵（М. М. 斯佩兰斯基）遵照沙皇 Николай I. Павлович（巴甫洛维奇·尼古拉一世）命令编纂《刑罚与矫正法典》时期，当时立法者曾设想将刑事法典分设为总则与分则两个部分，将犯罪认定与刑罚判处的一些基本指导原则与理由归集到一起形成为刑事法典的总则部分，将具体的犯罪类型与刑罚规定归纳到

---

① 参见：Общая теория права. Курс лекций / под ред. В · К · Бабаева. Нижний Новгород, 1993. с - 361.

一起作为相对于总则的分则体系。① 有学者因此提出犯罪认定制度应当"知识
体系化"与"指导观念立法化"的意见，认为应当对犯罪认定制度进行体系
化的研究，并将犯罪概念、犯罪认定方法等基本原则与理论根据在总则中逐一
定义说明，以此对分则具体罪刑内容做基本的规范性指导。② 遗憾的是，编纂
后的法典并没有采纳以上这些意见，实际上就是将俄罗斯各历史时期的法律规
范混在一起形成了一个较为全面的刑事法律汇编。③

1903 年，《俄罗斯帝国刑事法典》制定并通过，这部法典被学者认为最具
意义的是它构建了真正意义上的"最进步的"、"最民主的"刑事法典总则。
法典中出现了法定的犯罪概念，并以其作为对犯罪行为实体特征进行判断的根
据。但是，对于犯罪认定基础理论体系的发展来说，它的实践意义更在于对犯
罪认定知识体系系统化上提供了立法上的参照。

应当说，这段时期有关犯罪认定问题的探讨主要集中于实体特征判断学说
与法律特征判断学说之间，不过实体特征判断学说占据了学界主导，并影响着
当时的立法活动，当时，坚持实体特征判断学说的主要代表者为
B. H. Кудрявцев 教授（B. H. 库德里雅弗采夫）、C. B. Кульнов 教授（C. B.
库里诺夫）、A. B. Наумов 教授（A. B. 纳乌莫夫）、O. Ф. Шишов 教授
（O. Ф. 瑟邵夫）等人。归结其观点，该学说之所以坚持犯罪认定是对行为进
行实体特征判断的主要原因是认为，犯罪认定的过程，实际上就是证明犯罪人
行为罪质的过程，通过对行为特征的法律评价求证行为是否为罪，就是对行为
实体性质的认定，而行为成罪实质上就是因为犯罪是对皇权地位与贵族特权造
成了侵害与危害，只要对沙皇与农奴主的权力与地位具有侵害性或者危害性的
行为就是犯罪。④ 这样，无论法律上规定了多么纷繁复杂的犯罪种类，目的都
在于为社会提供一个解释行为成罪的"告示板"，告示板上的内容随着不同的
社会形势会不断调整变换，而支配其调整变换的其实一直就是一个相对稳定的
实体特征评价标准——行为对统治阶层造成的利益侵害与侵害危险。行为成罪
的法律特征判断系统实际上只是为具体的犯罪认定活动提供法律参照，是对类

---

① 参见薛瑞麟：《俄罗斯刑事法研究》，中国政法大学出版社 2000 年版，第 62 页。

② 参见：Г. А. Кригер. Место принципов советского уголовного права в системе принципов права // Советское государство и право. 1981. № 2. с -102.

③ 但是，应当看到这个时候的法典已经有了关于总则的规定。在该法典第一部，从编、章、节上进行有序的划分。对于"犯罪"规定有形式概念，特别需要注意的是，该部法典明确规定适用类推适用原则。只有犯罪意图也会受到刑罚，这一点，实质上是对犯罪概念定义的违反。

④ 参见：В. С. Комиссаров. Курс уголовного права. Общая часть Т. 1, 2. М., изд - во " Зерцало", 2002 г. 2 - е изд. Курс уголовного права. Особенная часть. Т. 3, 4, 5. М., изд - во " Зерцало". 2002. с - 168.

型化的犯罪行为进行法律上的解释，目的在于能够清楚地对比犯罪行为的诸项特征。秉持该种学说的学者认为，法律特征判断只是一种行为是否成罪的辅助求证，它必须依靠对行为的实体特征判断才能明确。社会体制不断发展完善，新的社会现象不断涌现，侵害行为形式多变且时有发生。对于造成各种利益侵害或侵害风险的行为，除那些经典传统的行为之外，更多的是伴随国家体制社会化进程而不断产生的新行为，对此，现有法律不可能也没有固定模式可以预测，法律特征判断的弊端显而易见。而实体特征判断则能够从行为的本质入手，揭露侵害行为本身因危害性质的有无轻重，从而被判定为是非罪行为亦或成罪行为。这种方法具有相对稳定性，可以对任何社会形势下的任何行为进行评价，以此作为犯罪认定的判断标准会指导司法实务人员更为准确地适用法律不致产生偏差，在定罪活动中保障了法的相对安全与稳定。同时，认为犯罪认定实体特征判断应优于法律特征判断的另一个重要原因还在于，实体特征判断具有历史延展性，能最大限度保障现行法律的施行效力，而法律特征判断因社会现实状况而受具体罪刑规范所限，只能对一个个具体的罪行模型进行理论提炼后再应用于现实社会纷繁的具体行为，脱离了各罪的具体规定，犯罪构成就不可能具有任何的意义，局限性过大。①

支持该观点的学者提出，应当以行为实体特征着手研究如何定罪的问题，对于行为的价值判断要重于行为的事实判断，注重犯罪认定活动是对行为成罪的实体特征的评价与证明，是犯罪认定基础理论乃至犯罪论的基础理论，认为分则具体各罪是行为在法律上的类型化，它的缺点在于不全面、不稳定，因为一切侵犯皇权的行为都是犯罪，但是法律规定明显不能将一切行为形式都容纳进来，随时都会有各种侵犯皇权的犯罪发生，昭示何为犯罪的告示板却不能随时跟上犯罪发生的脚步进行预测与预告。因此，从行为本质上认定犯罪的实体特征判断，在对即时发生的犯罪行为进行认定时具有最直接的指导意义，② 其对刑罚个别化裁量也具有重要的影响。

（三）法律特征判断学说

法律特征判断学说倾向于犯罪认定是以行为的法律特征为基本依据。苏维埃联盟时期，最初学者们并不认可法律特征判断说的观点，实体特征判断说在初期曾被认为是具有社会主义特色的学说，尤其是对于实质的犯罪概念定义，

① 参见：Учебное пособие для практических занятий по Общей и Особенной части уголовного права. М., изд-во " Правовое просвещение", 1999. с-53.

② 参见：А. Ф. Кони. Собр. соч. в 8 т. - М.：Юридическая литература, 1967. Т. 4. с-40.

М. А. Чельцов – Бебутов 教授（М. А. 切利佐夫 – 别布托夫）说："资产阶级刑事法典是从形式上规定犯罪的定义，把犯罪看成是实施时即为法律所禁止并应受惩罚的行为。苏维埃立法则与此不同，它是从实体上，也就是从对法律秩序的侵害、危害上来规定犯罪定义的。"① 后期，法律特征判断说成为犯罪认定理论根据的主流观点，行为的实体特征判断对于实务中的犯罪认定只具有一般意义的指导作用。学者们认为，犯罪认定理论的功能主要在于为司法实践中的具体犯罪认定活动提供理论指导，而司法实践中的具体犯罪认定活动只能根据犯罪事实并通过法定的犯罪构成特征进行对比判断，必须依据立法明确的犯罪模型进行一一比照，这种法定的犯罪模型具有稳定性，它不因人的思想意志而左右，不会在行为罪质判断中因不特定的人的思想素质而产生极大偏差，这正是社会主义法律制度的优越之处。行为的实体性在犯罪认定中并不具有实践操作的意义，因为对于犯罪行为特征的判断首先是事实判断，那么刑事法分则为司法者提供了判断标准与比照模型，没有必要在刑事法分则做出具体规定的情况再对犯罪行为进行实体特征的评价，这不但浪费法制资源，也会导致法的安全性与安定性遭到破坏。诚如以上，法律特征判断学说在 19 世纪中后期并没有得到众多学者的支持，它成为主流观点的时期主要是在 18 世纪前半叶，当时由于政治指导思想的变革，以法律特征判断根据作为犯罪认定的主要标准成为主导学说，在犯罪构成理论构建与犯罪概念定义变革过程中，这种变化十分明显。②

提到犯罪认定理论的法律特征判断基础，必然涉及到一个重要的理论概念及其系统，那就是犯罪构成及其理论体系。俄罗斯的犯罪构成概念及其理论体系的理论来源应当推溯到德国学者路德维希·安德列斯·费尔巴哈的犯罪构成学说。当时，路德维希·安德列斯·费尔巴哈将刑事法分则中有关犯罪认定的

---

① 参见曹子丹：《苏联刑事法科学史》，法律出版社 1984 年版，第 19～20 页。

② 不过，当时在法律特征判断说中也存在一定争议。其主要焦点集中在犯罪概念与犯罪构成二者在犯罪认定中应当是何种地位与何种关系问题上。主要有肯定与否定两种学说，争议点在于肯定或是否定行为实质性在犯罪认定中的重要作用。秉持否定说的学者认为，犯罪认定的基本根据在于法定行为特征规范标准，这一标准实际上已先通过行为的实质性判断预先确定，然后才通过具体的罪刑规范在法律上予以明确，而犯罪认定是具体的司法实践活动，应当根据行为法定的成罪特征模式进行，行为的实体性在这个活动中已经不具任何意义。由此，实质判断不应成为犯罪认定的基本根据。换句话说，犯罪认定与行为实质性认定没有任何关系，犯罪认定的基础根据仅仅只是法定的行为模型。支持法律特征判断学说的部分学者对该种观点持否定态度，他们认为，犯罪认定既是司法实践活动，同时也是理论研究范畴，对于刑事意义上的犯罪行为，既要通过法律现象透析其实质，也要从行为实质出发印证其犯罪事实。法律特征是犯罪认定的主要根据，但这并不能否定实质性判断不是犯罪认定的理论基础。

根据与条件称为犯罪构成。按其观点："犯罪构成就是违法行为中所包含的各个行为的或事实的诸要件总和"，行为的构成既是"法定构成"，也是"法律构成"。对于为什么要根据这些行为或事实所包含的要件总和认定违法行为（犯罪），路德维希·安德列斯·费尔巴哈则认为其是一种"罪恶定向"，认为犯罪是"所有故意违反法律的行为，如因其性质和恶意定向的尺度而受到刑罚威胁"。① 而对于犯罪构成与犯罪认定间是何种关系，路德维希·安德列斯·费尔巴哈在其著述中则没有说明。② 这种关于犯罪构成要件总和说在俄罗斯学者中得到了认可，并在对路德维希·安德列斯·费尔巴哈的犯罪构成理论改进的基础上形成了具有俄罗斯特色的本土性犯罪构成理论。这一理论体系的形成促进了对犯罪认定法律特征判断模式的研究与探讨，③ 并为形成"当代犯罪认定基础理论的法律判断特征为立体性模型"的主流观念奠定了基础，此为后话。

受路德维希·安德列斯·费尔巴哈犯罪构成理论的影响，苏维埃联盟时期，学者构建起具有俄罗斯特色的犯罪构成理论。据其主要构建者之一 A. H. Трайнин 教授所著《犯罪构成基本理论》中的观点，犯罪构成是刑事责任承担的唯一基础，也是犯罪认定的唯一根据，犯罪构成的功能就在于对行为进行全面的评价与判断。那么，在犯罪认定过程当中，只需要对行为人行为是否符合法定的犯罪构成特征进行辨认，行为符合法定的犯罪构成特征就是犯罪，不需对行为因何成罪的性质进行判断，因为立法上已先验地对何为犯罪在法律上作出了评价并制定了法律模型，司法操作没有必要再次在具体犯罪认定过程中对行为是否具有罪质进行二次重复评价。大多数俄罗斯学者则采纳了德国理论的说法，认为犯罪构成是一种立法模式或者说科学的抽象，将具体的罪刑规范等同于是犯罪构成。也有学者认为犯罪构成就是犯罪的法定结构，是犯罪系统化的社会危害性。不过，从俄罗斯 19 世纪后期到 20 世纪上半期都没有具体证据证明立法中将犯罪构成当作是立法模式或科学抽象这种规范法学派的解释。这一时期最为有力的证明是俄罗斯刑事法明确认为犯罪构成就是构成犯

---

① 参见［俄］Н. Ф. 库兹涅佐娃、И. M. 佳日科娃主编：《俄罗斯刑事法教程（总论）》（上卷·犯罪论），黄道秀译，法律出版社 2002 年版，第 131 页。

② 参见：Н. И. Матузов. А. В. Малько. , Теория государства и права. Курс лекций. М. , 1997. с－214.

③ 应当注意，在法律特征判断说中也存在争议。其主要焦点集中在犯罪概念与犯罪构成在犯罪认定上的地位与关系问题。秉持肯定说的学者认为，犯罪认定的基本根据在于法定的行为特征规范标准，这一标准实际上已经通过应当根据行为具体的成罪特征进行犯罪认定，行为的实体性在这个活动中已经不具有任何的意义，不应当成为犯罪认定基础，而否定说则意见相反。

罪的要素及其要件的体系。[①]

有学者认为，路德维希·安德列斯·费尔巴哈的犯罪构成理论只是完善了俄罗斯的犯罪构成理论并使其体系化、知识化。而在费氏之前的很长一段历史时期，在俄罗斯就已经存在以构成特征进行犯罪认定的做法，只不过其中的理性思辨显现得不是那么明显而已。从古罗斯时期的法律规范中明显可以看出犯罪认定的根据是行为符合法律条文规定的特征，这些特征表现为犯罪主体、客体、主观心态与客观条件，这与路德维希·安德列斯·费尔巴哈犯罪构成理论中的构成要件论并无实质不同。俄罗斯学者 A. B. Бердников（А. В. 别尔德尼科夫）认为，犯罪构成这一概念在俄罗斯早有提及，不同之处只在于构成特征与构成元素（构成要件要素）的设定上同现在有所不同。但是，大多数俄罗斯学者还是支持犯罪构成理论的直接来源是费氏的犯罪构成理论，认同犯罪构成就是犯罪成立所应当具有的主客观要件的总和这样一种表述。A. H. Игнатов 教授（А. Н. 伊格纳托夫）认为犯罪构成是有关犯罪的立法概念，二者是相互呼应的。他认为，刑事法律中规定的犯罪要件，是一种抽象，是犯罪的立法模式，没有这种模式就不能认定具体的行为是犯罪。

（四）整体性评价学说

从行为特征的实体与形式层面整体或者说全面评价犯罪的方法，出现在19世纪末期，经过两个多世纪的发展已经成为当代俄罗斯学界的主流学说。虽然其理论来源同样直接出自立法实践与法典编纂活动，但是，在刑事立法法典化初期，该学说并没有得到俄罗斯学者的重视。这主要源自于刑事法典制定之初立法权力的独霸，立法者的目的只在于对沙皇与大领主特权与地位的保护，因其在法律上拥有绝对的权力，专权者制定的法典对犯罪概念定义的表述以及分则中犯罪构成模型的设定都在最大限度地保护着君主权力与封建制度，对于犯罪认定或者强调实体特征的判断，或者关注于行为法律特征的评判。

从实体特征与法律特征结合角度整体分析行为成罪根据的观点，实际上是在结合两种特征之上形成的新的学说。该学说在俄罗斯的发展阶段大致可以分为两个断续时期，前一时期持有该观点的学者主要有 граф Бурудов（布鲁多夫伯爵）、С. А. Котляревский 教授（С. А. 科特里亚列夫斯基）与 Н. С. Таганцев 教授等人。当时恰逢19世纪末期，俄罗斯法学界正受到来自于德国"罪刑法定"思潮的影响，实体特征判断学说遭到了不少接受了新思想的学者的抨击，

---

① 参见［俄］Н. Ф. 库兹涅佐娃、И. М. 佳日科娃主编：《俄罗斯刑事法教程（总论）》（上卷·犯罪论），黄道秀译，法律出版社2002年版，第175页。

根据"罪刑法定"思想，行为的"罪"与"刑"只能由法律予以规定，任何超越法律规范作出的罪刑评价都是对法律权威的轻视和法律利益的侵犯。但是，引起争议的问题是"罪刑法定"理论只是解决罪与非罪的法律评价，对于罪因何为罪却无法在该理论范畴内给予解释。此时，学者 И. А. Исаев 教授（И. А. 伊萨耶夫）提出了犯罪认定标准实际上是将行为内在的性质判断与外部表现的形式特征综合在一起进行的法律评价。其主要特点在于，认为犯罪认定是对行为人行为从内外两方面结合进行整体判断的认知体系，是从整体观与系统观出发对犯罪行为进行认知的过程。整体判断包括对行为性质的判断与行为外部特征的认证，无论行为的实际属性还是表现形式都是由一系列相互联系的因素特征组成的整体系统。С. А. Котляревский 教授特别强调犯罪认定基础理论应当是一个性质与形式结合的整体理论体系，在其所著的《俄罗斯刑事法教科书》中也明确提出了自己的观点："犯罪认定是一个体系化的知识整体，它对具体的刑事立法设定与司法实践断定进行理论方法上的引导，它不仅只是司法应用的模式。所以，它更应关注的是从犯罪行为的实体（社会）性质与法律表现上进行综合研究。行为成罪实质上就是对法律所保护的社会秩序与利益的侵害，因为行为人行为构成犯罪包含有对社会义务与法律制度的违反。"对于犯罪构成，С. А. Котляревский 教授提道："所谓犯罪构成，就是在法律上表现那些形成犯罪概念本身的、外部的和内部的突出特征或条件的总和。"[①] 认为犯罪构成是对犯罪概念所含有的全部特征予以外化表征的总和，犯罪概念与犯罪构成实际上是对一个行为整体在不同判断区域内采取的不同表达方式。有关犯罪认定的基础理论，如同任何一个完整的理论体系一样，有着不可分割的内部实质性与外部表现特征两个层面。对"何为罪"、"为何罪"、"为何为罪"、"罪为何为"予以评价起到的是理论上的指导，所以，犯罪认定理论从实质与形式角度揭露行为本质与特征是其得以成罪的基础，这与司法实践依靠法律模型判断犯罪的职能是不能等同的，就好比理论先验和实践应用的区别一样。研究犯罪认定的基础理论问题应当将行为的法律特征判断与实体特征判断综合起来，二者缺少任何一个部分都会对犯罪认定基础理论研究的整体流程造成偏差。

后一时期整体性评价学说主要是对前一时期学说中部分内容的修正。其主要代表以莫斯科大学 Н. Ф. Кузнецова 教授与 В. С. Комиссаров 教授为主导，本书将其称为"莫大学派"。其基本观点是认为认识事物应当从整体性角度出发。犯罪行为是一种社会法律现象，犯罪不仅是一种社会行为，也是一种法律

---

① 参见薛瑞麟：《俄罗斯刑事法研究》，中国政法大学出版社 2000 年版，第 115 页。

行为，对于这样一个具有双重身份的现象的评价，理论上应当从其实体特征与法律特征两个方面进行综合认识。也就是说，对于犯罪行为的评价既是一种社会观念的否定，也是一种法律规范的否定。社会否定的是犯罪社会价值的缺失，法律否定的是犯罪行为事实的不正当。二者是共同的，紧密关联而缺一不可。对于行为的评价不应当仅仅是基于社会行为的法律特点，也应当考量行为法律特点中所包含的社会属性。同时，这也是结合犯罪学与刑事学观点对犯罪行为进行的综合性评价。这里要说明的是，Н. Ф. Кузнецова 教授是俄罗斯犯罪学体系化研究的奠基者之一，也是社会主义刑事法学的创始人之一，所以她将犯罪行为作为一个整体的社会法律问题进行研究也在情理之中。而 В. С. Комиссаров 教授师从 Н. Ф. Кузнецова 教授，他的很多观点实际上都是 Н. Ф. Кузнецова 教授观点的延续承继。并且，В. С. Комиссаров 教授提出，其他两种学说无论是从实体特征还是法律特征上来定性犯罪行为，都不能够完整地说明犯罪行为的整体性质。有关于此，需要特别说明，他对另外两种观点也不完全持否定态度。他认为，其他两种观点对于犯罪的社会法律性评价也不是一无是处，因为实体特征中难以不包括对行为的法律特征评价（刑事违法性体现的法律特征），法律特征对行为也会进行实体性评价（犯罪客体是受侵害的社会关系）。法律特征与实体特征其实是从不同角度对行为进行综合分析与判断评价，二者单独也都能完成行为的成罪判断，只不过在理论的逻辑体系上有着难以解释清楚的地方。

该学说认为实体判断与法律判断在犯罪认定中都具有重要理论意义，两个方面是紧密联系的关系，二者间关系是平衡的，不应当将重点倾向于任何一方而不考虑另一方的地位。不过，对于行为判断是实体特征判断在前还是法律特征判断在先、刑事行为性是否应当属于犯罪的法律特征、犯罪客体是否与实体特征判断中的社会危害性重合评价、刑事违法性是否就是犯罪构成的抽象概括等问题在支持者中也存在诸多争议。对此，老一代刑事法学家 В. И. Ползиков 教授（В. И. 波尔济克夫）认为，这种探讨十分必要，因为犯罪认定理论是一个重大且庞大的知识体系，涉及一系列行为成罪的认定方式与方法问题，它是俄罗斯刑事法学犯罪论底部的根基，其中任何一个细小规范的波动，都有可能导致理论体系风格的改变，从而影响到该体系的实际功能。进而，这种细小变革所导致法律功能的变动将直接影响到俄罗斯社会的发展，或许会促使其继续发展，也或许导致对社会发展的阻碍，有关于此的任何探讨都应受到人们的重视。更为重要的是，这一时期，对于当代俄罗斯犯罪认定基础理论来说，最重要的一个发展就是立体法律判断模型学说的形成，这一点本书第三章会做详细叙述。

　　对于各学说中涉及犯罪概念与犯罪构成间关系问题的探讨，包括不同观点与学说间的辩论，一般都是认为犯罪概念与犯罪构成紧密相关，但是不同学说对于两个范畴在犯罪认定中的地位，因立场不同，或否认一方肯定另一方或将二者进行综合研究。本书认为，整体性评价学说对于二者关系的辩证思考较为合理。即作为犯罪认定理论的基础范畴，犯罪概念表达了行为实体性质，这也被俄罗斯学者称之为犯罪的社会性实质或者说实体性特征。实体性特征是对行为所具有的刑事行为性、社会危害性、刑事违法性与过错实施性的总体归纳，而这些性质在法律上则表现为具体的犯罪构成特征，它被划分为一系列法律上的犯罪构成主、客观元素。从这一点上看，二者还是紧密相连的，是整体事物的内质与外象两个层面的结合。这也是整体性评价说的观点，即犯罪认定是从社会角度（实体特征）与法律角度（形式特征）两个方面对犯罪行为的评价，二者紧密联系在一起，从抽象到具体、从内里到外表、从实质到形式，共同对犯罪进行综合评价。而这，应当是对罪刑法定原则的最好维护，同时也从不同方面保护了法的稳定与安全适用。

第二章　形式性（法律的）判断基础[①]

如果不涉及"排除行为成罪性情节"理论部分，当代俄罗斯的犯罪认定基础理论，主干部分实际上就是在行为形式特征（法律的）与实质特征（社会实体的）判断基础上对行为人行为是否成罪进行综合性评价的一个知识体系。形式特征判断与实质特征判断在犯罪认定基础理论中具有同样重要的地位。因理论探讨的目的在于指导司法实践，司法实践中犯罪认定又往往会从行为的法律特征（形式性的）开始，所以本书亦遵从由对行为事实的形式认定再到行为属性的实质性认定这一逻辑顺序，从犯罪认定的法律性判断基础开始考察。

此前，对俄罗斯学界当前有关犯罪的理论研究状况问题，尤其是犯罪的概念及其法律模式（犯罪构成）问题，尚需对一些相关理论背景做以简要说明。[②]

归纳俄罗斯学界诸多观点，大体上公认的是：犯罪——一种特有的社会法律现象。[③]从社会角度讲，它是社会现象；从法律角度讲，它又是法律现象。透过现象看本质，它本身既具有社会属性，又具有法律属性。法律属性体现的是犯罪在法律上的特定本质，社会属性体现的是犯罪作为社会本体的内在实质。从犯罪本质看犯罪现象，犯罪在形式上首先是对社会造成危害的危险行

---

① 形式性判断基础与法律性判断基础在俄罗斯犯罪认定基础理论中没有实质区别，在许多著述中也经常互相替代使用，本部分也会有两种表述交叉使用的情况。

② 有关对犯罪现象属性的认识，俄罗斯学界存在着一些争议。俄罗斯的犯罪学家认为，刑事法中的犯罪定义更倾向于一个社会学定义，而不是一个准确的律学定义。该概念更多是从社会本质层面定义犯罪现象，没有体现出犯罪行为的法律属性，犯罪的法律属性是通过犯罪构成体现出来的。对此，刑事法学家则认为刑事立法中，犯罪概念明确了犯罪是达到刑事法规制程度的社会危害行为，由此一点，足以体现犯罪定义的法律实质。而且，法律学是社会学范畴之下的一个分支体系，从社会属性角度定义犯罪概念十分必要，俄罗斯当代的犯罪概念定义较为合理，体现出了犯罪所具有的社会与法律属性。

③ 参见 Курс уголовного права. Том 1. Общая часть. Учение о преступлении-Под ред. Н. Ф. Кузнецовой, И. М. Тяжковой. 2003. с – 19.

为，其次表现为立法所规定的各种具体犯罪。二者一个是犯罪的内在属性，另一个是犯罪的外在形式。从当前俄罗斯的立法与学界研究状况来看，对于犯罪概念的研究明显要重于对犯罪构成的研究。① 立法上的犯罪概念与犯罪构成地位明显不同，俄罗斯的刑事立法，尤其是现行刑事立法，多次对犯罪定义作了明确规定，但是却从未对犯罪构成下过明确的定义。这一点并不难以理解，科学研究中，推究现象的本质往往要重于对表象的探究。不过，立法例也明确了犯罪构成在俄罗斯刑事法体系中的地位。从二者在犯罪认定中的地位与关系来看，犯罪概念定义了行为的本质，在犯罪认定中，它是判断行为成罪性质的必然根据，而法定的犯罪构成则更多地体现出其是犯罪认定法律模型这一特点，它对行为是否符合个罪罪刑规范中隐含的犯罪构成进行比较与判断。总体上，在认定行为是不是犯罪的问题上，基于犯罪实质对行为是否符合法律形式进行综合判断的观点逐渐占据了当前学界的主流，其基本判断根据就在于犯罪概念的实质性定义与犯罪构成表现的法律形式。

现以俄罗斯著名的犯罪学家，列宁格勒社会科学院 C. M. Миронов 教授（C. M. 米罗诺夫）的看法以资佐证。他认为，犯罪作为一种社会法律问题，从社会与法律综合的角度进行判断与分析能够保证正确认识与判断行为的罪质与罪度，从而为立法上罪刑规范的设定起到指导作用。虽然 C. M. Миронов 教授是一个资深的犯罪学家，但是对于犯罪认定问题，对于犯罪与犯罪构成的定义及其功能等问题他从未以分科的视角来阐述，其著述多是从综合社会学、犯罪学与刑事法学的观点来阐述自己观点的。根据他的论述，犯罪是一种社会现象，所以社会学家与犯罪学家会基于社会的角度来考察它的实质。同时，它也是一种法律现象，犯罪学家与刑事法学家因此往往以如何确定犯罪的概念作为刑事法学科与犯罪学科分野的标准。可以看出，二者都是对犯罪行为进行研究，但犯罪学家关注于犯罪行为的本质，研究的是行为为什么为罪，对于犯罪在立法上应当表现为何种具体的法律形式根本不会多加关注。而刑事法学家则更多地会关注犯罪行为在立法上究竟应当是何种构成模式问题。不过，无论怎样，社会性与法律性都是犯罪行为属性，这一点是难以被否定的命题，刑事法

---

① 应当说，中国学者对俄罗斯的犯罪构成理论有着多年的研究历史，苏联时期引进之后至今已形成了系统的本土化的四要件犯罪构成理论。当前所有有关犯罪构成问题的探讨都多多少少以该理论为对比。不过，从现有成果来看，大多是对苏联时期学者著述的一遍遍梳理，鲜能发现新颖观点。究其原因，本书认为，有几个问题没有得到中国学者注意。第一，中国学界对于俄罗斯犯罪构成理论的研究没有当代化，在研究的持续时间上有很长一段空白，仅就犯罪构成理论本身，当代俄罗斯的研究状况是什么样，很少有人能够系统地介绍分析；第二，对于犯罪构成理论体系本身在俄罗斯刑事法体系中的位阶与作用，其上位理论与下位理论间位属与职能分配并没有深入的了解。

学脱离行为的社会危害性考察犯罪难以解释为什么刑事法会将这种而不是那种符合了犯罪构成的行为规定为犯罪。而犯罪学对犯罪所作的研究也不可能只基于犯罪的实质而不对行为成罪的法律形式进行探讨。从行为的社会特征与法律特征对行为成罪性进行整体评价是当代俄罗斯犯罪学者的主流观点。

作为犯罪认定法律判断基础与实质判断基础的犯罪构成与犯罪概念，在当前俄罗斯的社会学与法律学研究领域内，应当是一个共同话题，二者在犯罪认定中的作用是相辅相成的，二者有可能交叉，但任何一方都不可能完全替代另一方。C. M. Миронов 教授在其与本书作者的通信中也提到，А. Н. Трайнин 教授也没有完全否认犯罪概念与犯罪构成是两个独立的理论系统，他只不过是将犯罪认定的全部职能都赋予到犯罪构成理论之上而已："在确定犯罪构成概念时，不能脱离《俄罗斯苏维埃社会主义共和国联盟刑事法典》第 6 条中的犯罪实质定义……犯罪和犯罪构成这两个概念，都充满着深刻的政治意义与法律意义。"从这点上看，А. Н. Трайнин 教授虽然没有提到犯罪构成与犯罪概念都是犯罪认定的判断基础，但是，他也未对二者间的紧密联系予以明确否认。实际上也如此，犯罪认定主流观点的秉持者基本上都认为，行为的实质特征与法律特征在犯罪认定中具有紧密联系，某些情况下，二者都可以独立承担行为评价的功能。但是，若从理论研究的角度来讲，若是谈及全面的犯罪认定的话，尚需二者结合才能由表及里，从内到外确定行为是否够成犯罪。

上文已经提及，对于犯罪认定法律特征判断基础的探讨，离不开一个重要的基础理论——犯罪构成及其体系。谈及犯罪构成，它是当代俄罗斯刑事法理论中的一个基础概念，也是犯罪认定在法律性判断上的基本根据。它既是一个独立的理论体系，同时也是犯罪认定体系的组成结构。在犯罪认定中，它的职能在于为司法实践中的定罪活动提供一个法律上的认证模型，也即所谓的法律标杆。通过这一模式或标杆，对行为人行为中相应的犯罪构成特征进行对比并在具体的罪刑规范中进行符合性认证。这种认证需要对行为人行为中的诸多事实情节与特征进行比照辨认，分离出哪些特征符合法定的此种或彼种犯罪构成，从而对犯罪行为与日常行为在法律上进行明确区分。一般来讲，对于二者，犯罪概念首先是在法律上对何为犯罪设定了一个基调，犯罪构成则是将其具体化为明确的形式，体现了犯罪实质属性在法律上应当是何种样态，是法定犯罪形式在法律上的昭示说明。

应当注意，虽然都是探讨行为成罪在主、客观方面的特征问题，但是俄罗斯与中国在犯罪构成理论上还是有很多实质不同。在俄罗斯的刑事法律体系中，它是犯罪认定基础理论中进行罪行评价判断的法律判断基础部分，只有在具体犯罪认定活动中才能凸显其重要地位与作用。从俄罗斯现行立法规范来讲，犯罪构成是行为人承担刑事责任的基础，同时，也是行为人行为是否能够符合立法规范上以刑罚惩罚予以昭示的各种犯罪特征的验证模型。因本书主要关注的问题在于犯罪认定理论基础组成构造的研究，刑事责任问题本书不做过多涉及。

一、犯罪构成及其理论体系

目前来讲，对于犯罪构成及其体系的研究，无论是所谓的以当代俄罗斯或中国为代表的中俄刑事法理论，还是以英美两国为主导的英美刑事法理论，抑或以德、日两国为首的具有悠久法制文明传承的德日刑事法理论，都已形成甚为完善的体系。三大体系对于研究对象职能上的认识大体相同，但在具体研究对象的名称表述、概念定义、结构框架与理论体系上还是有很多互不对搭的问题，尤其是中、俄两国对所谓的"犯罪构成"与"四要件犯罪构成"理论的理解上。本书认为，在俄罗斯的刑事立法中，犯罪构成是犯罪认定理论的必要组成，也是犯罪认定基础理论的基本结构，还是犯罪认定中对行为性质进行法律判断的理论根据，它的发展完善促进了俄罗斯当代犯罪认定及其基础理论的发展与完善，进而使得"为什么将造成社会危害的行为认定为是刑事立法中的犯罪"这一问题得到了更好的解释与处理。反观中国，因为四要件犯罪构成理论本身构造上的一些先天缺陷，作为"刑法王冠宝石"的它，现在正处于争议不断、岌岌可危的境地。此时，从其本源起步，探讨其在俄罗斯犯罪认定基础理论中的具体职能与作用，应当会对中国犯罪构成理论的完善起到一定的回向与阐释作用。

（一）犯罪构成理论的形成

一般认为，俄罗斯的犯罪构成理论来自 18 世纪末 19 世纪初德国刑事古典学派早期的犯罪构成学说。当时，欧洲启蒙主义思潮传播到俄罗斯国内并产生了广泛影响，在俄罗斯产生了批判现实主义的思潮。俄罗斯的法律学家接受到当时先进的西欧法制观念与法律思想，对当时国家政治与法律制度的声讨与批判影响到刑事立法与理论的发展。恰逢此时，Ludwig Andreas Feuerbach 所提出的"罪刑法定"思想与"犯罪构成"理论经由德国进入到俄罗斯。俄罗斯学者对其提出的"刑事法分则中的犯罪成立条件就是犯罪构成、犯罪构成就是违法行为中所包含的各个行为的或事实的诸要件总和"，这一观念有了深入的接触与了解，① 在当时的社会条件与状况下，这些理念得到积极倡导推进俄罗斯"踏入欧洲"活动的学者们的认可，理由在于该理论的先进性必将促进俄罗斯刑事法制的发展。而此时，俄罗斯的刑事立法正处于一个逐渐明确化的阶段，资产阶级的"罪刑法定"思想在欧洲大陆的广泛传播为俄罗斯刑事立法的改革与完善提供了可以参照借鉴的范例，当时许多俄罗斯著名学者接受的都是系统的德国式法学教育，德国刑事古典学派所推崇的犯罪构成学说因此在俄罗斯短时间内得到了普及与发扬。19 世纪后，一些学者接受并认同于"犯罪构成是犯罪成立诸多要件总和"这一观点，并按此观点尝试构建了俄罗斯的犯罪构成体系。当时的理论认为，犯罪构成是判断行为人是否有罪时在行为上所应具备符合犯罪特征的总和，它由犯罪客体、犯罪主体、刑事违法行为与过错等犯罪构成的特征组成。这种认知影响到当时俄罗斯刑事立法的修订，对于司法实践中的犯罪认定问题也产生了重要影响。

　　虽然这段时间犯罪构成理论在俄罗斯受到了学者的重视与研究，且已有学者尝试构建具有俄罗斯特色的犯罪构成理论体系。但是，此时已初具形式的犯罪认定模式及其基础理论体系并未完全接纳来自德国的犯罪构成理论思想，在延续古罗斯传统犯罪认定观念基础上，一些支持传统犯罪认定理论观点的俄罗斯学者结合德国犯罪构成理论中的主客观因素搭建了新的犯罪构成理论，创建了具有本土特征的犯罪构成理论体系，完善了俄罗斯的犯罪认定及其基础理论。这种犯罪构成模式很快由理论转入实践，应用于具体的犯罪认定活动中。② 以 А. И. Бойцов 教授（А. И. 巴伊措夫）为首的部分学者认为，③ 无论如何犯罪构成都不可能完全承担判断行为是否成罪的全部职能，它只是犯罪认定过程中法律预设的犯罪特征符合性认证模型。④ 不过，也并不能因此就完全否认费氏的犯罪构成理论对俄罗斯犯罪认定基础理论的完善没有产生重大影响。实际上，从俄罗斯犯罪构成理论中的诸多成分来看，借鉴于费尔巴哈犯罪构成理论中诸多理念成分的内容也是很多。比如犯罪构成的概念，根据费尔巴哈的观点："犯罪构成就是违法行为中违反法律所保护的各个行为的或实施的诸要件的总和"，⑤ 从这一定义上看，该表述与俄罗斯犯罪构成基本概念并无太多差别，而费尔巴哈将犯罪行为内在性质外显出的法律特征作为犯罪构成的构成要件，也对俄罗斯犯罪构成客观方面体系的构建产生了极大影响。这段时

----

① 参见薛瑞麟：《俄罗斯刑事法研究》，中国政法大学出版社 2000 年版，第 115 页。
② 作者一直认为，俄罗斯学者对于法律的重新改造并将其本土化的能力应当值得我们借鉴与学习。
③ 也被译为博伊措夫、包衣佐夫，等等。
④ 参见薛瑞麟：《俄罗斯刑事法研究》，中国政法大学出版社 2000 年版，第 4 页。
⑤ 参见薛瑞麟：《俄罗斯刑事法研究》，中国政法大学出版社 2000 年版，第 115 页。

期，俄罗斯学者们大多将犯罪构成理解为"立法模式"、"比照模型"或"科学的抽象"等，[1] 也有学者认为犯罪构成实际上就是犯罪在立法上规定的行为结构，是形式化了的社会危害性，[2] 认为它是犯罪认定中必须依据的法定判断形式。

德国的犯罪构成学说只是俄罗斯犯罪构成理论的来源之一，在俄罗斯本民族的刑事法制发展史中，"犯罪构成"作为法律术语出现的时间要远远早于19世纪费氏学说传入俄罗斯的时间。犯罪构成特征中的部分概念，如"危害行为"、"犯罪主体"、"侵害客体"、"危害结果"等行为特征在古罗斯时期的刑事法规范中也早有体现。最早在《一五八九年律书》中就出现过明确规定，将不同罪刑形式作为认定行为是否构成该罪的根据。从本书第一章俄罗斯犯罪认定理论历史发展进程的考察上可以看到，在古罗斯，简单的犯罪认定方法中早就存在着对犯罪构成特征方面进行评价的内容。其后，在犯罪认定理论形成过程中，犯罪构成系统成为其理论体系的一个组成，承担着评价行为人行为与犯罪在法律规定上的符合性认证职能。虽然以犯罪构成特征为根据进行符合性认证的方法为当时的认定犯罪活动提供了较为明确的标准，使犯罪认定具有了某种规范性和科学性，对任意将非罪行为作为犯罪进行刑事裁处的状况起到了一定的限制，在规制国家刑罚权的同时，也多少对国家特权产生了制约，从而减小了个体正当权利遭受国家刑罚权侵犯的危险。但是，因统治政权的阶级性质与时代局限性等原因，犯罪构成模型的设定并没有对犯罪认定中的擅断与恣意起到根本性的改变。

在俄罗斯，犯罪构成理论之所以在19世纪初期受到学者关注并开始进行体系化研究的主要原因应当来自俄罗斯刑事法制原则的发展。受"罪刑法定"理念的影响，在俄罗斯学界产生了类似于费尔巴哈提出的"Nullum crimen sine legis"、"Nullum crimen, nulla poena sine lege"的思想，律法中出现了与其类似的法律格言："Нет преступления без указания на то в законе"、"нет преступления без предусматривающего его закона"、"нет наказания без устанавливающего его закона"，翻译后即"法律对其未予规定则不是犯罪"、

---

① 参见：В. Д. Филимонов. Общественная опасность личности преступника. Томск，1970，277. с – 115.

② 参见：Н. Ф. Кузнецова. Состав преступления（спорные вопросы）//Вестн. Моск. ун – та. Сер. Право. 1987. N 4；В. П. Малков. Состав преступления в теории и законе//Государство и право. 1996. N 7. с – 124.

"法律对此不作预定则不是犯罪"、"法律对其不予先定则不是犯罪"等表述。[①] 其主要含义还是指行为是否构成犯罪，行为是否应当受到刑罚处罚或应当承担其他法律后果，只能在法律对其明确作出规定的情况下才能够确定。法律没有规定相应的犯罪，对此没有事先地规定、预定或者先定的，无论怎样，行为也不构成犯罪，不能作为犯罪进行处理。这一思想在当代俄罗斯已经演变为现行《俄罗斯联邦刑事法典》第 3 条的"法制原则"。[②] 它也是当代俄罗斯刑事政治的基本内容与指导思想，是犯罪构成受到学者关注并形成理论体系的直接促导因素，而依照法定的犯罪构成特征定罪，则是将这一思想原则最直接地予以现实化、形式化，或者说立法化。可以说，法制原则只有在犯罪构成的配合下才能够得以实现，犯罪认定需要遵循法制原则，那么也就需要依靠犯罪构成理论的支撑才能够完成犯罪认定的职能。对于法制原则的探讨间接促进了俄罗斯犯罪构成理论的形成与发展。毫无疑问，对于犯罪认定基础理论来说，这一思想对于形式判断基础的形成奠定了理论基础。

（二）犯罪构成理论的发展

苏维埃联盟时期，犯罪构成以独立的理论体系这一身份出现在俄罗斯刑事法律发展史中。当时著名的刑事法学者 А. Н. Трайнин 教授在其著作《犯罪构成基本学说》一书中首次明确提出了"犯罪构成是承担刑事责任的唯一根据"、"犯罪构成是主客观要件的有机统一"等鲜明观点，将犯罪构成明确定义为"是指根据刑事法律确定对社会主义国家表现出具体社会危害的作为与不作为构成犯罪时所应当具有的所有主观元素与客观元素的组合。"这些元素分为四类：第一类，表明犯罪客体的构成元素；第二类，表明犯罪客观方面的构成元素；第三类，表明犯罪主体的构成元素；第四类，表明犯罪主观方面的构成元因素。[③] "犯罪构成概念"在学界中有了一个得到公认的基本定义。如果说犯罪概念是对行为是否成罪在性质上应当如何认定所作的说明，那么犯罪构成的概念则对行为特征应当符合何种法律特征才能成罪这一命题做了"认

---

① 从 "Нет преступления без указания на то в законе"、"нет устанавливающего преступления" 发展到 "нет наказания без указания на то в законе" 的历史实际上应当源溯于俄罗斯军事犯罪的相关规定。这一表述最初出现在俄罗斯审理军事犯罪的诉讼程序之中，当时在军事审判司法人员形成了一种观点，即对违反军役的行为，在无法律明确规定的情况下，司法机关是不应当作为犯罪进行处罚的。这一思想在俄罗斯法制体系中的发展，间接促进了犯罪认定基础理论的产生发展。

② 参见现行《俄罗斯联邦刑事法典》，赵路译，中国人民公安大学出版社 2009 年版，第 7 页。

③ 参见：А. Н. Трайнин. Общее учение о составе преступления. Госюриздат, 1957, стр. 59 - 60. См также：Советское уголовное право. Часть Общая Госюриздат, 1952, с - 163.

识观"上的解析。① А. Н. Трайнин 教授定义的"犯罪构成概念"及其学说成为其后俄罗斯及中国学者展开所谓四要件犯罪构成理论研究的基本依据。特氏犯罪构成理论提出的这一时期，也是俄罗斯当代犯罪构成理论体系化研究的开端。

因特定的政治环境影响，构建"具有无产阶级性质的刑事法学说与理论体系"的提倡在当时促成了刑事法理论与立法对犯罪构成的重视。当时认为犯罪构成理论是犯罪认定唯一标准（或者说是唯一根据、基础）的观点在学界中占据了一定地位。持这种观点的主要代表者有 А. Н. Трайнин 教授、Я. М. Брайнин 教授、С. А. Котляревский 教授、А. Я. Марков 教授（А. Я. 马尔科夫）、А. А. Пионтковский 教授（А. А. 皮昂特科夫斯基）、Н. Ф. Кузнецова 教授等众多的刑事法学家与学者，但其中对犯罪构成理论做了最基本、最系统研究的只有 А. Н. Трайнин 教授。他认为只有在犯罪构成存在的前提下，才能够确定行为人的行为是不是犯罪，是否应当承担刑事责任并受到刑事处罚。按照 А. Н. Трайнин 教授的观点，"有一条基本原则始终是不可动摇的，即行为只有符合分则罪状规定的犯罪构成才能接受刑事惩罚"。他在《犯罪构成基础学说》一书中全面系统地论述了犯罪构成的概念、意义，以及犯罪构成理论的内部体系与结构。从目前的现实状况来讲，特氏有关犯罪构成理论的观点与学说在犯罪论体系研究中正饱受争议。但他对犯罪构成理论体系化以及对当代犯罪认定及其基础理论的完善与发展所具有的进步意义不能因此被否认。② 与他不同，А. А. Пионтковский 教授认为犯罪构成是犯罪认定唯一应当遵循、考察的一系列构成特征的总和。他把犯罪构成分为：一定的犯罪主体；一定的犯罪客体；犯罪主体自身主观方面的一定特征；犯罪主体行为客观方面的一定特征。③ 直至 20 世纪中期，苏维埃犯罪构成理论体系形成了现在的基本构造与模式，在苏维埃法律研究所出版的《刑法学总则》中，犯罪构成理论被确定为是由犯罪构成主体、主观方面、客观方面、客体四部分要件组成的一个总和的知识体系。以本书观点来看，这对犯罪认定立体性判断模型的提出预先在理论上构设了一个基本框架。

犯罪构成在俄罗斯刑事法律基础理论中的重要性不言而喻。不过，耐人寻

---

① 参见：В. С. Комиссаров. Российское уголовное право. Общая часть. Особенная часть. Совместно с кафедрой уголовного права МГЮА. М.，изд - во "Проспект". 2006. с -75.

② 参见：Б. В. Здравомыслов. Уголовное право России. Общая часть，М.：Юристъ，2000г. с -179.

③ 参见卜安淳：《从犯罪构成看犯罪防控》，载 http：//www. fatianxia. com/paper_ list. asp？id = 8586，访问日期：2008 年 1 月 12 日。

味的是，自从刑事法中出现有关"犯罪构成"或者"构成犯罪"的表述后，甚至是其后犯罪构成理论形成后，俄罗斯各时期的刑事立法中都没有对犯罪构成概念作出明确定义，这一点同立法上明确规定犯罪概念的做法形成鲜明对比。例如 1996 年现行《俄罗斯联邦刑事法典》对犯罪概念在法律上做了明确定义，而犯罪构成概念在没有法律定义的情况下，一些条文中却明确规定有"符合'犯罪构成'全部特征"这样的表述。也就是说，从刑事立法条文上看，立法规定将犯罪构成的重要性显示得十分充分。可在进一步研究现行立法后，却发现如此重要的一个范畴，没有任何一个条文在立法上阐明其所应当具有的定义，反观犯罪概念，则大有不同。这也从一个方面反映了犯罪构成在俄罗斯刑事立法与理论研究中地位差异的尴尬局面。也是否可以说明，俄罗斯的刑事立法，对于犯罪构成问题的关注，并不像中国学者们想象得如此重要，犯罪构成理论体系的作用也没有像我们一些中国学者想象、论述中那么得重要。

犯罪构成不受重视的特点并不完全体现在刑事立法规范上，就俄罗斯学界历来的研究状况来看，有关犯罪构成理论的研究成果也较为混乱。犯罪构成概念有很多学者都作出了定义，但是，至今却没有任何一个定义被通认遵循，学者们往往还是会根据自己的经验与理解对其进行不同的阐释，对于犯罪构成概念的争议一直是纷扰不断，互不认同。学者们不断论证犯罪构成概念的具体含义究竟是什么，由此引发了一些相关问题的争议，其中最重要的一个问题就涉及判断行为是否构成犯罪的理论依据究竟是犯罪概念？还是犯罪构成？抑或是犯罪认定？还是犯罪认定根据或犯罪认定基础？认为"犯罪构成是行为是否成罪的唯一判断根据"这一提议的支持论者，以"犯罪构成是刑事责任承担唯一基础"为论证要点，提出判断行为成罪的唯一依据只能是犯罪构成；认为"行为性质符合犯罪概念是行为成罪的基础"的支持论者，以行为的社会危害性是行为人被予以刑事追究的根据为论证要点，提出犯罪概念是判断行为成罪属性的唯一根据。但是二者又对以下问题解释不清，根据犯罪构成支持论者观点，承担刑事责任的前提是行为构成犯罪，但是很多行为构成犯罪的，往往因多种原因都是不作为犯罪来处理，例如未达到刑事责任年龄的未成年犯罪人、罹患精神性障碍的犯罪人，以及急迫救难、拘捕犯罪人致害等行为。这种情况下，行为即使符合了犯罪构成，不也不是犯罪吗？同时，根据犯罪概念支持论者的观点，社会危害性是判断犯罪的根据，那么，如何认定行为的社会危害，不通过具体类型化的行为特征如何使得司法者在如此抽象的概念下准确地进行定罪量刑呢？"法制原则"等同空谈。对于以上问题的混乱，犯罪构成支持论者认为是立法规定上的暧昧造成了犯罪构成理论功能的弱化，导致犯罪概念行使了犯罪构成的大部分职能，从而导致了这种局面。而且，学者们还提出，立法条文上有关"犯罪构成全部特征"的提法也显得犯罪构成特征似乎比犯罪构成本身更具重要性。对此，学者 С. В. Дияков 教授（С. В. 季雅克夫）说："立法者的专断与臆断削减了犯罪构成在刑事法中的地位，这是对法制原则的极大侵害。对犯罪概念进行立法定义而不对犯罪构成概念进行法律说明只能使人认为俄罗斯的刑事法对于罪刑法定这一宗旨执行的不彻底。"否定这两种观点的反对论者则认为三个概念根本不是一个层次内的东西，犯罪概念也好，犯罪构成也好，实质上都是如何进行犯罪认定的问题，一个关注行为的社会属性判断，一个关注于行为的法律形式判断。而对犯罪行为的认定，法律形式上是一定要以明确的立法规定为根据，但是，理论的探讨则不同，是不可能只看犯罪的形式而不看实质，或者只谈犯罪的实质而不看形式的。

从立法传统上看，俄罗斯历来在刑事立法上对犯罪构成概念都没有作出过明确定义，但是有关犯罪构成这一术语却总不断被提及。在 1961 年制定的《俄罗斯苏维埃社会主义共和国联盟刑事法典》第 16 条中，明确提到在自愿放弃实施犯罪时刑事责任承担的条件是："如果实行行为包含有其他犯罪构成的"，[①] 俄罗斯学界认为这一规定是当代俄罗斯立法初次承认犯罪构成法律地位的表示，是值得发扬的。但遗憾的是对于犯罪构成的概念，刑事立法迄今为止也没有作出任何定义。直至当代，1996 年颁布的《俄罗斯联邦刑事法典》延续了对犯罪构成地位暧昧不明的表示，其第 8 条规定："实施具有本法典规定犯罪构成全部特征的行为，是承担刑事责任的根据"；第 29 条规定："在行为人实施的行为中，如果包含有本法典规定犯罪构成全部特征的，则应当认定为是完成犯罪"；第 31 条规定："行为人，自愿放弃将犯罪行为实施完结的，如果在其实行行为中实际上还包含有其他犯罪构成的，则应当承担刑事责任"等，分则多个条文中也都明确提到"行为符合犯罪构成全部特征的"意思。那么，为什么俄罗斯对犯罪构成概念没有像犯罪概念那样在立法上进行明确解释呢？也许是考虑到在法律上确定犯罪概念，是将犯罪实质通过立法予以明确，从而试图减少行为定性的错误，使得在犯罪认定活动中能够将违法行为与一些不道德、反社会的行为隔离在刑事法之外。而犯罪构成则不同，它只需根据总则概括性规定，依据分则条文就可以妥善处理，因此没有必要在立法上加以定义也是当时的一个猜测。[②] 这或许也从一个角度说明，立法者在犯罪认定

---

① 这里尚有一点需要注意，对于无刑事责任能力者虽然行为符合犯罪构成，但因为已经不具有刑事责任承担的能力或者部分承担能力，因此也就不需要在对其在犯罪构成是否符合上进行判断。

② 参见：Н. А. Лопаешнко. Состав преступления и квалификация преступлений. Государство и право. 2001，№ 10. с – 281.

中更多的是将犯罪构成当成了一个具体的法定行为模型而不是具有一般指导意义的理论原则来看待。A. H. Трайнин 教授在其著作中也提道："犯罪构成是具体犯罪的诸因素的总和，无论在它的种或类上，都不可能是一般的。犯罪构成永远是现实的，永远是具体的。"①

因为犯罪构成概念在俄罗斯立法中没有得到专门的定义和说明，使其与犯罪概念在法定化身份上产生差别，导致其理论地位极其显贵，而在立法上则无处容身。因此，有关犯罪构成概念应该如何定义的问题，被俄罗斯学者认为是亟待解决的问题，也是俄罗斯刑事法学界一直争议颇多的话题。A. H. Трайнин 教授曾将犯罪构成定义为："根据苏维埃刑事法认定的，对社会主义国家有危害的某一行为构成犯罪的主客观要件的总和"，② 而 В. Н. Кудрявцев 教授则认为"犯罪构成是根据刑事法认定某行为具有社会危害性并构成犯罪、承担刑事责任的特征的总和"，③ A. В. Наумов 教授在其教科书中的定义是："犯罪构成是刑事法律规定的、说明危害社会的行为是犯罪的客观要件和主观要件的总和"，④ Н. Ф. Кузнецова 教授最初的观点是："犯罪构成是刑事法律规范在罪状中规定的行为要素的客观要件和主观要件的体系。"⑤ 其后她将自己的观点做了修正："犯罪构成应当是构成危害社会行为的主观和客观必要特征的体系，在刑事法典总则与分则规范的规定中对其构成元素予以表述"等。目前俄罗斯学界较为公认的观点则是："犯罪构成是指将具体的社会危害行为认定为犯罪时所应当在法律上具有的必要性与充足性的主观特征与客观特征的总和。"⑥ 可以看到，对于犯罪构成概念的定义几乎每一个从事理论研究的学者都有自己的主张，虽然在各种主张中都有一些共同之处，诸如是对具有社会危害性的行为在法律上的表现，是主客观要件或者主客观特征的结合，等等。但是，基于各自立场，犯罪构成概念最终没能在学界得到较为一致的定义，通说观点难以形成。有关因学界对概念定义的不同争执导致立法上为回避这个问

---

① 参见：A. H. Трайнин. Общее учение о составе преступления. М. , Госюриздат, 1959г. с – 81.

② 参见：A. H. Трайнин. Общее учение о составе преступления. М. , Госюриздат, 1959г. с – 59.

③ 参见：В. Н. Кудрявцев. Что такое преступление. М. , Госюриздат, 1959г. с – 142.

④ 参见：М. И. Ковалев. Понятие и признаки преступления и их значение для квалификации. Свердловск, СЮИ, 1977г. с – 87.

⑤ 参见〔苏〕库兹涅佐娃主编：《俄罗斯刑事法总论》，莫斯科大学出版社 1993 年版，第 98 页。转引自薛瑞麟：《俄罗斯刑事法研究》，中国政法大学出版社 2000 年版，第 118 页。

⑥ 参见：А. В. Наумов. Российское уголовное право. Общая часть. Курс лекций. – М. : Издательство БЕК, 1997. с – 134.

题而没有规定这个概念的推测也由此而来。① 从犯罪认定这一理论出发，犯罪构成既是行为人承担刑事责任的唯一根据，也是认定行为人行为是否成罪的法律评价体系与法定化的犯罪模型，它与犯罪概念、刑事责任之间具有紧密的辩证关系。在犯罪认定中，其重要性与犯罪概念不分彼此，但与犯罪概念、刑事责任二者不同之处在于，犯罪构成具有一定的现实指向性与具体性，抽象性不是犯罪构成所能承担的性质，尽管犯罪构成中涉及犯罪客体探讨的问题。②

（三）立体性犯罪认证模型

在犯罪认定理论形成过程中，研究者将犯罪认定的基础根据定位于对行为的实体性特征判断与法律性特征判断上，犯罪概念承担了对行为性质的实体特征评价功能，而犯罪认定的法律性判断根据则在于犯罪构成及其体系。对于这个法律特征判断根据的结构体系在当代俄罗斯形成了一种不同以往的看法。主要是在对犯罪构成内部结构设定的探讨过程中，一些学者将犯罪构成特征加以层次化，构建了一个立体性的犯罪构成特征结构模型从而来指导犯罪认定基础理论的研究。

这种认为犯罪构成体系是一个立体性犯罪认证模型的观点形成于 20 世纪中后期，其主要提议者为莫斯科大学的 В. С. Комиссаров 教授。该观点的提出具体是针对日本学者批判俄罗斯犯罪构成体系宛如 "LEGO" 式的拼图游戏这种说法。③ В. С. Комиссаров 教授认为，俄罗斯的犯罪构成体系是一个较为合理的犯罪构成特征组合系统。同其他任何犯罪构成体系一样，由相互联系的各个子系统及其特征部分组合而成。他提出，从体系构造上来讲，俄罗斯的犯罪构成系统实际上更倾向于一个立体的法律规范模型，而不是简单的组拼。根据卡氏的犯罪构成模式，犯罪构成理论体系的下级分为两个组成元素部分：主观元素（分为主体与主观方面）、客观元素（分为客体与客观方面），而组成元素其下的第三级概念则是各元素中所显现的犯罪构成各种特征。客体中涉及了社会关系、社会利益、法律利益、犯罪对象等犯罪构成特征内容的认定，客观方面则是对犯罪行为（作为与不作为）、对象、实施地点、方法、手段、工具、环境等犯罪构成特征的认定，犯罪主体具体是指行为人年龄、意识与责任

---

① 参见：Н. С. Таганцев. Уголовное право（Общая часть）. Часть 1. По изданию 1902 года. All-pravo. ru. – 2003. с – 154.

② 参见：М. П. Карпушин, В. И. Курляндский, Уголовная ответственность и состав преступления. М. , 1974. с – 173.

③ 参见：А. В. Наумов. Российское уголовное право. Общая часть. Курс лекций. – М. : Издательство БЕК, 1997. с – 189.

能力有无以及某些具有特定身份主体的犯罪构成特征，主观方面则包括过错、动机、故意与过失的心态、目的、情感状态等主观因素组成的犯罪构成特征。[①] 以上各部分都包含有抽象特征的认证与具体特征的认证。在犯罪认定中，司法者根据刑事法分则各条文规定的个罪罪刑规范，对行为人行为特征按照犯罪构成进行一层层对比、归纳、总结就能够完成行为是否成罪的形式判断职能，不仅很好地实现了法制原则的目的，而且也简便易行，能够最大限度上限制司法者的主观臆断与权力扩张，避免司法者因个人擅断造成的裁判不当。

　　В. С. Комиссаров 教授的观点逐渐得到俄罗斯学界响应，近些年，对于立体性犯罪认证模型的研究者逐渐增多。其主要观点认为，在当代俄罗斯犯罪认定基础理论中，犯罪构成的职能在于对行为人行为特征从法律形式判断上起到立体化模型展示的作用。这个模型具有一般性与特殊性，它既是对刑事法分则一系列罪刑规范起一般性规范指导的总则规定，又表现为分则中一个个独立的行为构成，显示不同犯罪行为在犯罪认定上的不同构成特征。对认为这个模型封闭、死板、不便适用的批评，研究者进行了反驳，提出这种立体性的认证模型，在司法实践中更适于犯罪认定的操作流程。实际上，这种方式就是将许多杂乱的行为特征通过法律规则进行判断与归纳，将其与刑事法典分则具体罪刑规范中犯罪构成特征进行对照，主观元素中的犯罪构成特征符合了具体罪刑规范的要求，则犯罪的主观元素充足，但是主观元素的充足并不成立犯罪，需要客观元素中的犯罪构成特征条件符合，如果行为的客观特征满足了客观元素中犯罪构成特征的条件，那么犯罪构成客观元素的条件也为充足，这时将主观元素与客观元素相结合，犯罪构成主客观方面条件互不缺失，可以认定行为构成的犯罪。按照这种犯罪构成模型进行犯罪认定的方式实际上就是按照一个正三角的理论模型对犯罪行为进行辨认的过程。其底端是各种法律上应当具有的必要性与充足性的犯罪构成特征，这些特征在法典分则具体罪状中被一一规定，然后是犯罪构成的主客观元素成分（分为主体、主观方面、客体、客观方面），主客观元素之上便是完整的、犯罪的构成（这时的这个犯罪构成实际上就是犯罪本身）。诚如以上，犯罪认定流程中的第一步是对行为中的各种特征进行判断，符合主观元素方面的各种特征放到一起，符合客观元素方面的各种特征放到一起，行为特征符合犯罪主体、主观方面、客体与客观方面规定的各种犯罪构成特征之后，即满足犯罪构成主观元素方面各特征（主体特征与主观方面特征）与客观元素方面各种特征（客体特征与客观方面特征）的条件，

---

　　① 参见：А. В. Наумов. Российское уголовное право. Общая часть. Курс лекций. – М. : Издательство БЕК, 1997. с – 156.

主客观元素完全符合，犯罪构成模型符合，犯罪得以认定。

二、犯罪构成客观元素

当代俄罗斯犯罪认定基础理论的法定特征判断基础包括两部分组成元素：客观元素与主观元素。客观元素分为客体与客观方面，主观元素其下则分为主体与主观方面。而在犯罪构成客体与客观方面、犯罪构成主体与主观方面之下各自又具体划分出各种不同的犯罪构成特征。在法律形式上评价行为人行为，首先需要对这些犯罪构成特征进行符合性认证。如果行为中的诸多特征能够对应这些犯罪构成的诸多特征，则意味着犯罪构成主观元素与客观元素条件的符合，行为被评价为是犯罪，犯罪即告成立，犯罪认定活动完成。行为与犯罪构成主客观元素间任一特征的不对等或缺失都将失去犯罪评价的意义。

该阶段，对犯罪构成主客观元素的评价与判断，往往会从犯罪构成客观元素方面开始，对客体与客观方面各种犯罪构成特征的判断是犯罪认定法律特征判断基础的重要方面。

（一）犯罪客体

毫无疑问，从俄罗斯特有的犯罪构成理论结构模式上讲，犯罪客体论在其中占据着重要的地位。不过，最先提出犯罪客体是犯罪构成不可或缺的组成部分的却不是俄罗斯学者。一般来讲，俄罗斯学界普遍认为，虽然古罗斯时期的法律规范中早就出现了有关犯罪客体的规定，但对于当代犯罪构成理论中的犯罪客体论来讲，其最直接的理论来源并不是古罗斯传载下来的客体理论，而应当是德国早期的古典刑事论。俄罗斯当代犯罪客体论是在借鉴、批判与吸收德国早期的古典刑事法理论基础上创新发展起来并最终形成的、具有俄罗斯本土特色的知识体系。

1. 客体的传统观念

犯罪客体概念在俄罗斯产生的时间要早于犯罪客体理论很长时间，从 19 世纪以前的一些古罗斯法律文件中可以看到，犯罪客体这一术语被多次使用。无论何时，犯罪客体概念都是俄罗斯学者关注的一个重要问题。罗斯帝国时期，即 19 世纪中期，俄罗斯著名的律师、刑事法学者 А. Ф. Кистяковский 教授（А. Ф. 季斯佳科夫斯基）将犯罪行为不可缺少的或缺一不可的必要要件称为犯罪构成，并在其中划分出了犯罪客体元素，他认为："这样的要件有四

个：主体、客体、主体的内在活动和外在活动以及活动的结果。"① 在俄罗斯
苏联时期最富盛名的刑事法学家 А. А. Пионтковский 教授《苏维埃刑事法总
则》的论述中可以看到："共同犯罪构成是那些每一犯罪中都存在的基本犯罪
要素，缺少其中一个犯罪构成便不存在。这样的基本要素是：一定的犯罪主
体；一定的犯罪客体；犯罪主体行为在主观方面的一定特征；犯罪主体行为在
客观方面的一定特征。"② 苏联著名的刑事法学家 Н. С. Таганцев 教授也提道：
"当把犯罪行为界定为对法律所保护的生活利益的侵犯时，我们就确立了犯罪
行为侵害的客体概念。客体是准则或法的规范，即在主观权利范围内获得保护
的生活利益所体现的准则或法的规范。例如，说盗窃是窃取他人的动产，我们
进而指明，犯罪行为指向的具体对象是处在某种拥有状况下的物品、钱财，而
抽象的客体则是决定人对财产关系的法规范和被保护的所有、占有的不可侵犯
性。"③ 因此，也就说明 "犯罪客体是指在主观权利范围内获得保护的生活利
益所体现的准则或法规范"，它不是指犯罪对象，并且它是犯罪构成的基本构
成特征。④ 当时，关于犯罪构成究竟由四个要件或三个要件组成在俄罗斯刑事
法学者中尚未形成共识，倾向于四要件犯罪构成论学者间还存在着一定的争
议，А. А. Пионтковский 教授与 А. Н. Трайнин 教授两位学者先后都提过四要
件构成论的问题，但在具体元素与特征的设定上有很大分歧。不过，无论怎
样，将犯罪客体视为犯罪构成一个 "不可缺少" 的要件已经达成基本共识。

　　犯罪客体作为犯罪认定不可或缺的一个法律判断部件，对于当代犯罪认定
基础理论的形成与发展具有重要的理论价值与实践意义。但在俄罗斯，犯罪客
体在很长一段时间内并未因地位的重要而得到法律的关注与认可。一直以来，
它始终都是一个学理概念，而不是一个法律概念。提起犯罪客体，学者们更多
会想到的是客体所表现出来的一种利益关系。顺着时代发展的轨迹，俄罗斯学
界不同时期对犯罪客体的基本理解都围绕着 "利益—社会关系—具有重要价
值的社会利益与财富" 这样一些内容。19 世纪末期之前，犯罪客体一直被认
为是一种 "被侵害的利益"。原始社会时期是部族与成员的利益、古罗斯时期
是公国利益与危害国家或统治阶级整体利益、帝国罗斯时期是侵害皇权与法律

　　① 参见［俄］Н. 库兹涅佐娃等主编：《俄罗斯刑事法教程（总论）》（上卷·犯罪论），黄道秀
译，中国法制出版社 2002 年版，第 175 页。

　　② 参见：А. А. Пионтковский. Советское уголовное право. Часть Общая. Т. I. М. – Л. , 1928. с –
281.

　　③ 参见：Н. С. Таганцев. Русское уголовное право. Часть общая. Т. 2. – Тула: Автограф, 2001. с – 163.

　　④ 参见雪千里：《关于犯罪客体的几个问题》，载 http：//www. criminallaw. com. cn/article/de-
fault. asp？id＝1302，访问日期：2006 年 12 月 4 日。

保护的利益，临近 19 世纪末，则是国家使用刑罚强制进行保护的重要关系与利益。直到苏维埃联盟成立之后，随着俄罗斯刑事立法理论的改进与完善，当时的刑事法学者根据马克思主义关于法的原理，建立了犯罪客体新理论，强调"犯罪客体是刑事法所保护的而为犯罪行为所侵害的社会主义社会关系"，从而第一次在犯罪客体中显示了犯罪的阶级属性与政治意义。① 这一观点在当时一直占据着学界的主流地位并在很大程度上影响了俄罗斯构成理论的构造。

此后，苏维埃联盟解体，俄罗斯联邦成立，国家性质的变革虽然没有对刑事理论产生较大冲击，但有关犯罪客体的争议在学界中又有了新的发展。其中显著的焦点是集中在对犯罪客体概念的探讨上。此时，因国家政治体制改革的原因，很多学者建议摒弃现有对客体是"一种社会主义社会关系"的理解，认为应当援引西方国家犯罪客体论的观点，将客体理解为是一种"所谓犯罪对象所承载的利益或权属"。而这被部分坚持构建俄罗斯本土犯罪论的学者认为，同帝国时期传统的犯罪客体定义并无实质的不同，因此理论探讨的焦点由此回归到 19 世纪之前的犯罪客体论。

2. 学界的探讨与争议

俄罗斯当代学者对于犯罪客体的争议，首先就在于对犯罪客体是"社会主义社会关系"这种观点的探讨。否定传统观点的学者认为社会关系概念太过笼统，又不能体现客体的法律实质。例如 А. В. Наумов 教授否定传统犯罪客体理论的理由就是社会关系不能涵盖一切犯罪客体。他认为，在侵犯财产的犯罪中，如偷窃、诈骗、抢夺中，把它们侵害的客体看作社会关系是完全正确的。因为在这些场合，犯罪侵害的真正客体不是被盗、被骗的财产，而是基于被侵犯的财物所有权而产生的社会关系。但在其他一些场合，如在故意杀人罪中，作为犯罪客体的社会关系却不能明确地得以"显现"。② 按照他的理解，根据马克思主义关于人的本质是全部社会关系总和的论断，苏维埃学者曾把故意杀人罪的客体界定为人的生命。人的生命是一种生物现象，它本身不能称为社会关系。如果把它理解为"全部社会关系的总和"，就贬低了作为生物现象的生命自身所包含的无限价值。你可以说，生命利益遭受了侵害，而不可能说生命承载的社会关系遭受到了侵害。基于此，他主张用"利益"取代社会关系，并认为犯罪客体是"犯罪行为所侵害的、为刑事法律所保护的利益"。А. Э. Жа－линский 教授（А. Э. 扎林斯基）提出，社会关系这一术语就其实

① 参见薛瑞麟：《嬗变中的俄罗斯犯罪客体》，载 http：//www. 148com. com/Article/HTML/6974. html，访问日期：2007 年 12 月 21 日。

② 参见薛瑞麟：《俄罗斯刑事法研究》，中国政法大学出版社 2000 年版，第 131 页。

质而言，是"实在现象"过于抽象的模式，它不能反映犯罪客体的属性。在社会上，人们关系的相互矛盾性不允许把这些关系看作是相同的客体，即不具有相同价值性，况且测定社会关系的参数又是非常难以把握的。А. Э. Жа-линский 教授对将犯罪客体视为犯罪构成组成元素是否具有合理性这一问题提出了质疑，认为犯罪行为侵犯的是一定的社会关系，反映的是犯罪行为的实质，这正是犯罪概念所研究的对象，没有必要将犯罪客体作为犯罪构成要件之一。①

苏维埃时期曾有学者提出过以"法益"、"利益"、"具有社会意义的价值"等表述代替社会关系。但是，按照当时主流学者 А. А. Пионтковский 教授的主张，用"刑事法所保护的社会关系"取代"法益"作为犯罪客体是妥当的。其重要根据在于"法益说"掩盖了刑事法所保护的犯罪客体是具有阶级本质属性的问题。毫无疑问，以彰显刑事法和保护客体的阶级属性为特征的"刑事法保护的社会关系说"适应了苏维埃无产阶级专政政权的需要。Н. С. Таганцев 教授则认为"犯罪客体是法律所保护的诸种利益总和，每一种利益的表象，它们的相互关系等在每一人民历史上都会随着国家与社会生活的变化、文化发展的变化而产生改变。"② 由此认为，将以上概念替代"社会关系"是更为妥当的做法。因为上述概念具有社会关系所不具有的某些优越性，如"更易于具体化"、"不带有虚假的意识形态色彩"、"便于与立法调整的特点联系起来"等。③

同立法状况相左，学术上对于犯罪客体的探讨则是较为丰富的，对于犯罪客体的概念，学者们给出了很多定义。例如，А. А. Пионтковский 教授在其撰写的《苏维埃刑事法总论》中提出："犯罪客体是某个具体阶级社会的社会关系"。В. Е. Мельникова 教授（В. Е. 麦利尼科娃）认为："犯罪客体是刑事法所保护的、社会危害行为所指向的并造成损害或者造成损害的现实危险的社会关系。"④ 也有学者认为犯罪客体只能是犯罪行为导致或者具有导致某种损害危险可能性的社会利益。Н. Ф. Кузнецова 教授的观点则较为特别，她认为：

---

① 参见：А. Э. Жалинский. Составные преступления в советском уголовном праве // Реализация уголовной ответственности: материально - правовые и процессуальные аспекты. М, 1994. с - 38.

② 参见：Курс уголовного права. Том 1. Общая часть. Учение о преступлении, 载 http: // vuz. net/beta3/html/1/ 7716/7757/, 访问日期: 2008 年 1 月 13 日。

③ 参见薛瑞麟：《嬗变中的俄罗斯犯罪客体》，载 http: //www. 148com. com/Article/HTML/6974. html，访问日期：2007 年 12 月 21 日。

④ 参见：В. Е. Мельникова. Объект преступления // Уголовное право РФ. Общая часть. М. , 1996. с - 116.

"犯罪客体应当是刑事法律所保护的、实施犯罪的人所侵害的、由于犯罪行为的结果受到或可能受到重大损害的具有社会意义的价值、利益与财富。"并提出这种具有社会意义的价值和利益的体系与相互关系不是一成不变的,它们会随着历史条件的变化而变化。

以上来自学界关于犯罪客体的各种探讨,对司法实践中如何认定犯罪并没有起到重要的指导作用。其同司法实践紧密相关的一个关键问题就是,如何看待立法中有关刑事法任务的规定。按照莫大学派的近期观点,在多年的刑事法制发展史中,俄罗斯历来都习惯在立法中单独强调刑事法典任务的问题。例如,1996年颁布施行的《俄罗斯联邦刑事法典》第2条规定:"本法典旨在:捍卫人与公民的权利与自由、保护私有权(所有权)、维护社会秩序与公共安全、保护生态环境、保卫俄罗斯联邦宪制政体免受犯罪侵害,保障人类的和平与安全,及预防犯罪。"这一条文向我们说明了俄罗斯的刑事法律所要保护的究竟是什么?而这些不正是犯罪所要侵害或具有致使其遭受侵害危险的客体么?据此认为俄罗斯的犯罪客体,实质上就是指人与公民的具体权利与自由(个人的生命、健康、自由名誉与人格以及性权利的自由和不受侵犯、公民的宪法权利与自由,等等),以及由于犯罪侵害而遭受或者将会遭受重大损害的社会和国家利益(所有权、社会和国家经济利益、民众身体健康与社会道德、国家权力、国家公职利益、公正审判的利益、社会管理秩序、兵役程序,等等)。① 这样,司法实践还有没有必要去考虑以上那些抽象概念,直接借鉴刑事法典有关立法任务的主旨不就可以对犯罪客体进行认定了吗?

3. 犯罪客体的相关问题——犯罪对象

以上对刑事法任务的探讨引发了法律保护对象与法律保护客体,抑或是犯罪客体与犯罪对象间关系的问题。对莫大学派提出反驳的学者认为,以刑事法保护的诸项目标作为客体定义的参考根据并不恰当。因为犯罪对象是具体的,而犯罪客体是抽象的,刑事法中所保护的诸项目标既有具体明确的,如现行俄罗斯刑事法典第3条第1款规定的"周边环境"与"俄罗斯联邦宪政体制",也有抽象概括的"公民的权利与自由"、"所有权"以及"社会秩序与公共安全"等。这种方式毫无疑问会混淆学界已经明确了的犯罪对象与犯罪客体问题。

对于二者间既具有紧密联系,又有着实质性区别的问题,现在已经得到了多数俄罗斯学者的确认。但在犯罪客体问题没有得到重视之前,有很长一段时

---

① 参见: Курс уголовного права. Том 1. Общая часть. Учение о преступлении - Под ред. Н. Ф. Кузнецовой, И. М. Тяжковой. с - 201.

期，犯罪对象与犯罪客体是被混杂在一起的，学者们往往不是在犯罪客体中研究犯罪对象，就是在犯罪对象中研究犯罪客体。同犯罪客体的争议一样，对于犯罪对象问题，学界也没有特别一致的观点。从传统理论上讲，对于这一个问题的认识基本上可以归纳为三种：

第一种观点认为犯罪对象是侵害客体的构成要素。这里所说的构成要素既指社会关系的主体、活动、状态，也指外部世界的现象，是基于广义的层面对犯罪对象进行理解。其理论根据是：社会关系是由社会关系主体及其活动或状态、物质世界的物体以及能够满足人类需要的外部世界的其他现象所组成。因此，它的构成要素都可以成为犯罪对象。

第二种观点虽然也认为犯罪对象是犯罪客体的构成要素，但主张认定为犯罪对象的只能是具有物质形态的、从外观上能够加以辨识的物。某些场合，犯罪会给个人造成身体上或精神上的损害。但无论如何也不能把作为社会关系承担者的人和不是社会关系的物混为一谈。把人贬为犯罪对象在道德上是应当加以谴责的。较有意思的是，与此同时他们却主张死人的身体可以成为犯罪对象。

第三种观点实际上是介于前述两者之间的一种认识。其代表人物 Н. Д. Дурманов 教授（Н. Д. 杜尔曼诺夫）认为，除了物可以是犯罪客体之外，当遇有侵害人身的犯罪时，作为活的生物体的人，也是可以成为犯罪对象的。

近些年，俄罗斯学界对于犯罪对象问题有了一些新的观点与看法。例如，Н. Ф. Кузнецова 教授认为犯罪对象是犯罪人对犯罪客体实施侵害时直接作用的物质世界的物化成分。比如在劫持汽车时，犯罪客体是所有权，犯罪对象则是汽车本身。犯罪客体如果是某种具有社会意义的价值、利益或财富的时候，那么犯罪对象就是某个物质的实体。有学者提出犯罪对象是行为人在实施侵害过程中所施加影响的东西。针对于此，Г. П. Новоселов 教授（Г. П. 诺沃谢洛夫）提出：犯罪人究竟对什么施加影响？只对物质价值施加影响？还是对物质价值与精神价值都施加影响？如果是前者，那么作为犯罪对象的社会关系构成要素只具有物质性。否则，犯罪对象就有可能包括人本身。[①] 也有学者认为，犯罪客体是所有犯罪必不可缺的，但不是所有犯罪都存在犯罪对象，也存在着无对象的犯罪。对此持反对意见的学者提出，社会关系的任何一个构成要素，不论它是否具有物质性，都可以成为犯罪对象，如社会关系的参加者、物、犯罪者本人的活动等。侵害社会关系而不影响它的某个构成要素是不可能

---

① 参见：Г. П. Новоселов. Учение об объекте преступления : Методологические аспекты/ М. : Норма，2001. с – 158.

的。由此得出的结论是：不存在无对象的犯罪。可以看到，俄罗斯学者关于犯罪客体是社会关系的观点在解决犯罪对象有关问题上存在着不能协调的矛盾。

（二）犯罪客观方面

俄罗斯犯罪构成理论中的犯罪客观方面，是指危害社会行为在外部上所表现出来的客观性特征总和。它是犯罪活动客观的、外在的表现，是联结犯罪主体与犯罪客体的客观媒介，在犯罪认定中它承担着对客观方面犯罪特征的评价。其主要内容包括危害社会的行为（作为或不作为），由具有社会危害性的行为而引发的结果，该行为与结果间的因果关系。此外，还应当包括犯罪实施的地点、方法、手段、工具、犯罪环境等其他一些任意要件的客观构成特征内容。

从定义上讲，犯罪客观方面一般是指对刑事法律所保护的客体所实施的，具有社会危害性的外在侵害行为。[①] 它不仅是犯罪构成的组成部分，而且也是犯罪刑事违法性的外在表现形式。М. И. Ковалев 教授（М. И. 克瓦廖夫）认为，犯罪客观方面包括了能够说明具体实行行为所具有的全部成罪的外在要件和情节，是"说明犯罪行为在外在方面具有法律评价意义的全部要件的总和"。这些要件与情节应当在具体犯罪认定中进行评价和判断。据此，在具体的犯罪认定中有以下几个方面是犯罪认定应当考察的内容：

1. 社会危害性行为

社会危害性行为泛指在各种场合之下实施的、具有危害社会性质的行为。它是犯罪认定中判断犯罪客观方面的必要要件。社会危害性行为的定义可以理解为是对法律保护的社会关系与社会利益进行侵害或具有产生侵害危险的行为。这种行为被划分为作为与不作为两种形式。作为是指人身体的积极活动，它表现为肢体的动作、语言或者二者结合。行为是主体一系列身体活动的整体，不是指单一的某个身体动作或者一个言语表达，往往概括的是一系列的身体活动。不作为则是行为人没有任何身体上的动作，但在主观思想上对某种危害后果产生具有清晰的思想意识，从而通过不实行一定的行为而达到实现该种危害后果的目的。也就是说，刑事法意义上的不作为是客观实在与法律模式的合成体，其实质在于通过不实施某种行为从而使得危害结果发生，即以一种消极的方式实施具有社会危害性的行为。[②]

---

① 参见：Курс уголовного права. Том 1. Общая часть. Учение о преступлении - Под ред. Н. Ф. Кузнецовой, И. М. Тяжковой. с –215.

② 参见薛瑞麟：《俄罗斯刑事法研究》，中国政法大学出版社 2000 年版，第 150 页。

　　在犯罪认定中，社会危害性行为是犯罪构成能够进行法律形式符合性判断的基础，是任何行为构成犯罪都必须具备的先提条件。[①] 它是犯罪认定的最基本根据，没有社会危害性行为的存在，犯罪认定从根基上就失去了意义。因此，在犯罪认定基础理论中对社会危害性行为进行研究具有重要意义。一般来讲，在犯罪认定中对于社会危害性行为的认定需要掌握两个基本方面。首先，社会危害性行为具有刑事法的属性，它体现出了法定性与程度性。[②] 以作为为例，一般情况下作为与日常生活中人的身体活动、举动在外在形式上没有不同。但在刑事法律中，因人的身体活动、举动是法律所禁止实施的，这种作为就具有了社会危害的性质。具体来讲，作为就是指违反一系列刑事法规范所公示的、客观方面的身体活动与举动，具有法定性（这一点也有学者认为是作为的刑事违法性）。同时，根据现行《俄罗斯联邦刑事法典》第 14 条第 2 款规定："作为（或不作为），尽管在形式上包含有本法典规定中某个行为的特征，但因影响不大（情节轻微），不具有社会危害性的，则不应当认定为是犯罪。"由此来看，如果行为人实施的行为（作为与不作为）符合刑事法规范禁止性行为的构成特征，但因危害不大而不具有成罪的社会危害性，则不应当作为犯罪加以认定，在社会危害性程度的判断上就已经被排除在犯罪之外，[③] 从中可以明确社会危害性行为构成犯罪是需要从程度上进行评价。其次，社会危害性行为具有一定的社会属性，它通过具体的行为表现出其所具有的社会性危害的属性。一般认为，社会危害性行为往往表现为对他人或者外部世界各种物体的物理作用，对社会利益造成损害或者具有这种侵害风险是行为社会危害性的体现。但是，В. Д. Филимонов 教授（В. Д. 费立莫诺夫）对此提出反对意见，并提出如果根据社会利益造成的损害来认定社会危害性的大小，那么如何说明故意造成的损害要大于过失所导致的损害？为什么故意杀人比过失致人死亡的危害性大？它们的社会危害性看起来应当是一样的（同样都是导致他人的死亡）。[④] 因此，他提出，行为的社会危害性表现为犯罪人将自己的私利凌驾在他人和社会利益之上。衡量行为的社会危害程度，即这种凌驾或对立的程

---

　　① 对于这一点也不尽然，也有观点认为不仅社会危害性行为，社会危害性行为导致的后果以及危害行为及其后果间的因果关系也应当是犯罪构成的必要特征。

　　② 参见何秉松主编：《刑事法教科书》（上卷），中国法制出版社 2000 年版，第 279 页。

　　③ 有关《俄罗斯联邦刑事法典》第 14 条第 2 款的规定，实际上也体现出犯罪认定的基本根据包括了行为的法律判断与实质判断结合的特征。而且，从这一条规定的具体内容来看，完全可以据此对犯罪构成是认定犯罪的唯一根据这种观念予以否定。

　　④ 参见：В. Д. Филимонов. Проблемы совершенствования уголовного законодательства о вине // Проблемы уголовного права в связи с реформой уголовного законодательства. Сборник научных трудов. 1997 г. : Москва. с – 49.

度，一方面取决于行为致成损害的大小，另一方面也取决于他为什么实施犯罪。[1] 这种观点的提出应当具有一定的合理性，但是尚无确证的资料来证明这种思想对于俄罗斯学界有关犯罪认定基础理论的探讨究竟产生了何种影响。

2. 社会危害性后果

社会危害性后果同社会危害性行为之间具有紧密的关系。引发社会危害性后果的行为必须同样具有社会危害性，因合法或正当的行为而导致的社会危害性后果是不能作为犯罪予以评价的。社会危害性后果所表达的是具有社会危害性的行为在性质与程度上对法律所保护的个人、国家与社会利益造成了社会性的损害，是该行为对刑事法所保护的诸种客体造成的有害变化。[2] 在犯罪认定中，它对行为人行为是否为罪、是否应当予以惩罚与惩罚的个别化具有着重要意义。

一般来讲，俄罗斯学者在对社会性危害后果进行研究的时候，往往都会将其与犯罪客体联系在一起，将危害性后果视为犯罪行为对犯罪客体所造成的物质损害或者影响。有的学者认为："犯罪后果是行为对刑事法所保护的社会关系造成的损害"、"是犯罪侵害导致客体产生的有害变化"、"犯罪后果——这是由于实施危害社会的行为（作为或不作为）而使刑事法所保护的客体遭受到的某种具体损害"等观点，[3] 但是也有学者认为，社会性危害后果实际上就是因犯罪结果而对社会所致的危害状况。在这里，犯罪结果与危害后果是被区分来看的概念，社会关系的表述也被社会概念所泛化。可以看出，多数学者较为赞同的观点是，社会危害性后果是对犯罪客体造成了某种具体的损害或有害变化。认为社会性危害后果的内容取决于遭受损害的犯罪客体内容，犯罪客体的不同导致了社会性危害后果的多样性。在刑事法典中往往可以看到这样一些"危害社会的后果"、"造成了损害"、"导致遭受侵害"、"产生重大损失"、"导致其他程度的后果"等指导犯罪认定对社会性危害后果进行准确评价的法律规范，刑事法典分则中的大多数条文都强调：不同程度的危害后果是不同犯罪行为认定的基本根据。它既包括因对刑事法所保护的利益造成了实质性的侵害而产生的现实结果，也包括对受刑事法所保护的利益造成的损害危险。[4] 这些危害性后果被统一概括为是对人与社会中诸多有形或无形的客体所造成的侵

① 参见薛瑞麟：《俄罗斯刑事法研究》，中国政法大学出版社 2000 年版，第 145 页。

② 参见：Н. Ф. Кузнецовой, И. М. Тяжковой. Курс уголовного права. Том 1. Общая часть. Учение о преступлении - Под ред. М., 2006. с - 223.

③ 参见薛瑞麟：《俄罗斯刑事法研究》，中国政法大学出版社 2000 年版，第 151 页。

④ 参见［俄］Н. Ф. 库兹涅佐娃、И. М. 佳日科娃主编：《俄罗斯刑事法教程》（上卷·犯罪论），黄道秀译，法律出版社 2002 年版，第 439 页。

害，具体外化为是对主体人或以法定身份为主体的各种社会制度、政治经济体制、机关、团体、法人等的权益造成各种不同形式的身体上、精神上、物质上的危害后果。

通说观点认为成罪的社会危害性后果具有法定性是刑事法律规定作为构成要件而通过立法条文予以确定的犯罪构成特征。但是，危害性后果是否应当成为犯罪构成客观方面的一个内容，或者说是否可以将其当作犯罪构成特征在犯罪认定中加以适用，在俄罗斯学界还是存在一些争议的。多数学者认为它应当是犯罪构成的基本特征，在涉及危害后果与犯罪客体间关系的时候，如果认为犯罪所致的结果是对犯罪客体的侵害，那么犯罪构成特征应当包含有社会危害性后果，也有学者提出针对具体问题会有不同的结论，危害后果指在作为某种具体犯罪构成的必要特征时才应当属于犯罪构成客观方面的内容，反之则在其之外。那么，社会危害性后果就不应当成为犯罪认定的一个根据。但在犯罪行为中，危害后果表达出行为对社会的危害性质及对法律规范的违反，起到的是破坏社会秩序的作用，即以实施违反刑事法禁止性规定的事实本身破坏刑事法典所保护的法律秩序。其所体现出的规范违反与社会危害属性本身也证明社会危害性后果应当是犯罪构成的基本特征。

在犯罪认定中，社会危害性后果程度的不同对于不同形态犯罪的认定标准也会不同。过失犯罪是在认定中以实际造成某种程度的物质性危害后果作为犯罪特征符合的必要条件，某种物质性危害后果的程度是区分过失行为是否应当认定为犯罪的界限，而故意犯罪中则多以发生严重的物质性危害后果作为构成犯罪的必要条件。在现行《俄罗斯联邦刑事法典》中，大多数故意犯罪都要求一定的物质性危害后果发生，如果该种危害后果没有发生或者没有完全发生，那么就不能认定这种犯罪达到既遂，从而影响到对犯罪行为刑罚的轻重有无。在一部分故意犯罪中，往往会将某种特定的物质性危害后果是否发生作为构成此罪与彼罪的界限，抑或作为裁处时予以减轻或加重处罚的先决条件。而条文中未明确对危害后果作出任何规定的，一般在犯罪认定中是指危害后果是非物质性的一类犯罪。从当前俄罗斯学界的状况来看，社会危害性后果的研究得到学者的重视，多数人认为社会危害性后果对犯罪认定具有重要意义，正确理解和掌握社会危害性后果理论，对于正确分析行为的社会危害程度，区分罪与非罪，从而保证正确认定犯罪具有重要意义。

3. 社会危害性行为与社会危害性后果间因果关系

在俄罗斯的犯罪认定理论中，对于危害行为与危害后果间因果关系的评价也是其形式判断基础中的一个重要方面。因果关系的存在是承担刑事责任的基础，危害后果与危害行为间没有因果关系则意味着犯罪不存在。这种因果关系是指危害行为（作为与不作为）实施与接续产生的危害后果间具有一定的原因与结果间的关联，是一种引发与被引发的联系。危害行为与危害后果间必须是直接关联，危害后果只能是同一行为主体而不是其他人的行为或某种外力作用引发而产生的结果。社会危害性行为是引发社会危害性后果的前因条件，社会危害性后果是社会危害性行为的必然结果，二者之间的紧密联系不可割断。具有社会危害性的行为与后果之间存在对象性，有可能一个危害行为引发多个危害后果，有可能多个行为导致一个危害后果，在犯罪认定的评价上，无论是多个后果与一个行为，或者多个行为与一个后果，双方间的因果关系无须一一对应，只认定行为与后果间存在直接的、必然的联系即可构成犯罪。对此，俄罗斯学者一般都认为："一个人实施的行为被认为是犯罪并追究其责任正是因为该行为酿成了法律规定的危害社会后果。"[1]

因果关系问题在俄罗斯学界是较有争议的问题。不同时期对于因果关系产生了不同的观点与学说。从 19 世纪中期起至今，在俄罗斯形成的较有影响因果关系说有三种："必要关联条件说"、[2]"相当因果关系说"[3] 与 "必然因果学说"。"必要关联条件说"最初源自德国，经苏维埃学者改造后成为指导犯罪认定的一个理论学说。其主要内容是认为危害行为与犯罪结果间具有必要的联系，如果行为导致了结果的必然发生，行为就是结果产生的原因。那么二者之间是互为关联的，没有此便没有彼、无前者则无后者。这种必要的关联可以是一个或者多个，各关联关系对于犯罪认定具有同样重要的价值，可以同等的视为导致犯罪结果发生的原因。"相当因果关系说"是在对"必要关联条件说"缺陷补足的情况下产生的。И. М. Тяжково 教授（И. М. 佳日科娃）认为"必要关联条件说"没有提供必要条件评价的客观标准，不能确定行为人的具体行为在引起社会危害性结果诸因素中起到何种作用。"相当因果关系说"认为，只有行为人的危害行为对结果的发生具有典型的相当关系时，它才能够成为引起结果的原因。持这种观点的学者又分为两种学派：主观说与客观说。主观说认为，引起危害结果的行为其典型性和相当性的判断应当从一般人的认识出发。而客观说则认为对于典型性与相当性的判断应当以行为主体自身认识为

---

① 参见：М. Д. Шаргородский. Вопросы уголовного права в практике Верховного Суда СССР // Социалистическая законность. 1945. № 9. с – 47. Цит. по: Курс уголовного права. Общая часть. Том 1: Учение о преступлении / Под ред. Н. Ф. Кузнецовой и И. М. Тяжковой. М., 2002. с – 246.

② 也被中国学者译为"必要条件说"。参见薛瑞麟：《俄罗斯刑事法研究》，中国政法大学出版社 2000 年版，第 155 页。

③ 参见：Н. Ф. Кузнецовой, И. М. Тяжковой. Курс уголовного права. Том 1. Общая часть. Учение о преступлении – Под ред. М., 2006. с – 227.

依据。这种观点本意在于对"必要关联条件说"进行修补，但是本身却又存在着一定的矛盾。因为因果关系的客观性不以人的意志与意识为转移，而相当因果关系论者却把人作为其主体评价的对象，造成了立论根据的不牢固。之后，在 20 世纪中前期，苏维埃学者间产生了新的观点。А. А. Пионтковский 教授从原因与结果、可能性与现实性、偶然性与必然性等马克思哲学范畴出发，创立了"必然因果学说"。认为人的行为会导致的结果有两种：必然的与偶然的，必然因果关系与偶然因果关系的联系性不同，从而在认定犯罪上也会导致不同的认定结果。他认为只有当犯罪人的行为必然造成犯罪结果时，才能够认定为犯罪。因为"遇有以下情况，犯罪结果是行为人行为的客观的偶然结果，行为与结果间的因果关系不包括在主体预见范围之内"，因此，行为的偶然结果不在犯罪认定的评价之列。虽然针对于这种学说，俄罗斯学者也提出了很多批驳意见，但是"必然因果学说"一直占据了俄罗斯学界因果关系理论的主流地位，对犯罪认定中如何掌握因果关系的认定规则产生了决定性影响。

而对于危害行为与危害后果间因果关系的认定规则，Н. Ф. Кузнецова 教授提出的五个认定准则对学界探讨因果关系问题起到了指导作用。她认为："首先，应当从因果关系的第一链条开始——刑事法律要件主体的具体作为与不作为。除了主体行为，任何人与任何事物都不能决定危害社会后果的条件或原因。其次，作为与不作为在时间上应当先于危害结果的发生。再次，行为应该在决定因素的链条中起着发生后果的必然条件作用。复次，行为应该不仅是后果的必要条件，而且也是其原因，不是一般原因，而是在行为实施的具体环境中成为其原因。最后，不能够将行为与后果间的因果关系，而且是客观因果关系同行为与后果之间故意或者过失形式的过错关系混为一谈。"[①] 即应该首先确定客观的因果关系，然后在确定主体预见这种因果关系的可能性。

此外，按照俄罗斯学者的观点，在犯罪认定过程中，在法律特征判断基础上还应包括对犯罪客观方面任意要件的评价。这些任意要件应当包括实施犯罪的时间、地点、周边环境与使用工具、手段、方法以及犯罪实施方式等犯罪实行的客观条件。鉴于其与本书主旨之意关联不大，这里不做详细探讨。

---

① 参见：Курс уголовного права. Том 1. Общая часть. Учение о преступлении – Под ред. Н. Ф. Кузнецовой, И. М. Тяжковой. 2004. с – 234.

三、犯罪构成主观元素

犯罪构成主观元素是当代俄罗斯犯罪认定基础理论法律特征判断基础中的必要组成部分。犯罪构成的主观组成元素分为犯罪主体与犯罪主观方面。通过对犯罪主体自身条件与主体在犯罪行为实施中诸多心理态度所具有的各种特征进行归纳，为犯罪认定提供法律特征判断上的主观认定根据。在犯罪认定基础理论中，对于主观元素应当涵括何种犯罪特征的争议问题总要大于对客观元素应当具有哪些犯罪构成特征的探讨。

（一）犯罪主体

俄罗斯学界通说观点认为，犯罪主体是判断行为人是否具有法定犯罪构成特征的一个重要的理论依据，它直接决定犯罪是否能够成立。这是因为，在刑事法领域内虽然探讨的是行为，但是这种行为需要由相应的主体实施，而这一主体只能是由人来承担，无主体则无行为。符合刑事法律规定主体特征的人——行为人是犯罪成立的必要条件，[①] 缺乏刑事法律规定主体特征的行为人，无法适用刑事法予以惩处，那么何来犯罪？

1. 犯罪主体的概念

一般来讲，犯罪主体是指实施犯罪行为的人。这被认为是犯罪主体的广义概念。[②] 但在俄罗斯刑事法中对于犯罪主体还有几种不同的限定性表述。"犯罪主体是指实施了社会危害行为并应当依照法律能够承担刑事责任的人"、[③]"犯罪主体是指达到法定年龄、具有责任能力、实施了一定的危害社会行为，并应对其负有刑事责任的自然人"、"犯罪主体是指在实施刑事法典规定的危害社会的故意或过失行为时能够承担刑事责任的人"，等等。一般认为，作为刑事责任承担一般条件的犯罪主体只能是自然人，只有自然人才能够成为犯罪主体。动物、植物以及其他事物不能实施犯罪行为，因此也就不属于自然人，不能作为犯罪主体受到惩罚。而且，不是所有的自然人都可以构成犯罪主体，构成犯罪主体必须符合一定条件。犯罪主体首先应当是自然人，同时这个自然人还应当具有一定的刑事责任能力与年龄条件，对于年幼或者精神疾病罹患者

① 由此引发的是对法人主体身份的争议。简单来讲，法人是被赋予了法律人格的主体这一观点在俄罗斯学界并不是多数学者所接受的观点。

② 参见：Курс уголовного права. Том 1. Общая часть. Учение о преступлении – Под ред. Н. Ф. Кузнецовой, И. М. Тяжковой. с – 457.

③ 参见：В. Кудрявцев, А. Трусов. Политическая юстиция в СССР. М. , 2000. с – 329.

无论行为的社会危害性有多大，也不能仅仅因为行为要件的满足而被认定为犯罪。①

从以上内容可以看出，学界有关犯罪主体概念的定义是将法人排除在外的。虽然 1994 年《俄罗斯联邦刑事法典总则草案》中曾单设了法人刑事责任一章，尝试将法人犯罪在法律上予以确定。但是该草案在讨论中受到了学者的质疑，提出许多种犯罪行为就其侵害的社会关系性质而言是不能由法人实施的，比如杀人、抢劫绑架等行为不能由任何机构、机关、团体来具体实施，同时法人不能成为犯罪的主体也因为法人不能够接受处罚，对于法人的处罚往往都需要落实到具体机构负责人身上而不是机构本身等问题。当时，该部分章节因学界的质疑而被取消。不过学术界的质疑并没有影响到俄罗斯的立法，其后不久，现行《俄罗斯联邦刑事法典》中依旧出现了法人这一个定义。立法上对法人是犯罪主体的确认没有中止学界有关法人问题的争议，在对于法人是否能承担刑事责任还是一个争议很大的问题。

应当说，在俄罗斯的犯罪认定基础理论中，犯罪主体并不是一个纯学理的概念，在俄罗斯刑事立法发展史中对于犯罪主体早就出现过多种不同的表述，从始罗斯时期开始的一系列法律法规所指"行为主体"、"行为人"、"犯罪人"、"被判刑人"、"犯罪实施者"等都曾是犯罪主体在立法中的历史概念。根据《俄罗斯法律思想史》记载，犯罪主体的最初立法表达是"行为主体"，而行为主体作为犯罪认定必要条件在立法中加以规定的原则在始罗斯时期的拜占庭条约中就可以看到。1996 年现行《俄罗斯联邦刑事法典》划分了专门章节对犯罪主体概念明确定义并在不同条文中对其进行了法律上的解释限定。该法典第 19 条"只有达到本法典规定年龄并具有刑事责任能力的自然人才应当承担刑事责任"的规定被学者们认为是当代立法对犯罪主体身份的限定。在该法典第 4 章"刑事责任承担者"一章中，从刑事责任起始年龄、无刑事责任能力、不排除刑事责任能力精神性障碍病患者刑事责任承担与行为人在醉酒状态下实施犯罪的刑事责任承担等几个方面对犯罪主体做了详细的划分与限

---

① 这里涉及一个有关刑事责任的问题，没有达到刑事责任或者不具备刑事责任能力者，只要符合这一条件，即使行为要件完全对应也不会被认定为是犯罪。因此，按照俄罗斯的法律，没有达到 14 岁的未成年人故意杀人同年满 14 岁的未成年人故意杀人，一个是犯罪，一个就是无罪，因为一个有刑事责任能力，一个无刑事责任能力，但二者实际上有什么不同呢？那对于一个 14 岁的未成年人故意杀人、一个 16 岁的未成年人过失杀人，应当怎样评价社会危害性的有无？再有，间歇性精神障碍者按照法律在无法辨认自己行为能力时所造成的危害不是犯罪，能够辨认的时候就是犯罪，这同一个正常行为人实施的过失犯罪有什么不同？二者在犯罪时对于危害行为都没有辨认和控制的能力，为何一个就是犯罪，一个就不是犯罪？这种问题同样存在于中国刑法刑事责任问题的规定中。对此，作者一直没有得到很好的释疑，故在这里提出以向各位学者请教。

定。应当说，对于犯罪主体概念法律定义的准确把握是保证准确认定犯罪主体的前提条件。

在犯罪主体认定过程中，有的时候还需要对一般主体与特殊主体进行理论的区分与判断。理论上，犯罪主体概念也因之区分为一般主体概念与特殊主体概念。一般主体概念以刑事责任与年龄条件的充足为特征，而特殊主体则要求在具备一般主体特征之上，法律上还要求行为人必须具备一定的身份特征才能构成特定犯罪的主体。Н. Ф. Кузнецова 教授将以上有关犯罪主体概念的内容进行了综合，认为刑事法中的犯罪主体应当是指故意或者过失地实施了刑事法律规定的危害社会行为的人，其条件是达到规定的刑事责任承担年龄并具有刑事责任承担的能力，在某些情况下还应当具备有关条款规定的专门要件。[①]

2. 刑事责任承担起始年龄

对犯罪主体年龄的评价是犯罪法律形式特征判断的参考要件，也是决定行为人是否应当承担刑事责任的决定性根据。各国的刑事法理论都认为，犯罪主体必须是达到一定年龄的人。俄罗斯立法在传统上就有将刑事责任年龄作为犯罪主体认定必备条件之一的惯例。立法上作出如此规定的主要原因还是来自学界影响，学者们认为犯罪是人有思想、有意识的活动，而人的思想意识、对事物的理解、判断与分析都会受到主体年龄的制约。未成年人生理发育不成熟、社会阅历浅，对事物缺乏分析判断的能力和控制自己行为的自制力，在个性的生理心理发育上、智力情感意志等功能的发展程度上、个性的社会化程度上都不同于成年人。只有达到一定年龄之后，对于行为的分析和判断能力才能够相对完善，因此法律上要求只有达到一定年龄的人才应当对自己实施的危害社会行为承担刑事责任的规定是合理的。[②]

目前来讲，学界有关主体承担刑事责任年龄的探讨多依据于立法的有关规定，因立法上对犯罪主体年龄加以限定的做法由来已久，所以认为犯罪主体年龄是追究刑事责任的必要条件这一看法在学界中没有过多争议。在俄罗斯刑事立法史上，对于因年龄与精神状态而减免责任与处罚的规定也早而有之。《一六四九年会典》中就有明确的条文规定关于 7 岁以下儿童和精神病患者免予处罚的规定，[③] 这个传统一直延续到了今天，差别只在于不同年代对于刑事责任承担的年龄段在各时期有所不同。苏维埃联盟之前，有关刑事责任承担的年

---

① 参见［俄］Н. Ф. 库兹涅佐娃、И. М. 佳日科娃主编：《俄罗斯刑事法教程（总论）》（上卷·犯罪论），黄道秀译，法律出版社 2002 年版，第 258 页。

② 参见：А. В. Наумов. Российское уголовное право. Общая часть. Курс лекций. – М. : Издательство БЕК, 1997. с – 245.

③ 参见张寿民：《俄罗斯法律发达史》，法律出版社 2000 年版，第 45 页。

龄一直没有超过 10 岁。苏维埃联盟成立初期，国内成立了专门处理未成年人实施社会危害行为案件的特别委员会，在法律中也特别规定 17 岁以下的未成年人对其实施的社会危害行为不依审判程序承担刑事责任，由未成年人案件处理委员会审理。1920 年《关于处理被控告犯有社会危害行为的未成年人案件的法令》中规定：“凡是实施社会危害行为的十八岁以下的未成年人，如果委员会认为不能对之适用医疗性质的教育措施，则有权将案件移交与法院审理。”根据 1922 年《苏维埃社会主义共和国刑事法典》规定：“已满十六岁的未成年人实施社会危害行为的案件，应由未成年人案件处理委员会处理。个别情况下，十四岁以上十六岁以下的未成年人案件，由未成年人案件处理委员会送交法院审理。”1926 年《俄罗斯苏维埃社会主义共和国刑事法典》第 12 条延续了以往的规定，确立对未成年人刑罚从轻的原则。不过，在 1935 年《苏联中央执行委员会和人民委员会决议》中降低了这个年龄的起始时间：“为了加强同青少年犯罪作斗争，十二岁以上的未成年人，如经证明曾实施偷盗、强奸、重伤、体伤、杀人或企图杀人等犯罪的，应当追究刑事责任，并适用一切刑罚方法。”该条规定甚至可以适用死刑，可见当时特定时代背景下对于未成年人刑罚之严厉。1958 年颁布施行的《苏联和各加盟共和国刑事法立法基本原则》第 10 条对未成年人的刑事责任重新作出了减轻处理的规定：“犯罪前满十六岁的人，都应当负刑事责任。十四岁至十六岁的人，只有实施杀人，故意伤害他人身体而使健康遭受损害、强奸、抢劫、盗窃、情节恶劣的流氓罪，故意毁灭或损坏国家财产，公共财产或公民个人财产，并造成严重后果的犯罪，以及故意实施能够造成列车颠覆事故的犯罪，才应当负刑事责任。”俄罗斯联邦成立之后，现行《俄罗斯联邦刑事法典》对于该条进行了调整补充，未成年人刑事责任年龄得以进一步细分，并列举规定了承担刑事责任的特定犯罪类别。

现行立法例体现了以上变革，当代俄罗斯立法对犯罪主体刑事责任年龄的规定延续并完善了以往内容。1996 年现行《俄罗斯联邦刑事法典》第 20 条第 1 款规定了一般的刑事责任年龄起始条件，认为犯罪行为实施前年满 16 岁的行为人，应当承担刑事责任。在该条第 2 款列举了杀人、故意的身体健康重度伤害、故意的身体健康中度伤害、绑架、强奸、性暴力、盗窃等 21 种恶性极大的犯罪应当承担刑事责任的特殊规定，将实施这些犯罪的行为人应当承担刑事责任的年龄提前到实施前年满 14 岁。但是，这一条文又附属了一项免责规定：“如果未成年人已经达到本条文第 1 款、第 2 款规定的刑事责任年龄，但因患有非精神障碍性心理发育滞后，从而在实施社会性危害行为时不能够充分地意识到自身行为（作为或不作为）的实际性质与社会危害性，抑或因此不能够控制自身行为的，则该未成年人不应当承担刑事责任。"从而在立法上完善了犯罪主体承担刑事责任年龄规定的缺陷之处。可以看出，构成犯罪主体的自然人年龄一般应当在16岁，特殊恶性犯罪时则降低为14岁。也就是说，即使达到年龄条件，在其他方面具有免责事由的时候，行为人也不一定会因为实施的危害行为承担刑事责任。但是，在犯罪认定中依然会将行为人的行为认定为犯罪，只是因为特殊的情节而免除刑事责任与刑罚而已。

3. 刑事责任能力

在俄罗斯的立法传统中，历来没有正式规定刑事责任能力概念的习惯。往往都是通过无刑事责任能力制度来说明刑事责任能力的含义。1845年，《刑罚与矫正法典》中出现了无刑事责任能力概念，而在1903年《俄罗斯帝国刑事法典》中，无刑事责任能力的规定已经十分规范："犯罪行为不得归罪于在其实施时由于心理活动的病态失常，或者处于无意识状态，或者由于身体缺陷或疾病造成的智力发育不全而不能理解所实施的行为的意义或者不能控制自己行为的人"这个概念被沿用到苏维埃时期。[①] 当时，曾有学者提出将刑事责任能力正面地、肯定地在刑事法典中进行规定，从而为犯罪主体认定进行立法上的指导。但是，立法者由于其与无刑事责任能力规定的冲突而未予考虑。1996年现行《俄罗斯联邦刑事法典》第21条重新诠释了无刑事责任能力概念，对其进行了法律定义："行为人，在实施社会性危害行为时，如果处于无刑事责任能力状态，即处于慢性精神性障碍、间歇性精神障碍、智力性障碍或者其他精神障碍性心理疾病状态而不能意识到自身行为的实际性质和社会危害性，或因此而不能够控制自身行为的，则该行为人不应当承担刑事责任；行为人，在无刑事责任能力状态下，实施了刑事法律规定的社会性危害行为，法院可以对其判处本法典所规定的强制性医疗措施。"该法典第20条第3款中对将罹患非精神障碍性心理发育滞后作为一个特别的免责条款单独加以设定："如果未成年人已经达到本条文第1款、第2款规定的刑事责任年龄，但因患有非精神障碍性心理发育滞后，从而在实施社会性危害行为时不能够充分地意识到自身行为（作为或不作为）的实际性质与社会危害性，抑或因此不能够控制自身行为的，则该未成年人不应当承担刑事责任。"由此可以得出结论，在俄罗斯刑事法中的刑事责任能力是指人在实施危害社会行为时能够意识到自己行为的意义，能够控制与支配自己的行为，能够对自己的行为承担责任的心理状态与能力表现。

---

① 参见：Курс уголовного права. Том 1. Общая часть. Учение о преступлении – Под ред. Н. Ф. Кузнецовой, И. М. Тяжковой. 2004. с – 235.

这就说明，在犯罪认定中，能够成为犯罪主体的一定是具有刑事责任能力的人。具有刑事责任能力意味着能够承担刑事责任，即在法律上有对自己行为负责的能力。其意为行为人实施犯罪时能够辨认自己行为的实际性质，并能够控制支配自己行为的一种心理状态。处于刑事责任能力状态下的人应当对其实施的所有危害行为承担刑事责任，在无责任能力状态下的人，不能构成犯罪主体，因此也就不负刑事责任，犯罪认定也就没有了判断的根源。А. В. Михеев 教授（А. В. 米赫耶夫）认为，这里所说的刑事责任能力，是指行为人对自己行为的辨认和控制能力。即行为人对其所实施的行为具有一定的认知能力且在其意志支配之下。行为人对行为的性质、意义具有一定的认识，并且能够控制自己的行为，在具体情况下有意识地追求自己目的的能力。这种能力不仅是对故意犯罪承担责任的基础，而且也是对过失犯罪承担责任的基础。刑事责任的承担要求必须针对于具有刑事责任能力的人。因为刑事法是以刑罚适用进行要挟，促使行为人为一定的行为或不为一定的行为。由于行为人对自己的行为具有一定的辨认与控制能力，具有能够承担刑事责任的能力，所以法律上必然要求他们对自己行为的危害承担罪责。

在具体认定行为人刑事责任能力的有无时，俄罗斯学者一般都认同于两个标准，即医学标准（或称为生物学的标准）与法学标准（也称为作心理学标准）。前者是指一个人的心理病态，后者是指一个人不具备认识自己行为的意义或控制自己行为的可能性。对行为人责任能力进行认定时一般同时会考虑到两个标准，因为不是任何罹患精神疾病的人都是无刑事责任能力人，心理活动异常的严重程度也可能各不相同。只有当它达到完全不能认识自己行为的意义或者不能控制自己行为的程度时，这个人才可以被认定为是无刑事责任能力的人。[①] 对于责任能力有无的认定，根据医学标准，可以排除一些罹患慢性精神性障碍、间歇性精神障碍、智力性障碍或者其他精神障碍性心理疾病的人成为犯罪主体的可能性。[②] 精神分裂、渐进性麻痹与癫痫等都属于慢性精神性障碍，间歇性精神障碍则包括病理性奋激、病理性醉酒等，而属于其他精神性心理疾病可以作为无责任能力依据的还有精神衰弱疾患等。而根据法学标准，则可以对行为人在缺乏辨认自己行为能力（意识因素）或缺乏控制自己行为的能力（意志因素）的情况下，对所实施的危害社会的行为负刑事责任的可能

---

① 参见［俄］Н. Ф. 库兹涅佐娃、И. М. 佳日科娃主编：《俄罗斯刑事法教程（总论）》（上卷·犯罪论），黄道秀译，法律出版社 2002 年版，第 273 页。

② 参见［俄］俄罗斯联邦总检察院：《俄罗斯联邦刑事法典释义》（上），黄道秀译，中国政法大学出版社 2000 年版，第 156 页。

性进行认定。Ю. В. Баранов 教授（Ю. В. 巴拉诺夫）提出，认定行为人是否具有责任能力，并不一定要求同时具备上述两个条件。因为如果一个人不能辨认其行为性质，当然也就提不上控制行为。不排除这样的情况存在，即一个人虽然能够辨认自己的行为，却无力控制其行为。能够辨认自己的行为，应当是指行为人在实施危害社会行为时不仅能够理解自己行为的性质，而且也能理解其行为的社会意义。能够控制自己的行为，应当是指行为人在认识到自己行为的性质和社会意义后，还要有控制和调整自己行为的能力。如果某人虽然能够辨认其行为，但是由于精神疾病而不能控制其行为，仍然被看作是无责任能力的人。因此，为确认无责任能力状况的存在，必须确定医学标准与法学标准同时进行。有些慢性精神性障碍，如癫痫，就其程度来说，并不是永远达到使人不能支配其行为的地步。这样，按照医学标准可能会认定该行为人是无责任能力人，但是按照法学标准衡量，结论却恰恰相反。因此，在这种状态下实施危害行为的人不应当被认定为是无刑事责任能力的人。

4. 主体认定中的特殊状况

在主体刑事责任能力认定问题中，存在着几种特殊状况，即不排除刑事责任能力的精神性障碍病患者的刑事责任、醉酒者的刑事责任、特殊主体与行为人身份的刑事责任问题。

（1）不排除刑事责任能力的精神性障碍病患者的刑事责任

对于罹患不排除刑事责任能力精神性障碍病患者刑事责任的认定，实际上针对的是如何从责任能力上确定和减免该类行为人刑事责任的问题，也被俄罗斯学者称之为是限制刑事责任能力或者是减轻刑事责任能力。指的是行为人在实施社会危害行为时由于罹患不排除刑事责任能力的精神性障碍而对自己实施的社会危害行为仅具有部分辨认或者部分控制的能力。这类主体的主要特点在于：行为人一般都能够辨认自身行为的实际性质与社会危害性，能够控制自身的行为，但是在精神性障碍发作时，这种辨认与控制的能力被削减，从而导致其对自身实施的危害行为不承当全部刑事责任。

限制刑事责任能力问题 20 世纪初受到了俄罗斯学者的关注，当时学者对于罹患精神疾病与精神健康者之间是否存在中间状态的情况存有疑问并提出了减轻刑事责任能力的观点。但这一观点受到了学界广泛的批评。立法上，20世纪 90 年代以前，减轻刑事责任能力一直没有得到承认。1991 年《俄罗斯刑事立法纲要》中初次以限制责任能力替代减轻责任能力并做了法律规定："在实施社会危害行为时，处于限制责任能力状态的人，即由于病态的精神异常而不能完全辨认自己行为的意义或者控制自己行为的人，应当负刑事责任。"因这部立法没有颁布，该规定也没有得到具体实行。1996 年现行《俄罗斯联邦刑事法典》在第 20 条对不排除刑事责任能力精神性障碍病患者的刑事责任承担能力问题作了规定："具有刑事责任能力的行为人，在实施犯罪行为时，因精神性障碍病患而不能够完全意识到自身行为（作为或不作为）的实际性质与社会危害性，或是不能够控制自身行为的，应当承担刑事责任；法院在裁定刑罚时，对具有不排除刑事责任能力的精神性障碍病患情况，应当予以特别考虑，不排除刑事责任能力的精神性障碍病患，可以作为判处强制性医疗措施的法律根据。"从条文中可以看出，立法者并不承认在责任能力与无责任能力间具有所谓的中界点。被认定具有刑事责任能力的人在实施犯罪行为时不能完全意识自己的行为（作为与不作为）的实际性质和社会危害性，或者不能完全控制自己的行为就应当承担刑事责任。而行为人罹患有排除刑事责任能力精神性障碍疾病只能是法院裁断处刑时予以考虑的情节。而且，这种精神性障碍疾病是判处强制性医疗措施的法律根据，而不是判处具体刑罚的法律根据。

（2）醉酒的人的刑事责任问题

有关醉酒问题的刑事责任，俄罗斯刑事法理论在传统上总是将其放在刑事责任能力有无的问题中来探讨，对于醉酒的立法规定，俄罗斯现行立法延续了以往的传统。

《俄罗斯苏维埃社会主义共和国刑事法典》第 15 条规定："对于酒醉状态下实施犯罪的人，不免除刑事责任"，其第 39 条将酒醉状态中的犯罪当作是一种加重责任的情节。但其加盟共和国的立法并不以为然，根据《乌克兰共和国刑事法典》规定："在醉酒状态中实施犯罪的人，如系不能辨认或控制其行为者，皆认为是无责任能力的人；如果行为人为了实施犯罪行为，而故意使自己陷入醉酒状态，则在一切情况下，不问其醉酒程度如何，均应负刑事责任。"就此，И. А. Исаев 教授认为这种情况下，虽然犯罪的结果是在犯罪者对其行为不能辨认和不能控制时所为，可是犯罪的结果却是犯罪主体远在未达到此种状态之前就已决定了的。因此，刑事责任不可推定免除。[①] 1996 年现行《俄罗斯联邦刑事法典》对这一规定作出了调整，其第 23 条有关行为人在醉酒状态下实施犯罪的刑事责任承担规定："行为人，因使用酒精饮品、麻醉品或者其他致幻品，导致在醉酒状态下实施犯罪行为的，应当承担刑事责任。"将以往"不免除刑事责任"的说法调整为"应当承担刑事责任"的表述，在立法上表明了醉酒不是减免刑事责任的理由。[②]

在法学标准上判断醉酒行为应当承担刑事责任是因为醉酒状态下实施的犯

[①] 参见：И. А. Исаев. История государства и права России. М.：Юристъ, 1994. с – 142.

[②] 参见：Проблемы преступности. Вып. III. М.，1928. с：36 – 54.

罪不存在无刑事责任能力的医学标准问题。其原因在于：第一，行为人是有意识使自己陷入醉酒状态的；第二，就是一般的醉酒状态与幻觉、听觉和视力错觉以及对周围环境的误解没有任何关系。醉酒虽然能够引起心理活动的失常，但是它并不是心理病态。[①]而且，醉酒也不存在无刑事责任能力的法学标准。即使在严重的醉酒状态中，其心理过程的破坏也不会导致意识的完全失控和完全失去控制自己行为的能力。一般情况下，在醉酒状态下实施犯罪行为时，犯罪主体对于行为的认识和控制能力只不过是被减弱，而不是根本不具有。

俄罗斯的学者还提出，在醉酒的责任能力认定中，应当关注于生理性醉酒与病理性醉酒在认定中的区别问题。有学者认为病理性醉酒是一种暂时性的精神活动异常，这种状况实际上是一种短期的精神性障碍，但根据精神病学家的考察，并未发现病理性醉酒具有反复发作或转变为精神性疾病的直接根据。在具体的犯罪认定中，处在病理性醉酒状态下的行为人的刑事责任能力与生理性醉酒者完全不同，一般将其认为是无刑事责任能力者，其所实施的社会危害性行为不应被认定为犯罪。生理性醉酒则恰恰相反，在犯罪认定中并不因此而减免刑事责任。这是因为，生理性醉酒虽然导致了行为人的心理功能紊乱，但它并不是一种罹患疾病的精神病态，也并没有导致自身意识与控制能力的完全丧失。

（3）特殊主体的刑事责任问题

特殊主体是指行为人在具备一般主体特征以外（达到刑事责任年龄、具有刑事责任能力），还要求该行为人必须具备特定的身份特征才构成相应犯罪主体的情况。特殊主体往往同一些具体危害行为的犯罪认定紧密相关。以往对特殊主体的立法规定比较散乱，但是近些年由于含有特殊主体身份要件的犯罪，尤其是行政犯罪在立法中不断地增加，引发学界广泛关注并进行了分类性研究。按照 Н. Ф. Кузнецова 教授的观点，特殊主体的划分应当以立法规定为根据。据此，有关特殊犯罪主体的类别可以划分为三大类，第一大类特殊主体基本上为具有以下特定身份特征的——国籍、职务、地位、从事特定职业或活动时完成相应工作或事务的人（如运动员、医生、教育工作者、私人公证员私人审计师、兵役人员、诉讼程序参与者、刑罚履行者）；第二大类则与年龄、性别、健康状况以及劳动能力有关；第三类则涉及主体

---

① 参见：Курс уголовного права. Том 1. Общая часть. Учение о преступлении – Под ред. Н. Ф. Кузнецовой, И. М. Тяжковой. с – 126.

与被害人和其他人的亲属关系，或职务关系，或其他关系的。① 这些特殊主体在具体犯罪中表明了某些犯罪需要该主体具有一定的身份特征才能构成相应犯罪。例如 1997 年颁布施行的《俄罗斯联邦刑事法典》中部分条文规定了需要犯罪主体具有公职人员、军职人员的身份才能够成立渎职罪或者兵役罪的主体。

此外，在有关犯罪主体的探讨中，很多情况下会涉及行为人个人身份与人身特性的判断问题。其中，行为人人身特性的认定实际上就是对犯罪人个人的人身特性依据法律规定进行相应的法律判断。俄罗斯学者认为这是一个外围较大的概念，与犯罪主体的判断有着一定的区别。犯罪人人身特性中包含的年龄、刑事责任能力、是否具有一定的人身危害性同某些特殊主体身份是从犯罪构成主体特征方面对部分犯罪进行评价时的必要判断条件，这些特征是作为刑事责任承担根据被纳入犯罪构成主观元素理论体系之内的。人身特性对于犯罪人来讲，是具有很多专门意义的个人特征品质的载体，说明的是特定的犯罪主体所应具备的"刑事法律特征"。较有意思的是，俄罗斯学者在刑事法范围内探讨人身个性，但又往往将它的刑事法属性同社会学属性或犯罪学属性相混淆。本书认为，导致这一现象产生的根本原因在于人身特性中的许多个性判断并不属于犯罪认定法律判断的组成部分。比如说人身危险性的判断，很难将其断定为只是一个刑事法意义上的概念。也许就是因为人身特性不具有"纯粹的"刑事法属性，所以，在犯罪主体构成元素中，行为主体的人身特性只是一个择选性条件，而不是一个必要条件。但是，人身特性的评价在俄罗斯现行刑事立法中还是受到了极大的重视，现行立法中许多条文都会有对"犯罪人人身特性"进行具体评价的表述，在行为认定、刑罚处罚中也都涉及犯罪人其人身特性的评价问题。

此外，有关行为人个人身份在犯罪认定中如何处理的问题在俄罗斯学界只有少部分学者论及，尚未引发过多争议，司法实践中大多不做特别考量。同时，本书目前也鉴于这部分资料尚未收集完备的原因，这里不做过多涉及。

（二）犯罪主观方面

犯罪认定基础理论中，对于犯罪主体的探讨只是确定行为人是否具有刑事责任承担能力的问题。行为人责任能力具备只能证明犯罪构成主观元素在主体

---

① 参见［俄］Н. Ф. 库兹涅佐娃、И. М. 佳日科娃主编：《俄罗斯刑事法教程（总论）》（上卷·犯罪论），黄道秀译，法律出版社 2002 年版，第 287 页。

构成特征上的符合，对于主观元素条件符合性判断还需要借助于犯罪主观方面的构成特征进一步加以认定。

可以说，犯罪构成主观方面对于犯罪认定具有重要意义。首先，只有通过它才能准确确定行为主体主观方面的所有要件是否符合社会危害行为主观元素的构成，由此才能正确指导定罪活动。其次，它对区分犯罪构成客观方面的问题能够起到性质划分的作用，能够明确犯罪行为的客观危害与犯罪人主体方面的社会危害。而且，对于犯罪主观方面的研究能够划清引发刑事责任追究的危害行为与其他行为间的认定界限，即客观上对受法律保护的利益造成损害，但行为主体在主观方面没有任何符合法定主观构成特征的违法行为、不法行为与危害行为间的区分界限。

对于司法实践来讲，正确认定犯罪主观方面对于犯罪认定以及刑罚的个别化都具有重要意义，是遵守俄罗斯刑事法所倡导的法制原则、过错原则、公正原则以及人道原则的必要条件。[①]

1. 过错的基本状况

过错[②]原则是俄罗斯联邦现行刑事立法中的一个基本规定，也是犯罪构成主观方面的一个犯罪构成特征。作为刑事法的基本原则，它明确了行为人行为在罪与非罪认定上的根本界限，在犯罪构成主观方面它体现出犯罪主体实施危害行为时心态上的主观本质，说明了行为人在实施犯罪行为时所应持有的心理态度。对于过错原则的研究，是掌握如何认定犯罪构成主观方面内容的一个桥梁。

在俄罗斯的刑事法当中，过错是一个具有长久发展历史的立法概念，虽然立法并未对其作出特别明确的定义。如本书第三章所讲，过错的基本观念最初出现在古罗斯时期的法典——《罗斯真理》的条文中。在当时的法典与汇编中初次出现有关主观过错的规定——"恶意的程度"，将犯罪心态分为"恶意的"、"疏忽的"与"偶然的"等。《一七一五年军事条例》中则正式出现了"过错"与"过错人"概念，立法者将过错确定为是犯罪认定的一个判断条件。1845 年颁布施行的《刑罚与矫正法典》对于行为人主观的犯罪心态使用了近似于过错含义的表述来对行为人的责任进行说明（"故意地"、"明知后果"、"恶意地"、"目的是要"……），1903 年的《俄罗斯帝国刑事法典》在法律中对过错的两种形式："故意"与"过失"作出了明确规定，确定了这些

---

① 参见〔俄〕Н. Ф. 库兹涅佐娃、И. М. 佳日科娃主编：《俄罗斯刑事法教程（总论）》（上卷·犯罪论），黄道秀译，法律出版社 2002 年版，第 295 页。

② 也被中国学者翻译为"罪过"，作者译为"过错"的原因请见以下注释。

概念的基本特征。在早期的苏维埃法律文件当中，对于过错制度也都作出了一些规定，明文确定实施具体危害社会行为并对此具有过错的人应当承担刑事责任，刑罚的轻重有无应当与其过错的程度相当。其后，1919 年施行的《俄罗斯苏维埃刑事法指导原则》在条文中取消了有关过错及其形式的立法规定，1922 年的《俄苏刑事法典》对故意与过失作出了定义，但是，条文中没有使用有关"过错"的概念，直到 1924 年的《苏维埃和各加盟共和国刑事立法基本原则》颁布实行才将故意和过失两种过错形式重新予以规定，在立法上也重新对两种犯罪心态下了明确地定义。虽然，这段时期过错原则没有以独立形式出现在立法中，但是立法者坚持了一个基本立意，即行为人只有在故意或者过失情况下实施犯罪才应当受到处罚。1958 年的《苏维埃与各加盟共和国刑事立法纲要》第一次明确指出过错是刑事责任的主观根据，并明确故意与过失是过错的两种对应形式。1996 年现行《俄罗斯联邦刑事法典》提高了过错在刑事法中的立法地位，在总则第 5 条单独规定了过错原则："行为人，只对因其过错导致的具有社会性危害的行为（作为或不作为）及其产生的社会性危害结果承担责任；本刑事法禁止客观归罪，即禁止对无过错致害行为追究刑事责任。"而该法典第 24 条则特别对故意、过失、双重过错与无过错致害行为的认定原则做了明确规定。随着历史推进与犯罪认定基础理论的发展，对于从法律特征上判断行为人是否为罪的问题，过错的意义越来越重要。

从过错制度的立法发展史来看，任何时期的俄罗斯立法都没有真正揭示过其定义的内涵，从其观念产生直到形成完整的制度，一直只是将其作为故意与过失的主概念在立法上予以定位。这其中，缘于犯罪主观方面基本原理总是在不断发展完善，以及学界对过错频繁的探讨，更在于学界对于过错概念总是存在着立场不一的状况。

苏维埃联盟时期，学者们曾经尝试对过错下了不同的定义，AA. A. Пионтковский 教授在 1925 年版《刑法总则教科书》中，首先提出了过错概念，认为"过错是有责任能力的人对其出于故意或过失实施的犯罪行为的心理态度"。Б. С. Маньковский 教授（Б. С. 曼尼科夫斯基）也认为，过错是"犯罪人对其所实施的犯罪在心理态度上所持有的故意或过失心理形式"。[①] 这一定义遭到了质疑，学者们认为这种形式性心理学定义的方法反映不了苏维埃刑事法中过错的阶级政治本质。于是，建议过错概念应当指出对过错否定的政

---

① 参见：Б. С. Маньковский. Проблема ответственности в уголовном праве. М. – Л.：Изд - во АН СССР, 1949. с – 66，с – 115，с – 120.

治道德评价，当时对于过错的定义有狭义与广义的不同理解。① 狭义的过错主要是指"主体对他所实施的行为和行为后果表现为故意或过失形式的心理态度。"这一定义因其保留了俄罗斯传统对过错的理解，得到当时学界多数学者的认同。广义的罪过是指国家对被告人及其行为作出的否定评价，并要求他承担刑事责任的各种情况的总和。即指"作为刑事责任一般根据的犯罪，即苏维埃法院以社会主义国家的名义对受审人作出否定的社会（道德—政治）评价和要求他承担刑事责任的诸情况的总和。"② 持该种观点的以 Б. С. Утевский 教授（Б. С. 乌捷夫斯基）为首，他们"把评价因素，即法院根据不确定的主客观情况总和的审理所作出的主观否定性评价注入罪过概念之中，故称之为'罪过评价论'。"该理论源于德国，是根据新康德主义的哲学而建立的理论体系，其实质在于"否认罪过是应由法院正确判明的客观存在的一定事实，而认为罪过乃是法官本人对于被告人行为的一种单纯的否定评价的判断。按照这种理论，法院可以对被告人的行为采取否定评价的方法，创造出该人的罪过。"③ 由此可见，该学说否认故意和过失是过错的形式，认为确定行为人在行为中是否具有过错的依据不是查明其行为是否符合犯罪构成的主观特征，而是法院对其行为所作的否定评价。这一学说没有得到学界的广泛认同，他们认为，该学说将导致完全根据法院的自由裁量来解决行为人的过错问题，客观上削弱和破坏了犯罪构成作为刑事责任唯一根据的作用。这一过错定义的实质是作为承担刑事责任的根据使用的。其后，又有学者建议将过错这一犯罪构成主观方面特征同证明对犯罪人适用具体刑罚的客观情节和主观情节的综合成罪性质区分开来。④ А. Я. Вышинский 教授（А. Я. 维辛斯基）提出："过错是实施犯罪的人与所实施犯罪的客体之间的因果联系，而依法被认为是危害社会的作为或不作为就是犯罪。"在他这里，如果承认因果联系是承担刑事责任的根据，就有可能导致确定过错的片面性，那就会导致刑事责任根据的客观化，从

---

① 参见：Б. С. Утевский. Вина в советском уголовном праве. М. , 1950. с：44 – 45.
② 参见佚名：《如何确定混合罪过案件中的定性问题》（本引注中的"罪过"为本书中所指的"过错"，因对译意保有不同理解，此处保留引文原意），载 http：//www. 110. com/falv/falvanli/xing-shianli/xfal/2010/0724/181934. html，访问日期：2012 年 3 月 21 日。
③ 参见佚名：《如何确定混合罪过案件中的定性问题》（本引注中的"罪过"为本书中所指的"过错"，因对译意保有不同理解，此处保留引文原意），载 http：//www. 110. com/falv/falvanli/xing-shianli/xfal/2010/0724/181934. html，访问日期：2012 年 3 月 21 日。
④ 参见：Т. Л. Сергеева. Вопросы виновности и вины в практике Верховного Суда СССР по уголовным делам. М. ：Изд – во АН СССР，1950. с – 34.

而导致客观归罪，① 这种观点恰恰因此而受到了苏维埃学者的批判。

值得一提的是，针对这段时期 А. Я. Вышинский 教授（А. Я. 维辛斯基）等人提出的以上关于过错定义的观点，在当时的苏维埃学界引发了一场有关过错的大辩论。Б. С. Утевский 教授等人提出，概念本身如同客观现实中的事实一样复杂，将内涵丰富深刻的过错概念简单地归结为故意或过失显然有失片面。诚如上文，在他看来，过错应当具有两个品格：一方面，狭义的过错仍可作为故意与过失的主概念加以保留；另一方面，广义的过错作为刑事责任的一般根据除了包括故意和过失外，还应当包括其他的内容。所以，构成刑事责任一般根据的过错概念应当具有三个主要特征：具备说明受审人及其实施的犯罪行为、犯罪结果、实施犯罪的条件和动机的主观和客观情况的总和；以社会主义国家名义对所有这些情况作出否定的社会（道德—政治）评价；根据这些评价，苏维埃法院确认受审人的行为引起的是刑事责任，而不是别的其他（行政的、纪律的或民事的）责任。② Н. Ф. Кузнецова 教授认为过错反映的是犯罪人对所实施危害社会行为（作为与不作为）和因此发生的危害社会后果所持的心理态度。它是对犯罪人心理本质的一种阐明，既可以是故意也可以是过失。А. В. Наумов 教授的观点则是："实施犯罪的过错（无论是故意还是过失）是不以执法人员的意志为转移而客观存在的。它是进行调查和法庭审理时应该举证证明的对象。"这种辩论的最后结果是认为在心理学与社会学统一的角度下给过错进行定义是最为恰当的方法。但是，从以上众多观点与学界的现实状况来看，很难有一个顾及各方观点的折中定义出现。

当代俄罗斯学界一般认为，过错应当包括两种形式：故意与过失。有学者提出应当将动机与目的放到过错中研究。对此，Н. Ф. Кузнецова 教授提出批评意见，认为没有足够的理由将动机、目的以及情绪等犯罪特征结合到过错中去研究，这样对过错以及过错形式（故意与过失）来讲，立法范围会被扩大泛化。因此，Н. Ф. Кузнецова 教授对过错下的定义是："过错是人对他所实施的危害社会行为或不作为以及因此而发生的危害社会后果的心理态度。"这种心理态度程度的不同表现出犯罪人对自己实施犯罪行为及其后果的故意或是过失心态的不同。

应当说，在犯罪认定中必须关注于过错原则及其理论的研究，如果忽视于

----

① 参见［俄］Н. Ф. 库兹涅佐娃、И. М. 佳日科娃主编：《俄罗斯刑事法教程（总论）》（上卷·犯罪论），黄道秀译，法律出版社 2002 年版，第 210 页。

② 参见薛瑞麟：《俄罗斯刑事法研究》，中国政法大学出版社 2000 年版，第 177 页。

对过错的评价，则存在着客观归罪的危险，那么就会导致对无过错致害的行为进行处罚，这就导致了刑罚不公，法制原则变得空洞乏味。而按照法制原则的规定，行为人的行为虽然造成了一定的社会危害，但只要致害人没有过错，都不应当作为犯罪。否则，就会导致与当代刑事法治的主旨相违背，法治的公正性无以为持。

2. 过错的主要形式之一：故意

在犯罪认定的法律判断根据中，对于主观过错形式的判断是一个不可忽视的问题。有关主观过错的形式，通说观点认为只有故意与过失两种，但是实际上，根据刑事立法规定，还存在着第三种过错，即所谓的双重形式的过错。本节是对于过错形式之一——故意进行的理论考察。

故意是犯罪认定活动中经常评价的一个范畴。据俄罗斯学者统计，每百起刑事案件中就有 90% 的案件属于故意犯罪。因此，在俄罗斯立法中，将故意作为犯罪构成主观特征的罪行条文就占条文总数的 2/3 以上，其他一些个罪的罪刑规范则因特殊的立法目的而在犯罪构成主观特征上，或是强调行为人的"过失"或是强调于"双重过错"心理特征。

故意的认定制度在俄罗斯刑事法发展史中经历了漫长的时代演进。在始罗斯时期，部落规范中就有对故意伤害、侮辱其他部落成员的生命、财产、利益与荣誉的行为是一种罪恶的规定。其后在古罗斯、帝国罗斯时期的一系列法律文件中对于罪行的认定往往都会将是否具有故意作为评价的一个标准。但是，故意概念在这段时间内并没有得到立法者的首肯，由此造成的问题就是对过错的理解因此在学界中产生多种设定。1922 年《俄罗斯苏维埃联盟社会主义刑事法典》第一次对故意概念下了定义："行为人行为是出于故意，即预见到自己行为的结果，而且也希望这种结果的发生，或者有意识地放任这种结果的发生……"《苏维埃刑事立法基本原则》对故意概念做了更为贴切的表述："即预见到自己行为的结果具有社会危害性，进而希望这种结果的发生，或者有意识地放任这种结果的发生。"其后，一系列的立法文件延续了对故意进行立法定义的传统，并且根据不同的社会状况进行了完善与补充，1991 年已通过未实行的《苏维埃与各加盟共和国刑事立法纲要》第一次以立法的形式将故意划分为直接故意与间接故意。1996 年现行《俄罗斯联邦刑事法典》第 25 条对故意犯罪进行了详细的规定："直接或者间接地故意实施犯罪行为的，应当认定为是实施故意犯罪；行为人实施犯罪行为时，如果意识到自身行为（作为或不作为）所具有的社会危害性，且预见到该行为的社会性危害后果具有发生的可能性或者必然性，并且对该结果的发生持有期待，则应当认定为是实施直接故意的犯罪；行为人实施犯罪行为时，如果意识到自身行为（或不作为）

所具有的社会危害性，且预见到该行为的社会性危害结果具有发生的可能性，虽然并不期待这种结果的发生，但对该种结果发生持故意放任或是漠不关心的态度，则应当认定为是实施间接故意的犯罪。"这个规定被俄罗斯学界赋予很高的评价：第一，认为它将故意的形态以及故意的过错性质做了清晰明确的划分，从而为犯罪认定的司法实践操作指明了方向。第二，认为这种定义既体现出俄罗斯学界对于故意问题研究的深入，又显示了俄罗斯刑事理论研究的精细。

　　故意是一个立法概念。一直以来，俄罗斯学界对于故意的研究都是基于立法规定而展开的。从各时期的立法条文看，故意的形式大体被划分为两种：间接的故意与直接的故意。这两种形式中包含了认定故意时所应当判断的过错特征。这种区分在理论与实践中具有一定的价值。使得犯罪认定能够准确对过错的程度、行为人行为社会危害性的程度作出判断，对于公正定罪、公平量刑具有重要意义。

　　对于直接故意认定问题，在其过错性质判断中：首先，要确认行为人对自己行为（作为或不作为）的社会危害性具有一定的意识；其次，能够预见到必然或者可能发生社会危害后果；最后，行为人对这种社会性危害后果持期待的心理态度。前两个条件说明行为主体发生的心理过程，它们构成直接故意的智力特征（意识因素，或称之为认识因素），后一个条件则表现了行为主体对直接故意的自身控制特征（意志因素，或称之为能力因素），这两个条件是行为人行为是否由直接故意支配的两个基本判断特征。第一个特征——意识因素是指在故意的智力特征中需要认定的是行为人对于社会危害性的认识程度，其前提在于能够对自己实施行为的违法性有一定的认知。А. А. Пионтковский 教授因此曾提出应当将违法性列入故意概念中。[①] 但是，对这一观点持反对意见的人认为，意识到违法性并不能够成为故意意识因素的必要条件，因为实施故意犯罪的人可能并不知道刑事法律对其行为的禁止。这一点实务界与学界不同，司法人员在具体犯罪认定中，往往会将是否意识到行为的违法性作为判断故意犯罪的认定条件。故意的这一智力特征还要求主体对行为可能或必然发生危害性社会后果有认知（意识）。也就是说，如果行为人对社会危害性后果没有也不可能预见，就不应当追究行为人的刑事责任。这种预见体现了行为人对危害性后果的想象，会对造成什么结果有认识，对这种后果的社会危害性有认

---

① 参见：А. А. Пионтковский. Учение о преступлении по советскому уголовному праву. М.: Госюриздат, 1961. с – 350.

知，也能意识到这种后果发生的必然性与可能性的概率。①

直接故意的另一个构成特征是意志因素。意志因素表现为对犯罪行为结果的希望，这就要求行为主体有意识的实施有目标的活动。Н. С. Таганцев 教授认为："除意识之外，故意还包括另一个要素——希望，将自己的意志指向实际实现目标，这如果说不是更重要的话，也是同样重要的。任何有过错的性质都应当是意志的有过错性质。"② 希望本身具有多样性，在直接故意中希望表现为对某种结果的追求，这种结果可能是行为人的最终目标，也可能是为达到某种目的而追求的间接结果，也可以是实施其他犯罪的手段或者是犯罪行为必需的伴随要素。

间接故意也要求具有一定的意识与意志因素，只不过在程度上要低于直接故意。其意识因素与直接故意的意识因素构成条件基本相同，需要行为人对自己行为的社会危害性具有一定的意识，但是在预见条件上与直接故意有一定区别。这是因为间接故意不可能预见发生危害社会后果的必然性，这种必然预见只能是直接故意成立的条件。在意志因素上，间接故意也具有自己的特点。从条文中可以看到，间接故意表现为有意识的放任危害结果的发生或者对结果的产生抱有漠不关心的态度。А. И. Papor 教授（А. И. 拉罗格）认为，有意识地放任意味着行为人用自己的行为引起一连串事件并有意识地放任导致危害结果发生的因果链条发展。它是同对危害结果持赞许的意志态度相联系的积极体验。就心理本质而言，有意识地放任的内容同希望是相当接近的。③ 而对漠不关心的态度，俄罗斯学者认为这意味着行为人对危害结果缺乏积极的情感体验。间接故意中的后果是主体为实现自己在该犯罪构成范围以外的意图所付出的代价。况且，间接故意时虽然没有希望发生危害社会的后果，但是也不意味着不希望危害后果的发生而且竭力避免。这个问题俄罗斯学界里也是争议不休没有定论，Н. Ф. Кузнецова 教授认为有意识地放任后果发生和对后果采取漠不关心的态度是同一概念的不同形式，但是对危害后果采取漠不关心的态度更能准确地反映意志标准的特点。应当说，有意识地放任后果发生是主体不希望发生危害社会后果但容忍其发生的思维过程。对后果采取漠不关心的态度则是对危害社会的后果没有积极的情绪感受，发生后果的现实可能由犯罪人超前的意识反映出来。④

---

① 参见：В. Н. Кудрявцев. Что такое преступление. М．，Госюриздат，1959г. с－457.

② 参见：Н. С. Таганцев. Русское уголовное право. Лекции. Часть Общая. Т. 1. М．：Наука，1994. с－238.

③ 参见薛瑞麟：《俄罗斯刑事法研究》，中国政法大学出版社 2000 年版，第 185 页。

④ 参见：Российское уголовное право. Общая часть. М．：Спарк，1997. с－142.

3. 过错的主要形式之二：过失

过失作为一种行为评价范畴出现在俄罗斯社会历史时间是在始罗斯氏族社会的后期，当时是作为对违反道德规范的行为进行主观判断的标准，后来过失成为判断行为是否违反氏族部落行为规范的责任判断根据。在《罗斯真理》以及其后一系列的规约与律书（《强盗律令》）中可以看到，过失被应用于"初罪"的认定。在 M. M. Сперанский 伯爵（M. M. 斯佩兰斯基）遵照沙皇 Александр I. Михайлович（米哈伊洛维奇．亚历山大一世）与 Николай I. Павлович（巴甫洛维奇．尼古拉一世）指派先后制定的一系列法规与法令以及《一七一五年军法条例》与《法律全书》中明确划分了两种主要的过错形式：故意与过失。M. M. Сперанский 伯爵在其 1845 年主持制定的《刑罚与矫正法典》中规定了过失成罪的规定。1903 年的《俄罗斯帝国刑事法典》对过失概念做了明确的定义："如果犯罪人'尽管能够或应该预见而没有预见'或者'当他预见到使自己行为成为犯罪的后果发生，但推断可以防止其发生的'"其行为就是过失犯罪。① 1919 年的《俄罗斯苏维社会主义共和国联盟刑事法指导原则》在刑罚处罚的有关规定中提到：法院应考虑到行为的实施是否为"出于轻信还是疏忽大意"。1922 年制定的《俄罗斯苏维社会主义共和国联盟刑事法典》对过失明确地进行了规范定义："行为人的行为是出于过失，即预见到自己行为的结果，而轻率地希望避免这种结果的发生，或者虽然应当预见到自己行为的结果，而没有预见到的。"其后苏维埃与俄罗斯联邦各时期的立法基本延续了这一定义。1996 年现行《俄罗斯联邦刑事法典》第 26 条再次对过失犯罪的定义予以完善，并将其进行了分类："因轻率或者疏忽大意而实施犯罪行为的，应当认定为是实施过失犯罪；行为人实施犯罪行为时，如果预见到自身行为（作为或不作为）所导致的社会性危害结果具有将要发生的可能性，但是并无充足理由地对此结果能够得到防止持过于自信的态度，则应当认定为是实施轻率的过失犯罪；如果行为人对自身行为（作为或不作为）所导致的社会性危害结果具有将要发生的可能性未能预见，但在对此结果予以必要注意或者推测的情况下，应当预见或者能够预见的，则应当认定为是实施疏忽大意的过失犯罪。"

过失在俄罗斯立法史中得到确认与俄罗斯学界对主观过错的积极探讨有着一定关系。其在过错中的地位首先是在学界得到重视。学者们从哲学观、心理学、精神病学与社会学等学科角度出发对过错进行了考察，认为多种研

---

① 参见：Курс уголовного права. Том 1. Общая часть. Учение о преступлении - Подред. Н. Ф. Кузнецовой, И. М. Тяжковой. с – 75.

究方式是确定这种属于人精神生活无意识过程中心理活动规律的需要。基于多角度研究而进一步提出，任何具有刑事责任能力的人都能够作出决定，选择行为的方案并且在此过程中考虑到外在原因的作用。所以，过失对受法律保护的利益和财富造成的损害时不能认为是可以原谅的，因此应当承担刑事责任。[①] Н. Ф. Кузнецова 教授认为，行为人在过失犯罪中的责任在于其个人在生活中的人生观念、生活原则、生活态度等社会立场与过失犯罪的社会根源有着极密切的关联。行为人在因其过失而对受法律保护的利益造成损失的状况中显现出的不专心、不守纪律、轻信等态度表现，其根源就在于行为人对这些利益的重要性认识不足，因不重视而导致轻率大意从而造成对行为结果的轻信与疏忽。过失犯罪的主要原因就在于行为人的社会责任感缺乏、不遵守社会规则、行为散漫自由、对履行自己的职责和预防规则大意马虎，不重视周围人的生命和健康。有的时候，过失犯罪也可能因为犯罪人处于特殊的生理心理状态中而产生，比如疲劳、健忘、注意力不集中、反应迟钝等都可能导致过失行为。[②]

一般来讲，在犯罪认定中应当掌握过失的两种基本形式，即"轻信的过失"与"疏忽的过失"。"轻信的过失"从立法概念上说明是指犯罪人预见到自己行为可能发生危害社会的后果，但是没有理由地轻信可以防止这种后果的发生。那么，对于轻信是否需要犯罪人不具有对自己行为的社会危害后果的意识，只需要能够预见发生这种后果的可能性就可以认定为是具有过错特征的问题，在学界之中是颇有争议的。因此可以作出推断，即在过失犯罪中，犯罪人对自己行为的社会危害性没有意识。但反对者的意见则是，每一个正常的犯罪人对于能够预见的社会危害性后果一般都是具有意识的，难以否认过失犯罪中犯罪人对于社会危害性后果不具有意识性。不过，在具体犯罪认定中对于过失犯罪是否必须要求行为人对行为造成的社会危害性后果具有意识不具话题性，司法人员多会按照预见性的有无进行犯罪认定。从理论上讲，过失犯罪中行为人或者会意识到实际发生的状况，或者对此没有任何意识（如操纵轧路机无意中将车下的人轧死），也能是轻信的过失，也可能是疏忽的过失，这种争议在条文规定下不能得到很好的解释。[③] 可以看出，立法的不周延导致理论上产生了很多争议。

"疏忽的过失"是指犯罪主体在加以必要的注意和具有必要的预见性的情

① 参见：Курс советского уголовного права. Общая часть. Т. 1. Л. : Изд - во ЛГУ, 1968. с - 418.

② 参见：Курс уголовного права. Том 1. Общая часть. Учение о преступлении － Под ред. Н. Ф. Кузнецовой, И. М. Тяжковой. с - 69.

③ 参见：Курс уголовного права. Том 1. Общая часть. Учение о преступлении － Под ред. Н. Ф. Кузнецовой, И. М. Тяжковой. с - 71.

况下，应当能够预见自己行为可能导致发生危害社会的结果，但却未能预见到这种结果的心理态度。疏忽大意的过失与轻信的过失在许多方面具有相同性，在产生不良个性的心理与社会根源上具有一定的通性——不谨慎、轻视社会规则、对自己的行为马虎草率等。① 二者之间不同的地方则在于对行为导致的社会性危害后果的预见不同。行为人对于危害后果有能力、有义务预见但是没有预见到的时候导致犯罪，疏忽的过错因此产生。Н. Ф. Кузнецова 教授认为，这种未预见是不可以原谅的过错，因为犯罪人本应当对此可以预见，加以必要的注意就可以预见，有现实可能性预见自己的行为有可能发生危害社会后果，但是不集中自己的精力去对自己的行为以及结果作出正确评价，因此就应当承担这种心态所造成的损害后果。②

4. 过错的特殊形式：双重过错

"双重过错"在俄罗斯的刑事法理论中是一个具有独特性的理论范畴。中国学者一般将之译为"混合性过错"、"复合性过错"或"复杂性过错"。其意是指在一个犯罪行为中同时包括了过错的两种不同形态：故意与过失。但是，无论是限于中国学者翻译技巧的不同，还是俄罗斯本国学者对于该概念在名称提法上的不同，首先，混合性或复合性这种说法就是一个产生争议的话题。В. С. Комиссаров 教授认为不应当具有除故意与过失之外的过错形式。而且在这种犯罪中，过失与故意也不属于同一个阶段，更不存在故意与过失能够混合到一起的情况，这样的立法规定既不合理也不符合逻辑。③ 这一观点的提出实际上是对传统双重过错概念理解的批判。Н. Ф. Кузнецова 教授对于具有双重过错形式的犯罪表述为"具有两种过错形式的犯罪"。俄罗斯学界产生概念表述争议的原因可能来自立法定义中最后一段的补充性说明。1996 年现行《俄罗斯联邦刑事法典》中第 27 条规定："总体上应当认定为是实施故意犯罪"的意思是指将两种不同过错形式的犯罪作为故意犯罪一种形式认定，那么也就是说将两种过错最后当作故意的过错认定。本书认为，虽然立法上将这一类犯罪作为故意犯罪来处理，但是，因其在主观过错上具有既不同于单纯故意的犯罪，也不同于单纯过失的犯罪，过错的形式因具有故意又有过失而显得形式复杂，责任承担上、罪行认定上毫无疑问不能等同于以上两种独立的纯粹过错形式。因此，虽然立法上规定具有这种双重过错的行

① 参见：Уголовное право. Общая часть. М. : Моск. ин－т МВД, 1997. с－201.

② 参见：Курс уголовного права. Том 1. Общая часть. Учение о преступлении － Под ред. Н. Ф. Кузнецовой, И. М. Тяжковой. с－221.

③ 参见：Уголовное право. Общая часть. М. : Моск. ин－т МВД, 1997. с－204.

为最后作为故意犯罪来处理，但本书认为还是遵从俄罗斯学界多数学者的观点，将这一类型的犯罪理解为双重过错较为妥当，本节探讨也以双重过错概念为准。

俄罗斯学者认为双重过错这一概念史源于德国刑事法学家 Ludwig Andreas Feuerbach。在编纂《巴伐利亚刑事法典》时，建议将双重过错作为独立的过错形式规定到刑事法典中，并将故意与过失组合出现在同一犯罪现象中的状况称之为"伴随故意而出现的过失"。虽然这一构想在德国没有转化为现实立法，但是这一设想成为俄罗斯构建自己双重过错理论的基础。20 世纪中期，在苏维埃的法律文献中，针对某些犯罪构成的行为和后果可以规定不同的过错形式、这种过错是第三种过错形式、这种过错应当称之为"混合性过错"的说法较为通行。实际上，混合性过错的提法本意在于解决犯罪构成在具有复杂的主观构成情况下如何进行犯罪认定的问题。因为在具有复杂的主观构成情况下，犯罪行为导致的危害结果也许不是一种，可能是两种也或者会多种。这样，就会产生不同犯罪构成具有不同的过错形式，如何认定犯罪就成为一个不好解决的问题。这种情况下，学者们借鉴德国的双重过错学说构建了自己的双重过错理论。

在俄罗斯漫长的法制发展史中，双重过错一直是一个理论概念，1996 年现行《俄罗斯联邦刑事法典》编纂的时候，有学者提出将双重过错收入法典中的提议最终得到了立法者的肯定。该法典第 27 条对其单独规定了一个条文："实施具有双重过错形式犯罪时的刑事责任"。具体内容为："行为人实施的故意犯罪，导致在法律上应当受到更为严厉刑罚的严重结果，且该种结果的发生处于行为人故意之外的，行为人只在能够预见到严重结果发生的可能性，但是无充足理由地对此结果能够得到防止持过于自信态度的情况下，承担该种犯罪行为的刑事责任。或者在以下情况，即在行为人未能预见，但是应当预见或者能够预见到这种结果具有发生可能性的情况下，承担该种犯罪行为的刑事责任。这种具有双重过错形式的犯罪，总体上应当认定为是实施故意犯罪。"这说明，立法首先明确规定了双重过错的法律地位；其次，也表明具有双重过错形式的犯罪并不构成新的过错形式；最后，则是在某种程度上将双重过错作为独立的第三种过错形式单独设定。这样，本质上，双重过错是故意犯罪与过失犯罪的想象竞合犯，过失犯罪屈尊为故意犯罪的加重要件。①

在认定上，这种过错规定具有一些较为鲜明的特点，需要符合以下的要求

---

① 参见薛瑞麟：《俄罗斯刑事法研究》，中国政法大学出版社 2000 年版，第 189 页。

才能构成：犯罪的实施造成两个后果；造成两个后果的过错形式不同；两种过错形式只能发生在有加重责任的犯罪构成中；属于加重行为责任要件的过错只能是过失；鉴于立法者规定，具有两种过错形式的犯罪应当属于故意犯罪。①据此，在犯罪认定中应当把握几个重要的事项就是：第一，双重过错的犯罪应当是故意、过失这两种不同形式过错组合并导致两个后果，不能将具有双重过错形式的犯罪等同于具有一个后果和一种过失过错形式的犯罪。那么两种或几种直接故意或间接故意，两种或几种疏忽大意或轻信过失，抑或直接故意与间接故意，或者轻信过失与疏忽大意组成的过错形式不应当认定为是双重过错。第二，两种过错形式结合在一个犯罪之中并不改变两种过错的实质，立法者只是规定这样的犯罪应当按照故意犯罪进行认定，根据在于它的基本犯罪构成中主观方面持有的是故意的过错形式。第三，在具有双重过错的犯罪中，行为人对加重结果只能是出于过失，两种后果的心理态度都是故意的情况下，只能按照较重的犯罪构成认定犯罪。

　　有关双重过错的探讨对于行为的成罪属性具有重要意义。俄罗斯学者认为，立法者将双重过错条文明确规定在现行法典中，不仅使得故意犯罪与过失犯罪在立法上有了清晰的界限，对于准确认定社会危害行为成罪性特征也起到了明确划分的作用。

　　在犯罪主观方面的认定中，一般认为还应当包括动机、目的与情绪等内容。但是，动机与目的是否应当放在过错之外进行独立研究是很有争议的话题。Н. Ф. Кузнецова 教授提出，这种观点十分不妥，因为没有足够的理由将动机、目的和情绪列入过错的内容会扩大过错与过错形式的立法定义范围。②但是，她又认为，对于犯罪主观方面的探讨主要是确认行为人是否对犯罪行为具有过错的依据。它体现的是犯罪的内在本质，是指行为人对实施的行为是否具有危害性所持有的心理态度。③而在学界，对于犯罪主观方面的探讨主要都集中在过错理论上，对于犯罪动机、目的与情绪一般都认为是犯罪构成主观方面的选择性要素，只有在立法需要的情况下才成为具体犯罪构成的必要要素，在理论研究中，这些因素并不具有十分重要的意义。本书主要考察的是犯罪认定基础理论问题，故此不多赘述。

---

　　① 参见：Курс уголовного права. Том 1. Общая часть. Учение о преступлении – Под ред. Н. Ф. Кузнецовой, И. М. Тяжковой. с – 142.

　　② 参见：В. В. Ворошилин, Г. А. Кригер. Субъективная сторона преступления. Учебное пособие. М.：Изд – во МГУ, 1987. с：9 – 10.

　　③ 参见：Курс уголовного права. Том 1. Общая часть. Учение о преступлении – Под ред. Н. Ф. Кузнецовой, И. М. Тяжковой. с – 43.

第三章 实质性（实体的）判断基础①

犯罪认定基础理论在行为正向入罪方面的基本模式是在实质特征与法律特征结合基础上对行为人行为进行成罪性评价与判断的理论体系。其实质性判断根据来自犯罪行为所具有的社会实体性特征。一般来讲，俄罗斯学界对于犯罪行为的社会实体属性研究都是以犯罪概念定义所表达的内容为基础。而犯罪概念，既是犯罪认定基础理论的实质性判断基础，也是俄罗斯犯罪论得以形成的先决条件，更是刑事法理论体系得以构建的基础根据。所有及于俄罗斯刑事理论的探讨，都离不开对犯罪概念的理解，因此，也就决定了其对犯罪认定基础理论建构的重要意义。那么，对于犯罪概念的解析是我们了解当代俄罗斯犯罪认定基础理论的真实状况，掌握其基础内容的必要工作。

一、犯罪概念及其理论体系

俄罗斯学者认为，犯罪概念既是俄罗斯刑事法律基础理论的组成部分，是奠定犯罪论的基石，也是犯罪认定基础理论研究的一个重要范畴。没有犯罪概念，行为是否成罪在本质属性上就没有统一的判断标准可以确定，犯罪、刑罚乃至于整个刑事体系的理论根基无从谈及，也不可能在一个广泛区域内取得共同的理解。只有在犯罪概念定义明确的情况下，才能够使立法者、司法者、执法者与守法者各方统一了解具有什么性质与特征的行为是犯罪，而什么行为又是符合法律规定的适法行为，在一定程度上保障法律的一体通行，法律流程的

---

① 从本书关注问题出发，应当说明的是，"犯罪概念是犯罪认定的实体性判断基础，犯罪构成是犯罪认定的形式法律模型"这一观点最初并没有受到俄罗斯学者过多的关注和探讨，一直没有引发大的争议。这种认识模式也没有被俄罗斯主流学者所否认。在 А. Н. Трайнин（А. Н. 特拉伊宁）、В. С. Комиссаров 教授（В. С. 卡弥撒拉夫）、Н. Ф. Кузнецова 教授（Н. Ф. 库兹涅佐娃）等学者的著述中，这种观点表达的十分明显。因此，本书将犯罪认定过程中对于犯罪概念进行性质的判定这一内容具体化表述为实质性（实体）判断，将犯罪认定过程中对于犯罪构成模型对比描述为形式性（法律）判断，这基本上是遵从俄罗斯学界通说的观点。

运转与司法秩序的公平。

（一）法律沿革

在俄罗斯社会历史发展的不同阶段，犯罪概念及其定义在法律规定与理论探讨中都有不同发展。社会历史发展的初期阶段，根据对当时犯罪概念的历史形式——"初罪"观念考察后可以得出结论，"初罪"在当时是指对部族与成员进行欺辱与仇恨的一种行为，实质在于对部族与成员的财产、生命与荣誉等利益造成的一定侵害。需要说明的是，这段时期没有成文的法律规范可以探寻"初罪"概念实际的法律属性与现实状况，本书只能从部分历史材料记载中得出推论，因此，这里只能暂时将其限定为犯罪概念的一个史源。

成文法出现之后，犯罪概念的法定形式得以确定。随之，犯罪概念不断发展，其定义经历了一个转变的过程：由实质定义—形式定义—实质定义，最后发展到现在的整体定义（形式与实质结合）经历了一个不断变革的过程。《罗斯真理》时期，犯罪概念倾向于实质性特征的确定，法典中犯罪的定义为"致使个体或部分群体遭受某种物质的、身体的或道德情感上的侵害"。18 世纪法律汇编时期，犯罪概念则体现出实质性与形式性结合定义的特征："所有违抗沙皇意志、破坏法律规定同时侵害国家制定的法律秩序的行为都是犯罪。"这之后，刑事法典编纂化活动之前，各种刑事规范中的犯罪概念大多定义为"法律用刑罚威吓予以禁止的行为即是犯罪"。法律禁止的行为是犯罪，符合法律规定的行为也是犯罪。但行为因为什么被法律禁止，法律为什么将这种行而不是那种行为确定为犯罪，立法者并没有在法律中明确说明，一切都在于裁判者的立场与裁量的恣意。1822 年与 1845 年适用的《刑罚与矫正法典》以及 1903 年的《俄罗斯帝国刑事法典》在定义上沿用了这种犯罪概念表述形式。

苏维埃联盟成立后，当时的刑事法学者认为，犯罪的形式定义忽略行为的社会本质属性，隐瞒了资产阶级刑事法严重侵害人民权利的剥削性质，没有基于社会实际属性对犯罪行为进行性质确定。作为体现社会主义伟大性质的苏维埃刑事立法，应当体现出这些与剥削阶级刑事法不同的特点。在批判资产阶级犯罪形式概念的基础上，在刑事立法中规定了犯罪的实质概念。1919 年《俄罗斯苏维埃联盟刑事法指导原则》[①] 首次对犯罪概念作出实质定义——"侵犯刑事法予以保护的社会关系秩序的行为应当认为是犯罪"，提出社会侵害是行为成罪的特征。1922 年《俄罗斯苏维社会主义共和国联盟刑事法典》则正式

① 也被称为《俄罗斯苏维社会主义共和国联盟刑事法指导原则》。

将犯罪概念定义为："威胁苏维埃制度基础及工农政权向共产主义过渡时期所建立的法律秩序的一切危害社会的作为或不作为，都认为是犯罪。"当时，这种对犯罪概念进行实质定义的方法被认为是社会主义刑事法区别于资产阶级刑事法的根本标志。但是，在犯罪认定上只根据行为的实体性（阶级性）——社会危害性进行判断，完全忽视犯罪的刑事违法性与具体的法律形式，导致了犯罪认定过程中法律虚无主义的泛滥。

随着社会主义国家法制观念与法律制度的加强与完善，为克服立法规范流于形式，出现了形式特征与实质特征相统一的犯罪概念。[①] 1958年《苏维埃联盟与各加盟共和国刑事法律纲要》[②] 将犯罪实质概念的定义调整为"凡是刑事法律所规定的危害苏维埃社会制度或国家制度，破坏社会主义经济体系和侵犯社会主义所有制，侵犯公民的人身、政治、劳动权利、财产权利和其他权利的危害社会的作为（不作为），以及刑事法律规定的违反社会主义法律秩序的其他危害社会的行为，都应当认为是犯罪"，1960年，《俄罗斯苏维埃社会主义共和国联盟刑事法典》对于这一犯罪概念的定义进一步予以完善，其第7条规定为："凡本法典分则所规定的侵害苏维埃的社会制度和国家制度，侵害社会主义经济体制和社会主义所有制，侵害公民人身权、政治权、劳动权、财产权以及其他权利的危害社会的行为（作为或者不作为），以及本法典分则所规定的其他各种侵害社会主义法律秩序的危害社会的行为，都认为是犯罪。"犯罪概念以实质定义与形式定义结合的方式在俄罗斯刑事立法中得以沿用。俄罗斯联邦承继了苏维埃联盟时期的刑事法律制度，在1996年现行《俄罗斯联邦刑事法典》中简化了苏维埃联盟时期的犯罪概念定义，将其调整为两个部分："过错地实施了本法典以刑罚震慑予以禁止的社会性危害行为，应当认定为是犯罪；作为（或不作为），尽管在形式上包含有本法典规定中某个行为的特征，但因影响不大（情节轻微），不具有社会危害性的，则不应当认定为是犯罪。"那么，犯罪的实质是过错实施了社会危害行为，形式上则应当符合法律以刑罚震慑进行禁止的规范成为这个概念中所应当具有的内涵，[③] 在社会属性层面上对犯罪如何认定予以明确。同过错理论一样，这一概念颇受俄罗斯学界

[①]　参见王永：《犯罪概念的形式化与实质化辩正》，载 http://www.zh09.com/Article/flws/200701/185900.html，访问日期：2007年12月21日。

[②]　也被称为《苏维埃联盟和各加盟共和国刑事立法纲要》。

[③]　有关于犯罪概念第2条的规定，在俄罗斯学界争议较多，主流观点认为这一补充规定是为犯罪认定的实质性判断划分范围，是社会危害性区分与其他违法或不道德行为的一个界限，犯罪构成只能是在法律上设定一个模型而不能体现出定罪的灵活性，对于符合犯罪构成的行为而其实质并无社会危害根据这一补充说明可以得到解决而不至于局限于法律。

的肯定，俄罗斯的刑事法学者因此而表示："我们的犯罪概念经历了一个从实质到形式再到实质与形式结合的整体定义的过程后，逐渐成为一个完善的理论概念与系统，这种从实质与形式两个方面定义犯罪概念的方法被多数国家所借鉴，并在当代犯罪论体系中占据了重要的理论地位。"①

（二）学理探讨

作为当代俄罗斯犯罪认定基础理论中的一个基本判断范畴，犯罪概念揭示了犯罪行为的社会本质属性，这对犯罪认定的实现起到了限定评价标准的作用。而在当代俄罗斯学界，对于犯罪评价标准如何定位，学者们所持观点不同。有的提出犯罪的评价标准应当定位于法律的形式是什么，有的则主张犯罪评价标准应当在于法律的实质是什么，也有认为，犯罪标准应当在法律形式与法律实质结合的基础上确定。因此而产生了犯罪形式界定标准、② 实质界定标准③与双重界定标准或者说是混合界定标准等学说。实际上，这是对犯罪认定判断根据问题的探讨，是对犯罪实体特征判断根据说、法律特征判断说与整体性评价说争论的深入与延展，④ 而由此则产生了犯罪概念"一特征说"、"二特征说"、"三特征说"、"四特征说"与"五特征说"等。⑤ 各种不同学说所体现出来的问题就是学者们基于犯罪概念所表达的社会性质与法律性质的不同而

---

① 参见［苏］科扎钦克等主编：《刑事法》（总则），莫斯科大学出版社1998年版，第77页。转引自薛瑞林：《俄罗斯刑事法中的犯罪概念》，载《法制与社会发展》2000年第2期。

② 这种学说的主要观点在于：犯罪认定的规范标准应当是一种明确的、具体显现在法律规定中的特征，它直观、具体，比如认为犯罪是违反刑事法律的行为或者认为犯罪是应当受到刑罚处罚的行为，也有学者认为这种形式标准是行为的刑事违法与应受刑罚处罚的结合，二者并不具有实质的区别。

③ 该学说的最主要的观点就是认为社会危害性应当是犯罪的规范标准，认为法律规定的犯罪其实质在于行为本质上是对社会的危害。这种观点在俄罗斯学界占据主流。就像任何的理论都难以不存在争议一样，该观点也难以被所有人认可。有学者提出，权利的侵害与义务的违反应当是犯罪规范性标准的实质，认为刑事法之所以将行为人的行为规定为犯罪，其实质在于该行为侵害了他人的各种权利，违反了行为人自身的义务承担。

④ 也被学者称为整体的犯罪规范标准，这种观点多是从形式与实质结合的标准对犯罪进行理解的。由此提出形式界定学说揭示的是犯罪的法律形式表现，实质界定揭示了犯罪的实质属性，形式界定依托犯罪的形式框架，而实质界定则又将犯罪学中的犯罪概念与刑事学中的犯罪概念混淆，从形式与实质两个方面出发则可以避免这样的误差。认为犯罪的形式界定与实质界定并不冲突，二者可以同时存在于法律中，形式界定是对犯罪轮廓的描述，而实质界定则是揭示出犯罪的本质属性，形式与实质的结合才能在整体上给予犯罪一个合理的定义。

⑤ 五特征说是在四特征学说上增加了一个应受刑罚性，即行为成为犯罪首先是因为行为人的行为具有刑事法规定的行为性，行为的社会危害性、行为的过错实施性以及行为的刑事违法性，并且还具有相应的应受刑罚处罚性。因为这种观点颇有大杂烩的嫌疑，所以在俄罗斯学界并没有引起太多注意，相关涉及刑事违法性与应受刑罚性在四特征说中均有提及，这里也不过多介绍。

产生对犯罪概念定义表述不同的争议。我们可以从以下几种不同犯罪特征学说的观点中了解俄罗斯学者对于犯罪概念实质的基本认识：

"一特征说"主要有两种观点，在犯罪的社会危害性与刑事违法性上各自独立。"一特征"的主要秉持者为 20 世纪中期列宁格勒大学的学者。他们认为犯罪的本质特征具有唯一性——社会危害。法律之所以将此种或彼种行为规定为犯罪只是因为它侵害了社会与个人的法定利益，对人的社会生活产生了一定的危害，①认为社会危害性是区分罪与非罪的最根本依据；第二种观点则认为犯罪实质判断的唯一根据是行为的刑事违法性。②支持论者提出，这是因为刑事法中的犯罪概念与犯罪学中的犯罪概念具有不同的场景，也赞同行为成罪是因为具有社会危害性，但是他们认为，刑事违法性本身就已经能够说明行为成为法律所规定的犯罪就是因为具有了社会危害性而违反了刑事法律，所以立法才在刑事规则上予以强制。从刑事理论的角度来看，犯罪更多体现的是行为的法律规范违反，而不是行为的社会规范违反。因此，社会危害性是从社会学角度研究犯罪的属性，刑事违法性才是从刑事法学角度研究犯罪的属性。

"二特征说"争议较多，形成了四种主流观点：其一，认为犯罪是具有社会危害性与刑事违法性的行为，社会危害性与刑事违法性是判断行为罪质的根本依据。其二，认为犯罪是具有社会危害性与应受刑罚性的行为，刑事违法性不能说明行为的应受刑罚性，而社会危害性与应受刑罚性的结合才能够说明犯罪行为本质上是违反法律的。其三，认为行为的刑事违法性与刑罚处罚性应当是犯罪的基本特征，因为社会危害性概念极其模糊、不明确，司法实践中不便操作，所以不应当成为犯罪认定的实质根据。应受刑罚性与刑事违法性则不同，二者是可以通过立法明确判断的。其四，认为犯罪是行为人基于过错实施的社会危害行为，犯罪概念的特征就应当是责任性（过错实施）③与危害性（社会危害）。④无害则无责，无责则无罪。以上四种观点中，第一种观点得到多数秉持"二特征说"学者的认可，在很长一段时期内，占据了俄罗斯学界的主流地位。

---

① 行为（或不作为），尽管在形式上包含有本法典规定某个行为的特征，但因影响不大（情节轻微），不具有社会危害性的，则不应当认定为是犯罪。

② 1958 年的《苏维埃联盟与各加盟共和国刑事法律纲要》（也被称为《苏维埃联盟和各加盟共和国刑事立法纲要》）中提出了犯罪的法律特征——刑事违法性。

③ 1996 年颁布的现行《俄罗斯联邦刑事法典》第 14 条规定："过错地实施本法典以刑罚震慑予以禁止的社会危害行为，应当认为是犯罪。"

④ 有关这一点，按照 Мирнов 教授（米罗诺夫）的观点是认为责任为过错的实施，而危害则体现了犯罪的实质。

"三特征说"中的主要观点认为犯罪是具有社会危害性、刑事违法性与应受刑罚性的行为。也有认为犯罪是行为人过错实施的社会危害行为，所以犯罪首先是行为人的行为，其次是该行为具有一定社会危害性，最后才是行为人实施危害行为的责任——过错的实施。因此，刑事行为性，社会危害性与责任担当性是犯罪的本质特征。这种观点在俄罗斯受到的批判最多，学者多数认为它抹杀了行为的刑事违法性实质，将刑事的犯罪概念与犯罪学的犯罪概念等同而论。行为不具违法性实质，犯罪的法律本质就没法体现出来，较有意思的是，从现有资料上看，持社会危害性特征说的学者对此并没有表示太多异议。

"四特征说"分为"旧说"与"新说"。"旧说"曾经是俄罗斯学界的通说观点，但是，近些年显现出"新说"逐渐代替"旧说"，从而成为俄罗斯学界通说的发展状况。新旧两种学说的具体差别在于将行为的刑事性替代了应受刑罚性。以往认为，行为之所以是犯罪，是因为它具有社会危害性、过错责任性、刑事违法性和应受刑罚性，所以行为具有了这四个特征就是犯罪。但是，近些年俄罗斯学界著名的刑事法学者 Н. Ф. Кузнецова 教授以及 В. С. Комиссаров 教授等学者认为，理论的研究应以现行的立法为基准，并根据俄罗斯联邦刑事立法中有关犯罪概念的法律定义形成了新的犯罪概念四特征说，这种学说将犯罪概念的实质特征与形式特征结合作为犯罪定义的标准。认为犯罪首先应当是具有刑事意义的行为（作为与不作为），这是犯罪行为区别与日常行为的最根本特征，其次就是犯罪是具有社会危害性的行为，最后犯罪必须是过错实施的行为与刑事处罚予以震慑的行为也就是具有刑事违法性的行为。应当注意第四点，它不是指应受刑罚惩罚性，而是借用法条条文表述"刑事处罚予以震慑的"，В. С. Комиссаров 教授认为这实质上指的就是行为的刑事违法性。

"五特征说"观点颇有大杂烩的嫌疑，是在以往四特征说之上增加了应受刑罚性这一特征。这种学说在俄罗斯甚少学者予以重视，学界也多认为这种学说逻辑混乱、体系杂乱而未予过多关注，这里不过多涉及。

因四特征新说是当代俄罗斯犯罪认定实体性判断的基础理论根据，所以本章也以此其具体内容作为考察的基础。

二、实质性判断的本体条件

在俄罗斯任何一本刑事法教科书中，涉及犯罪概念特征的时候都有一个肯定的表述——犯罪是行为，是人的主观思想外化的客观行动。这一点，为所有的俄罗斯刑事法学者所公认。对于这种通认观点，俄罗斯学界有学者进而提出，犯罪认定所评价的行为，绝不是日常生活意义的行为，是具有"刑事特征"的行为，在犯罪性质的判断上，它表现为积极的作为与消极的不作为。因此，具有刑事意义的行为应当是犯罪得以成立的本体性条件，无行为则无犯罪。

（一）刑事行为①及其特征

犯罪成立的先决条件首先应当是行为人实施了具有"刑事意义"的行为，它可以划分为作为与不作为。俄罗斯刑事法中的"行为"术语在内涵上与日常生活中的"行为"用语不尽相同。首先，俄罗斯学者认为，日常行为是犯罪行为的基础，犯罪行为本质上也是日常行为，这种行为具有客观实在性，在身体动作上表现为由一系列身体举动组成的积极的行为（作为）。而无身体动作的消极的不行为（不作为），没有日常行为的评价意义，但却在犯罪行为的评价范围之内。其次，构成犯罪行为的作为与不作为在形式上同日常行为不同。日常行为可以是一个个单独的身体动作，也可以是一系列的身体动作。犯罪行为则具有整体性，不能由某一个独立的身体动作或举动构成，往往是由一系列积极或消极的身体举动组成的完整的且对社会具有相应危害的行为。二者之间的差别主要在于不作为形式的犯罪上，日常生活中，如果主体人没有基于任何恶意而未做任何身体举动的，不会有任何问题。但是，如果主体人基于主观上的恶意而不做任何身体举动产生了其主观意愿追求的社会危害，则这种不做任何举动已达到危害目的的行为就构成了不作为的犯罪。故此，立法上不仅将促发社会危害状况的、积极的日常行为作为犯罪认定的判断根据，同时，对以不作为方式促发社会危害的不行为也作为认定犯罪的判断根据。由此来看，刑事法意义上的行为同日常行为既具有关联性，又具有独立性。也就是说，人的日常行为与刑事规范产生冲突的时候，刑事法对人的行为进行法律调整，这个时候，刑事法规定的行为不是指日常生活中的一般行为，而是体现出一定刑事特征、具有一定刑事意义的行为（作为与不作为）。②

具有刑事意义的行为明确体现了行为主体的意识与意志。一般来讲，人的行为往往代表着人的意识活动，反映着人的意志，这一点在人日常的行动举止，尤其是犯罪行为上是其与动物行为相区别的一个特征。作为人类行为的一种形式，犯罪行为具有人类行为的全部特征，它既包括人的思想意识与心理活动，也包括思想意识的客观外化，更是受到了行为人主观意志的支配。因此，

---

① 即具有刑事意义的行为。

② 作为与不作为是刑事行为的两个基本组成，中国学者将其译为行为与不作为很容易造成同具有刑事意义上的行为概念本身混淆。

构成犯罪的行为必须是行为主体受其意识与意志的影响而实施的客观行为。①

首先，犯罪行为应当是受到人的意识活动支配的行为。意识活动是行为主体对客体所能感受、认知到的全部情况的心理反应。在犯罪心理学的研究中，犯罪行为的实施需要具有一定的动机和目的。如贪利、求财、嫉妒、报复等，行为人因受到这些或那些动机、目的的驱使，通过一定的思维判断，对自己将要采取的行为、行为所致的后果在意识上会有一定的认知，行为的行使受意识支配，带有一定动机，具有一定的目的性。因此，在谵妄状态、无意识状态下实施的条件反射行为，由于不具有动机性或目的性，再或者是在受到不可抗力的影响下实施的，不应当属于犯罪学意义上的行为，更不应当认为是刑事法意义的行为。② 例如，因为受到外力撞击而突然摔倒、碰倒他人致使其受到伤害。这种情况下，引起伤害结果的人是不应当承担刑事责任的，因为他的行为是在外力作用条件下产生的身体反射运动，没有具有恶意的主观动机或者目的在里面，更谈不上对撞伤他人的行为有思想上的意识，这种不具过错的情况是不能成立犯罪的。

其次，犯罪行为应当是受到行为人意志支配的行为。意志活动是行为主体在考虑条件、时间、地点与场景等情况下有意识进行自由选择的活动。行为人不应承担刑事责任，如果其行为的实施违反了行为人的意志。例如在物理强制（身体强制）或者不可抗力影响下实施的行为。不能认为人的行为与身体的反射性活动是犯罪，因为身体反射性的反应没有来自属于意识方面的操纵与控制。按照 B. C. Комиссаров 教授的观点，行为人在物理强制条件下意志力受到了控制，不具有选择自己行为的自由。这一点也被当代俄罗斯的刑事立法所明确，1996 年现行《俄罗斯联邦刑事法典》第 40 条第 1 款规定："行为人，如果因身体受到强制的原因而不能够控制自身作为（或不作为），从而导致刑事法所保护的利益遭受侵害的，不应当认定为犯罪。"在不可抗力的条件下——非正常的自然情况（地震、江河泛滥、森林火灾）或人为所致的恶劣环境中（事故、颠覆、剥夺自由）也没有给予行为人选择行为的自由，例如，医生由于救护车事故未能及时赶到病人那里，没能给病人提供救助，这些情况下，虽然都有一定的危害结果产生，但是并都不应当据此认为这是一种具有刑事意义的行为。

---

① 参见：Курс уголовного права. Том 1. Общая часть. Учение о преступлении-Под ред. Н. Ф. Кузнецовой, И. МТяжковой. с – 124.

② 参见：Курс уголовного права. Том 1. Общая часть. Учение о преступлении-Под ред. Н. Ф. Кузнецовой, И. М. Тяжковой. с – 127.

最后，具有刑事意义的行为必须是人的主观思想外化之后的客观行动。
И. А. Исаев 教授认为，在一切有关人的思想活动、心理过程或者信念信仰
的实质内容中，无论包含有多么大的违法性或危害性，只要没有被行为人外
化为行为，就不能作为犯罪进行认定。因此，行为人在犯罪意识产生过程中
的心理活动，虽然与各种目的甚至与企图相关联，只要没有具体的通过行为
表现出来，就不应当认定为犯罪。这一说法为俄罗斯学界大多数学者所肯
定，Н. С. Таганцев 教授、А. Н. Игнатов 教授、А. Н. Трайнин 教授、В. С.
Комиссаров 教授、А. И. Марцев 教授（А. И. 马尔采夫）等人的著作对于
这个问题的论述基本上是相同的。但是，关于将思想、心理过程、信念、它
们的外在表现转化为日记或言论中的表达是否应当是犯罪行为，按照 Н. Ф.
Кузнецова 教授的观点则尚有探讨余地。她认为，一般来讲，人的思维活动
与内心感情无论多么错误都不应当是犯罪，人的思维活动与心理情感转化为
言语的表达或者书面言论在一定程度上应当也不是犯罪。但是，这种口头言
语与书面言论也是人的行为方式，所以很多的"言语"行为在特殊的情况
下，比如威胁他人生命、财产或者以其他的利害关系进行要挟的行为就应当
被认定为是犯罪。因为这些行为的目标是以造成刑事法律所禁止的损害——
人的健康、生命、荣誉与财产或者特定社会利益为目的的。[①] 它与思想的客
观化，比如向朋友说出打算杀死某人或表露出对他人生命威胁的意图等举动，
就不应当视为是相同的行为。同时，具有刑事意义的行为是具有主客观结合性
质的行为。俄罗斯学者认为犯罪是因主观因素的促发，在客观行动上实施了一
个整体的刑事性行为。主观上，人的行为是受到意识与意志因素支配的心理活
动过程。客观上则表现为人身体上的一系列动作或静止，二者结合促发了犯罪
行为的完成。

（二）刑事行为的表现形式

"在俄罗斯刑事法理论中，通常认为犯罪是人的行为的表现，'犯罪永远
都是指人的行为（作为或不作为），立法者在接受了这一表述的前提下强调，
犯罪——永远都是具体人的行为活动。'"[②] 俄罗斯学者认为"在刑事法中不研
究人的内部世界，比如人的思想、心情、引起或放弃实施某种义务的动机，只

---

① 参见：Курс уголовного права. Том 1. Общая часть. Учение о преступлении-Под ред. Н. Ф.
Кузнецовой, И. М. Тяжковой. с – 126.

② 参见［俄］Б. В. 兹德拉沃梅斯洛夫教授主编：《俄罗斯联邦刑事法总则》（第 2 版），"ЮРИСТЬ"
出版社 2000 年版，第 48 页。转引自赵微：《俄罗斯联邦刑事法》，法律出版社 2003 年版，第 7 页。

有人的积极作为或消极不作为的行为出现才能够构成犯罪"，① 认为在犯罪行为的判断过程中一般涉及不到人的思想，因为人的思想意识难以被确定，只有在其具有意识并在意志支配下表现为外部的行动举止时才能判断其是否为罪。按照表现形式，这种外部的行动举止可以划分为积极的作为与消极的不作为。② 但是，有的学者也认为不应当这样狭义地看待刑事行为，多数学者认为从广义的概念上讲，行为所致的危害结果也应当属于刑事行为的表现形式。

在当代俄罗斯刑事法理论中，"刑事行为"是指引发刑事法规定后果的作为与不作为。③ 也就是说，犯罪行为是引发刑事法规定后果，表现一定积极性作为和消极性不作为的行为，它具有刑事评价的意义，人们日常生活中的行为因不具有刑事评价意义而不应当认定为是犯罪。因此，犯罪——首先应当是行为，是人的内部心理活动在客观外部的表现过程。它可能表现为积极的身体行为（作为），也可能表现为身体消极的不行为（不作为）。作为表明行为人的行为是在意识与意志支配之下进行的积极活动，与作为相同，不作为也表达着行为主体的意识与意志。

可以说，不作为与作为虽然在生理学角度下具有相反的意义，但是在刑事行为性上二者具有一致性。作为虽然没有具体外化的客观外在举动，但是同作为一样，同样导致了客观上的影响与相应的危害结果，作为是以积极的行为方式达到行为的目的，而不作为则是以消极的方式不实施行为人根据某种理由在具体条件下应当或有义务实施的行为，从而导致一定危害后果的产生。④ 因此，作为与不作为在犯罪认定中的地位没有什么不同。

有关刑事行为是否只包括作为与不作为，还是应当在二者之上包括作为与不作为导致的结果，俄罗斯学者持不同观点。有学者认为，行为是作为与不作为的类概念，字面上的含义行为是用来说明犯罪行为的外部表现方式，那么它就是指作为与不作为。⑤ 而相对立的观点则是认为行为概念不仅包括作为与不

---

① 参见：Уголовное право. Общая часть. Лекция 1. А. Н. Игнатов. Введение в изучение уголовного права. Уголовный закон. – М. : Издательство Норма, 1996. с – 314.

② 将行为作为犯罪的基本特征不是因为其不具有普遍性，而是过于普遍，不需言明犯罪概念是对犯罪行为的限定，那么自然需要的是人的行为，动物的行为就不在刑事法研究范围之内，那么将其再作为犯罪的基本特征进行规定没有必要。

③ 参见：Уголовное право. Общая часть. Лекция 1. Игнатов · А · Н. Введение в изучение уголовного права. Уголовный закон. – М. : Издательство Норма, 1996. с – 94.

④ 参见［俄］Н. Ф. 库兹涅佐娃、И. М. 佳日科娃主编：《俄罗斯刑事法教程（总论）》（上卷·犯罪论），黄道秀译，法律出版社 2002 年版，第 225 页。

⑤ 参见［苏］伊格纳托夫等主编：《俄罗斯刑事法总论》，转引自薛瑞麟：《俄罗斯刑事法研究》，中国政法大学出版社 2000 年版，第 102 页。

作为，而且还包括作为或不作为造成的损害结果。后者理由在于，对行为的文理解释和对它的系统解释是不一致的。通过对刑事法典中分则规范的系统解释，行为包括结果是必然的。① 认为从广义的行为概念上理解，行为导致的危害结果被认为应当包括在行为内容之列。

虽然作为与不作为在犯罪认定中的地位等同，但是不作为与作为自身还是应当作出实质性区别。按照 Н. Ф. Кузнецова 教授的观点，不作为与作为相同的是在具有违法性和社会危害性的时候才应当承当刑事责任，但不作为追究刑事责任的必要条件是存在应当以一定方式履行行为的义务。这种义务是由法律的规定而产生并且应当予以履行。俄罗斯学界通说观点认为这种法律规定的义务应当包括法律法规赋予的义务、职业性质与职务要求的义务、先期行为导致的义务，只有依照法律负有行使一定义务并在限定范围内的人才应当对不作为承担刑事责任。有的教科书中将亲属关系与道德规范作为不作为的义务来源，这在俄罗斯学界受到了广泛的批评，认为这种义务不是法律义务探讨范围，将其纳入不作为犯罪体系无形中泛化了不作为的义务范围。② 同时，不作为的主体行为不一定就表现得十分消极，也可能表现为通过实施其他积极行为来逃避应当履行的作为义务，从而导致危害发生。俄罗斯学者将其称之为"混合性的不作为"。其实质性是指"在不履行所担负的法律义务的同时，实施为保障不作为行为目的达成的积极的作为。"③ 对此概念，学者的争议在于：只有在"主体履行所承担的法律义务或者进行到底，或者履行的方式不正确"的情况下才有可能谈及"混合性不作为"，抑或"需要发生后果才能既遂的不作为"时才能被认定是"混合性不作为"犯罪。需要说明的是，"混合性不作为"犯罪在俄罗斯只具有学理探讨上的意义，在刑事规定上尚未被立法者所注重。

三、实质性判断的本质条件

犯罪，首先是因为行为人实施了具有刑事意义的行为，行为具有刑事意义的本质在于该行为导致了社会危害的产生。因此，作为对犯罪实质性判断的必要条件，行为的社会危害性是评价其是否为罪的本质要件。一般认为，社会危

① 参见［俄］Н. 库兹涅佐娃等主编：《俄罗斯刑事法总论》，莫斯科大学出版社1993年版，第82页。转引自薛瑞麟：《俄罗斯刑事法研究》，中国政法大学出版社2000年版，第102页。

② 参见：Курс уголовного права. Том 1. Общая часть. Учение о преступлении － Под ред. Н. Ф. Кузнецовой, И. М. Тяжковой. с－34.

③ 参见［俄］Н. Ф. 库兹涅佐娃，И. М. 佳日科娃主编：《俄罗斯刑事法教程（总论）》（上卷·犯罪论），黄道秀译，法律出版社2002年版，第228页。

害性理论最早源于 18 世纪欧洲的刑事古典学派，其著名代表人物 Cesare Bone-
sana Beccaria（切萨雷·贝卡利亚）曾经指出："犯罪使社会遭受到的危害是
衡量犯罪的真正标准。"① 他认为，"衡量犯罪的真正标尺是犯罪对社会的危
害，它既不需要象限仪，也不需要显微镜就能发现，并且是任何中等智力的人
都能理解的显而易见的真理之一。"但是，俄罗斯学者认为，Cesare Bonesana
Beccaria 只是将社会危害性知识化、体系化，在此之前，有关犯罪的社会实体
侵害性——社会危害的规定在俄罗斯与其他一些国家的立法中早已出现。当代
俄罗斯学界认为，社会危害性以对刑事法所保护的利益造成侵害或危险为特
征，是行为最重要的社会特征。② 它体现了犯罪的刑事行为性，只有具有社会
危害性性质并达到一定社会危害性程度的行为才能够被认定为是犯罪。

在当代俄罗斯犯罪认定基础理论中，对于行为是否具有社会危害性的判断
是揭发犯罪社会本质性的根据。它由一般概念到理论体系经历了一段历史
发展。

（一）社会危害性的历史发展

俄罗斯立法对社会危害性进行法律规范的历史，是随着犯罪现象的客观发
展与国家刑事政策的不断变革而发展变化的。

据俄罗斯学者考证，《一四九七年律书》中有关"犯罪就是一切危害国家
或统治阶级整体利益，法律因此而应当禁止的任何行为"这一表述应当是社
会危害性概念在俄罗斯法律史中的最初原形。所不同的在于，当时的社会危害
表现为是对国家与统治阶级利益的侵害，而不是在"社会"这一概念范畴
下。③ 其后，随着"政治社会"与"社会制度"等有关的社会概念与范畴的
产生，社会危害这一概念引起立法者关注，并多次在立法中出现。1845 年，
在《刑罚与矫正法典》修订时，立法者以列举方式将犯罪行为所侵害的客体
在犯罪实质概念中进行了说明，从而揭示了犯罪的社会危害性内容即"侵害
最高权力和最高权力所设置的各级权力的不可侵犯权或者侵害社会或个人的权
利和安全的违法行为。"但是，再次修改该部法典的时候，因理论的变革，行
为的违法性取代了社会危害性，犯罪概念表述也从实质转向形式，社会危害性
一度被弃之不用。而在苏维埃联盟时期，立法首次在犯罪概念实质定义中规定

---

① 参见薛瑞麟：《俄罗斯刑事法研究》，中国政法大学出版社 2000 年版，第 19 页。

② 参见［俄］Н. Ф. 库兹涅佐娃，И. М. 佳日科娃主编：《俄罗斯刑事法教程（总论）》（上卷·
犯罪论），黄道秀译，法律出版社 2002 年版，第 130 页。

③ 或者说，这一时期危害的社会属性是隐形的，认为虽然当时并没有产生明确的"社会"概念，
但是其所造成侵害的对象无一不是社会范畴内的客观存在。

了社会危害性是犯罪实质特征的规定。认为犯罪是具有严重社会危害性且违反刑事法的行为。这之后，社会危害性程度是犯罪成立与否的实质性判断标准被明确下来。在 1922 年《俄罗斯苏维埃社会主义共和国联盟刑事法典》、1924 年《苏维埃和各加盟共和国刑事立法基本原则》以及 1926 年修改颁布的《俄罗斯苏维埃社会主义共和国联盟刑事法典》中，立法者认为违反刑事法的社会危害行为不能够准确表达社会危害性的性质，将犯罪概念表述调整为"侵害社会主义法律关系的危害社会行为。"这是"社会危害性是对社会主义社会法律关系的侵害"这一立法规范表述的由来，从中不但可以看出，社会危害性的地位受到了立法者与理论家的重视，也因此产生了社会关系与犯罪客体之间关系的定位问题。基于此，苏维埃刑事法学家们建立了以社会危害性为核心的犯罪构成理论，并将其作为犯罪认定的具体标准。① 社会危害性被认为是犯罪最重要的社会实体特征，是犯罪认定必须依据的本质性判断基础。"正如 1935 年苏联刑法学家沃尔特夫指出的那样：'在刑事法中，特别是在犯罪问题上，主要的一环是社会危害性。'"② 1958 年适用的《苏维埃和各加盟共和国刑事立法纲要》中，社会危害性被解释为"对苏维埃社会制度、政治制度与经济制度、社会主义所有制、个人、公民的政治权利、劳动权利、财产权利和其他权利与自由的侵害"。在犯罪侵害客体的类别上扩大了社会危害性所能包容的范围。1960 年适用的《俄罗斯苏维埃社会主义共和国联盟刑事法典》则在犯罪概念实质定义中将社会危害做了明确的划分："凡本法典分则所规定的，侵害苏维埃的社会主义制度和国家制度，侵害社会主义经济体制和社会主义所有制，侵害公民的人身权、政治权、劳动权、财产权以及其他权利的危害社会行为，以及本法典分则所规定的其他各种侵害社会主义法律秩序的危害社会行为，都认为是犯罪。"

应当说，社会危害性概念在苏维埃联盟时期受到立法与学界的重视与当时的政治环境有着很大的关系。这种纯粹以实质性定义犯罪概念的做法也与当时苏维埃联盟奉行法律虚无主义的思潮密切相关。随着社会主义法制建设的发展，犯罪实质概念渐渐被形式与实质结合的整体的犯罪概念所取代。1996 年现行《俄罗斯联邦刑事法典》编纂时期，立法委员会考虑到当时的社会状况，根据学者建议将犯罪概念的定义进行了简化处理，增加了过错责任与刑事违法

---

① 参见李晓明：《犯罪本质论》，载 http：//bnulaw.bnu.edu.cn/bks/2007/0509/bks_256.htm，访问日期：2006 年 4 月 12 日。

② 参见《苏联刑法科学史》，法律出版社 1980 年版，第 20 页。转引自：http：//www.criminallawb-nu.cn/criminal/info/showpage.asp? pkID=10451，访问日期：2011 年 5 月 7 日。

性的限定，取消了社会危害性是对哪些客体侵害的列举式定义，在刑事法典第
2 条中以犯罪侵害客体的类别列举了社会危害的内容："……对人与公民的权
利与自由、私有权（所有权）、社会秩序与公共安全、生态环境、俄罗斯联邦
宪制政体，人类的和平与安全实施具有危害的……"可以看出，该条有关刑
事法任务中明确了对个人、社会或国家实施何种危害行为时应当认定为是
犯罪。

　　对于社会危害性的危害内容，当代俄罗斯学界存在着较多争议。较为通行
的观点认为是造成了"利益的侵害"、"事实的危害"与"实质的侵害"等，
"事实危害说"认为，社会危害性是指在客观上行为实际造成或可能造成的危
害；"利益侵害说"的观点是认为社会危害性是指对刑事法所保护的一定社会
利益的侵害或使其担当侵害的风险；"实质侵害说"则认为社会危害性是因行
为人侵犯了刑事法律规范而给受法律保护的社会关系带来危害的行为性质。21
世纪初 M. 3. Ильчуков 教授（M. 3. 伊里丘括夫）提出了一种新的观点，他认
为所谓的社会危害性，简单地说，即危害社会的特性，就是指对社会秩序和社
会关系具有破坏作用的行为，对社会造成了这样或那样损害的事实特性。社会
危害性不仅是一种普通的事实特性，而且是一种给社会造成一定损害的事实特
性，只有这样才能真正揭示其基本特征和全部内涵。①

　　21 世纪初，俄罗斯部分学者提出主张以"法益侵害"替代社会危害在犯
罪概念当中的地位。但是，对于社会危害性，俄罗斯学界大部分学者一直以来
都赋予了很高的理论评价，认为它是犯罪认定中最基础、最具指导意义的一个
实体特征与理论体系。普遍赞同只有社会危害性才是认定犯罪过程中对行为进
行社会性质认定的根本依据。正如苏维埃刑事法学家 Л. И. Спиридонов 教授
（Л. И. 斯皮里多诺夫）指出的那样："危害社会秩序的行为所具有的多样性，
以及每个行为客观损害程度的历史变异性，把评价犯罪的社会危害性标准问题
提到了首位。如果没有这样的标准，要社会对犯罪作出自觉的或公正的反映，
这基本上可以说是不可思议的。从社会学的理论观点看，行为同社会发展的客
观规律相适应的程度，是评价人的行为的标准。"② 因此，在犯罪认定活动中，
对侵害行为是否造成危害结果并导致利益遭受侵害危险的状况进行评价是判断
行为具有社会危害性与否的最应当的、最基本的步骤。A. Ф. Кистяковский 教
授认为，将社会危害性作为犯罪的实质特征规定在立法中对于确定行为的社会
本质起到了明确作用。他提出，以往的犯罪概念定义掩盖了犯罪的社会本质，

① 参见：В. Н. Кудрявцев. Что такое преступление. М.，Госюриздат，1959г. c – 124.
② 参见：Л. И. Спиридонов. Социология уголовного права. М.：Юрид. лит.，1986. c – 140.

从而陷入逻辑上的怪圈：犯罪是依法应受处罚的行为，依法应受处罚的行为是犯罪，至于行为为什么被宣布为犯罪和依法应受刑罚处罚，则不能在形式的犯罪定义中得到解答。同时，俄罗斯学者认为，强调社会危害性是犯罪的本质特征之一，既是为了说明苏维埃社会主义刑事法的优越性，也是批判西方资本主义国家刑事立法虚伪性的重要途径。

在俄罗斯学界所有涉及社会危害性问题的探讨中，本部分其下两个方面是学界争议较多的问题。

（二）社会危害性的理论地位

犯罪认定的实质特征判断是否应当将社会危害性作为其判断的基础根据问题，在俄罗斯学界引发了激烈的争论。它涉及犯罪实质究竟是什么的问题。这一问题频繁被学界所提及，虽然有学者否认社会危害性是犯罪的实质特征，但是，多数学者认为犯罪行为的社会实质性特征十分明显，应当在立法中予以体现。俄罗斯多年的立法发展也证明，行为的社会危害性是犯罪的本质特征不仅是在学界，在立法者眼里也是得到公认的。[①]

近些年，由于国家体制的变革，社会思潮多元化倾向明显，俄罗斯法学界受到西方法律思想影响的状况日渐加强，主张放弃社会危害性概念与坚持保留社会危害性概念的学者间形成了派别之争。在一些学者眼里，行为的社会危害性在犯罪概念中成了多余的东西。他们指出："行为的社会危害性至今仍被视为犯罪的特征，立法者的这种立场有着年代久远的根源，肇始于1919年适用的《俄罗斯苏维埃社会主义共和国联盟刑事法指导原则》，应当注意的是，当时尚未制定刑事法分则。现在，犯罪认定以犯罪构成为根据，违法性已成为犯罪的特征，此时，再规定社会危害性就是完全多余的了。犯罪概念的定义只应包括法律评价而不包括社会评价。"主张以刑事违法性或者法益侵害性作为犯罪的实质特征。[②] 还有学者提出，强调犯罪概念实质特征是同布尔什维克政权下党的极权主义意识形态相联系的，并以此为理由主张恢复犯罪的形式定义。[③] 1996年现行《俄罗斯联邦刑事法典》编纂前，曾在该刑事法典草案中提出废除社会危害性在犯罪概念中的本质地位。编纂者认为社会危害性是政治化的产物，具有阶级宣言的意味，而现在俄罗斯国家是民主共和体制，应当恢

---

① 参见：В. Д. Филимонов. Общественная опасность личности преступника. Томск，1970，стр.：115－116.

② 参见薛瑞麟：《俄罗斯刑事法研究》，中国政法大学出版社2000年版，第42页。

③ 参见薛瑞麟：《俄罗斯刑事法研究》，中国政法大学出版社2000年版，第43页。

复法制的实质面貌，在立法上对行为进行正确的构成要件描述从而摆脱对行为进行社会的本质评价，以"损害行为"的表述替代"社会危害性行为"。

Н. Ф. Кузнецова 教授与 А. В. Наумов 教授则积极主张在犯罪概念中保留社会危害性这一特征。他们指出，与其说西方刑事法科学否定犯罪的社会危害性特征，不如说这是他们的立法传统。德国刑事法典中关于犯罪概念的定义是20世纪（即刑事古典学派占统治地位的时代）制定的，当时还没有出现"社会危害性"这一概念范畴，是刑事社会学派提出并发展了行为的社会危害性学说。目前，社会危害性概念在西方某些国家也得到了承认。例如，依照《美国模范刑事法典》的规定，犯罪"是无正当并无可宽恕的理由使个人或公共利益造成实际损害或者造成损害危险的行为"。Н. Ф. Кузнецова 教授提出："刑事法律修订的唯一标准是它在惩治犯罪方面的实效不明显。无论在理论上，还是实践中，任何人任何时候都没有在刑事法律修订中提出放弃社会危害性，这只能说明，社会危害性的实际效用依旧显著，它限制着刑事法律的保护职能和预防职能。"认为立法者以社会危害性作为界定犯罪性质的根据才是正确的，社会危害性是认定行为是否成罪的关键，确定罪与非罪界限、区分犯罪种类和犯罪构成特征都要依靠社会危害性理论。所有违法行为其实质都是某种形式的反社会和有害的行为，如果不以社会危害性作为衡量的标准，犯罪的性质不能得到准确认定。对于此，А. В. Наумов 教授认为，不能以对国家、社会或个人的利益损害作为评价犯罪的实质性根据。而且，使个人或公共利益造成实际损害实际上就是社会危害性特征的另一表述，无实质区别。[①]

针对 А. И. Бойцов 教授等提出的以"法益侵害说"替代"社会危害性说"在犯罪概念体系中基石地位的观点，维护社会危害性地位的学者进行了大量的反驳。提出法益侵害说本身在德日刑事法理论中也不是一个明确概念，学界对其概念与内容也没有统一的认识，更谈不上受到学界的公认。法益概念本身是一个难以明确的概念，从法益学说发展历史上看，一直存在较多的法益理论，与此对应，法益的概念也千差万别。法益侵害说只是在名称上取代了权利侵害说，但并没有解决权利侵害说所面临的实质问题。最后，在解释为什么会对法益造成侵害的实质问题还是离不开行为的危害性。甚至有时就是对同一现象转换了一种不同的表述方式而已，根本不影响问题的实质。因此，以目前状况来看，社会危害性理论在俄罗斯刑事法学界还将在一段时间内占据主流学说的地位。

---

① 参见［苏］纳乌莫夫：《俄罗斯刑事法》（总则），莫斯科大学出版社1997年版，第120页。转引自薛瑞麟：《俄罗斯刑事法研究》，中国政法大学出版社2000年版，第56页。

（三）社会危害性与其他特征

1958 年，《苏维埃刑事立法纲要》正式将刑事违法性作为犯罪概念的基本特征规定下来，这就产生了社会危害性与刑事违法性之间的关系问题。苏维埃联盟时期，学界主流观点认为社会危害性是犯罪的最本质特征，其他特征则是由社会危害性衍生出来的，立法中从未出现过有关刑事违法性、过错实施性等表述犯罪行为特征的内容。依据当时学界主流看法，在重要性与价值方面，行为的社会危害性仍高于刑事违法性、过错实施性等特征。

不过，俄罗斯学者虽然承认社会危害性地位不可替代，但也没有否认刑事违法性不是犯罪的实质特征。一般来讲，认为其在行为价值评价以及对于犯罪认定问题上具有重大作用。对此，Н. Ф. Кузнецова 教授的解释是："刑事违法性是社会危害性在法律中的法律表现，同时，行为的刑事违法性是从社会危害性派生出来并成为犯罪的规范评价特征"，"根据苏维埃刑事立法中体现出的法治思想以及反映社会主义法律意识的基本原则，苏维埃刑事法学者把犯罪的社会危害性这一主要特征在犯罪定义突出加以强调。与此同时，理论上不仅仅限于揭示该主要特征，他们还指出犯罪的其他特征（刑事违法性，应受处罚性等），是社会危害性派生出来的特征。"[1] 这一观点得到俄罗斯犯罪学家等的支持。认为社会危害性在犯罪学与刑事法学研究中，对于评价犯罪实质性具有基石意义，其他任何特征，无论怎样描述，其实质都在于它具有社会危害性而导致行为构成犯罪。[2]

学界的探讨对立法产生了一定影响。1960 年适用的《俄罗斯苏维埃社会主义共和国联盟刑事法典》对于过错责任没有在犯罪定义中明确，在社会危害性的概括中包括了主观危害的内容，在刑事责任根据中又将社会危害性与过错同时予以规定，由此造成了二者关系的不明确。而 1996 年现行《俄罗斯联邦刑事法典》在犯罪概念中沿用了社会危害性是犯罪基本特征的规定，但表述上已明显不同于苏维埃联盟时期的立法，既以极为抽象的形式表述社会危害性，又不具体指明犯罪危害的是何种社会利益。需要注意的是，1996 年现行《俄罗斯联邦刑事法典》中将过错与社会危害性同时进行了规定，这又导致在一些场合，立法者认为社会危害性是行为的客观有害性质，而在另一些场合则作为一个笼统的主客观范畴。那么，社会危害性的主观危害与客观危害的实质

---

[1] 参见［苏］苏克里盖尔等主编：《苏维埃刑事法》（总则），莫斯科大学出版社 1981 年版。转引自薛瑞麟：《俄罗斯刑事法研究》，中国政法大学出版社 2000 年版，第 76 页。

[2] 参见：Т. В. Кашанина，А. В. Кашанин. Основы российского права. М. 2000. с – 221.

区别就很难确定，没有一个统一的规范性标准进行把握。在学界，有人主张重新评价犯罪诸特征间的相互关系，即改变刑事违法、过错责任等是从社会危害性中派生出来的属性特征的评价。他们认为，在法治国家里，刑事违法性与责任特征应当居于首位。不过，在社会危害性与犯罪其他特征的辩证关系间，这些学者的观点存在着许多解释不清的矛盾。

社会危害性性质与程度是犯罪认定实质判断标准这一点在立法上被明确规定，但是在理论中却是争议颇多的话题。此外，关于社会危害性在犯罪概念中的意义，曾有学者认为，只有犯罪才具有社会危害性，"犯罪"与"社会危害性"是一个意思。社会危害性是犯罪行为所独具的特征，因而是区分罪与非罪的较为鲜明的标准。后来，有人认为社会危害性不仅是犯罪行为的基本特征，而且也是其他违法行为的重要特征和实际内容，它们之间只是社会危害性的程度不同而已。危害性程度决定了行为是否能构成犯罪。这种抹杀犯罪行为社会危害性实质的观点没有得到学界的认可。

社会危害性性质与程度对行为是否成罪具有决定意义，是判断行为有害性是否达到犯罪的必要标准。是将其与不道德、违法与反社会行为进行区分的依据。1996 年现行《俄罗斯联邦刑事法典》第 14 条第 2 款规定："行为（或不作为），尽管在形式上包含有本法典规定的某个行为的特征，但因影响不大（情节轻微），不具有社会危害性的，则不应当认定为是犯罪。"[1] 由此来看，行为的危害性质与程度是决定行为是否为罪的法定标准。除此之外，对社会危害性程度的认定，要由损害的大小、实施犯罪的方法、动机、实施犯罪的时间、环境等相关条件来决定。

四、实质性判断的责任条件

在俄罗斯刑事法理论发展历史中，"过错观念"最初出现在古罗斯时期《罗斯真理》的条文中。但是，直至 20 世纪犯罪构成理论的形成才带动了过错论的发展。20 世纪中期，俄罗斯刑事法学界对于过错是犯罪基本特征这一观点形成公认。认为犯罪特征中的过错是指行为人以故意或者过失为形式对其实施的社会危害行为（作为与不作为）及行为所造成的危害后果所持有的心

---

① 参见：Уголовный кодекс Российской Федерации. Постатейный комментарий. М.，изд - во "Зерцало"，ТЕИС，1997. с – 247.

理态度。① 过错理论对于犯罪认定中判断行为人主观责任的有无具有指导作用。1996 年现行《俄罗斯联邦刑事法典》制定之时，俄罗斯联邦立法委员会采取了学界的建议，将"过错"作为一个基本原则归纳进法典中，并在犯罪概念的定义中加以规定。

（一）"过错"的语意内涵

在俄罗斯，过错一词在立法与日常生活中的语意存在着很大差别。法律当中所指的"过错"具有专门性，它是认定行为人行为是否违法、是否为罪的规范性标准。并且，同一词义在民、刑事上也有着语意的区分，"民事过错"与"刑事过错"用语相同，但是指代的是不同范畴。一般认为，刑事立法中的过错是指主体人因此而构成犯罪或有罪的意思，行为人在实施犯罪行为时所具有的过错包含有故意或者过失两种心态，也被中国学者理解为"罪过"。Ю. В. Баранов 教授认为，它在犯罪认定中既是判断行为成罪的实质责任根据，又是行为法律评价中犯罪构成的主观因素。而有学者认为，过错就是刑罚个别化的主要依据。第四种观点则认为，过错是行为人应当承担刑事责任的一般根据。② 对于这些观点，Н. Ф. Кузнецова 教授做了一个概括性的结论，提出"过错"与"有罪"是两个不同的范畴，在刑事法当中，过错仅是指犯罪人在实行行为所持有的故意或者过失的心理态度，至于是否能够构成犯罪，还需要通过一定的犯罪认定规则进行确定。③ 被确定过错才是有罪，没有被确定过错则是无罪。对于这一点，实际上值得推敲的问题还有很多。中国刑法中也有很多与罪过相关的争议，此处有待进一步研究后才能作出确定。

作为实质判断根据的责任要件，过错一般包括犯罪主观方面的故意、过失、动机和目的之类的心理态度，是犯罪行为的主观根据与犯罪主体自身个性

---

① 参见：В. С. Комиссаров. Российское уголовное право. Общая часть. Особенная часть. Совместно с кафедрой уголовного права МГЮА. М. , изд－во " Проспект" . 2006. с－165.

② 参见：Н. Ф. Кузнецова. Состав преступления（спорные вопросы）//Вестн. Моск. ун － та. Сер. Право. 1987. N 4；В. П. Малков. Состав преступления в теории и законе//Государство и право. 1996. N 7. с－422.

③ 这也是作者赞同将该词"вина"译为"过错"而不是"罪过"的一个重要原因。既然刑事法禁止事前推定原则，那么为什么要对行为人的责任没有作出评价的情况下预先认定为是一种"有罪之过"，只有经过法律的评价之后的那个责任，似乎才应当称之为"罪过"。因此，在刑事法中"过错"与"罪过"应当是两个并不冲突，各有领域的不同概念，犯罪认定以前，"вина"的意思是指"过错"，犯罪认定以后，"вина"的意思是指"罪过"。

的心理特征，如习惯、兴趣、气质、性格、情感等主体心理特质。[①] 此外，还应当包括与犯罪构成客观方面紧密联系的其他客观要素。刑事立法中，行为人行为具有过错是因为行为人的行为符合刑事法分则具体罪状中的犯罪构成特征，陪审团对于行为人过错进行裁决时，往往也是基于犯罪行为的社会实体特征对其进行肯定或否定地评价，以此来确定行为人行为是否有罪。"是的，行为人有罪"、"不，行为人没罪"其实际意思就是指行为人在社会观念评价领域内是有过错的，他的行为是犯罪，或者行为人是无过错的，他没有实施犯罪。

本书一再说明，过错一般被中国学者译为"罪过"，本书并不否认罪过一词在刑事法中的地位与意义，但在本书中，对于表述过错一词的"Вина"，作者采取的是保守的译意，即根据原文做直译表达的方式处理，相关理由，还请见上文注释。

（二）过错制度的发展

俄罗斯刑事立法中有关过错的内容最早出现在《罗斯真理》中。在当时的法典与汇编中初次出现有关主观过错——"恶意的程度"的表达，从行为人心态上将犯罪分为恶意的、疏忽的与偶然的犯罪。本书已经提及，在《一七一五年军事条例》中正式出现了过错与过错人概念，并将过错确定为是犯罪认定的一个判断条件。1845 年适用的《刑罚与矫正法典》、1903 年适用的《俄罗斯帝国刑事法典》只对过错形式进行了故意与过失的划分，没有过多对其进行规制。过错制度在苏维埃联盟立法时期得以全面发展，呈现出一种断续向上的态势。1918 年苏维埃指定实行的《关于贿赂行为的法令》、《关于投机行为的法令》等立法中确认了"过错"是承担刑事责任的一个根据。在条文中明确规定实施具体危害行为有过错的人应该负刑事责任，刑罚应当与其过错的程度相当。1919 年，《俄罗斯苏维社会主义共和国联盟刑事法指导原则》制定时，因理论上对过错原则设定的必要性存在着争议，因此并没有将过错作为一个原则规定到立法中，但是部分条款仍旧不可避免地涉及了过错与过错形式。1922 年第一部苏维埃刑事法典——《俄罗斯苏维埃社会主义共和国联盟刑事法典》、1924 年的《苏维埃与各加盟共和国刑事立法基本指导原则》都没有使用过错作为刑事责任承担的根据，但是立法上强调了过错的故意与过失形

---

① 参见：В. С. Комиссаров. Курс уголовного права. Общая часть Т. 1, 2. М., изд - во " Зерцало", 2002 г. 2 - е изд. Курс уголовного права. Особенная часть. Т. 3, 4, 5. М., изд - во " Зерцало". 2002. с - 258.

式。这一时期，在司法实践中，普遍认为过错的存在是刑事责任承担的必要条件。虽然这段时期，过错原则没有在刑事立法中出现，但是该原则的现实意义在学界得到了进一步的确认与发展，为其后过错责任原则的立法确认奠定了基础。1958 年的《苏维埃和各加盟共和国刑事立法纲要》第 3 条有关刑事责任承担的根据中将过错作为刑事责任的主观根据在立法上进行了确认。随之，各加盟共和国的刑事立法规范都顺延了《苏维埃和各加盟共和国刑事立法纲要》的方式。1991 年修订颁布的《苏维埃与各加盟共和国刑事立法纲要》中明文规定过错应当是刑事责任承担的主观根据。遗憾的是，因为苏维埃联盟解体，这部已颁布的立法并没有得到实行。

俄罗斯联邦成立之后，在制定刑事法典之时承继了苏维埃联盟时期的刑事立法，过错作为犯罪概念的实质特征之一得到了立法上的认可。不仅如此，该部立法中首次单独设定了过错原则，同时对于过错的法律特征在具体条文中也被注明。对此，学者们作出了积极评价，认为这样做的意义在于：防止客观归罪的现象发生；使得犯罪概念的含义、结构更加科学完整；也为学界的探讨在立法上做了态度表明。①

（三）过错观念的探讨

虽然过错观念在古罗斯时期就已出现，但是过错成为犯罪认定实体特征判断根据并得到知识化、体系化的这个进程则经历了漫长的时代发展。古罗斯刑事法法典化初期，犯罪认定的重点倾向于对行为人行为侵害性的探讨，而对于其他各种犯罪构成特征的考量则未予过多关注，对于过错概念及其理论的研究很长一段时期没有学者给予重视。20 世纪 20 年代初，苏维埃联盟建立之后，由于受资产阶级刑事法律社会学派的影响，立法者与学界对于过错概念持一种否定态度。30 年代初，罪刑法定学说影响了新一代的苏维埃刑事法学家，法制原则得以确定，随后苏维埃构建了具有社会主义特色的犯罪构成理论，在犯罪构成元素的主观方面，过错概念的地位得到改善。虽然最初只是将之视作故意与过失的一个主概念，但是应当看到，学者们已经开始关注于过错对于犯罪认定法律特征构建的重要理论价值。直至 50 年代，苏维埃出现了有关过错的多种认识，一方面将过错看作是刑事责任的一般根据；另一方面又是故意与过失的的上位概念。既是犯罪构成的构成特征，也是犯罪认定的实质根据。这段时间，学者们对于过错已经形成了系统认识，并将过错划分为"广义过错"

---

① 参见：Б. В. Здравомыслов. Уголовное право России. Общая часть，М.：Юристъ，2000г. с –179.

和"狭义过错"之分，"狭义过错"仅指犯罪主观方面的故意、过失、动机与目的之类的心理态度，是犯罪认定的主观根据；"广义过错"则包括了犯罪主体人身个性中的诸般心理特征，如习惯、兴趣、气质、性格、情感等主体的诸种心理特质。20 世纪中后期，俄罗斯刑事法学界的学者几乎都认为过错是犯罪的基本特征之一，意指行为人以故意或过失为形式对其实施的社会危害行为及其危害结果所持的心理态度。但在近半个世纪里，立法者始终没有把"过错"作为犯罪的一个独立特征在立法上加以强调。

20 世纪中期，俄罗斯著名的犯罪学家，列宁格勒大学 И. Ф. Крылов 教授（И. Ф. 克雷洛夫）提出"过错"是每一种犯罪都应当具有的必要因素。它的实质是犯罪人对危害社会行为（作为与不作为）及其危害社会后果的心态。在当时，该观点的提出对厘清过错的实质具有极大的开拓作用，但因研究者多将关注点投放在过错与刑事责任关系间的论证，因而过错本身并没有受到过多的重视。此时，"广义过错"能否成为刑事责任的根据在学界没有得到通认。对此，曾有学者提出，过错是刑事责任承担的基础，但是对于何为过错则理解得过于宽泛，即"承认过错是刑事责任承担根据，但认为其不是对所实施的犯罪行为的一种心理态度，而是犯罪人本身所具有的、引起法律或对他作出否定性评价的心理因素的总和。"① 这种理解没有将过错放在犯罪构成主观方面的层面来认识，而是扩展到犯罪主体要件的心理综合体系，将犯罪构成的主观方面要件与主体合二为一。20 世纪 20 年代，俄罗斯一些刑事法学家提出"只有符合分则罪状规定的犯罪构成才能承担刑事责任接受刑事处罚"的观点，过错作为刑事责任根据的地位受到了侵扰。直到 1938 年，在全苏法学研究所集体编写的刑事法教科书中，过错作为刑事责任承担根据的理论开始复苏，А. А. Пионтковский 教授提出："具有责任能力的人实施犯罪行为时具有主观过错才是其承担刑事责任的根据。"这里的过错是指行为人自身因素和主观因素的总和，而不限于犯罪的主观方面。1951 年，А. Н. Трайнин 教授又提出"过错在社会主义刑事法中以两种品格出现，即作为犯罪构成要件和作为刑事责任根据，正是这种对人的心理状态进行阶级的、道德的评价，才使过错具有了刑事责任根据的意义。"其后，Б. С. Утевский 教授认为："刑事责任的根据不是犯罪构成，而是广义的过错。它作为刑事责任的一般根据，其概念较之作为犯罪构成主观方面的概念所包含的内容广泛、丰富得多，即犯罪构成正是其内容之中的要素。"其目的在于以此为基础构建一个科学的刑事责任、犯罪和

---

① 参见吴国贵、陈泉生：《环境刑事责任初论》，载《2004 年中国法学会环境资源法学研究会年会论文集》，载 http://www.riel.whu.edu.cn/show.asp? ID = 1618，访问日期：2007 年 10 月 14 日。

刑罚的理论体系。但是，以上这些观点在很长一段时期并没得到学界的普遍认同。在犯罪认定基础理论发展上，有关于此的探讨确立了刑事责任作为上位概念的地位，使犯罪构成与主观的故意和过失以及其他决定主观心理恶性的因素等共同成为刑事责任承担的基本根据。①

1996 年现行《俄罗斯联邦刑事法典》颁布之前，学界中对过错与犯罪构成间关系问题的认识存在着冲突。关键在于过错应当是犯罪构成的主观特征之一，还是应当独立于犯罪构成之外，与其他客观因素（因果关系）或是主体因素（心理因素的总和）结合而成为刑事责任的根据。1996 年现行《俄罗斯联邦刑事法典》规定的两个有关"过错"的条文将这个争议在立法上进行了归结。一方面，在该法典第 5 条中直接把过错原则作为定罪量刑的普适原则："行为人，只对因其过错导致的具有社会性危害的行为（作为或不作为）及其产生的社会性危害结果承担责任；本刑事法禁止客观归罪，即禁止对无过错致害行为追究刑事责任。"另一方面又将"过错"列入该法典第 14 条犯罪概念定义之中："过错地实施了本法典以刑罚震慑予以禁止的社会性危害行为，应当认定为是犯罪。"这就从两个方面对过错进行了法律确定，它意味着社会危害性后果只有在当事人过错实施的情况下才应当承担刑事责任，在当事人没有过错的情况下是禁止客观归罪的，即意外造成的任何损害不应当承担责任。据此，当代俄罗斯刑事法学界已经广泛认同刑事责任是主客观结合的产物，过错的地位得到肯定。

五、实质性判断的法律条件

在犯罪本质属性的认定中，俄罗斯学者往往重视将刑事违法性与社会危害性放在一起进行研究。认为犯罪现象既是社会现象，也是法律现象。犯罪现象作为社会现象体现的是行为的社会危害性，是犯罪主要的社会本质性质，作为法律现象体现的是行为的刑事违法性，是犯罪的社会法律属性。而对于犯罪学家与刑事法学家来讲，刑事违法性与社会危害性的差异往往是区分犯罪学与刑事法学犯罪概念的基本根据。

（一）理论状况

有关"违法性成罪"在俄罗斯刑事立法史中最早可以追溯到始罗斯时期

---

① 参见吴国贵、陈泉生：《环境刑事责任初论》，载《2004 年中国法学会环境资源法学研究会年会论文集》，载 http：//www. riel. whu. edu. cn/show. asp？ ID＝1618，访问日期：2007 年 10 月 14 日。

对公社规范违反为罪的世俗观念。按照当时的状况，违反公社规范实施的侵害财产、健康或生命的行为，就是犯罪。其实质与现在的违法性并没有什么不同。《一七一五年军法条例》对犯罪概念作出明确定义："所有违抗沙皇意志、破坏法律规定同时侵害国家制定的法律秩序的行为都是犯罪。"[①] 体现了违法性入罪的立法状况。但是，明确将违法性作为犯罪特征与要件规定在立法中的做法，最早要溯源到 1958 年颁布的《苏维埃与各加盟共和国刑事立法纲要》，立法者将刑事违法性作为犯罪概念的基本特征在《纲要》中做了确定。当时，行为的社会危害性在犯罪概念基本特征中占据主导地位，刑事违法性仅是它的一个重要补充。这是因为，当时学界对于刑事违法性的认识是：刑事违法性是社会危害性在刑事法律上的表现，是对犯罪社会属性的实体评价在法律上具体体现的性质，这种性质是刑事法规范以相应条文规定对犯罪人实施的行为适用刑罚予以震慑并禁止实施的规范性质。[②] 直到 1996 年现行《俄罗斯联邦刑事法典》制定，虽然沿用了刑事违法性是犯罪特征的立法传统，但在规定上发生了明显的变化。第一，表述刑事违法性的术语发生了变化。1958 年的《苏维埃刑事立法纲要》用的是"本纲要规定的行为"，其重点在于强调犯罪的法定性，即"犯罪是刑事法律所描述的行为"，但这种表述必须借助于逻辑解释才能得出刑事违法性是犯罪的独立特征这一结论。1996 年现行《俄罗斯联邦刑事法典》直接以"过错实施刑事法以刑罚震慑予以禁止的社会危害性行为"进行了表述，В. С. Комиссаров 教授等人认为"刑罚震慑予以禁止"实际上也就是说明了行为的刑事违法程度。第二，刑事违法性在犯罪概念中的地位发生了变化。[③]《刑事立法纲要》中刑事违法性是对社会危害性在法律上的说明和补充。按照 А. А. Пионтковский 教授的观点："刑事违法性是犯罪社会属性（社会危害性）在法律上的表现。"[④] 但是在俄罗斯联邦刑事法典编纂过程中，一些学者认为，国家政治制度的民主性要求刑事法治，刑事法治的重要特征就在于法律至上。在犯罪概念的定义中应当取消社会危害性这一政治性评价的内容，将刑事违法性作为犯罪的基本特征进行法律上的明确。同时，刑事违法性替代社会危害性也没有什么不妥，因为，刑事违法性就是社会危害性在法律上的体现，行为违反刑事法律，在于它所导致的危害侵害到刑事法所保护的法律关系，而不是所谓的社会关系。但是，最后该法典将行为的社会危害性与刑事

---

① 参见：Т. В. Кашанина, А. В. Кашанин. Основы российского права. М. 2000. с – 231.

② 参见薛瑞麟：《俄罗斯刑事法研究》，中国政法大学出版社 2000 年版，第 106 页。

③ 参见：Уголовное право России. Особенная часть / Под ред. А. Н. Игнатова, Ю. А. Красикова. М.：НОРМА – ИНФРА, 1998. Т. 2. с – 70.

④ 参见薛瑞麟：《俄罗斯刑事法研究》，中国政法大学出版社 2000 年版，第 107 页。

违法性入罪的具体规定，体现了立法者当时基于何种社会立场而采取的价值
取向。

苏维埃联盟时期，学界通论观点认为，刑事违法性在刑事法律中表示行为
的社会危害性与过错责任性。刑事违法性是从社会危害性和过错责任中派生出
来的一个评价犯罪标准的法律条件，只有危害社会和过错实施的行为才能是刑
事违法的行为。这种观点在俄罗斯联邦时期引发较多争议，A. B. Наумов 教授
提出："必须改变犯罪定义中苏维埃刑事传统的实体要件和形式要件相互间的
关系，必须真正放弃对这些要件相互联系的通常解释，在这种解释中实体要件
（社会危害性）是其基础，而形式要件（刑事违法性）被宣布为从前者派生出
来的要件，显然，在一个法制国家中违法性要件应当占据第一位"，如同上文
所讲，刑事违法性实际上是将法制原则所表达出的 "法无明文规定不为罪"
的含义在犯罪实质上做了表明，是法制原则在犯罪认定中的体现。[1] 这意味着
行为构成犯罪只能由刑事法律进行规定。因此，"只有内载某种行为的刑事法
律颁布之时起，该行为才可能是刑事违法行为，国家才能用刑事法律方法同这
种行为作斗争。相反，如果内载某种行为的刑事法律被废除，行为就不再是刑
事违法行为"。[2] 那么，刑事违法性就不在是社会危害性的一个补充特征，而
是与社会危害性处于同样重要的地位，甚至要比社会危害性更为重要。这一点
从 1996 年现行《俄罗斯联邦刑事法典》第 14 条有关犯罪概念的规定中可以
看到，刑事违法性在顺序上虽不优先于社会危害性，但也绝不是社会危害性的
"重要补充"。确切地讲，二者地位是互为前提、互为补充、互有所向的。俄
罗斯的刑事法学者 Ю. А. Красиков 教授 （Ю. А. 克拉西科夫）认为："刑事违
法性与社会危害性的相互制约性是正确理解立法者规定某种行为是犯罪的决定
性因素。无论行为对社会有多大的危害，只要刑事法律没有规定，就不能认为
是犯罪。同样，行为虽然形式上含有刑事法典条文规定的要件，但由于情节轻
微而不具有社会危害性，也不能认为是犯罪。"[3]

对于刑事违法性产生根据的探讨，俄罗斯学者认为应当从现行《俄罗斯
联邦刑事法典》第 3 条法制原则其具体内容上进行判断："行为的成罪性（行

---

[1] 该观点来自纳乌莫夫教授，参见 ［苏］纳乌莫夫：《俄罗斯刑事法》（总则），莫斯科大学出版社 1997 年版，第 118 页。

[2] 参见薛瑞麟： 《俄罗斯刑事法中的犯罪概念》，载 http://www.ziliaonet.com/Paper/law/x/200604/24047.html，访问日期：2007 年 2 月 3 日。

[3] 参见：А. Н. Игнатов, Ю. А. Красиков, А. Н. Игнатов, Ю. А. Красиков, Н. А. Лопашенко. Уголовное право России Учебник для вузов В 2 - х томахИздательская группа НОРМА – ИНФРА. М 195, Москва, 2005 Издательство: НОРМА, ИЗДАТЕЛЬСТВО, 2005 г. с – 23.

为构成犯罪时所具有的性质）及其应受刑罚性，以及其他相应的刑事法律后果，仅由本法典予以确定；本法典禁止类推归罪。"这个条文从罪刑法定与类推禁止两个方面说明认定行为是否构成犯罪及其应当承担刑事处罚与后果必须以法律规定为基准。意味着行为构成犯罪时的成罪性质只有在刑事法典作出具体规定的情况下才能够依此认定犯罪，那么在刑事法典没有对某一行为作出规定的情况下，无论行为的侵害性有多大，都不能根据类推原则进行定罪。只有立法上将其规定为犯罪，司法者才能够适用刑事认定制度对其进行认定与处罚。这也就意味着，如果该行为随着犯罪圈的调整而不再是犯罪行为的时候，就意味着行为不再具有刑事违法性，相应的社会危害性也就消除，行为就不能够被认定为犯罪，因此也就不具刑事违法性。

刑事违法性在犯罪实质判断特征中的地位涉及俄罗斯学界对犯罪概念基本特征的评价顺序，对此，学界中有不同看法。按照 Н. Ф. Кузнецова 教授的观点，刑事违法性是位于刑事行为性、社会危害性之后的一个重要特征。而对于这一点，В. С. Комиссаров 教授则认为刑事行为、社会危害、过错实施、刑事违法才是犯罪实质特征主次的排列顺序，认为刑事违法性是前三者在法律上的集中体现，具有最后刑事归纳的作用，而对这一点争议中混杂着应受刑罚性是否是犯罪特征的争议。按照 Г. К. Брахлов 教授（Г. К. 普拉霍洛夫）的观点，刑事行为是不应当作为犯罪的基本特征进行规定的。那么，犯罪概念所体现的特征次序就是社会危害性、过错实施、应受刑罚性，最后才是刑事违法性。[①] 刑事违法性位于其后是因为刑事违法性体现的是刑事法律对危害社会和有过错的行为的禁止，其次它显现的是刑事法以刑罚相威胁的特性。[②]

（二）刑事违法性与社会危害性

诚如以上所述，在犯罪认定的实质性判断中，刑事违法性与社会危害性问题是争议最大的。争议焦点主要集中在刑事违法性与社会危害性在犯罪概念中的地位、关系与位序等问题。刑事法学者 Ю. В. Баранов 教授提出，法律现象只是社会现象中的一个组成，对于犯罪的评价应当基于社会的角度而不是所谓的法律角度，犯罪只能是对社会造成危害后才能成为法律评价的对象。因此，社会危害性才是犯罪的本质特征，刑事违法性是社会危害性在法律上的表现，

---

① 参见：Б. В. Здравомыслов. Уголовное право России. Общая часть，М.：Юристъ，2000г. с：80 – 182.

② 参见：Курс советского уголовного права. Т. 1 /Под ред. А · А · Пионтковского，П. С. Ромашкина，В. М. Чхиквадзе. М.：Юридическая литература，1990. с – 24.

是犯罪的法律特征，本质特征才是表现事物根本属性的必要特征。因此，刑事违法性不能也不可能成为犯罪的本质特征。很长一段时期，这一观点在俄罗斯学界被学者所认同。1996 年现行《俄罗斯联邦刑事法典》制定以前，刑事违法性一直是社会危害性的一个辅助概念，用来说明社会危害性违反刑事法律的属性，它只是作为社会危害性的附庸而存在。对此，俄罗斯学者 Ю. А. Красиков 教授提出了不同看法："刑事违法性与社会危害性的相互制约性是正确理解立法者规定某种行为是犯罪的决定性因素。无论行为对社会有多大的危害，只要刑事法律没有规定，就不能认为是犯罪。同样，行为虽然形式上含有刑事法典条文规定的要件，但由于情节轻微而不具有社会危害性，也就不能认为是犯罪。"① 在 1996 年现行《俄罗斯联邦刑事法典》颁布之后，从第 14 条有关犯罪概念的规定来看，刑事违法性与社会危害性在立法地位上是等同的。这说明，人们对于刑事违法性的认识在逐步的加强，从而导致社会危害性逐渐与其处到了一个基本平等的地位。

不过，俄罗斯学界对于违法性与社会危害性间的关系问题并没有因立法的确定而停止探讨，对于二者在犯罪特征中应当处于什么地位学界中存在较大争议。Н. Ф. Кузнецова 教授认为，法律上，刑事违法性表现出了行为的社会危害性与过错责任性的法律属性。因此，刑事违法性是二者的一个衍生原则，是犯罪认定中评价行为是否为罪的法律标准。也就是说，行为在具有社会危害性与过错责任性的情况下就是刑事违法的行为。А. В. Наумов 教授的观点则是："必须改变苏维埃传统犯罪定义中在刑事认定的实体要件和形式要件上设定的相互关系，必须真正放弃对这些要件间相互联系的通常解释，在这种解释中实体要件的社会危害性是其基础，而作为形式要件的刑事违法性被宣布是从前者派生出来的要件。显然，在一个法制国家中，违法性要件是应该占据第一位。"② 第三种观点则出自刑事法学家 Е. Л. Забарчук 教授（Е. Л. 扎巴尔丘克）教授，他认为，社会危害性与刑事违法性是统一的辩证关系。这是因为，社会危害性是刑事法违法性产生的基础，没有社会危害性就谈不上有刑事违法性，同时，如果不将社会危害性与刑事违法性结合，在刑事法中也就没有了确定的意义。社会危害性不能脱离刑事违法性独存。如前所述，犯罪的社会危害性与刑事违法性是社会实质与法律性质、表现与被表现的关系，二者互为表里，相

---

① 参见［苏］伊格纳托夫等主编：《俄罗斯刑事法》（总则），莫斯科大学出版社 1998 年版。转引自薛瑞麟：《俄罗斯刑事法研究》，中国政法大学出版社 2000 年版，第 61 页。

② 参见：А. В. Наумов. Российское уголовное право. Общая часть. Курс лекций. – М. : Издательство БЕК, 1997. с – 156.

互依存。社会危害性与刑事违法性都应当是犯罪特征，二者在犯罪概念中的地位没有轻重之分。因为脱离任何一者，二者都不能单独地认定犯罪，虽然认定犯罪的唯一根据是刑事违法性，但是刑事违法性本身也是社会危害性在刑事法上的具体表现而已，或者说社会危害性是犯罪本质特征，刑事违法性是犯罪法律本质特征。

而在刑事—犯罪学领域，犯罪学家一直尝试将社会危害性与刑事违法性的关系进行重新的划分与组合，从而将犯罪学与刑事法学的犯罪概念进行明确区分。[①] 认为社会危害性与刑事违法性的区别正是在于表达含义中是否具有刑事违法这一内容。对于这两个概念的区分将会厘清犯罪学与刑事法学学科间的不同性质和任务。刑事法学探讨的主要内容是评价犯罪的法律特征即法律上的构成要件。从法制原则出发，国家的刑事司法活动应当依法而行，而刑事违法性则是刑事法律活动的根本依据，罪和刑都应当由法律明确规定是首要的刑事法原则。所以，刑事违法性是刑事法学学科研究的重要之处。而刑事违法性在刑事法学上的重要性在犯罪学中并不一定能够全部体现，其所揭示的犯罪特征对于犯罪学的研究并不重要，因为犯罪学不会为犯罪认定提供具体的法律评价依据。在犯罪学领域内，理论关注的焦点不在于犯罪认定的根据与认定后的结果，只专注于犯罪为什么会产生，以及如何对其进行制止与防控。因此，对于犯罪原因与防控的研究不必也不需拘泥于刑事立法的限定。[②]

（三）刑事违法性与应受刑罚性

对于这个问题的探讨实际上是对犯罪认定实体特征判断根据组成要件探讨的深入。20 世纪中期，应受刑罚性在苏维埃联盟时期并不是一个立法概念。虽然，苏维埃学者大多对犯罪特征持以社会危害性、刑事法违法性、过错实施性与应受刑罚性为组成的"四特征说"或以社会危害性、刑事违法性、应受刑罚性为特征的"三特征说"，但学界对于应受刑罚性是否应当是犯罪基本特征的意见相当不统一。1996 年现行《俄罗斯联邦刑事法典》颁布后，学者针对于立法规定表述提出，应受刑罚性是否应当是犯罪特征的理论探讨。以往通说观点是支持犯罪认定实质性特征中应当包括刑罚处罚性的评价，认为行为当罚是犯罪的法律本质特征。20 世纪末，以 В. С. Комиссаров 教授与 Н. Ф. Кузнецова 教授为主导的学者认为，在犯罪认定中，行为应受刑罚性不是犯罪实质判断的一个必然内容，它属于刑事违法性的一个范畴。反对者则提出反驳

---

① 参见：Криминалистика под ред. Р. С. Белкина, М., ЮЛ, 1986. с – 43.

② 参见：Криминалистика под ред. И. Р. Пантелеева, Н. Н. Селиванова, М., ЮЛ, 1988. с – 124.

意见：具有刑事违法性的行为不一定就会要受到刑罚处罚，但是，应受刑罚处罚的行为一定就是犯罪。因此，应受刑罚性应当是犯罪的基本特征。双方对于自己的观点都提出了一定的论据与论证，由此在学界产生了较大争议，并在研讨中形成了对立的学说——肯定说与否定说。持肯定观点的学者认为，应受刑罚性是犯罪不可缺少的特征。按照这种观点，应受刑罚处罚是根据刑事法律规定所做的一种刑罚威胁，而不是对实施具体犯罪所实际适用的刑罚。否定说分为两种观点：第一种观点认为应受刑罚性不是犯罪的基本特征，它是刑事违法性的组成部分。Н. Ф. Кузнецова 教授写道："刑事违法性意味着：其一，危害行为应由刑事法律规范的罪状加以规定；其二，刑事法律规范规定载有某种刑罚（剥夺自由、劳动改造工作、罚金）威胁的法定刑。"[①] 第二种观点认为，应受刑罚性是犯罪的法律后果。因此，它根本就不是犯罪概念所应具有的特征。[②]

认为刑事违法性不应当将应受刑罚性包容在内的学者认为，行为是否应受刑罚处罚是犯罪裁定过程中应当判断的内容。司法裁定过程中，如果犯罪行为具有可以免除刑罚的情节，那么免除刑罚是法律给予的免罚事由，而不是就此否认该行为不为罪。其最主要的理论依据是当代现行《俄罗斯联邦刑事法典》第 2 条规定："……为实现上述诸项任务的意旨，本法典明确规定了承担刑事责任的根据与原则，确定对个人、社会或国家实施何种危害行为时应当认定为是犯罪，并对实施犯罪时应当承担的刑罚种类以及其他具有刑事法律属性的惩罚措施予以明确规定……形式上虽然符合本法典分则任何条文所规定的要件，但因为显著轻微，并且缺乏损害结果而失去危害社会的性质的行为，不应当认为是犯罪。"[③] 因此，结合该条文规定应当能够看出，应受刑罚性是在说明何为对个人、社会与国家的侵害应当认定为是犯罪之后，对相应犯罪应当承担何种刑罚在司法程序上予以裁断的问题，与犯罪认定没有任何关系，又何来犯罪特征表现？[④] 有学者提出行为的应受刑罚性不是也不应当是犯罪的特征之一。根据 1996 年现行《俄罗斯联邦刑事法典》第 3 条第 1 项规定："行为的成罪性（行为构成犯罪时所具有的性质）及其应受刑罚性，与其他相应的刑事法

---

① 参见［苏］克里盖尔等主编：《苏维埃刑事法》（总则），莫斯科大学出版社 1988 年版。转引自薛瑞麟：《俄罗斯刑事法研究》，中国政法大学出版社 2000 年版，第 49 页。

② 参见［苏］科扎钦克等主编：《刑事法》（总则），莫斯科大学出版社 1998 年版。转引自薛瑞麟：《俄罗斯刑事法研究》，中国政法大学出版社 2000 年版，第 101 页。

③ 参见：《俄罗斯联邦刑事法典》，赵路译，中国人民公安大学出版社 2009 年版，第 7 页。

④ 参见：Н. Т. Кадников. Классификация преступлений в зависимости от тяжести. ЮИ. 2001. с – 281.

律后果，仅由本法典予以确定"，行为是否为罪、是否当罚是两个不同的范围，其中第一段所指行为的成罪性也就是行为构成犯罪时所应当具有的性质是对是否为罪的确定，而第二部分应受刑罚性及其他相应的刑事法律后果是指行为被认定为犯罪后的刑事处理结果。较为有意思的是，这一点也成为支持应受刑罚性是犯罪基本特征论者的论据，据此认为行为是否应当受到刑罚处罚也是犯罪的一个重要特征。Ю. А. Красиков 教授认为，在犯罪概念中应受刑罚性这个特征，将有助于说明作为刑事法两个独立范畴的犯罪与刑罚间相互联系、相互制约的关系。如果在立法中取消应受刑罚性就有抹杀罪与非罪的界限之虞，刑罚论与犯罪论的关联被切断。

认为应受刑罚性不是犯罪基本特征的另一论据则是 1996 年现行《俄罗斯联邦刑事法典》中法制原则的内容，"行为的成罪性（行为构成犯罪时所具有的性质）及其应受刑事处罚性，与其他相应的刑事法律后果，仅由本法典予以确定；本刑事法禁止适用类推原则。"在该条文中，"行为的成罪性"与"应受刑事处罚性"是两个不同的概念，成罪性是行为构成犯罪时所应当具有的性质，但是这个性质立法上没有将应受刑罚性包容进来。据此可以推断，应受刑罚性不应当成为犯罪的基本特征，它只是刑事违法性的一个特征。在行为的刑事违法性当中包含着对行为是否应当具有应受刑罚性的判断。反对者的立法依据则是现行刑事法典第 14 条犯罪概念的表述："过错地实施了本法典以刑罚震慑予以禁止的社会性危害行为，应当认定为是犯罪。"认为刑罚震慑就是应受刑事处罚的行为。应受刑罚性是一种刑罚威胁，不意味着在每个场合对实施的犯罪都必须适用刑罚。因此，不能把应受刑罚性同对实施犯罪适用刑罚等同起来。从立法规定上看，应受刑罚性是不应当进入犯罪基本特征的。而实际上，将应受刑罚性与刑事违法性等同是对刑事违法性的法律属性理解不当而造成的，应受刑罚性应当只是表达了刑事违法性的刑事后果，关于免除刑罚与刑事责任或者因犯罪没有揭露而为受刑罚的行为并不因此而不为犯罪。

第四章　排除行为成罪性情节

以上有关犯罪认定的形式判断基础与实质判断基础的探讨，是基于一般行为的正向入罪认定而言。在一般的犯罪认定活动中适用以上基础确定犯罪没有任何问题，依据以上理论完全可以判断一般犯罪的罪质与罪度，从而明确刑罚。但是，社会现象是纷繁复杂的，往往不是所有的行为都能透过明定规范所划定的范围明确到行为的本质与现象（或者说形式与实质），从而可以确定其是否是犯罪行为。由此，就使得犯罪认定活动在面临一些特殊状况的时候难以正常遵循以上的认定基础进行。比如说，基于正当或善意的理由而故意对其他权益造成侵害的行为。此时，虽目的正当，但是手段非法，有益结果与有害结果同时产生，基于犯罪认定正向入罪的任一基础判断根据，都很难将这种状况完美的解释为非罪或是成罪。如果不作为犯罪予以惩处，正向犯罪认定基础从法律上讲似乎难以对其造成的危害结果给予正当合理的解释，如果作为犯罪来处理，则意味着该行为所保护了的正当利益并不被法律所保护，这又难免有违于公平正义。从各国立法现实来看，对于这种情况，往往会采取一些变通方式进行处理。俄罗斯是通过明确立法规定了诸如排除行为成罪性情节这样的制度，对多种情况下导致产生危害的行为是否应当认定为是犯罪在法律上作出明确限定。俄罗斯学者对于该理论在刑事法中的地位、作用，同犯罪认定位属关系等问题存在较大争议，至今尚无通认观点能够给予定论。但是，从立法规定上来看，这一块毫无疑问是从属于行为是否为罪评价中的重要问题。

一般来讲，犯罪认定的实体性判断基础与法律性判断基础是行为入罪的理论根据，具有正向性，其所要做的是如何将危害行为通过一定判断方式与方法将其同法定的罪行模式相互印证，从而确定其是否是犯罪。而排除行为成罪性情节则是行为出罪的理论根据，具有反向性，反其道而行之。这种情况下对罪行本身通过实质与形式判断不能作出非罪的认定，对导致该行为实施的先因，或者说行为目的进行考察，在先因与目的具有符合法律所要求的排除行为成罪性情节的前提下，该行为不在往正向犯罪认定的方向判断，回转到对行为是否具有法定排除行为成罪性情节的判断问题上，其致害行为的罪质因行为的原因与目的具有法定情节而被抵销。排除行为成罪性情节设定的目的在于，在对行为进行综合性评价的过程中，对于一些形式上符合犯罪构成要求，本质上符合犯罪实质性判断根据，按照犯罪认定基本规则应当认定为是犯罪的行为，立法因其起意目的是维护合法的权利与利益，从而在立法上明确作出限定，通过特别认定方法排除其罪质，并将其不作为犯罪处理。由此为司法实践中具有特定情节的犯罪认定提供一定的指导、解释与说明，从而引导犯罪认定的正常进行。①

一、排除行为成罪性情节概述

在俄罗斯刑事法制的发展进程中，排除行为成罪性情节具有一段漫长的发展历史。但是，直到 20 世纪之后，该问题才受到学界的特别关注。随着俄罗斯法制的变革，有关其论的著述不断丰富，理论体系也逐渐趋于完善。本书基于题意，对有关排除行为成罪性情节是否应当归属于犯罪认定基础范畴之内的问题，并不支持当前俄罗斯学界整体判断根据说学者的观点，从该理论性质来看，排除行为成罪性情节应当归置于犯罪认定基础理论之内，只不过因其并不适用于所有罪行的认定，仅对特定情节进行判断，故此可以将其理解为是犯罪认定基础理论中的相关论或特殊论，其职能在于确定特殊情节的非罪化，而行为成罪性的实质与形式判断因对任何罪行都需适用，可以理解为犯罪认定基础理论的一般论或本体论，其职能在于明确地定罪。故此，本书这里所作论述，也是将排除行为成罪性情节作为犯罪认定基础理论的相关论部分看待的。对于该理论的研究，不但会促使我们更好地理解犯罪认定实质性判断根据与法律性判断根据对行为是否成罪的认定规则。同时，也对正当前提下实施的致害行为不作为犯罪处理的基本原理能够更好地了解与掌握，这对实践中的犯罪认定活动具有更为深远的理论影响与实践意义。借对这一领域研究的延展，也间接对犯罪的形式判断基础与实质判断基础在犯罪认定中的关系与作用得到更为清晰的了解，更能明确在当今中国四要件犯罪构成理论争议问题上应当采取何种基

---

① 排除行为成罪性情节中的行为性质与构成同犯罪认定实体与法律判断基础中所要求的行为条件不能完全符合。排除行为成罪性情节中对于行为人主观方面的要求：一是，能够认识到是为了维护正当合法权益而实施的行为；二是，能够认识到该行为会对相应对象会造成一定的侵害或风险。在行为性质上体现的危害性较为复杂：第一，行为实施造成了相应的侵害或风险；第二，行为实施的前提是制止不法的侵害。这两点同一般的犯罪行为有所不同，正是因为一般应当被认定为是犯罪的行为中包含了这种复杂性，从而导致该种行为具有了排除行为构成犯罪的性质。因此，虽然会造成危害，但是立法规定不作为犯罪来处理。

本立场。

(一) 基本状况

排除行为成罪性情节是俄罗斯现行刑事立法明确定义的基本规范。但学理研究状况则不同,一般来讲,俄罗斯学界还将其称为是"排除行为犯罪性的情况"、"排除行为社会危害性情况"、"排除行为社会危害性与违法性情节"、"排除行为的刑事违法性情况"等,更有人将其概括为"排除应受刑罚处罚的情节",也有援引德日或英美法系的概念,将其称为"正当化事由"或"正当的行为"等。可以看出,概念定义上比较混乱。这些"情况"与"情节"被大体归纳为:"排除行为社会危害性的"、"排除刑事责任与刑罚的"、"排除行为违法性的",抑或"排除行为构成犯罪所应具有的性质"等。1996年现行《俄罗斯联邦刑事法典》第13章单独将这些特定情节集结在一起作为一个专章在刑事立法中规定下来,并用"排除行为成罪性情节"这一术语进行了归纳性表达。① 立法对该术语未做定义,从条文规定中可以推断其含义大概为:"如果情节的存在使表面上与犯罪行为相似的行为成为合法行为,甚至使某些行为成为对社会有益的行为,则这样的情节就是排除行为成罪性性质的情节。"② 并将其归纳为六种形态:必要防卫、③ 拘捕犯罪人致害、④ 急迫救难、身体强制或心理强制、理由充分的风险、执行命令或指令,虽然学理上对于哪些情节应当属于排除行为成罪性情节有很大争议,但仅以上这些情节得以被俄罗斯现行立法所确认。⑤

按照立法,在具有这些特定情节时,只要行为的危害性没有超过立法规定,则该行为的罪质被特定情节抵销,不作为犯罪处理。但是,一旦行为的危害性超越了法律规定的限度,达致法律规制的危害程度,则毫无疑问要受到法律惩处。此时,该情节的有无只能成为是一个判断罪行轻重、刑罚有无的裁量情节,而不是排除行为成罪性情节。以"必要防卫过当"为例,虽然是必要的防卫行为,但因其所致危害超过了法定的必要防卫限度,因此依旧认定为是犯罪,并予以相应的刑罚。可以说,俄罗斯现行刑事立法有关排除行为成罪性

---

① 也被中国学者译为"排除行为有罪性质的情节"、"排除行为犯罪性的情况"或"排除行为犯罪性的情形",本书将其简译为"排除行为成罪性情节"。

② 参见〔俄〕Н. Ф. 库兹涅佐娃、И. М. 佳日科娃主编:《俄罗斯刑事法教程(总论)》(上卷·犯罪论),黄道秀译,法律出版社2002年版,第439页。

③ 其意同于中国学者所提的俄罗斯的"必要防卫"概念。

④ 也被译为"在拘捕犯罪人使造成的损害"、"拘捕人犯造成的损害"、"抓捕犯罪人造成损害"。

⑤ 参见:《俄罗斯联邦刑事法典》,赵路译,中国人民公安大学出版社2009年版,第20页。

情节的规定体现了其刑事法制科学发展的状况，比之 1922 年《俄罗斯苏维埃社会主义共和国刑事法典》只规定必要防卫与急迫救难情节来讲，不仅增多了 4 项，在刑事法的预防职能与适用效力上也极大增强了对该类情节的公正处理。本书认为，这毫无疑问体现出俄罗斯刑事立法的独创性与独特性，其借鉴意义十分显著。

（二）立法沿革

有关排除行为成罪性情节的相关内容在俄罗斯立法史上早有出现，在《一六四九年会典》中明确规定了具有类似功能的"免受刑罚情节"，并对"必要防卫"与"急迫救难"做出过立法限定。[①]《一七一六年军事条例》中，在"必要防卫"与"急迫救难"（"紧急避险"的另一译法）之外增加了一条"时效消灭"作为不作犯罪处理的法律依据。1848 年的《刑罚与矫正法典》在条文中规定了"必要防卫"，并将偶然的过失与被骗、偶然或意外导致的危害等情节都作为免除刑事责任的情节，1903 年制定的《俄罗斯帝国刑事法典》中正式规定了加重与排除刑罚的情节。这种状况一直持续到苏维埃联盟成立初期。20 世纪 20 年代其后出台的一系列刑事立法纲要与苏维埃初期的几部刑事法典对排除行为成罪性情节都没有给予相应关注，但对必要防卫与急迫救难还是在立法上做了明确规定。1960 年《俄罗斯苏维埃社会主义共和国刑事法典》延续了以往的传统。当时，学界对于将"被害人承诺"、"社会有益职能的行使"、"强直性合法命令的执行"与"正当权利行使"等情节作为免除罪质的规定设置到立法中的建议一直没有中断过。20 世纪中期，立法者在《俄罗斯模拟刑事法典》中曾经设置了一个较为完整的章节安置排除行为成罪性情节体系，将"被害人同意"、"行使正当权利"、"履行职责"等情节规定了进来，但是又做了一个题外补充："如果这些行为（作为与不作为）具有社会危害性并为刑事法律所禁止，则不应当免除刑事责任。"1991 年《苏维埃和各加盟共和国刑事立法纲要》继续保留了这一传统，并将"拘捕犯罪人致害"添加到排除行为成罪性情节中。1996 年现行《俄罗斯联邦刑事法典》不但将排除行为成罪性情节作为一个完整的规范体系在立法明确设定，同时也将学界建议较多的几种特殊情节归纳到体系中来作为与犯罪认定有关的特殊认定规范。

[①]　参见：В. Н. Андрияновмеждународныё избирательные стандарты и российское уголовное законодательство. Конституционное и муниципальное право, 2004, N 6. с – 24.

（三）理论探讨

可以说，排除行为成罪性情节是俄罗斯学界探讨极为激烈的一个问题，大到其在刑事立法体系、犯罪论体系中的地位、功能与作用，小到其概念表述、定义、范围与分类等，都存在对立的观点与看法。其中，最根本的争论都集中在概念的术语表达上。

如上所述，多少个刑事法学者谈到排除行为成罪性情节时或许就有多少种不同的总结归纳。而且，说不上哪几个人就会在某个时候对自己的观点再次进行调整修正。因此，有关排除行为成罪性情节的相关定义在俄罗斯学界有很多表述。总体来讲，基本上都是将其限定在刑罚排除、刑事责任排除、社会危害性排除、刑事违法性排除、应受刑罚性排除等方面，或者认为它是一种免予定罪处罚的情节或情况，也有学者认为是排除行为为罪的条件或者因素。可以看到以上争议出发角度各有不同，但关键问题在于，以上不同表述在实质上又有什么不同呢？排除刑罚也好、责任不必承担也好，还是没有社会危害性也好，实际上都是指行为人的行为因具有相应情节而不再被认定为是犯罪，行为人不必承当刑责，也没有承担刑罚的依据。以排除社会危害性、违法性或者应受刑罚处罚性的情节为例，几者实际上都是对行为实体性特征的排除，认为这种情节是因为行为不具有成罪的实质性属性，因此不构成犯罪。

苏维埃联盟时期，学界曾经建议称之为"无罪行为"或者是"消灭行为有罪性质的条件"，并在其中列入了六种情形："履行职责"、"行使纪律权力"、"权力许可"、"强直性命令"、"被害人承诺"与"执行法律"。但是，在上述情况下免除刑事责任不是无条件的，要求具备一定的补充条件，没有这些补充条件就应当承担刑事责任。[①] 最后，立法上采纳了其"排除行为犯罪性的情节"这一定义。学者 Т. В. Кондрашова 教授（Т. В. 孔德拉绍娃）认为，立法者把这类情况命名为排除行为犯罪性的情节是完全合乎逻辑的。[②] 而且，立法者将排除行为成罪性情节安置在未完成犯罪与共同犯罪之后，也可以认为是排除行为的犯罪性情节也适用于特殊形态的犯罪（未完成犯罪与共同犯罪）。[③]

诚如以上，对于排除行为成罪性情节概念的定义，俄罗斯学界没有统一的认识。例如，Н. Ф. Кузнецова 教授认为："如果情节的存在使表面上与犯罪行

---

① 这实际上不是构不构成犯罪、受不受刑罚的问题，而是一个刑事责任是否应当减轻的问题。
② 参见薛瑞麟：《俄罗斯刑事法研究》，中国政法大学出版社 2000 年版，第 229 页。
③ 参见薛瑞麟：《俄罗斯刑事法研究》，中国政法大学出版社 2000 年版，第 229 页。

为相似的行为成为合法行为，甚至使某些行为成为对社会有益的行为，则这样的情节就是排除行为成罪性性质的情节。"① 而 B. H. Кудрявцев 教授则认为："所谓排除行为犯罪性的情况，是指形式上具备刑事法典分则规定的条件，但不构成犯罪的行为（作为或不作为）。" A. B. Наумов 教授提出排除行为成罪性情节的一般定义应当是："一般情况下，所实施的行为在某种情况下外表上与犯罪相类似，但却可能缺少犯罪所具备的四个特征中的至少一个特征，因此不是犯罪。"② 但是，B. C. Комиссаров 教授反驳道："排除行为成罪性情节实质在于'实施了外部特征显示为对导致刑事法所保护的利益遭受侵害而应当承担刑事责任的社会有益适法行为。'"③ 那么，是否可以据此得出结论，排除行为成罪性情节的几个重要特点就是：行为对法律所保护的一定的利益造成了侵害，外部特征上符合犯罪的基本特征，按法律规定应当承担刑事责任，但是实际上是有益社会的适法行为，因此这种行为不应当被作为犯罪。也就是说，行为符合犯罪认定的法定特征判断根据，但因为不具有犯罪的实体性特征，所以被排除在犯罪之外。虽然以上有关排除行为成罪性情节的定义没有一个基本统一的观点，但是从中可以得出一个相关结论，不仅仅是依据行为的法律特征判断根据就能进行犯罪认定，往往也需要借助于行为的实体性特征判断根据来对行为的罪质进行评价。

本书根据对排除行为成罪性情节立法意义与职能的理解，认为以上有关看法存在着一定的逻辑思维混乱问题。具有这些特定情节的行为不作为犯罪来处理，并不是因为它没有任何危害，只不过行为人的危害行为是以正当目的为前提，或者说是为了保护正当利益而被迫实施的侵害。行为的正当性是应当予以认可的，但并不能等同于说这些行为就是没有任何罪质的正当行为，从行为构成本身来讲毫无疑问是符合犯罪认定判断根据的。否则就无法解释为什么排除行为成罪性情节在超过法定限度时必须承担刑事责任和接受刑罚的规定了。比如说急迫救难，对正当利益的侵害不可能不存在，只不过为保护大的利益而不得已牺牲小的利益。这种情况下，怎么能认为是对正当权益没有造成任何侵害呢？对正当利益的侵害不可能因为目的正当就可以当作没有发生过。对正当合法利益的侵害是行为成罪的前提，如果刑事立法未作特殊说明，这种行为按照刑事法规范，显而易见符合犯罪的所有特征，立法之所以做出这样的规定，更

---

① 参见：Курс уголовного права. Том 1. Общая часть. Учение о преступлении-Под ред. Н. Ф. Кузнецовой, И. М. Тяжковой. с – 443.

② 参见赵微：《俄罗斯联邦刑事法》，法律出版社 2003 年版，第 128 页。

③ 参见：А. В. Наумов. Российское уголовное право. Общая часть. Курс лекций. -М. : Издательство БЕК, 1997. с – 298.

多的可能是对具有这样情节的危害行为在法律上予以特殊限定，以便借此保护和推崇该情节中所隐含的公序良俗与社会正义。因此，基于该行为具有正当目的这一前提，不能简单将其认定为是犯罪，但也不绝对不能从犯罪认定基础判断根据上入手，以其排除了犯罪认定形式与实质基础判断根据为由将其定义为正当行为。否则，也无法解释正当行为是没有对法律所保护的利益造成侵害的行为这一命题。况且，这种行为如果从本质上说是正当的，法律也就没有必要通过立法的特殊规定将其行为中的成罪性质予以排除。在犯罪认定承担着对犯罪行为进行综合性判断评价的任务的同时，这种以排除实质性判断根据为由赋予这种情节以正当性的观点无疑会动摇现有犯罪认定基础理论体系。况且，按照以上诸多观点，任何一个情节的排除都会导致整体行为不被认定为犯罪。也就是说，只要存在其中任何一个情节，那么排除的就不仅仅是犯罪构成的某些部分，而是意味着整体犯罪构成的排除和犯罪本质属性的排除，那么，由此何谈犯罪。以上混乱的概念没有任何实际意义，对于确定该情节的具体定义起不到指导作用，反而增添其乱。

在排除行为成罪性情节的探讨中，究竟应当将哪些情节划分到该体系中是当代俄罗斯学界争议较多的问题。现行立法上明确规定的情节有六种，但是学者们对于这个组成内容一直存在不同观点。建议应当将"被害人承诺"、"劳动风险"、"社会有益职责的行使"、"正当权利行使"、"强制服从与执行法律规定"等情形也规列到法定排除行为成罪性情节之中。立法者基于不同的根据和理由认为，不能将上述情形在法典中做泛化性规定，因此并没有完全采纳学者的观点。这种考虑相当谨慎，例如，被害人承诺只能针对于个案进行处理，而不能做一个一般原则进行立法上的确定。以被害人承诺可以对其身体或所有权予以侵害的情况来讲，杀人与轻伤害之外的身体健康损害，被害人的同意与否不具法律意义。造成身体轻度的健康损害或名誉的侮辱或被视作为自诉案件处理也意味着被害人不是同意这种行为，而是被害人处于某种考虑而放弃对加害人进行可能的刑事追究。在被害人同意毁灭或损坏自己的私人财产时，如果这种行为不是以危及社会与公众的方式实施的，也没有造成严重后果，则排除刑事责任。这与其说是被害人表示同意，不如说是被害人放弃了行使自己的权利。① 毫无疑问，这种情况没有必须通过立法予以限定的必要。

对于排除行为成罪性情节的罪质认定问题，俄罗斯学界研究的已经很深入。尤其是以下六种排除行为成罪性情节，早在立法确认之前，学界已普遍进

---

① 参见［俄］Н.Ф.库兹涅佐娃、И.М.佳日科娃主编：《俄罗斯刑事法教程（总论）》（上卷·犯罪论），黄道秀译，法律出版社 2002 年版，第 440 页。

行了探讨与争议，形成了非常体系化的学说。

二、必要防卫

无论在俄罗斯当代刑事法制度上，还是在刑事法理论体系之中，"必要防卫"①都是一个重要组成部分，其与犯罪认定基础理论紧密相关，并对该理论的发展产生着重要影响，在排除行为成罪性情节理论体系中占据着重要地位。从目前现状来讲，各国刑事立法对类似情况多是做出了明文规定，大多作为正当行为或非罪行为来处理。俄罗斯的刑事立法对具有必要防卫情节的行为，立法上也规定将其作为非罪行为予以处理。但是，这种非罪化不是在犯罪认定之前，只要看到具有必要防卫情节就立即认定其是正当行为，而是需要在对行为进行罪质与罪度判断之后，也就是对其形式与实质判断根据进行认定，并根据立法进一步对具有必要防卫情节的行为在成罪性质上再次判断的一个制度。本书认为，通过实质根据与形式根据判断行为是否为罪是一种正向前进式的"入罪"活动，而通过正当防卫等排除行为成罪性情节判断是否应当排除行为罪质，从而做非罪化处理的活动则是一种反向回转的"出罪"活动。

（一）基本状况

"必要防卫"这一概念，最早出现在俄罗斯刑事立法史中的时间应当追溯到 1992 年《俄罗斯苏维埃社会主义共和国联盟刑事法典》第 19 条的规定："加害人为了防止对防卫人本人或他人的人身或权利的不法侵害在实施必要防卫的情形下而实施应受刑罚处罚的行为，如果这种行为没有超过防卫的必要限度，则不应当受到处罚。"有学者针对该条文规定对必要防卫的成立条件提出了一些异议，认为必要防卫的性质就在于社会有益性，那么对于社会有益性的行为是否应当受到刑罚处罚是一个很明显的问题。再者，必要防卫的限度法律上没有确切规定，司法中完全依靠法官的自由裁量，导致条文不能准确适用，该条规定失去了立法制定之初的本意。1958 年，《苏维埃与各加盟共和国刑事立法纲要》将必要防卫表述为："某种行为，虽然符合刑事法律所规定的行为要件，但它是在必要防卫的情况下实施的，也就是在保卫苏维埃国家利益、公共利益、防卫者本人或他人的人身权利，免受危害社会行为的侵害而使侵害者遭受损害的情况下实施的，如果这种行为没有超过必要防卫的限度，就不是犯

---

① 该理论内涵同中国的"正当防卫"理论相当，也有译者直接将其翻译为"正当防卫"，本书认为这种翻译值得商榷，因此，本书根据该词组的直观含义直译表达——"必要防卫"。

罪，而防卫行为同侵害性质明显不相称的，就是超过必要防卫的限度。"在这部法典中，必要防卫过限的问题得到了解决。但是，关于必要防卫是正当行为的规定直到 1991 年《刑事立法纲要》颁布时期才得以确认。1996 年现行《俄罗斯联邦刑事法典》制定时，立法委员会曾经组织学者对排除行为成罪性情节问题进行了专门的探讨。最后在该法典第 37 条第 1 款中做了如下的规定："在必要防卫情况下，导致实施蓄意侵害的行为人反受侵害，即在为保护防卫人或者其他人的人身与权利，以及受法律保护的国家和社会利益免受社会性危害侵害的情况下，致使实施蓄意侵害的行为人遭受侵害的，如果该种蓄意侵害行为在实施时使用了危及防卫人或者其他人生命的暴力手段，或者以使用这种暴力手段进行直接要挟的，则必要防卫不应当认定为是犯罪。"这就说明，如果存在着涉及侵害并且说明防卫行为性质的一定的条件时，防卫就是必要的。俄罗斯学者认为这条规定更为民主化的一个特点在于，它将个人权利至于国家与社会利益之上。其意在于同《俄罗斯联邦宪法典》第 45 条："人人有权以法律不禁止的一切方式维护自己的权利与自由"这条规定互为呼应。

（二）理论探讨

在排除行为成罪性情节中，必要防卫是最受关注的问题。法律上对其概念没有做出明确定义，只是在现行《俄罗斯联邦刑事法典》第 37 条的两款条文中对其主要内容进行了解释性说明。Н. А. Беляев 教授（Н. А. 别利亚耶夫）等人曾将其定义为"通过对致害者造成损害的方法来对其实施的具有社会危害性的行为进行阻止的合法防卫。"[①] 而 Ю. И. Скуратов 教授（Ю. И. 斯库拉托夫）则将其定义为："必要防卫是指通过对加害人造成损害而防止危害社会的侵害发生的合法防卫。"[②] 但是该定义的内容在 П. А. Горяев 教授看来，是与现行《俄罗斯联邦刑事法典》第 37 条第 2 款产生冲突的，他认为："对不具有使用危及防卫人或其他人生命的暴力手段，或者不具有以使用这种暴力手段进行直接要挟的蓄意侵害行为进行防御时，这种情况下，如果防卫行为没有超出准许的必要防卫限度，即故意行为没有与蓄意侵害行为的性质与危害程度明显不符，则必要防卫应当认定为是合法的防卫。"由此，既然必要防卫是合法的行为，就没有必要在该条中分出两个不同的部分进行说明，合法的行为也

---

① 参见：А. В. Наумов. Российское уголовное право. Общая часть. Курс лекций. -М. : Издательство БЕК, 1997. с – 175.

② 参见［俄］俄罗斯联邦总检察院：《俄罗斯联邦刑事法典释义》（上），黄道秀译，中国政法大学出版社 2000 年版，第 90 页。

就是不为罪的行为，虽然现行《俄罗斯联邦刑事法典》第 37 条的两个条文是从行为成罪的程度与性质上做的限定，但是如果认同法定概念，那么学理概念就应当重新设定，因为"不认为是犯罪行为"毕竟与"合法行为"不能完全等同于是一个概念。Н. С. Таганцев 教授则认为："必要防卫是指基于防卫对侵害本人或他人的合法利益而造成损害。"认为"法律秩序之所以可以违反及每个人均享有属于自身权利和利益的可能性，是任何文明社会得以生存的必要条件。"① Н. Ф. Кузнецова 教授对必要防卫特征进行了总结并将其定义为："可以认为，必要防卫是通过对加害人造成损害而保护防卫人与他人的人身、个人权利和合法利益、社会和国家免受危害社会行为的侵害。"② 那么必要防卫的目的就在于对法律所保护的利益进行保护，在必要防卫过程中对加害人造成损害则具有因加害人的危害社会行为所致的被迫性质。

俄罗斯学界对于必要防卫情节具有正当性的研究，大多是基于事实侵害与防卫条件两个方面进行论证的。从防卫条件角度来讲，是因为存在了认定必要防卫权产生的条件，必要防卫权的实施需要有一定的条件支持。从事实侵害的角度说，必要防卫权产生的根据在于危害行为的侵害是实际发生的。所谓侵害，是指旨在给刑事法律保护的正当利益造成损害的行为。③ 那么对于何为侵害，在俄罗斯学界产生了争论。Т. В. Кондрашова 教授认为，这实际上是把侵害直接理解为是犯罪行为，大部分学者也认同于犯罪是侵害这种说法，А. А. Абол 教授（А. А. 阿波尔）将这种侵害分为既可以是犯罪的侵害也可以是非犯罪的侵害。而 А. В. Наумов 教授则认为应当扩大侵害所能容扩的范围，认为侵害不仅仅限于犯罪行为。

学者们认为，对于引发防卫权的侵害应当具备几个条件：必须具有侵害行为的发生；侵害行为必须正在进行；侵害行为具有社会危害性。也就是说，在以上三个条件符合的情况下，必要防卫具有了合法的防卫权利。诚然，侵害是现实存在的、真实的，是不因人主观影响而改变的客观现实，承认侵害是现实存在意味着应当对侵害在客观上能够对刑事法保护的利益造成事实损害；这种真实的侵害必须是正在发生的行为，侵害人已经直接着手实施危害社会性质的侵害行为（但是这一点对是否具有一定侵害或显示一定侵害危险的也应算作防卫权产生根据的问题没能给出确切答案）；对于侵害防卫权产生于对法律保

---

① 参见：Н. С. Таганцев. Русское уголовное право: Часть общая. Лекции 2 – е изд., пересмотр. и доп. Т. 2. с – 278.

② 参见：Курс уголовного права. Том 1. Общая часть. Учение о преступлении – Под ред. Н. Ф. Кузнецовой, И. М. Тяжковой. с – 254.

③ 参见薛瑞麟：《俄罗斯刑事法研究》，中国政法大学出版社 2000 年版，第 230 页。

护的利益进行侵害时，只要侵害具有危害社会性并且根据客观方面可以被认作是犯罪侵害的就可以。这其中包含对假想防卫如何认定的问题，因为，在假想防卫中存在事实错误的问题。所以，有学者建议，这种情况下的责任应当按照一般根据进行解决。法律上也作出了规定，一般情况下，行为人对此应当承担过失行为的责任，也可以不承担责任。但在存在防卫人有充分理由认为正在发生的实际侵害而他没有认识到也不可能认识到自己假想的错误时，则应当排除假想防卫者的刑事责任。

必要防卫权的行使需要具有一定条件。B. C. Комиссаров 教授认为这实际上就是在必要防卫中对所实施的防卫行为其合法性条件如何认定的问题。它要求防卫权及于的客体应当是加害人，而不能是其他任何人。法律对防卫的方式不做特殊要求，一般以对加害人身体造成伤害为主要形式，但是也不排除适用工具、器械等物体对加害人进行侵害，一般只要没有超过必要限度就不必因此承担责任。再者，必要防卫权的行使要求防卫行为不得过限。根据现行《俄罗斯联邦刑事法典》第 37 条第 3 款规定："实施防卫的行为人，如果因侵害行为的突发性而不能对所受攻击具有的危害性性质与程度进行客观性评价的，则该行为人实施的防卫行为，不应当认定为是超过防卫人必要防卫限度的行为。"防卫没有超过必要限度，防卫行为不具社会危害性。防卫行为超过了必要限度，则社会危害性因此产生。在一定条件下，法律将对防卫人追究刑事责任。那么，又如何能够认定超过必要限度与正常的必要防卫行为？M. И. Ковалев 教授认为，对此没有一般规则可以归纳，应当在具体案件中对防卫的必要限度进行具体分析。一般来讲，完全需要依靠于司法者的判断与裁断。

在必要防卫问题中，俄罗斯学者还关注于对防卫不适时、防卫不相当以及故意的必要防卫过当行为如何认定的问题。以上三个问题基本上都认为应当以认定必要防卫的三个基本规定进行判断。同时，认为必要防卫权的实施应当具有平等性，这一点的法律依据来自该法典第 37 条第 3 款："本条诸项规定，平等适用于任何人，不计其职业或其他专业造诣，抑或职务地位，亦不计防卫人能否躲避社会性危害行为的蓄意侵害，或者能否取得他人或权力机关的救助。"

三、拘捕犯罪人致害

（一）发展状况

拘捕犯罪人致害从概念上讲，其定义在立法与学界都没有较为公认的说法。有学者认为其在 1996 年现行《俄罗斯联邦刑事法典》中的规定就是该概念的定义，但是很多学者认为这个规定并不能作为拘捕犯罪人致害的定义。在没有将拘捕犯罪人致害作为排除行为成罪性情节规定在刑事法典之前，在俄罗斯司法实践中，这一类问题往往是通过必要防卫制度变通处理。其后，以 Н. Ф. Кузнецова 教授为主的一些学者对于实务中的做法提出了疑问，认为这实际上就是一种类推适用。拘捕犯罪人致害与必要防卫在适用根据、适用对象、适用目的上根本就不是一种情形，唯一能够将二者联系在一起的只是二者性质上都是社会有益行为而已。① 在俄罗斯联邦多次的修法活动中，每次都会有学者提议，拘捕犯罪人致害与必要防卫在法律本质上是两种截然不同的行为，应当在立法上确认拘捕犯罪人致害的法律地位。但是，这一提议没有得到立法者的采纳，立法上很长一段时间都认为拘捕犯罪人致害并不能作为一个独立的刑事法制度在法律上予以明确。对这一法律适用上的空白只能采取司法决议的形式进行补充。鉴于此，苏维埃联盟最高法院 1984 年 8 月 16 日在《关于法院适用保障对抗危害社会侵害的必要防卫权的立法决议》中规定：“拘捕犯罪人和押解犯罪人到有关权力机关的行为，应该视为在必要防卫状态中实施的。”其后，苏维埃最高法院全会提出：“对被拘捕人造成损害的行为，只有当这种行为显然与侵害性与危险性不相当时，才负刑事责任。根据具体案情，行为应该定为超过必要防卫限度或者按一般根据进行认定。”② 据此，人民纠察人员和其他公民在履行维护法律秩序的社会义务以及由于制止行为人危害社会的侵害而对其造成的损害，或者在侵害结束以后将侵害人直接押送到有关机关的行为，应当看作是在必要防卫状态中实施的。对于对被抓捕者造成损害的，如果该行为不是抓捕所必需的，并且显然与侵害的性质相当，应当承担刑事责任。③ 这种情况下，应当根据具体情况认定其为必要防卫过限行为，抑或根据一般规则认定为是犯罪。

拘捕犯罪人致害第一次被确认为是排除行为成罪性情节是在 1991 年适用的《苏维埃和各加盟共和国立法纲要》中，但因苏维埃解体，当时这一规定并没有在实践中得以应用。④ 1996 年现行《俄罗斯联邦刑事法典》第 38 条对拘捕犯罪人致害作出了规定：“为将实施犯罪的行为人押送至权力机关，并为制止其实施新罪行的可能性，而在拘捕该人时对其造成侵害的，如果当时不能

---

① 参见：А. В. Наумов. Российское уголовное право. Общая часть. Курс лекций. М.，1997. c: 195 - 196.

② 参见 [俄] Н. Ф. 库兹涅佐娃、И. М. 佳日科娃主编：《俄罗斯刑事法教程（总论）》（上卷·犯罪论），黄道秀译，法律出版社 2002 年版，第 441 页。

③ 参见薛瑞麟：《俄罗斯刑事法研究》，中国政法大学出版社 2000 年版，第 229 页。

④ 参见 [俄] Н. Ф. 库兹涅佐娃、И. М. 佳日科娃主编：《俄罗斯刑事法教程（总论）》（上卷·犯罪论），黄道秀译，法律出版社 2002 年版，第 421 页。

采取其他方法拘捕该犯罪人，且在这种情况下，该拘捕行为也没有超出法律对该种拘捕方法所准许的必要限度，则这种拘捕犯罪人致害行为不应当认定为是犯罪；拘捕行为与被拘捕者犯罪行为的社会危害性性质和程度以及拘捕情况明显不相当，在对被拘捕者造成毫无必要的、明显过当且非情势所致的损害时，应当认定为是拘捕犯罪人超过必要限度。超过必要限度的拘捕行为，只在故意致害的情况下，才应当承担刑事责任。"这样，一方面，该制度为防止因这种损害无根据地追究刑事责任提供了法律上的保障；另一方面，它也为保护犯罪人的法律权利、避免受到可能的私刑和报复提供了法律保障。

（二）理论探讨

在立法上确认拘捕犯罪人致害制度的必要性已经由现实立法予以证明。但是，有关于拘捕犯罪人致害如何认定的问题是俄罗斯学界长久争议的话题。学者们对于确定被拘捕人的身份、拘捕者的身份、拘捕权的产生根据、拘捕时所致损害的合法性根据与合法性范围如何判断、拘捕的法定时间、方式、手段如何认定等问题存在着不同看法。一般来讲，从立法上推断，被拘捕人是犯罪人，是实施犯罪的行为人这一点没有问题，但是已经判刑，或因某种原因没有履行刑罚的人，是否应当属于拘捕对象所说的犯罪人？学者们对此问题持有不同观点。Н. Ф. Кузнецова 教授认为应当包容这一类人员，因为制定该制度的目的并不仅仅是将犯罪人押送审判，其目的也在于预防新的犯罪（尤其是累次或多次犯罪），以及执行法院判处的刑罚，所以这类人员应当包列其中。А. В. Наумов 教授从法律语言的严谨性出发认为应当将该条文中被拘捕人员的身份进行扩张解释，或者在条文下作出附注进行限定，但是，这种观点在学界没有得到赞同；① 有关拘捕者的身份，立法上没有限定，在理论中认为一般是指具有拘捕责任、履行拘捕义务的专业人员。但是，对于一般公民是否具有拘捕犯罪人的义务问题，在立法上找不到明确的指示。学界认为，一般公民享有拘捕犯罪人的权利，其根据在于拘捕犯罪人的行为就法律本质而言是行使权利，而在许多情况下，一般公民制止非法行为并将其押送到权力机关是一种道德义务的行使。而其他司法机关如警局、内务机关或者联邦安全机关的人员实施这种行为就是一种法律义务；② 有学者提出，拘捕犯罪人权利产生于违法者

---

① 参见：Уголовное право. Особенная часть/Под ред. Н · И · Ветрова и Ю. И. Ляпунова. М. , 1998. с – 592.

② 参见［俄］俄罗斯联邦总检察院：《俄罗斯联邦刑事法典释义》（上），黄道秀译，中国政法大学出版社 2000 年版，第 99 页。

实施包括过失犯罪在内的任何犯罪行为之时。反对者则从实践的角度提出："对于一般的轻度犯罪是不应当采取暴力的抓捕行为，在类似的情况下对被拘捕人造成的损害如果大于犯罪所造成的损害是属于超过拘捕犯罪人的必要限度的行为。"其实也在于不可能对一个不持任何犯意而对他人进行诽谤的人进行强制拘捕；① 对于拘捕的时间，学者认为不一定会限制在犯罪实施时或刚刚实施后，根据现行《俄罗斯联邦刑事法典》第 78 条的有关规定，只要在追究刑事责任的时效期间对犯罪人进行拘捕的活动都可以被认为是合法的行为，对于已判刑未服刑的人员，根据该法典第 83 条的规定，在执行有罪判决时效期限届满前进行拘捕合乎法定规则；② 在拘捕犯罪人过程中，拘捕的手段方法是应当受到限制的，在显然与被拘捕者所实施的犯罪性质和社会危害性的程度以及拘捕犯罪时的情况不相当的，对于被拒拘捕者造成了显然过分的，并非情势所致的损害时，应当认定为是拘捕犯罪人过限。拘捕犯罪人过限的行为是应当作为犯罪来处理的。③

这里较难把握的是，何种情形是属于拘捕犯罪人过限的情形？一般来讲，应当具有以下三种情节：犯罪人实施的是轻度犯罪，而对其采取大大超过其犯罪程度的方法进行拘捕，由此对他造成了严重的健康损害，如对一个窃取财物的人造成了严重的身体伤害；拘捕犯罪人时，有可能对他造成较轻的健康伤害，却故意实施能够导致其遭受更大损害的行为，本来在可以对他造成轻度的健康损害就可以拘捕却不必要地故意造成其他更严重的损害（如在拘捕手持木棒进行防御或反抗的犯罪人时使用阻击的方式）；被拘捕人实施的犯罪性质以及案件的其他状况说明没有必要对其造成严重损害的情况下导致犯罪人遭受了严重损害。④ 拘捕犯罪人过限实际上就是拘捕的手段、方法显然与被拘捕人所实施犯罪的性质和社会危害性以及拘捕犯罪人时的情况不相当，对被拘捕者造成了显然过分的，不是情势所致的损害。这里，要求这种过限行为在主观上必须是故意的行为。

一般认为，与必要防卫相同，拘捕犯罪人致害也需要一定的合法性。拘捕行为的合法性与致害结果的合法性。首先，拘捕行为应当具有合法性是指拘捕

---

① 参见：Т. А. Лесниевски – Костарева. Дифференциация уголовной ответственности. М.：НОРМА，2001. с – 37.

② 参见：Курс уголовного права. Том 1. Общая часть. Учение о преступлении – Под ред. Н. Ф. Кузнецовой，И. М. Тяжковой. с – 359.

③ 参见：Общая теория государства и права. Академический курс. с – 597.

④ 参见：［俄］Н. Ф. 库兹涅佐娃、И. М. 佳日科娃主编：《俄罗斯刑事法教程（总论）》（上卷·犯罪论），黄道秀译，法律出版社 2002 年版，第 461 页。

对象是合法的。被拘捕者必须是实施犯罪的行为人，行为人必须是已然实施该行为并且采取手段逃避罪责的追究。① 其次，除被拘捕前自动终止犯罪且未造成危害的行为，拘捕活动一般不计犯罪行为处于何种状态，它可以是既遂犯罪，可以是未遂犯罪，也可以是预备犯罪。但是，如果在犯罪行为没有终止或者正在成为危害社会的行为时则是必要防卫问题。如上所述，如果在拘捕犯罪人过程中针对暴力的犯罪行为，是可以适用必要防卫的。在具体犯罪认定时，可以适用必要防卫的立法规范予以确定。再次，拘捕行为的时限应当是合法的，必须是在犯罪人实施了具体的犯罪行为并在其刑事责任承担的有效期限内；此外，拘捕行为的合法性还表现在采取的手段与方式必须合法。在拘捕过程中，对于犯罪人采用的拘捕手段与方法必须与犯罪人的行为相当。被拘捕者对拘捕没有作出反抗，而是服从拘捕者的要求被押送到权力机关的，就不应当对其适用一些如强制押解、限制自由等强直性的手段。最后，拘捕行为所导致的危害结果应当是合法的。

对于以上问题，理论上认为应当掌握两个根据：

第一个根据在于对犯罪人造成的某种损害应当符合拘捕行为实施的特定目的。根据立法规定，应当是为将犯罪人押解到权力机关或为了制止犯罪人实施新的犯罪。那么，致害结果只能针对于犯罪人，对其人身、权利或者财产造成了一定的损害，这种损害不应当超过法定的限度。

第二个根据要求对犯罪人适用强直性手段与致其所受损害的程度是必要的。如果不这样做就不能完成拘捕并将其押送到权力机关，这一根据也被学者称为"制止犯罪人逃跑的唯一手段"。② 但是，这种强直性手段导致的致害结果与犯罪行为的性质与程度间还是需要有相当性的限制。一般而言，这种相当性以行为的社会危害性程度为标准，社会危害性小，强直性拘捕措施的限度就小，社会危害大，强直性拘捕措施的限度就越宽。

四、急迫救难

急迫救难同必要防卫一样，也是犯罪认定中的一个重要问题，在立法与理论中，是一个较有争议的问题。立法上，明文规定具有急迫救难情节的行为不

---

① 参见：Н. С. Таганцев. Русское уголовное право. Лекции. Часть Общая. В 2 – х т. Т. 1. М., 1994. с – 29.

② 参见［苏］兹德拉沃梅斯洛夫：《俄罗斯刑事法总论》。转引自薛瑞麟：《俄罗斯刑事法研究》，中国政法大学出版社 2000 年版，第 237 页。

认定为是犯罪，从法律角度赋予该情节以合法性，那么承载该情节的行为本身，其罪质亦被消除。理论上，学者们对具有急迫救难情节的行为是否具有合法性、其合法性根据的来源等问题的探讨，往往要在一系列的行为实体特征与法律特征判断之后才会论及。

（一）立法状况

作为法定排除行为成罪性情节之一的"急迫救难"理论①，对犯罪认定具有重要影响，对于犯罪认定基础理论的阐述，不可能不涉及这一重要情节。

同必要防卫制度一样，急迫救难早在 15 世纪时就已经在俄罗斯的刑事立法史中出现。在《一六四九年会典》中，必要防卫与急迫救难被立法明确规定为是免刑规范。② 18 世纪在制定《一七一六年军事条例》时，立法者也对急迫救难做了明文规定。1844 年版的《刑罚与矫正法典》设定了"刑事责任免除理由"制度，其中急迫救难是免除刑事责任的一个条件。后来，在 1903 年制定的《俄罗斯帝国刑事法典》中，急迫救难是以单独的条文形式予以确定，该法典第 46 条："为了拯救本人或他人生命免遭因威胁、不法强制或者其他原因发生的危险而对健康、自由、贞洁或其他人身或财产利益造成的损害行为，如果致害人有足够的理由认为他所造成的损害小于所维护的利益的，不是犯罪。"这一表述中对急迫救难的具体内容进行了概括性说明。从立法上明确，急迫救难情节情况下的损害行为不是犯罪，其后这一制度得以延续下来。直到 1919 年《俄罗斯苏维埃刑事法指导原则》颁布，排除行为成罪性情节全部被取消，该原则对有关过错责任、必要防卫、急迫救难等一些重要的法律制度未作任何涉及。③ 这种立法方式遭到了学者们的激烈抨击，成为当时学界中热议的话题。从该制度的发展历史来看，理论上的讨论为急迫救难再次制度化、立法化奠定了基础。其后不久，在 1922 年《俄罗斯苏维埃社会主义共和国刑事法典》中，急迫救难同必要防卫作为排除行为成罪性制度的重要地位重新在立法上得到确定。

1922 年《俄罗斯苏维埃社会主义共和国刑事法典》中对急迫救难制度的定义是："凡是为了排除在当时情况下不能用其他方法避免的危难，以维护自己或者他人的生命、健康或者其他人的人身的或财产的利益而实施的应受刑事

---

① 最初中国学者将其译为"紧急避难"，其后为"紧急避险防卫"，后来为"紧急避险"，从词汇的文意出发，本书认为其妥当准确的译意应当为"急迫救难"。

② 参见张寿民：《俄罗斯法律发达史》，法律出版社 2000 年版，第 45 页。

③ 参见张寿民：《俄罗斯法律发达史》，法律出版社 2000 年版，第 128 页。

惩罚的行为，如果这种行为造成的损害比所维护的利益要轻，则不应当受到处罚。"俄罗斯学者认为这个表达是较为合理准确的。本书也赞同这一观点，因为它从实质上点明了这种情况下的行为不是没有过错，只不过行为的罪质已经通过引发其危害行为实施目的的那个原因所具有的正当性给予排除或抵销，行为手段不正当，但因理由正当而具有了合法性（这也是其同正当合法行为的本质性区别之一）。但是，还是应当说，这种将急迫救难理解成为"不应受刑事处罚的行为"是不正确的表述，第一，因为在行为罪质的认定上，这种行为虽然符合犯罪的形式判断与实质判断，但引发其危害行为起意的原因是对社会有益的，是不应当作为犯罪予以处理的行为，因此，也不应当论及是否应当受到刑事处罚的问题；第二，急迫救难在这里不能简单地理解为是行为，它只不过是致害行为在特定情况下所具有的一种情节。1926 年的《俄罗斯苏维埃社会主义共和国刑事法典》将急迫救难与必要防卫设定为一个条文中的两款规定。对于此学者们提出的批判是，将两种不同性质的排除行为有罪性情节放到同一个规定中是不妥当的，没有任何根据可以找到二者的一致性。1958 年的《俄罗斯苏维埃社会主义共和国刑事立法纲要》对其进行了重新规定："某种行为虽然符合本法典分则规定的行为要件，但是在紧急避难的情况下所实施的，即为了排除威胁苏维埃国家利益、公共利益、行为人本人或其他公民的人身或权利的危难所实施的，如果这种危难在当时情况下不能用其他方法加以避免，而且所造成的损害轻于所避免的损害，则不应认为是犯罪。"① 在 1996 年现行《俄罗斯联邦刑事法典》中第 39 条，急迫救难成为一个独立的法律制度："在急迫救难的状态下，即在为消除直接威胁行为人或者其他人的人身与权利，以及为消除受法律保护的社会与国家利益遭受危险侵害的状态下，致使刑事法所保护的利益受到损害的，如果此时不能够使用其他方法对这种危险予以排除，并且这种情况下的防卫行为并没有超出法律对急迫救难所准许的限度，则该急迫救难的行为不应当认定为是犯罪；实施急迫救难导致的损害，在与所受威胁的危险性性质与程度，以及消除该种危险性时具有的情势明显不相当的情况下，如果对上述利益造成的损害等同或者大于所要防止的侵害，则应当认定为是急迫救难过限。这种急迫救难过限行为，只在故意致害的情况下，才应当承担刑事责任。"② 可以看到，在 1996 年现行《俄罗斯联邦刑事法典》

---

① 参见 ［俄］俄罗斯联邦总检察院：《俄罗斯联邦刑事法典释义》（上），黄道秀译，中国政法大学出版社 2000 年版，第 206 页。

② 参见：Уголовное право. Общая часть. Учебник∕Отв. ред. И. Я. Козаченко и З. А. Незнамова. М.，1997. с – 135.

中，急迫救难制度在利益分配程序上因适应国家政治体制的变革而及时调整，首先以保护个人利益为主，社会利益为较为重要利益，国家利益则是最后保护利益。取消了"符合犯罪要件的行为"这一惯例性表述，这是因为学者们提出对社会有益的行为根本不会符合犯罪构成的构成要件。那么，在犯罪认定过程中，首先在社会危害性上就对它进行了否定评价，那么也就没有必要在进行犯罪构成特征上的判断。[①]

（二）理论问题

急迫救难，在学理上一般将其定义为是行为人为了防止对本人或他人的合法利益、社会和国家利益构成的现实威胁的危险而对第三人利益造成的损害的情况。其条件是构成威胁的危险不可能用其他的手段排除而且所造成的损害小于所防止的损害。[②] 或者"所谓急迫救难，是指行为人为了排除直接对本人或他人的人身、权利以及合法利益、社会或国家的利益构成现实威胁的危险，不得已而对第三人利益造成较小的没有超过必要限度的损害的行为。"[③] Н. Ф. Кузнецова 教授认为，应当从急迫救难的状况入手归纳其概念的定义。在急迫救难时所发生的状况，是危险正在威胁法律保护的利益，要防止对该利益造成损害，排除威胁它的危险，只能通过对其他也受法律保护的合法利益造成损害才能实现。在这种条件下，如果行为人造成的损害小于所防止的损害，即为急迫救难行为。[④] 学者 П. С. Ромашкин 教授（П. С. 拉曼斯金）对于急迫救难概念的定义是："急迫救难是指行为人为了排除直接威胁本人或他人人身权利以及威胁社会和国家受法律保护的利益的危险，而对第三方利益造成的损害，如果该危险不能用其他手段排除，并且未超过急迫救难限度时的一种状态"。[⑤] 由此可见，对于急迫救难概念的内涵，学界观点也有很大差别。

---

① 参见：Н. С. Таганцев. Русское уголовное право. Лекции. Часть Общая. В 2 – х т. Т. 1. М.，1994. с – 31.

② 参见［俄］Н. Ф. 库兹涅佐娃、И. М. 佳日科娃主编：《俄罗斯刑事法教程（总论）》（上卷·犯罪论），黄道秀译，法律出版社 2002 年版，第 101 页。本段定义较为拗口，作者认为将其译为："行为人为防止对本人或他人的合法利益、社会和国家利益造成现实威胁的危险，从而对第三人利益造成损害的情况。其条件是构成威胁的危险不可能用其他手段予以排除，且所造成的损害要小于所防止的损害。"不失原意，且更为符合语言习惯。

③ 参见赵微：《俄罗斯联邦刑事法》，法律出版社 2003 年版，第 144 页。

④ 参见：Курс уголовного права. Том 1. Общая часть. Учение о преступлении- Под ред. Н. Ф. Кузнецовой，ИМ. Тяжковой. с – 464.

⑤ 参见：Курс советского уголовного права. Т. II ／ Под ред. А. А. Пионтковского，П. С. Ромашкина，В. М. Чхиквадзе. М.，1970. с – 387.

对于急迫救难制度，学者们从不同定义入手进行了学理上的解析与归纳。从性质上说，急迫救难不同于必要防卫，其实质上是在两个必须保护的法益间产生冲突的时候，只有牺牲其中的一个才能保护另一个不受侵害，其行为性质隐含着紧急性、被迫性与救助性。这种急迫救难实际上是基于利益保护冲突而发生的。处于急迫救难状态的行为人，只能迫于现实危害所造成的紧急状态，在两个利益中选择较为重要的一个并自觉地违背一个利益从而拯救另一个利益。行为人如果处于这种状况，应当作出选择，或是放任有威胁的危害发生，或是采取选择保护其中一个利益而侵害另一个利益的方法排除这种危害。那么，这种行为在法律特征上看与犯罪行为并没有什么实质区别。但是，这种行为阻止了更大危害的发生，行为实质上是对社会有益的、合法的，也是符合道德要求的行为，因此就不能被认定为是犯罪。А. В. Наумов 教授认为，急迫救难并不一定就是必须以侵害另一正当利益来换取某一正当利益免受侵害，他提出了一个较为特别的观点，他认为急迫救难可以因两种不同义务间的冲突而产生。例如，在发生重大灾害事件中，面对不同的灾害状况，负有救险义务的人员为了减少损害结果只能选择其中的一个进行抢救而放弃对其他正在发生的灾害进行抢救。[①] Н. Ф. Кузнецова 教授也支持这种观点，她举出例证，如果两个病人同时急需请一位医生，这时医生必须首先去看病重的一位，这对于被排在第二位贻误治疗的病人来讲就是一种急迫救难行为。[②]

在对急迫救难的危险状况进行判断时，应当考虑是否存在对法律保护的利益具有威胁的危险。基本上包括三个方面的因素：第一，危险的来源。危险的来源可以是任何形式的。人的社会危害性行为（有过错、无过错的）与自身生理或病理（疾病、饥饿、情感需要等）导致、自然灾害（水灾、火灾、冰雹、飓风等）或者外力的侵害（动物伤害、器物伤害或者高危致险源等）都可以成为危险的来源。第二，要求要存在着威胁到法律保护利益的危险是现实存在的。В. С. Комиссаров 教授提出，从刑事法典条文规定可以得出结论："急迫救难行为针对的应当是正在发生的危险，即直接威胁到法律保护利益的危险，对于这种危险的防止应当立即作为反映。"危险的现实存在意味着它已经发生，正在延续，而且尚未消失。它意味着危险的真实性，是一种实际的社

① 参见：А. В. Наумов. Уголовное право. Общая часть. Курс лекций. М. , 1996. с－147；Российское уголовное право. Общая часть. Учебник/Под ред. В. Н. Кудрявцева и А. В. Наумова. М. , 1997. с：91－92.
② 参见〔俄〕Н. Ф. 库兹涅佐娃、И. М. 佳日科娃主编：《俄罗斯刑事法教程（总论）》（上卷·犯罪论），黄道秀译，法律出版社 2002 年版，第 464 页。

会现象而不是人的思想杜撰,① 也意味着已经过去的危险与未来有可能发生的危险不构成急迫救难非罪处理的条件。第三,消除危险来源的措施唯一。即威胁着受法律保护的利益的危险在该情况下不能用其他方法判处,除非对同样受法律保护的利益造成损害。只有当更大的损害在该条件下不能用其他手段排除的,对受法律保护的利益造成较小损害才是正确的。② 也就是说,除了通过对其他法益造成损害的方法外,采取其他任何措施都不能消除这种危险而保全较大利益,而且这种导致其他法益受到损害的措施是保全较大利益唯一的,且也是最后的方法。如果行为人在此之外还能够选择其他措施消除危险,就不应当被认定为是急迫救难排除行为成罪性情节。

于此,通认观点是认为急迫救难中排除危险的行为应当是具有合法性的行为。这就要求:第一,急迫救难实行的目的具有正当性,保护的是个人、社会和国家的利益。急迫救难目的的正当性可以表现为保护任何受法律保护的利益(个人利益、他人利益或者社会利益与国家利益),如果为了达到某种不正当目的而人为地制造某种借口,创造急迫救难条件的,应当认定为是故意制造危险,在行为符合法律特征的情况下,对在排除危险过程中故意实施的,对受法律保护的利益造成损害的行为承当相应的责任。第二,急迫救难时不是对造成危险的人,而是对第三人造成的损害。第三人是指与危险发生无关的自然人、法人、国家或者非法人团体。也就是说,在急迫救难中,损害行为指向的是与导致发生紧急危险状况的危险没有任何关系的其他人。第三,急迫救难应当具有及时性,在时间上它应当与构成威胁的危险处在同一个时间段内。第四,急迫救难行为不应当过当,不应当超过必要的限度。③ 这一点主要针对于1996年《俄罗斯联邦刑事法典》第39条第2款"急迫救难过当"规定,指的是在急迫救难状态下实施的救难行为所造成的损害应该小于所要防止的损害。如果造成等于或者大于可能发生的损害都不能以急迫救难作为排除行为成罪性情节处理。同时,不应以损害相等利益为代价而挽救另一个利益。对于具体的损害比较,则不能由立法来加以确定。法律上只是规定救难造成的损害只要小于危险的损害就可以,在司法实践中需要实务人员根据具体的案件情况进行判断解决。П. С. Ромашкин 教授认为,评价两种损害的大小应当以客观的标准为依

① 参见:А. В. Наумов. Указ. соч. с－147. См. также:Российское уголовное право. Общая часть. Уче-бник/Под ред. В. Н. Кудрявцева и А. В. Наумова. с－92.

② 参见［俄］Н. Ф. 库兹涅佐娃、И. М. 佳日科娃主编:《俄罗斯刑事法教程(总论)》(上卷·犯罪论),黄道秀译,法律出版社2002年版,第467页。

③ 参见:В. С. Комиссаров. Российское уголовное право. Общая часть. Особенная часть. Совместно с кафедрой уголовного права МГЮА. М.,изд－во " Проспект" .2001. с－189.

据，同时考虑主观标准，但是，起决定作用的应当是客观标准。

　　Н. Ф. Кузнецова 教授还认为，在急迫救难中其合法性可以由一个主观标准决定：如果致害人有足够的理由认为强制或损害不如所防止的损害重要，这就是急迫救难。此外，在俄罗斯学界对于急迫救难问题还存在着对"实现的急迫救难"与"失败的急迫救难"的探讨。前者是已经完成的救难行为，法律上是不作为犯罪来加以认定的，后一种是指实施目的在于对法律所保护的利益正在遭受侵害时进行救助，但在实施过程中没有成功而造成损害，尽管行为人努力防止损害结果发生，但是没有取得成功。多数俄罗斯学者认为，这种情况下，行为人不应当对违背其主观的意愿、客观上也成努力制止的行为结果承担责任。但是，反对者则是认为这种情况不能认定为是急迫救难排除行为成罪性情节。因为，在这种情况下，两种法益都遭到了侵害。① 因此，根据犯罪认定实质性判断与形式性判断都可入罪，且不具任何可以排除行为罪质的情节，只有作为犯罪来处理。

五、其他排除行为成罪性情节

　　法定的排除行为成罪性情节因其具有特殊的行为特性，在关涉犯罪认定基础理论的研究中，一直受到学者关注。除"必要防卫"、"拘捕犯罪人致害"、"急迫救难"问题外，"身体强制或心理强制"、"理由充分的风险"与"执行命令或指令"等排除行为成罪性情节问题，也是俄罗斯学界学者探讨犯罪认定时必然涉及的几个问题。

（一）身体或心理强制

1. 历史发展状况

　　"身体或心理强制"作为排除行为成罪性情节在俄罗斯刑事立法中出现的时间是在 19 世纪左右。但是，它在俄罗斯法律发展史中具有较为长远的来历。据《俄罗斯思想史·卷一》记载，在公元 10 世纪左右，在基辅罗斯的法律汇编中就有关于被迫行为减免处罚的规定。这时的身体强制不仅仅是指人的行为，而且也包括自然力、人体内的生物学过程，动物的作用等。② 1845 年的《刑罚与感化法典》在"意外行为裁断规则"中规定："身体受到强制实施这

---

　　① 参见：Уголовное право. Общая часть. М. : Мос. ин－т МВД России. М. , 1997. с－157.
　　② 参见：Н. С. Таганцев. Русское уголовное право：Часть общая. Лекции 2－е изд. , пересмотр. и доп. Т. 2. с－244.

种行为的，不负刑事责任。在心理受到强制的情况下，致人损害的责任问题则取决于被害人和致害人的利益。"其后，在《俄罗斯苏维埃社会主义刑事法典》第 38 条第 3 款中，它是作为减轻刑事责任一般规定中的一个条件："由于受到威胁、强制而实施犯罪的……"这种表述相当泛泛，需要在司法实务中依靠基本的刑事法理论进行断定。这一规定当时受到 Н. С. Таганцев 教授等学者的关注，并引发了学界探讨。一般认为，身体受到强制而实施犯罪的事实应该视为免除刑事责任的情节，而心理受到强制的事实则需要对案情，包括对客体的重要性以及威胁的严重程度和现实性进行补充研究。对于立法上的建议则是将其按照急迫救难合法性的条件进行认定，[①] 但当时这一提议并没有被采纳。其后制定的《俄罗斯模拟刑事法典》第 53 条将其归纳为："由于身体或心理受到强制而实施行为的责任"、"身体或心理受到强制是指对被强制人或其近亲属的人进行殴打、折磨、身体伤害或其他身体暴力，以及杀死、造成身体伤害、毁灭财产或造成其他损害或威胁"。这时，对于身体心理受到强制时造成损害予以合法化的条件没有明确说明。学者们的有关探讨则在于身体或心理上的强制虽然没有完全剥夺被强制人选择行为的自由，但它是在紧急状态中而为的，也不应当一律追究刑事责任。因此提议在立法上将二者加以区分，并将身体强制与心理强制作为单独的排除行为成罪性情节独立规定。1996 年现行《俄罗斯联邦刑事法典》采纳了学者建议，在法典第 40 条"排除行为成罪性情节"中单独规定："行为人，如果因身体受到强制的原因而不能够控制自身行为（或不作为），从而导致刑事法所保护的利益遭受侵害的，不应当认定为是犯罪；关于受心理强制而导致刑事法所保护的利益遭受侵害，以及在身体强制的情况下，该行为人仍具有支配自身行为的可能性，从而导致刑事法所保护的利益遭受侵害时的刑事责任承担问题，应当参照本法典第 39 条规定予以裁决。"那么就是说，身体强制与心理强制虽然是规定在一个条文中，但是在认定时应当视为是两个不同的情节。

2. 基本问题的理论探讨

既然确定身体强制与心理强制是两个不同情节，那么这里就产生了一些问题，强制在不同情节下究竟体现为何种形式？身体的与心理的强制有什么差别？对于此，理论上进行了不同的解析。

学者们一般将强制定义为"是指使一个人可能失去按照自己的意志行动

---

① 参见［俄］俄罗斯联邦总检察院：《俄罗斯联邦刑事法典释义》（上），黄道秀译，中国政法大学出版社 2000 年版，第 471 页。

并对其身体不受侵犯的权利或自由造成限制与影响"。① 但是，也有认为"是指直接对人施加的一种不可抗拒的不利影响以达到改变其行为的举动"。强制的目的在于要迫使被害人按照一定的方式去实施一定行为。可以是作为，也可以是不作为。然而，B. C. Комиссаров 教授认为这两种解释都没有将强制本身所具有的强迫他人违反自身意愿的属性表达出来，他的"强制"定义是："对他人采取非法的身体或者心理影响方法强迫他人对受到法律保护的利益造成损害"。② 这种强制可以表现为对他人身体的殴打、伤害、侵犯以及非法剥夺自由等，对人的身体施加强迫的影响使其顺从于强制者的意愿，从而实施某种侵害法律保护利益的行为。也可以表现为针对他人的生命与身体健康、安全、荣誉人格等方面进行威胁，从而在心理上产生一定的影响，也包括通过各种手段威胁他人意志以达到间接影响他人心理（如使用语言、手势、催眠、精神致幻物或者是噪声干扰），使其在这种影响下不得不实施影响者强迫其实施的行为，而此时，被强制者身体上是自由的，且在意志上也能自由地控制自己的身体。

有关强制的探讨，在理论中存在着以下的主要观点。根据行为人对自己行为控制能力的不同，Л. Л. Кругликов 教授（Л. Л. 克鲁格利可夫）认为，应当将强制在程度上划分为"可支配的身体强制情节"与"绝对的身体强制情节"。第一种情况下，行为人的身体处于相对的强制状态，没有完全丧失按照自己的意志进行活动的可能性，能够对自己的行为作出一定的选择。这种情况下，其所导致的损害应当是按照急迫救难的规则进行处罚的。后一种情况是指行为人完全没有能力支配自己的行为，完全丧失了按照自己意志进行活动的可能性；在这种情况下，行为人的行为不应当被认定为是犯罪。③ Н. Ф. Кузнецова 教授在其《俄罗斯刑事法教程》中曾经提到，有文献尝试制定在被强制人完全失去控制自己行为可能性的状况下的身体强制标准：（1）强制性限制被强制人的身体功能；（2）强制正在发生；（3）强制是真实的；（4）强制的不可抗拒性。④ 其所指的不可抗力是指一个人所处的条件使之完全丧失控

① 参见：Курс уголовного права. Том 1. Общая часть. Учение о преступлении-Под ред. Н. Ф. Кузнецовой, И. М. Тяжковой. c –280.

② 参见：А. В. Наумов. Российское уголовное право. Общая часть. Курс лекций. -М.：Издательство БЕК，1996. c –35.

③ 参见：Уголовное право России：Часть Общая：Учеб. для вузов ／ Отв. ред. Л. Л. Кругликов. М.：Волтерс Клувер，2005. c –567.

④ 参见［俄］Н. Ф. 库兹涅佐娃、И. М. 佳日科娃主编：《俄罗斯刑事法教程（总论）》（上卷·犯罪论），黄道秀译，法律出版社 2002 年版，第 473 页。

制自己行为的可能性。这样，在身体受到强制时不能控制自己行为，是无条件承认行为不是犯罪的依据，因为这种犯罪是被强迫的行为。而俄罗斯社会科学院 Д. С. Александрина 研究员（Д. С. 亚历山大琳娜）则认为，对于这个标准的不同探讨并没有多大的现实意义。因为，行为人虽然行为受到了强制，但是，也存在着在一定程度上仍然有可能控制自己的行为，实现自己意志的情况，那么这种情况就应当承担责任。①

对于身体强制或心理强制责任承担的问题，学者们较为统一的观点是认为，如果行为人因为身体受到强制而不能控制自己的行为，并且因此对法律保护的利益造成了一定的侵害，一般按照排除刑事责任能力的不可抗力规则来处理。这是因为，在犯罪认定中要考虑到他的行为是在排除行为动机与过错的不可抗力下实施的。在身体受到强制后，行为人仍有可能控制自己的行为，这样则应当按照急迫救难的规则对其造成损害的责任进行法律追究。在具备以下两个方面的情况下：造成的损害应该小于所防止的损害，以及在身体强制时所造成的损害是避免造成更大损害的唯一可能性的条件，对受到法律保护的利益造成损害的，可以作为刑事责任免除事由；在超过限度的情况下，则会作为减轻刑事责任的情节进行裁定。

（二）理由充分的风险

1. 基本发展状况

"理由充分的风险"② 作为排除行为成罪性情节出现在俄罗斯立法史上的时间并不长，以往立法文件中并没有独立规定过有关理由充分的风险排除成罪化的问题，往往将其作为急迫救难中的一种情况。苏维埃初期之前的立法也没有条款规定过理由充分的风险是行为具有合法性的判断根据，有关在理由充分风险条件下导致危害是否正当的问题，对其探讨一般也是援引急迫救难免除刑事责任的规定解决。1926 年在《关于工人和职员给雇主造成损失的财产责任的决议》中，规定了不得将正常的生产——经济风险所致的财产损失责任转嫁给工人。③ 但是，这并不等于说是理由充分的风险制度据此得以立法化。随着苏维埃社会主义社会制度的建设发展，学者们对于理由充分的风险立法化问题予以了一定的关注。多数学者认为，合法的职业风险或生产风险是属于排除

---

① 参见：Панарин. Сергей. 载 http://zhurnal. lib. ru/p/panarin_s_w/on1. shtml，访问日期：2008 年 4 月 20 日。

② 也被理解为是"理由正当的风险"。

③ 参见薛瑞麟：《俄罗斯刑事法研究》，中国政法大学出版社 2000 年版，第 243 页。

刑事责任的一种情况,并建议将其载入刑事立法当中。理由充分的风险作为法律制度在俄罗斯立法史上第一次出现的时间是 1991 年制定《苏维埃和各加盟共和国刑事立法纲要》时期,其中将理由充分的风险作为一个免除罪质的情况加以规定,当时称作"正当的职业风险与经济风险",即"某种行为虽然符合刑事法律所规定的行为要件,但是它是为了达到公益目的而实施的正当的职业和经济风险,不应当认为是犯罪"。① 1996 年现行《俄罗斯联邦刑事法典》第 41 条"理由充分的风险"对该条进行了大幅修订,现规定为:"以实现社会性利益为目的,在具有充分理由的风险情况下,对刑事法所保护的利益造成侵害的,不应当认定为是犯罪;如果不实施具有风险性的行为(或不作为),上述目的的难以实现,且风险性行为实施者为防止刑事法所保护的利益免遭侵害已采取了充分预防措施的,应当认定为是理由充分的风险;如果风险行为明显会对多数人的生命构成危险,明显会导致生态状况急剧恶化或社会性灾难的,不应当认定为是理由充分的风险。"该条文第 1 款对理由充分的风险做了一般性规定,确定理由充分的风险是为了达到用普通的、无风险的手段无法达到的对社会有益的结果而合法地对受到法律保护地利益造成可能的危险,确定了理由充分的风险在什么情况下能够排除行为的成罪性质。第 2 款则从理由充分的风险是否会导致重大危害结果为根据对理由充分的风险做了定义。

2. 理论上的探讨

立法上对理由充分的风险没有规定具体的风险种类,理论上将理由充分的风险划分为几个类别。学者们认为,因为没有作出明确限定,立法上理由充分的风险可以是多种形式的,也可能是任何领域的。生产的、科学技术的、医疗卫生的、公职人员的、司法机关的等,甚至在人们的日常生活中发生极端情势下都有可能产生。不同领域的风险具有不同的性质。一般来讲,涉及犯罪认定时需要评价的风险有以下几个类别:"生产风险",是指通过将受法律保护的利益置于危险之中而力求达到对社会有益的目的或者防止生产活动中的有害结果;"经济风险",是指通过将受法律保护的物质利益置于危险之后而力求取得经济利益;"商业风险",是指利用银行、股票交易、投资或其他种类的经营活动中的市场行情而力求取得利益;"科学技术风险"是指力求实际应用新的方法和研究、研制成果;"组织管理的风险",即力求向新的管理体制过渡,这就可能导致未能预见的后果,以及其他一些行业、职业内的风险行为,等等。有关于理由充分的风险类别会因为社会发展的不同状况而在不同时期显现为不同形式。风险行为可能是多种多样的,但是只有正当、具有充分理由的风

---

① 参见薛瑞麟:《俄罗斯刑事法研究》,中国政法大学出版社 2000 年版,第 243 页。

险才是排除行为成罪化的情节。

　　一般来讲，这些法律规定的理由有充分的风险行为，大多都具备所应具备的合法性条件——与伴随可能产生危险的实行行为有关的标准和与这种行为构成的危险性质有关的标准。俄罗斯学者认为这些标准应当包括两个大类：第一类标准是，为达到有益社会的目的；出于对社会有益的目的而实施这种行业的必要性；行为人的预见只是对受法律保护的利益造成损害的可能性，而不是其必然性；事先采取了足够措施防止对受到法律保护的利益造成损害。第二类标准则是，发生损害的概率与不允许构成对众多人生命的威胁和造成生态浩劫或社会灾难的威胁。[①] 也有学者借此提出，将预见发生损害的可能性和损害发生具有一定可能性的条件补充进去。但是，有关这些标准的设定在一些学者那里，如 Н. Ф. Кузнецова 教授等人认为，完全没有必要。第一类的条件指的是故意与过失，故意是指预见到了损害的必然性，而过失则是犯罪的主观方面。再者，理由充分的风险本身是排除行为有罪性的情节。而第二个标准造成损害的概率是不言而喻的（正如必要防卫造成损害的可能性一样），立法者之所以明确规定理由充分的风险要件的目的就在于此。有关于此，从另一角度探讨理由充分风险的成立条件则较为合理：第一，理由充分的风险在目的上是合法的，从事风险的人不仅仅是为了给自己带来益处，也应当考虑到给社会和他人带来益处；第二，实现预定目的的手段具有唯一性，不采用风险的手段就不能达到预定目的；第三，风险从事者应当对可能发生的危害作了足够的预防措施，这种足够性同对可能发生危害结果做事先比较的问题紧密相关的；第四，风险不应显然伴随对众多人生命的威胁和生态灾难或社会灾难的威胁。风险本身伴随着损害的威胁，但是法律限定它不应当明显伴随着重大威胁。

　　对于风险所致的过错如何认定，俄罗斯学者有不同看法。有的学者认为，这种情况下对于行为人的过错形式应当是过失的，因为在风险发生的情况下，行为人不可能对结果发生持放任态度，他决定采纳风险行为是为了消除损害威胁。反对者则认为在理由充分的风险下，行为人的过错应当表现为轻率与间接故意，因为行为人并不是对风险所致的结果一点预见的能力也没有，能够预见而没有在意或者放任这种危害结果发生，或者稍加注意就应当能够避免该结果的发生。

---

　　① 参见：Курс уголовного права. Том 1. Общая часть. Учение о преступлении － Под ред. Н. Ф. Кузнецовой, И. М. Тяжковой. с － 479.

（三）执行命令或指令

1. 基本的发展状况

从立法上讲，将执行命令或指令作为排除行为成罪性情节规定在刑事法典中的第一个国家是俄罗斯。1996 年现行《俄罗斯联邦刑事法典》第 42 条第 1 款明确规定："行为人，在实施必须执行的命令或指令时，导致刑事法所保护的利益遭受侵害的，不应当认定为是犯罪。该致害行为的刑事责任应当由下达非法指令或者命令的人员予以承担。"[①] 根据这一条款的规定，判断执行命令或指令的行为是否构成犯罪需要具备以下条件：

要求执行的命令与指令具有强制性。命令与指令不合法，但是对于执行人来讲又必须执行。一般来讲这种强制性在法律上都有着确切规定。例如：对于现役军人，在《俄罗斯联邦兵役条例》、《俄罗斯联邦军人地位法》以及其他有关军事条例的法律与规章予以确定。对于国家公职人员，则由《俄罗斯联邦国家公职基本法》进行基本的限制。但是，对于军人与一般公民在执行命令与指令的强制性限定上，还是存在一定差别的。在《独联体示范刑事法典》第 55 条中曾经规定："行为人为执行对他具有强制力的命令或指令而造成危害社会后果的，不是犯罪。但执行显然非法的或者犯罪性质的命令或指令的情形除外"，该条第 2 款："军人对造成危害社会后果的，其责任依《苏维埃联盟武装力量纪律章程》规定处理"。[②]

立法原意是对一些特殊职业活动正当性的保护，这一点从对军人与司法人员接受命令与指令履行职责与义务的行为上可以看出。因此，"执行命令是军人的天职"。但是较有意思的是，根据立法规定，执行人不执行强制性命令与指令并不会因此受到刑事责任追究。现行《俄罗斯联邦刑事法典》第 42 条第 2 款做了特别规定："……对明显为非法的指令或者命令不予执行的行为人，不予追究刑事责任。"这里需要注意的是，立法的限定为是"明显为非法的指令或命令"。由此而给司法自由裁量留下了较大的环转空间。

2. 学界的理论探讨

任何问题，在理论界中永远难以求得同一。对于将执行命令与指令作为排除行为成罪化情节在立法上予以确定问题，俄罗斯学界也是存在争议的。有学

---

① 参见：Комментарий к Уголовному кодексу Российской Федерации. 2-е изд. К. В. Питулько. В. В. Коряковцев-е. издание, 2005 год. с – 254.

② 参见：Комментарий к Уголовному Кодексу. РФ. Постатейный. Издательство: ВолтерсКлувер. Автор：Кругликов · Л · Л. Год издания：2005. с – 67.

者认为在立法中规定这一制度具有极大意义。这一点源自对第二次世界大战之后，在审判纳粹分子的过程中产生的一些有关执行军事命令与指令而导致严重危害问题，在法律上没有任何依据可以认定的这一现实状况有感而发的。行为人往往会以在军事活动中执行命令或指令作为开脱罪责的理由，有关于此的探讨也在俄罗斯学者间延续了很长时间。最后结论认为，基于国内犯罪，如果命令是合法的，而其执行是强制的，则排除损害行为所造成的危害责任。而如果命令的性质属于犯罪，则发出命令的人以及命令的执行者均应当承担责任。这种观点受到很多学者的质疑。反对意见方的理由在于，执行命令不能够被认定为是排除行为危害性的情节，因为这种情况下造成的损害对社会是有益的，而这一点恰恰是其他排除行为成罪性情节的特征。而且，执行上方的命令也不具有独立的刑事意义。如果命令是合法的，并且对他的执行没有导致现实的损害，执行命令的行为仅从形式上与违法行为相似，不会发生责任的问题。如果命令是非法的，对它的执行导致法律保护的利益遭到损害，那么下级是否必须执行这一命令的问题应由国家法与行政法规范加以解决。学者有提议对于执行命令造成损害的，依据急迫救难规则或者从主观方面的角度进行处理。从当前立法规定来看，明显是倾向于第一种观点。

在如何判断命令与指令的非法性与合法性上争议很多。一般认为，对于下达命令或指令的非法性判断，可以确定在何种情况下执行该命令或指令是导致刑事法所保护的利益遭受侵害，因此而具有社会危害性而应承担刑事责任的行为。其合法性之一在于，命令与指令是执行者必须执行且执行人对于命令与指令没有产生具有非法性的认知；之二则在于，执行行为只限于命令与指令限定的范围，没有超出范围之外的故意犯罪。下达的命令与指令合法，因此导致的损害不需要承担刑事责任。而强制要求执行的命令与指令直接指向于犯罪行为，则相应损害后果的刑事责任需要由下达该指令与命令的人承担，执行人因命令的强制性而必须执行命令与指令，因此导致的危害行为一般不负法律责任。但是，如果执行人对于命令与指令的非法性具有清楚的认知且没有因此拒绝执行，刑事责任就失去了免除的条件。这是因为，命令与指令的下达者与执行者对于命令与指令的非法性都有着明确的认知。认定的关键在于对命令与指令非法性的"明知"与"故意"。但是，因执行非法命令或指令而实施过失犯罪的，则不在刑事责任承担之列。

第五章　对中国犯罪构成理论①的反思与探讨

　　从以上论述来看，俄罗斯的犯罪认定基础理论，一般情况下，是以实质性特征与形式性特征作为认定行为是否成罪的基础判断根据。特殊情况则适用排除行为成罪性情节理论予以辅证。这种一般认定与特殊认定根据相辅相成的判断方式，从辩证唯物主义认识论角度来看，完全符合认识事物一般性与特殊性的思维逻辑，是研究犯罪的基本辨思途径。而且，一般的也好、特殊的也好，在本理论体系内，两者并无任何实质冲突，反倒需要互相配合支撑。理论研究既关注到内在本质，也关注于外部形态。这一点是我们了解、辨析、引鉴俄罗斯，甚至是其他法系相关理论，厘清、反思、构架中国本土理论的必要前提。鉴于社会生活的纷繁复杂，犯罪行为千变万化，我们的研究更是为现实立法与司法实践奠定巩固的理论基础。犯罪认定的理论探讨、现实立法及司法实践大不相同，立法与司法必须以明确规定的法律特征作为行为是否符合犯罪的判断依据，不会以实质性特征判断直接进入犯罪认定实践。在具有法律规定的特殊情节时（如具有排除行为成罪性的情节），如果形式与实质的判断根据，或者说法律与本质的认定基础不能解释为什么行为不作为犯罪来处理，则通过排除行为成罪性情节理论进行否定判断，通过对比验证对行为成罪性质进行评价，从符合性上看，得以肯定的行为就是犯罪，受到否定的行为则会排除在犯罪之外。这种犯罪认定模式保障了法律能对社会纷繁复杂的各种行为进行判断评价，能够准确认定行为的事实及其性质，从理论根据的角度为司法实践活动提供了可靠的指导，对法律运行安全与稳定具有极大的规制与保障作用。

　　本书认为，俄罗斯的犯罪认定基础理论模式在构造与设置上比较合理，对行为人的行为从社会实质特征与法律形式特征两方面的评价完全符合马克思经

---

　　①　前引已经说明，为便于厘清中国学术界对于该理论称谓的不同表述方式，对于公认的通说观点，一概称之为"四要件犯罪构成理论"，对于部分学者具有独特观点的表述，遵从学者原意。同时，为概括区分中国理论同俄罗斯及其他国家相同理论的不同表述方式，一律称为"中国犯罪构成理论"，这里的犯罪构成理论具有概括意义，泛指中国的，而不是俄罗斯或其他国家的。

典作家对客观事物整体性认知的描述，① 既关注于犯罪的实质性，也注重形式上犯罪所应当具有的法律特征。这是对俄罗斯当代刑事法治追求的法制、平等、公平公正、人道主义与罪责自负等价值目标的最好体现。② 这种整体认定犯罪的理论模式，目前已受到一些国家刑事法学者的关注，德国学者与美国学者都曾尝试过借鉴这种模式构建本国的犯罪论体系。且不论这种借鉴的实际效果还有待于时间的考验，以目前发展形势来看，无论是中国，还是俄罗斯，各自作为世界强势中的一极，对于原本体制与自身相似的对方在国家刑事法制的建设与发展、刑事法理论的研究热点与焦点问题上予以必要关注，也是促进本国刑事法治建设与刑事法理论繁荣所应完成的工作，更遑论中国四要件犯罪构成理论与俄罗斯犯罪构成理论及犯罪认定及其基础理论间还有着天然的连带。而且，研究与探讨俄罗斯犯罪认定及其基础理论的问题，对于中国相应理论的研究也必然具有重要的借鉴意义。这也正是本书考察目的所在。那么，从本国四要件犯罪构成理论研究状况反向思考俄罗斯犯罪认定基础理论所能带来哪些启示，从而进一步借此完善现行理论并为其后构建具有中国自身特色犯罪认定基础理论体系奠定前期的理论根据，也是本书研究所应承载的任务。

需要说明的是，为便于理解，本书这里所提的中国犯罪构成理论体系、中国四要件犯罪构成理论体系同俄罗斯犯罪认定基础理论体系、英美犯罪构成双层模式理论体系、德日递进式犯罪成立理论体系等指向的都是同一种理论体系，虽然表述的方式与名称不同，但都是判断行为是否为罪应当具有何种根据

---

① 俄罗斯老一代学者非常关注将马列主义的哲学思想运用到法律研究当中。对于犯罪认定基础根据问题，学者们在马列主义经典思想中找到了最有利的理论来源。马克思主义经典作家把物质世界、人类社会以及客观存在的事物当作整体来研究。在《关于费尔巴哈的提纲》中，马克思揭示了新世界观的根本特征之一就是整体性——强调从革命实践来把握"环境的改变和人的活动或自我改变的一致"，强调人的本质"是一切社会关系的总和"。在创立历史唯物主义时，二者强调要始终站在现实历史的基础上"完整地描述事物"，主张把社会看作一个结构性整体：特定的经济结构（生产方式）、政治上层建筑、社会意识形式。在马克思看来，一切现实的事物都是一个具有多方面内容的整体，这个整体的每个部分都内在地相互联系，通过相互作用使部分成为整体的一个部分、一个环节；在认识过程中，首先要认识这些部分和环节，进而揭示出它们的内在联系，弄清这些部分和环节在整体中的地位和作用；因此，对事物的认识必须经历两个方向相反的过程：首先从表象中的具体深入到内部的联系；其次按照内部的有序联系再逐渐上升到表面的规定；最后达到从整体上把握整个对象。

② 参见：В. Н. Кудрявцева и А. В. Наумова. Учебник уголовного права. Общая часть. Москва, 1996. c：67－71.

和条件的理论。① 在组成成分上或者说所谓的要件或要素，几种理论没有太多不同，不同之处在于对犯罪行为认定的一般规则与特殊规则所采取的思维判断方式与模式、判断对象的事实评价与价值评价各有不同的侧重。② 再次重申，

---

① 中国学者认为，当前存在"三种有影响的犯罪构成理论体系：一种是大陆法系国家的递进式犯罪构成体系，其构成要件为该当性、违法性和有责性。另一种是英美法系国家双层次的犯罪构成体系：一是本体要件，包括犯罪意图和犯罪行为；二是抗辩事由，包括胁迫、防卫、警察圈套、未成年等要素。第三种就是苏联和中国耦合式的犯罪构成体系，由犯罪主体、客体、主观方面和客观方面四个要件组合而成。在我们国家，长期占主导地位的是苏联的犯罪构成理论，其优点是通俗易懂，比较容易掌握。"在中国学者看来，四要件犯罪构成理论体系对于犯罪的认定毫无疑问是有帮助的，但是，晚近时期，因为德日与英美刑事法理论的逐渐引进，反思四要件犯罪构成理论的学者不断增多，提出了不少批评，认为四要件犯罪构成理论："主要问题是它是一种平面式的封闭结构，四个要件之间并非截然可分，而是存在依存关系，它对简单犯罪的认定不存在问题，但要解决疑难复杂案件就会存在问题。更为主要的是，它没有反映定罪的思维逻辑过程，在这点上与大陆法系国家的三要件理论有很大差距。三要件理论是递进式的逻辑结构，先是构成要件该当性，解决事实上是否具备构成要件行为和故意或过失的问题，在此基础上，进一步进行法律上的评价，解决违法性问题，考察是否具有违法性阻却事由，如果有违法性阻却事由，那么定罪活动就会中止，行为就会排除在犯罪之外，如果没有违法性阻却事由，就意味着行为具有违法性，进而考察行为人的责任，如果没有责任，犯罪仍然不能成立，只有三个要件都具备了犯罪才能成立。它是层层递进的、开放式的，为被告人辩护提供了余地，反映了定罪的逻辑思维过程，是动态的。在三要件理论中三个要件的关系分得比较清晰，它们互相独立，从不同层次、不同角度来进行判断。而我们四要件理论是平面的，互相之间是依附的，没有反映认定犯罪的逻辑思维过程，是静态的，不是动态的，在实践中逐渐暴露出了它的缺陷。"由此引发的是对四要件犯罪构成理论如何改造、改进的问题。很多学者主张用新的犯罪构成理论进行替代。但对替代方案有不同看法，此前大部分方案还是在对四要件理论进行修修补补的基础上提出的，比如有的主张把客体取消，有的主张把主体取消，或者把一个要件分成两个要件、把两个要件合成一个要件等。现在随着大陆法系的三要件理论体系逐渐被介绍到中国，越来越多的学者主张用大陆法系的三要件理论体系来替代中国现行的四要件理论。参见：李章明《犯罪构成理论研究综述》，转引自 http://www.sldls.com/admin/edit/UploadFile/20098617657622.doc，访问日期：2011 年 12 月 1 日。

② 这里尚要区分大陆法系犯罪成立理论中所谓的构成要件同我国四要件犯罪构成理论中所谓的犯罪构成有何不同？第一，两者在含义上具有明显区别。中国四要件犯罪构成理论将大陆法系犯罪成立理论中的三个组成部分（要素）全部包容进来。根据四要件犯罪构成，行为只有在四个要件全部齐备的情况下才能属于犯罪行为。而大陆法系犯罪成立理论中的构成要件，仅仅是犯罪得以构成的一个条件，是作为犯罪类型的该罪在客观要件和主观方面（仅指主观心态）的要件。据此，未满 14 岁的未成年人故意杀人，同样符合故意杀人罪构成要件，能够满足第一要素对"构成要件该当性"这一要件的要求。第二，犯罪成立理论将排除违法性的行为（一般也称为阻却违法的事由）包含在理论体系内，在对"构成要件该当性"加以判断，认定其符合之后，进行第二步"违法性"的判断。而中国的四要件犯罪构成理论则将排除违法性的行为放在自身的理论体系之外，单独命名为"排除犯罪性的行为"。第三，从行为的判断方式上看，中国四要件犯罪构成理论体系并没有特别明显的层次与结构。没有采用逻辑性较强的逐步判断方式，也没有明确将构成要件区分为客观违法要件和主观有责要件。但是，无论是哪一种理论，中国四要件犯罪构成理论也好，大陆法系犯罪成立或犯罪构成理论也好，还是欧美与俄罗斯的理论也好，其本质并没有什么不同，在判断犯罪的功能上也是一致的。只要行为构成犯罪，就必须符合犯罪对主客观方面要件的要求：第一，行为必须违法；第二，行为人应当具有责任。

本书所提的俄罗斯犯罪构成理论是其犯罪认定基础理论其下的一个形式性（法律性）特征判断基础，同中国现在所谓的四要件构成理论虽然结构组成与称谓表述大体相同，但具体职能与部分内容不同，望勿混淆。

一、中国犯罪构成理论面临的争议

谈到中国四要件犯罪构成理论的来源，通认观点是在 20 世纪中期吸收苏维埃联盟时期的犯罪构成论之后，结合当代中国社会的实际状况及国内刑事立法、刑事司法理论与实践经验建构起来的。中国四要件犯罪构成理论既是对苏维埃联盟犯罪构成理论的延续，也是在对其扬弃过程中的自我发展。应当说，多年的本土化改良使得该理论已经从形式与内容上都得到了很大程度的改进与完善。但是，应当注意，限于多种原因，中国的四要件犯罪构成理论实质上是以部分犯罪认定职能替代整体的犯罪认定职能，这必然使得该理论先天性的不足无法得以补全。从以下事实可以看到，俄罗斯的犯罪认定基础理论，在跨越两个世纪、应用于两种不同国家制度的前提下，依旧能够持续不断地得以稳定发展，而中国四要件犯罪构成理论，在中国的法学理论研究兴盛之后，法学研究力量不断壮大、法学成就硕果累累的前提下，并没有产生类似于俄罗斯相应理论发展、壮大、兴盛的状况，这不能不引发刑事法学者们的关注和疑问。当下，中国四要件犯罪构成理论体系的功效与职能，甚至包括其各基本组成部分及理论模式的框架结构都不断遭受来自学界与实务界的各种质疑和反思，学者间纷争不断，实务中也屡次出现危害性极大应当定罪而不能适用四要件犯罪构成予以认定、社会危害性轻微不应认定为犯罪而按照四要件犯罪构成要求必须认定为犯罪的状况。这些问题，也从现实上说明了中国四要件犯罪构成理论体系本身还是存在着许多本质上的、不能自通的问题需要尽快处理。

当代中国，针对四要件犯罪构成理论的研究，[①] 学派之争渐已经形成，学术界观点纷呈繁杂、各辟曲径通幽。以现行四要件犯罪构成理论为比照，很多学者纷纷按照自己的设定构架了中国犯罪构成理论体系或犯罪成立理论体系。对于自己的设定想法与模式，各方都有坚持的理由与根据。由此引发对中国犯罪构成理论问题的诸多争议，总体上讲，诸种争议焦点主要集中在以下几个

---

① 并不仅指四要件犯罪构成理论，对于一切表述不同、功能相同理论体系的探讨都在此列。

方面:①

(一) 如何选择犯罪构成理论模式

采用科学合理的犯罪构成理论模式,是保证中国刑事法制体系更加适用于当前的社会制度与社会状况,促进中国刑事法治蓬勃发展的必要前提。当下,是保持四要件犯罪构成理论模式,还是基于现有框架对它进行改进,是移植大陆或英美法系相关理论模式予以替代,还是抛弃过往,总结历史经验,重新构建一个更加适合中国发展状况的犯罪构成理论,学者在不断争议中形成了一些派别与观点,概见其下:

第一,维护现有的四要件犯罪构成理论体系。秉持此种观点的学者从理论的整体性与稳定性角度出发,主要观点是:中国当前适用的四要件犯罪构成理论模式有其存在的深厚理论基础和实践生命力。就目前现实状况来看,四要件犯罪构成理论的合理性与可适用性很难被推翻也不应当轻易放弃。众多模仿英美法系双层犯罪构成理论模式、德日法系递进式犯罪成立理论模式或者一些学者构设的中国犯罪构成理论新模式,大多只是对传统四要件学说及其构成要素的不同排列组合而已,在理论构想上并无太多新意,也没有做到对四要件构成说进行脱胎换骨的实质性变革。② 因此,维护论者的观点是认同当下中国四要件犯罪构成理论模式的合理性与可适用性,提出:"四要件犯罪构成理论具有逻辑严密、契合认识规律、符合犯罪本质特征等内在的合理性。"认为:"四要件犯罪构成理论,并不是毫无法理基础的特定政治条件下冲动的产物,而是经过了审慎思考、反复论辩形成的理论精华,其精致程度足可媲美世界上任何一种犯罪论体系。"③ 在犯罪构成要件设定上,四要件犯罪构成理论由犯罪客体、犯罪客观方面、犯罪主体、犯罪主观方面四大要件耦合而成。在四大要件之下,又分别包括特定的组成要素。如犯罪客观方面就包括危害行为、危害结果、因果关系等,基于各个犯罪行为的具体情况各异,犯罪构成要素又有必要性要素和选择性要素的区别。要素组成要件,要件耦合而成整体,整个四要件犯罪构成理论内部逻辑极为严密,层次界分相当清晰,恰当地实现了对一个犯

---

① 现今有关犯罪构成理论的著述在中国是汗牛充栋,浩瀚如海,总是不断有新的文章与书著发表。故此,本书未免难以将所有的观点与思考归纳进来,只能择其主要,如果有未能顾及的问题,还请学界同人谅解并赐教。

② 参见:赵秉志:《犯罪构成理论不宜动摇——解析犯罪构成体系及其要素之争》,载http://www.walaw.cn/ Article/ShowArticle.asp? ArticleID=687,访问日期:2006年12月14日。

③ 参见:高铭暄:《论四要件犯罪构成理论的合理性暨对中国刑法学体系的坚持》,载http://blog.sina.com.cn/s/blog_ 4c74b2890100dfhr.html,访问日期:2009年6月27日。

罪行为从粗到精、由表及里；从整体到部分、由部分回归整体的剖析。① 该派学者基本坚持目前通行的主客观四要件构成学说，认为在犯罪认定中，对于犯罪是否成立的形式判断重于实质判断。可以说，持以上观点的学者是当下中国犯罪构成理论模式选择之争中稳定守成的一派，虽然较为保守，但在创制者之后承继并发扬了中国传统的四要件犯罪构成理论学说。

对于指责该派学者在对四要件犯罪构成理论模式导致犯罪认定中的形式判断与实质判断容易混淆，犯罪认定逻辑思维混乱，尤其是所谓正当化行为体系在四要件犯罪构成中没有确切的法律根据与合理解释等问题至今没有给出较有说服力的处理办法，中国老一辈刑法学家、中国刑法学奠基者高铭暄教授给予了科学解释："四要件犯罪构成理论符合人们的认识规律。虽然对于四个要件如何排列还存在不同的看法，但不管何种观点都承认的一个事实是，客体、客观方面、主体、主观方面四个要件的排布不是随意的，而是遵循一定的规律。就我个人而言，我一直坚持客体、客观方面、主体、主观方面的传统排列。我始终认为这种排列方式准确地遵循了人们的认识规律。一个犯罪行为发生后，人们首先意识到的是'人被杀死了'、'财物被盗了'，这即是揭示了犯罪客体的问题。随后，人们随之要思考的问题是，人是怎样被杀死，财物是怎样被盗的；谁杀死了这个人，谁盗走了这些财物。这就涉及犯罪客观方面和犯罪主体的问题。当然，最后犯罪分子被发现或被抓获之后，人们还要进一步审视这个人实施犯罪行为时的内心状况，这就是犯罪主观方面要解决的问题。因此，我认为四要件犯罪构成理论客体、客观方面、主体、主观方面的排布，并不是杂乱无章的，而是符合人们的认识规律的，是一个有机统一的整体。"

第二，改进现有的犯罪构成理论体系。改进派基本赞同中国传统的四要件犯罪构成理论模式。但是，认为这个理论系统在具体内容上有着某些不完善的地方应当加以改进，并针对不同问题提出了不同改进意见。该学派学者主要认为，应当汲取大陆法系或者英美法系犯罪论中合理的犯罪成立方式，弥补当前中国四要件犯罪构成理论的不足。总体上讲，该派观点具有以下特征：首先，坚持犯罪构成四要件说，但是并不否认应当对其进行必要的修正。例如不再将犯罪客体作为客观构成要件的内容，代之以法益侵害作为客观构成要件的元素，对于期待可能性、违法性认识等在中国四要件犯罪构成体系中缺失的问题，放在犯罪主观方面加以讨论。其次，强调刑事法客观主义的合理性，坚持法益侵害说，认为我们刑事法学中的"社会危害性"概念和法益侵害概念等

① 参见：高铭暄：《论四要件犯罪构成理论的合理性暨对中国刑法学体系的坚持》，载http://blog.sina.com.cn/s/blog_ 4c74b2890100dfhr.html，访问日期：2009年6月27日。

同意义。较为鲜明的观点是有学者提出，应当将社会危害性清理出犯罪论体系，否则就会导致在犯罪认定中犯罪构成的形式判断与社会危害性的实质判断间的对立。① 最后，在解释方法上，尽量平衡各种关系，对常见的侵犯财产罪、侵犯人身罪的解释，比较和借鉴德日刑事法理论的立场，使其结论更为合理。② 应当说，该派观点虽然不失保守，但具有较强的革新意识，应当属于犯罪构成理论模式选择争议中具有改良思想的派别。

第三，改造现今的犯罪构成理论体系。其主要特点在于立足于国外相关理论对中国犯罪构成理论提出改造设想。认为中国目前适用的四要件犯罪构成理论具有极其不合理性，提出它是一个平面综合的犯罪论体系，不具有理论逻辑性，据此理论对行为人的行为是否构成犯罪进行判断会产生很多不妥当的结论。该派学者针对四要件犯罪构成提出了一些新的改造设想，基本上否定了当前适用的四要件犯罪构成。认为直接借鉴德日或英美的相应理论改造当前中国的四要件犯罪构成理论应当是理论发展的最好途径。这其中，较为激进的学者主张应当大力采用"拿来主义"，提出"径直"将德日递进式、阶层式的构成要件理论体系或者英美双层对仗式、控辩式定罪理论中的有益成分植入当前中国的犯罪论体系当中。认为虽然中国的四要件犯罪构成理论模式具有简便易懂的优点，但是，它自身也存在着内在逻辑上的某些缺陷。该派学者提出，中国刑法关于四要件犯罪构成的规定，与大陆法系国家犯罪成立条件的规定间并无多大差别。而在犯罪构成理论体系的模式上却存在着天壤之别，由此可见，犯罪论体系完全是一个理论建构模式的选择问题。在现行刑事法框架下，就是直接采用大陆法系的犯罪成立理论体系，也并不存在法律制度上的障碍。为此并以实例为证：20 世纪三四十年代国民党统治时期的中国，刑事法学关于犯罪成立的理论，大多以大陆法系的递进式结构为模型建立，刑事法学者和初学刑事法的人对于接受这样的理论，也没见存有思维上的障碍。由于中国法律总体上可以被归到大陆法系的范畴，或者说我们与大陆法系的理念和制度具有某种亲缘性，以大陆法系的犯罪论体系为基础，建构中国刑事法学的犯罪成立理论，并非没有可能。当然，将大陆法系的犯罪论体系引入中国，不是简单地照搬德日刑事法理论，还有一个融合过程，应当考虑到中国的实际问题。③ 总体上讲，该派将论证的矛头直接指向犯罪构成体系的根源，认为彻底改造中国的四要件犯罪构成理论模式是当下中国犯罪构成理论能够更好发展的最佳途径，

---

① 参见：陈兴良：《社会危害性理论：进一步的批判性清理》，载《中国法学》2006 年第 4 期。
② 参见：周光权：《中国刑事法学的想象力与前景》，载《政法论坛》2006 年第 6 期。
③ 参见：周光权：《中国刑事法学的想象力与前景》，载《政法论坛》2006 年第 6 期。

该派学者提出的观点和设想较为超前，应为学派之争中的激进派。

第四，是在更为广泛的视野内审视犯罪构成理论并重新加以建构。北大学者陈兴良教授认为，对于犯罪构成体系可以进行多种尝试性的建构，而不必将某种模式视为金科玉律。目前来看，从多种角度尝试重建犯罪构成理论的实践者已将许多刑事法学人的梦想逐渐转化为现实。按照重新构建论者的观点，建立属于自己的理论体系才是犯罪构成理论发展的最正确途径。观点较为尖锐的学者认为当前存在的几种犯罪构成理论都有一定的缺陷与弊端，应当保留其优点和特质并将相应的缺陷与弊端消除，利用现有的资源建构具有中国特点的犯罪构成理论。此时，构建犯罪构成理论的基本价值目标首先要保障与实现法的公正性、法的安定性、法的安全性与法的实用性。重新构建论者在 21 世纪初开始出现，很多学者先后发表了一系列有关犯罪构成理论体系重构问题的著述，大都对犯罪构成理论的重新构建提出了自己的看法与设想。这些学者以开拓性的科研成果打开了重构犯罪构成理论道路的大门。这类研究的基本特色在于认为中国的犯罪构成理论应当扬弃承自苏维埃联盟传统的法律体制，应当汲取各国犯罪构成理论中的合理成分、利用当代中国的本土化资源构建具有自身特色的犯罪构成理论体系。学者们认为，只有具有中国自身特色的理论体系才能够适应当代中国社会主义建设发展的需要。这派学者应当说是犯罪构成理论模式选择中的创新派，虽然刚刚崛起，但是也是最有希望彻底改变当代中国犯罪构成理论研究困窘局面、构建具有中国社会特色犯罪构成理论体系的一个团体。值得期待的是，希望重新构建论者构建的犯罪构成理论能够真正解决中国当前四要件犯罪构成理论所具有的弊端。

（二）如何设定犯罪构成共同要件

对于犯罪构成理论体系内部构成要件设定的争议，实际上是对犯罪构成理论模式选择争议的延展与持续。在各理论体系当中都普遍存在与此有关的争议。从当前学界有关阐述与介绍来看，在犯罪构成共同要件设定问题上存在几种学说，主要有"无共同要件说"、"二构成要件说"、"三构成要件说"、"四构成要件说"与"五构成要件说"。

"无共同要件说"认为，只有存在于分则具体各罪中的、独立的犯罪构成要件，否定存在总则具有普遍意义的、共同的犯罪构成要件。各具体犯罪构成要件以刑事法分则具体条文设定的罪状为区别。从科学发展角度来看，这一观点已渐渐丧失了当代意义。在刑事法制发展的历史时期，总则基础理论尚不完善的时候，无共同要件的犯罪构成是存在的。但是，随着理论的不断发展与科学化，出现了指导具体规范的基础规范，归纳、总结、提取不同罪行的共同特点来认识犯罪的普遍规律与特点已经成为理论发展的必然结果。有关刑事立法中犯罪构成是否存在共同要件的问题，按照俄罗斯 A. H. Трайнин 教授的观点："正像犯罪行为既可以一般地确定为危害社会的、违法的和有罪的行为，又可以具体确定为偷盗、杀人等具体的行为一样，犯罪构成也是如此，既可以一般地确定为犯罪诸多行为、诸种因素的总和，也可以具体地确定为是杀人、偷盗，还是强奸等罪具体行为因素的总和"，① 犯罪构成可以说是某个具体犯罪所必须具备的要件，亦可以称为一切犯罪所应共同具备的要件，将犯罪构成要件区分出具体要件与共同要件具有十分重要的理论意义，这一点完全符合事物整体认知的哲学规律与辩证原理。从理论价值上讲，该派的观点目前已经不具有持续探讨的必要。

"二构成要件说"主要是认为犯罪主体和犯罪客体都不是犯罪构成的要件，只有主观方面和客观方面才是犯罪构成的要件组成。在具体组成成分上也有一定的认识差异。此外，这一学说中更为引人注意的部分是中国学者对于构成要件的重新创造。例如，晚近时期陈兴良教授提出的犯罪构成要件只应当包括罪体和罪责（随后增加了罪量要件），罪体是犯罪构成的客观要件，罪责是犯罪构成的主观要件，两者是客观与主观的统一。如果涉及刑罚轻重的判断时，刑罚裁断的诸般条件通过罪量要件予以处理。② 曲新久教授则认为："犯罪由一系列法定要件组成，是一系列法定构成要件的整体，组成这一整体的各种各样的具体犯罪构成要件，可以抽象为两个基本方面——客观事实要件和主观心理要件，这是所有犯罪不可缺少的两个方面。"还有学者将犯罪构成要件

---

① 参见：［苏］A. H. 特拉伊宁：《犯罪构成的一般学说》，王作富等译，中国人民大学出版社1958年版，第45页。

② "罪体＋罪量"认定犯罪的观点是陈兴良教授在其专著《本体刑法学》和《规范刑法学》中提出的一个新的犯罪构成理论设想。后期，在《陈兴良刑事法教科书》中，陈教授将自己的犯罪构成要件理论进行了完善，将犯罪构成划分成罪体、罪责与罪量三个阶层，所谓罪体，是犯罪构成的本体要件之一，是定罪的客观依据。罪体之体有载体之意，指犯罪的基本存在形式。同时，罪体之体又有物体之意，指犯罪的客观层面，包括行为、结果、因果关系、犯罪的时间、地点等因素。罪责意味着行为人主观上的罪过，是在具备罪体的情况下行为的可归责性，包括责任能力、责任形式、目的与动机等主观的随附情状。罪量包括刑法分则各罪中的情节和犯罪数（额）量。但并非所有的分则罪名都有罪量的要求，因此这是一个选择性的要件。

划分为客观违法构成要件与主观责任构成要件两个部分。① 实际上，"二构成要件说"本质上并没有摆脱传统四要件犯罪构成理论的组成内容，更像是将四要件犯罪构成体系中的诸多要素按照传统犯罪构成主观方面与客观方面两大部分的划分方法重新起了一个新的名字。

所谓"三构成要件说"，大体是将四要件中的某两个要件结合，将四要件缩减为三要件，其中具有代表性的观点有三种。一种观点认为，犯罪主观和客观方面是一个不可分割的有机整体，如果抛开危害行为中包含着行为人的主观罪过这一特殊性，就无法正确解决刑事法的因果关系问题，因此主张将二者合并为一个要件"危害社会行为"。另一观点认为，所谓犯罪客体，即法益，根本不应成为犯罪构成要件。② 根据张明楷教授提出的观点，犯罪客体是指为中国刑事法所保护而为犯罪行为所侵犯的法益。犯罪客体的意义已经被包含在犯罪的一般概念中。中国刑事法的有关条文，正是在犯罪概念中说明犯罪客体的。行为符合犯罪客观要件、主体要件和主观要件，不仅表明行为侵犯了一定的法益，而且表明行为侵犯了什么样的法益。将法益作为犯罪构成要件，实际上否定了中国刑事法规定的犯罪客观要件、主体要件与主观要件的实质内容，似乎犯罪的社会危害性只是由犯罪客体决定的。这一点同部分俄罗斯学者的观点不谋而合，一个犯罪行为侵犯了什么法益，是由犯罪客观要件、主体要件与主观要件以及符合这些要件的事实综合决定的。区分此罪与彼罪，关键在于分析犯罪主客观方面的特征。如果离开主客观方面的特征，仅仅凭借犯罪客体认定犯罪的性质，必将导致某些犯罪的不能认定。③ 第三种观点认为，犯罪主体不是犯罪构成要件。其理由在于：首先，犯罪主体要件是判断行为是否应承担刑事责任的标准，而不是犯罪是否成立的标准；其次，犯罪主体要件从属于行为罪过是犯罪主观方面存在的前提。

"四构成要件"说为当前通说观点，也是守成者秉持的观点，为多数学者

---

① 这两个要件又有详细的层次划分。第一个要件是客观（违法）构成要件，其下分为三个层次：第一层次为客观（违法）构成要件；第二层次将其划分为主体、行为、结果、行为对象与因果关系；第三层次则继续细分，将主体分为主体身份与特殊身份、行为分为积极与消极行为、结果分为侵害结果与危险结果。第二个要件是主观（责任）构成要件，也划分出三个层次：第一层次为主观（责任）构成要件；第二层次将其划分为故意、过失、目的与动机、主体；第三层次将故意划分为直接的与间接的故意，过失划分为过于自信与疏忽大意的过失。主体则划分为责任年龄与责任能力两个方面。

② 张明楷教授最早在其硕士学位论文《论中国刑事法中的犯罪构成》和著作《犯罪论原理》中论证了犯罪客体不应成为犯罪构成要件的理由。后来，他在《刑法学》（上）及《法益初论》两部著作中对自己的观点再次做了进一步的论证和解说。

③ 参见: Курс уголовного права. Том 1. Общая часть. Учение о преступлении-Под ред. Н. Ф. Кузнецовой, И. М. Тяжковой. с – 480.

所接受。一般来讲，都认为四部分要件应当包括犯罪主体、犯罪客体、犯罪主观方面、犯罪客观方面。任何犯罪行为，最本质的方面，无非就是客体、客观方面、主体、主观方面四大块。这四大块，足以涵括任一犯罪行为的各个具体构成要素。进一步，在四大块中，通过必要性要素的提炼和选择性要素的过滤，又能够准确地划分犯罪行为与非罪行为的界限。由此我认为，四要件犯罪构成理论，完全准确地反映了犯罪行为的客观本质和内在构造，是犯罪行为社会危害性、刑事违法性、应受刑罚惩罚性三大特征的具体印证，是准确认定犯罪的有效标尺。[①] 此外，也有一些赞同四要件构成说的学者提出新的四要件构成说，但是，大多不过是在当前的犯罪构成体系之内对现有的犯罪构成要件与要素在体系内所做的调整。这部分理论著述多为学者所了解，这里不加赘述。

"五构成要件说"的主流观点认为，犯罪构成包括犯罪行为、犯罪客体、犯罪客观方面、犯罪主体、犯罪主观方面五个要件。这种观点实际上是认为犯罪行为应单独成为构成要件之一，犯罪客观方面只包括犯罪结果及其与犯罪行为间的因果关系。秉持"五构成要件说"的另一种观点是认为，犯罪构成应当具备下列五个要件：危害社会的行为，危害行为的客体，危害社会的严重后果以及它同危害行为之间的因果关系，危害行为的主体条件和危害行为人的主观罪过。"五要件说"与"四要件说"的区别在于不存在行为的客观方面而代之以危害社会的行为，危害社会的严重后果以及它同危害行为之间的因果关系。其实，它只是将"四要件说"中的客观方面进行了细分，而本质上与"四要件说"并无大的区别。通常情况下，我们对某一行为及其与危害结果之间的因果关系往往是在一次思考过程中同时进行的，将行为要件与行为和结果之间的因果关系割裂开来考虑本身，必然也会割裂人们对行为与结果之间因果关系的思维过程，本书认为不应提倡。

（三）如何定义犯罪构成部分概念

有关犯罪构成理论体系中部分要件的概念争议在中国学界中主要集中在对犯罪客体与犯罪主体概念应当如何定义的问题上。

犯罪客体概念的争议主要集中在犯罪客体实质如何确定的问题。通说观点认为："犯罪客体，是指中国刑事法所保护的，而被犯罪行为所侵犯的社会主义社会关系"。对此，学者们有不同认识。目前来讲，坚持"社会关系说"的学者占学界多数人群。认为刑事法不仅要保护社会主义社会关系，而且也要保

---

① 参见：高铭暄：《论四要件犯罪构成理论的合理性暨对中国刑法学体系的坚持》，载http://blog.sina.com.cn/s/blog_4c74b2890100dfhr.html，访问日期：2009年6月27日。

护有利于生产力发展的非社会主义社会关系。因此，犯罪客体"是指中国刑事法所保护，而被犯罪行为所侵害或者威胁的社会关系。"有的学者则秉持"社会利益学说"，认为犯罪客体实际上就是一种社会利益。"为了克服传统犯罪客体概念存在的严重缺陷，把犯罪客体归结为犯罪侵害的'社会主义社会利益'是比较科学的"，并因此提出"在中国，犯罪客体是指犯罪活动侵害的并为刑事法所保护的社会主义社会利益"、"在中国，把犯罪客体表述为社会主义社会利益即国家和人民的利益是恰当的"。① 张明楷教授则将犯罪客体界定为法益，"法益是指根据宪法的基本原则，由法律所保护、客观上可能受到侵害或者威胁的人的生活利益。这是一般性的法益概念，其中，由刑事法所保护的人的生活利益，则是刑事法上的法益"。还有学者提出犯罪客体即是犯罪对象，两者无须作出实质的划分。如张文教授认为，犯罪客体应当"解释为是犯罪对象"，② 即是指"犯罪行为所具体作用的人和物"。刘生荣博士则认为"前苏联及中国刑事法理论通说中存在对于犯罪客体的曲解"，其通过系统分析和论证提出"犯罪客体是法律权利和利益遭受犯罪行为侵害的，具有人格特征的自然人、单位以及国家和社会，也称刑事被害人"。③

　　有关犯罪主体概念的争议则是对主体限定与设定的范围有着不同理解。一般认为："中国刑事法规定的犯罪主体，是指具有刑事责任能力、实施犯罪行为并且依法应负刑事责任的自然人。"④ 但是，以自然人为主体的情况下，却又规定了单位犯罪主体，这一点在学界中颇受质疑。而且，有学者还提出应当修正犯罪主体概念，将法人犯罪主体填补进去。赵秉志教授将刑法理论上的犯罪主体概念概括为四种：第一种是认为犯罪主体是指在刑事法上有犯罪资格者；第二种指在犯罪主体概念中包含了达到刑事责任年龄，具有刑事责任能力的自然人；第三种指在犯罪主体概念中，包含实施危害行为（或犯罪行为），依法应负刑事责任的内容，然后进一步论述自然人、责任年龄和责任能力是成为犯罪主体的条件；第四种在犯罪主体概念中没有包含实施危害行为（或犯罪行为），应负刑事责任的内容，认为犯罪主体就是达到法定责任年龄、具有

① 参见王建：《中国犯罪构成理论及其体系的形成与发展》，载 http://www.hl.jcy.gov.cn/detail.cfm?newsid=218D47922C&id=2588538539EDFDDD0EC4FBF3473C86D9C4DD13FF，访问日期：2007年4月3日。
② 参见王世洲、李洁等：《犯罪论体系的整体性反思》，载《刑事法评论》，中国政法大学出版社2004年，第14卷。
③ 参见王世洲、李洁等：《犯罪论体系的整体性反思》，载《刑事法评论》，中国政法大学出版社2004年，第14卷。
④ 参见杨兴培：《犯罪主体的重新评价》，载《法学研究》1997年第4期。

责任能力的自然人。而刘生荣博士对犯罪主体所作的探讨则是:"犯罪主体是实施了犯罪行为,具有法律上人格特征和法定的意识能力和行为能力(犯罪能力),能够对自己行为负责并承担法律后果(刑事责任能力)的自然人和单位。"① 等。由此可见,多种有关犯罪构成主客体概念的争议大多来自学者们的对于犯罪构成理论体系及其各要件的职能定义的理解差别。

(四) 如何构架犯罪构成理论结构

从结构上讲,中国学者喜爱将大陆法系相应的犯罪构成理论体系称为"递进式犯罪构成理论体系",将英美法系的犯罪构成体系称为"双层次"或"双阶层的犯罪构成理论体系",将中国四要件犯罪构成体系称为"耦合式的犯罪构成理论体系"。以陈兴良教授为代表的部分中国学者通过对三种犯罪构成理论体系构造的比较后提出:"大陆法系的犯罪构成体系是一种递进式结构,在犯罪认定步骤上采取的是排除法。构成要件的该当性、违法性和有责性,环环相扣、层层递进,各要件之间的逻辑关系明确,这种递进式结构将某一行为认定为犯罪须进行三次评价,构成要件该当性是事实评价,为犯罪提供行为事实的基础;违法性是法律评价,排除必要防卫等违法阻却事由;有责性是主观评价,为追究刑事责任提供主观基础。以上三个要件,形成一种过滤机制,各构成要件之间具有递进关系,形成独特的定罪模式"。② 而"英美法系的犯罪构成体系是一种双层次结构,本体要件和合法抗辩形成犯罪认定的两个层次,在犯罪构成中介入诉讼要件,是英美刑事法中所特有的,由于合法抗辩的存在,这种双层次的犯罪构成体系在认定犯罪的活动中,引入了被告人及其辩护人的积极性,利用这一民间资源使认定犯罪更注重个别正义的实现。英美法系的这种犯罪构成体系的形成,与其实行判例法有着极大关系,合法辩护事由主要来自判例的总结与概括。由于这种双层次的犯罪构成体系具有这种法系特征背景,成文法国家是难以效仿的。"③ 同英美与大陆法系同一理论体系构造不同:"前苏联及中国的犯罪构成体系是一种耦合式结构,将犯罪构成的四大要件分而论之,然后加以整合,在这种情况下,犯罪构成要件之间的关系成为一种共存关系,即一有俱有,一无俱无,只要四个要件全都具备了,才说得上是犯罪构成的要件。"④ 因此认为,"中国刑事法的犯罪构成结构是耦合式结

---

① 参见王世洲、李洁等:《犯罪论体系的整体性反思》,载《刑事法评论》,中国政法大学出版社2004年,第14卷。

② 参见陈兴良:《犯罪构成体系性思考》,载《法制与社会发展》2000年第3期。

③ 参见陈兴良:《犯罪构成的体系性思考》,载《法制与社会发展》2000年第3期。

④ 参见陈兴良主编:《犯罪论体系研究》,清华大学出版社2005年版,第12页。

构，将四大要件分而论之，然后加以整合。其长处的简单易懂……但这种耦合式结构也存在缺陷，主要是将犯罪构成要件之间的关系确定为一种共存关系，即无我则无你，只要四个要件全都具备了，才说得上是犯罪构成的要件。但在具体论证时，又分别作为犯罪构成要件加以阐述。这样，在部分与整体的关系上存在逻辑混乱的现象……这个犯罪构成体系存在机械、僵化等缺陷，在许多问题上并没有划清罪与非罪的界限。"①

此外，通过将四要件犯罪构成理论与英美法系双阶层犯罪构成理论、大陆法系递进式犯罪成立理论在结构上进行对比，中国学者发现：中国传统的四要件犯罪构成理论具有极端的封闭性，而大陆法系和英美法系的递进式与双阶层的理论则具有开放性。结构上的差异直接导致了中国与其他两大法系理论在人权保障上的差异。很明显，封闭的犯罪构成体系在人权保障这一点上远远逊于其他两大法系的理论体系。

从以上学者有关犯罪构成理论结构选择问题的一些看法来讲，中国学者对于犯罪构成理论的研究已经相当深入，从而形成了不同的理论学派与体系，这对于中国犯罪构成理论的改进与发展无疑起到了推动作用。本书基于俄罗斯法域这一视角，通过对俄罗斯犯罪认定基础理论问题的考察与分析，认为就俄罗斯犯罪认定基础理论与中国四要件犯罪构成理论所担当的职能、所体现的价值、所具有的意义、所包含的内容等方面来看，二者在基本状况与价值上具有一定的契合性，考察与解析俄罗斯犯罪认定基础理论的基本内容，无疑对于当下中国犯罪构成理论的发展与完善具有重要作用。

二、俄罗斯犯罪认定基础理论能否被借鉴

（一）分析的前提与意义

犯罪，是刑事法体系得以构建的根基。所有"刑事的"问题，归根结底都与一个"罪"字紧密关联。如此，有关犯罪认定基本根据的理论——犯罪构成理论毫无疑问成为开展中国刑事法理论研究的必要前提。犯罪构成理论究竟应当是什么样的理论体系直接决定中国刑事法体系是否科学、合理、有效。加之现代化的刑事法观念的影响，人权保障也成为其中一个重要因素。从当下法学界有关犯罪构成理论诸多问题的探讨状况来看，体现出中国在当代刑事法理论研究中存在着很多问题。对于这些问题的看法正确与否，直接涉及当代中国刑事法治建设的根基。当然，这是刑事法改革所应详细探讨的问题，本文不

---

① 参见陈兴良：《犯罪构成的体系性思考》，载《法制与社会发展》2000 年第 3 期。

多做赘述，这里仅以部分学者观点为例探讨本书主题，其他问题待其后再论。

部分学者认为，中国当代的刑事法制无历史传统可谈，因为其基本构造几乎全部照搬苏维埃联盟时期的法律制度，所以导致在理论研究中总是跳不出俄罗斯刑事法的桎梏，不能具有理论体系的独特品质，不独立，不合理，不科学。有关这一问题，尚有几点值得商榷。笔者认为：第一，现行中国刑法虽然从模式、体例、基本规定上讲大体与苏维埃时期的法制体系相同。但是，也不要忽略，该刑法中所隐含的那些未被"苏俄化"的，那些具有悠久历史传承的、具有中华民族精神、华夏刑法理念的内容。如果对这一点尚有质疑，拜托请先查阅中俄两国从20世纪初期至今的刑事立法调整状况，也许，从规范条文的比较上更能直白地得出结论。第二，中国刑法是在结合苏维埃刑事法与中国传统刑法制度之上的再创造，绝不能被简单地认为只是照搬。立法上的创新与遗秽暂且不予评价，但有一点必须确认，当时的刑法极大程度上惩治了犯罪，为新中国成立后的社会治安发挥了极大的效用。如果照搬，如何解释当时中国刑法中很多苏维埃刑事法没有适用的规范，而且苏维埃刑事法中的很多规定在中国刑法中也根本找不到踪迹。当时中国刑法的制定，是立法者结合学界与实务界推崇的那些先进或主流的刑法思想，借鉴学习苏维埃刑事立法创新打造出来的，尤其是在那段历史时期，在很长一段时间没有明确的刑事立法规范与基本原则可以遵循适用的条件下，在毫无根据与理由的恣意适用刑罚的混乱时期，第一部《中华人民共和国刑法》得以制定并出台，毫无疑问是一种先进的法制改革与创造，无疑是具有一定的先进性与历史意义。第三，理论的交流、借鉴与移植是理论本体持续、有序发展的必要手段之一。没有交流与借鉴，没有对其他国家法律制度的不断移植，何谈法律的发展？很多新的思想难以传播、新的制度难以出现，当前各国的刑事法律制度与理论有可能故步自封，说不定还留守在社会历史中的哪个阶段，绝不会是当前的这种繁荣状况。在当时的社会条件与状况下，中国借鉴苏维埃刑事法制度打造中国刑法制度，是一种放开眼界，吸收先进理论改进传统刑法、创制新的制度的明智之举，值得弘扬。第四，不同国家具有不同的国情，因此，将不是本民族的东西移植借鉴过来，难免会有不能适应的状况。这种情况下，应当反思移植借鉴的必要、功效与意义。在得以肯定的情况下，就应从理论本身寻找症结，针对相应问题予以改进，从而使得本国的制度与理论更加完善、科学、合理。以上探讨，不仅是从大的方面针对于中国刑法理论体系的属性问题所作思考，也是从理论体系内容的组成结构方面对于俄罗斯犯罪认定基础理论的考察与反思。换句话说，中国的犯罪构成理论具有其历史意义与重要作用，必要情况下，也应当或借鉴，或移植其他国家的先进经验，补充完善现有的理论体系，为最终一日构建具有中华特色的犯罪认定基础理论体系做好前期工作。

我们与俄罗斯曾经是拥有相似体制的国家，基于以上立意，我们关注于俄罗斯犯罪认定基础理论的发展，当然是希望中国犯罪构成理论在此方面有所获益。而且，也应当看到，俄罗斯的犯罪认定基础理论在多年的改革与发展中已经形成了一个较为完整、科学合理的知识体系，促进了俄罗斯刑事法治的完善，对俄罗斯社会的犯罪状况起到了一定的治理作用。可以看到，从俄罗斯内务部 1999 年至 2011 年社会犯罪状况综合调查年度报告上显示出这样一个信息，历年来的犯罪发展状况与趋势说明俄罗斯当前的社会状况已经从苏维埃解体、俄罗斯联邦独立初期的混乱阶段中逐步走了出来，大部分犯罪总体上呈现的是一种下降的趋势，① 这即是俄罗斯社会政治经济体制逐渐趋于稳定的后果。也应当想到，俄罗斯的刑事法制在遏制犯罪中产生了功效，现行的犯罪认定模式间接对社会治安状况的好转起到了促进作用。此外，从现有法律制度来看，俄罗斯国家制度的更迭没有对刑事法制的发展产生恶劣影响，这本身就说明了该理论体系对俄罗斯苏维埃联盟与俄罗斯联邦两种不同社会制度的适应性（这也应当是对批判苏维埃犯罪认定理论只具有阶级性这一观点的否定）。对于与其同源而生的中国四要件犯罪构成理论来说，俄罗斯犯罪认定基础理论的这样一个发展进程，对于中国犯罪构成理论的建设与发展具有必然的启示意义与借鉴价值，能够促使我们对二者间的关联与影响积极思考，从而使中国犯罪构成理论研究在完善与改进的过程中获得必要的受益。

当下，中国刑事法学界的学者们，最关心的一个焦点则在于：中国的刑事法理论，到底该如何发展？刑事法理论要发展，必然会涉及犯罪构成理论如何发展这个最为根基的问题，而犯罪构成理论本身又是刑事法理论的基石，不可妄动，牵一发而动全身。无论我们从引进之初理论体系不完善的角度来看，还是顺应当前刑事法治的必然要求，对于犯罪构成理论的改革都是势在必行。那么，对俄罗斯犯罪认定基础理论是否适应中国社会的实践发展状况、是否能够契合于中国的犯罪构成理论改革、是否会为中国刑事法治建设提供一个科学合理的参考模板等一系列问题的思考，也可以认为是在对当代俄罗斯犯罪认定基础理论及其相关问题考察后的延伸探讨中，本书应当加以探究的问题。

应当说，俄罗斯犯罪认定基础理论是否能够适用于当前中国社会的现实发展状况，是其能否被中国犯罪构成理论研究所借鉴的一个关键。中国与俄罗斯曾经是制度相同的国家，20 世纪中期大量移植苏维埃联盟法律制度的活动使

① 参见赵路：《俄罗斯联邦犯罪状况调查综述》，载 http：//momorugu. fyfz. cn/blog/momorugu/in-dex. aspx? blogcatid =24559，访问日期：2008 年 3 月 1 日。

得我们的基本法制体系与俄罗斯的法制体系具有太多的相似之处。俄罗斯法律制度中的许多规范，都被移植到中国的法制体系当中。不仅是刑事法规范，中国的民事与民事诉讼规范、行政与行政诉讼规范，甚至包括我们的宪政体制等有关的法律制度都大量借鉴引用了俄罗斯的相关体制，通过与中国传统法制理念的结合，经历了长时间的司法实践检验，适用至今，并未产生较多问题。本书思考的问题在于，中国四要件犯罪构成理论与俄罗斯犯罪认定基础理论的形式（法律）判断基础（犯罪构成理论）在内容与构造上基本相同，在实体（实质）判断基础上，我们也有相应的犯罪概念体系作为补充。通过对俄罗斯犯罪认定基础理论问题的考察与借鉴，在现有体制下，我可以进一步借鉴移植俄罗斯的犯罪认定基础理论改造中国四要件犯罪构成理论，这种研究对于中国犯罪构成理论的发展完善应当具有重要意义。有关于此，有以下几点问题应予提前思考。

（二）犯罪认定基础理论是否只具有本土价值

对于移植借鉴俄罗斯犯罪认定基础理论改造中国四要件犯罪构成理论的探讨，毫无疑问会涉及法律移植（对应的是法律的本土化）与法律本土性问题。之所以提及，是因为解析以上问题应当是回答俄罗斯犯罪认定基础理论是否只具本土性、不可以被其他国家，尤其是中国移植借鉴的关键。

首先，对这一点应予以否认。新中国成立之初刑法的创制完全是借鉴苏维埃模式，走的是具有社会主义特色的法制之路，移植借鉴的是大量苏式的基础理论与法律规范。四要件犯罪构成理论也是如此，从其在中国的应用与发展状况来看，对司法实践的良性指导作用不能被绝对否认，该理论能够适用于多数犯罪的认定。而当下，学界中所有有关四要件犯罪构成弊端的探讨，实际上多来自该理论移植不当而产生的问题，那么，如何尽快补充完善现有的四要件犯罪构成理论，使其能够发挥正常功效是学界应尽快考虑并处理的问题。从俄罗斯犯罪构成理论在中国能够得以本土化并形成自身特色的状况来看，俄罗斯犯罪认定基础理论应当也可以被中国的刑事立法所借鉴和移植，在加以本土化改造后，也能够为中国现行的刑事法制度所吸收、应用。

其次，移植借鉴并非凭空想象。俄罗斯犯罪认定基础理论的核心实质就是犯罪认定的思维模式，这在任何理论体系中都是一致的。从基础结构上看，对行为是否为罪是通过对行为的实质与形式进行一般判断，行为从立法上符合法定模式意味着行为的实质符合了犯罪实质属性（成罪性质）的要求，行为入罪没有问题。不符合法定模式则不具备犯罪的实质属性（非罪性质），行为不在犯罪圈之内，行为合法又正当。此时，行为也不具备法定的特殊状况，犯罪认定通过形式与实质的评价可以全部完成。如果案件本身具有法律规定的特定情节，则通过排除行为成罪性情节做特殊判断。这时，不是指行为因此就是正当、合法且无罪的，而是行为中包含的能够产生罪质的本质属性被特殊法定情节给抵销，从而行为不被当作犯罪来处理。此中，实质特征判断确定行为人行为在符合哪些属性时会构成犯罪，是对犯罪行为在法律上应当具有何种社会本质属性的解答；法律特征的判断确定行为人及其行为应当构成何种犯罪，是在法定特征上说明符合基本法律模型所设定的何种犯罪构成特征时，行为应当认定为犯罪。其基本价值观念与指导思想对俄罗斯联邦刑事法典总则基本原则设定、法典分则具体各罪条文罪状的设定具有导向意义，总则所体现的价值与目标在分则罪状中被加以具体化，具体罪状的设定则呼应了犯罪认定基础理论的价值观与理论目标，这种导向意义在俄罗斯犯罪论领域内具有普适性意味。两者在职能上具有一致性，契合度很高。而中国四要件犯罪构成理论恰恰正担当着如此职能。只不过通过同俄罗斯犯罪认定基础理论的对比考察后可以发现，中国四要件犯罪构成理论在构造上是俄罗斯犯罪构成理论的那些内容，但在职责上却与俄罗斯犯罪认定基础理论的职责相同。虽然区别显而易见，但也为理论的补全提供了最为便宜和可能的空间。

再次，中国四要件犯罪构成理论缺失的部分职能在中国刑事立法体系中也可以找到相应的对照——犯罪概念理论体系，借鉴俄罗斯犯罪认定基础理论，重新设定中国刑法体系中的犯罪概念与犯罪构成理论体系间的关系与职责，打造具有中国本土特征的犯罪认定基础理论（或者说是犯罪构成理论，这只不过是一个称谓问题）应当没有太大问题。

最后，俄罗斯犯罪认定基础理论的价值与思想，同时也是各国犯罪认定理论所探讨与践行的诸项内容，公正、平等、人道、人权、法制、罪责自担等这些问题，在各国的刑事法律理论中或许因表述方式或涵括范围不同而略有差异，但在基本导向上呈现的是一种互相融通的发展态势，中国理论也难以处身之外。这种价值观与指导思想在国家间都能体现出一定的契合性，也显现出一定的普适性。那么，移植具有相融通的价值观与指导思想的犯罪认定基础理论，对于中国的刑事立法来讲也不应当是很难处理的事情。可以说，就俄罗斯犯罪认定基础理论的价值目标与指导思想，无论是与中国，还是与世界上其他一些法制建设较为完善的国家，互相间大致都能够形成一个可以会话交流的平台。那么，将其适用于身为国际社会一员的中国，应当不会产生多大的不妥。而且，中国刑事法治精神的实质体现——罪刑法定原则与俄罗斯刑事法精髓体现——法制原则在内容上也具有极高的契合性，两种理论体系的基本价值追求与指导思想在互相契合的前提下，犯罪构成理论的补全具有一定的可行性，犯罪认定基础理论中国本土化应当没有太多问题。

（三）理论基本功能的比较

这里所指的理论基本功能契合是指俄罗斯犯罪认定基础理论与中国犯罪构成理论在刑事法体系内整体的职能与作用是一致的。而具体各部分的职能与作用，无论是俄罗斯，还是中国，虽然立法上作出了明确规定，但是学者们的理解实际上还是比较混乱的。同时，也限于中国立法在这一方面的规定有待补充，因此需要在认定犯罪这一基本功能契合的前提下，调整刑事法体系内部各分支理论间的关系，以便犯罪构成理论基本功能的协调适用。

除判断根据与思维方法有一定差别外，对比来看，两者在刑事法体系内的功能完全相同。只不过犯罪认定基础理论比犯罪构成理论在功能设置上更加完整，更加有效。从构造上讲，俄罗斯犯罪认定基础理论将犯罪概念划入到犯罪认定系统当中具有相当的合理性，在对行为罪质进行实质性判断时，犯罪概念的实质判断功用显而易见。中国四要件犯罪构成理论也被赋予了进行行为实质性评价的功能，但却将承担该功能的任务放了犯罪客体上。且不论在一个进行形式判断的理论体系中硬性增加一个实质性判断根据导致结构混乱，功能不清的问题，仅是犯罪客体是否能够承担对行为罪质的实质性判断，是否能够决定行为社会危害性有无和大小，能否决定行为的刑事违法性与应受刑罚处罚性等问题，本书认为，这同犯罪构成理论"勉力"承担犯罪认定基础理论功能从而导致力不从心的状况一样，是既费了牛力又讨不了啥好。从当前学界对犯罪客体的批评与改造上也可以得出相近结论。而且，犯罪客体的功能错置又使得社会危害性与刑事违法性理论受到冲击，导致在具体的犯罪认定活动中，实质性判断功效被无形削减。

就此来说，俄罗斯犯罪认定基础理论在各部分组成结构功能设置问题上处理得较为妥当。实质性判断根据同形式性判断根据紧密关联且相对独立，二者从行为的内、外两方面对行为进行整体评价的方式显得理论体系构设得非常合理、科学。而中国刑法将犯罪概念理论独立于四要件犯罪构成理论体系之外（这种独立也同时使其被排除在犯罪认定实践之外），不参与犯罪构成理论对行为是否成罪的评价判断，由此引发犯罪构成在实质性判断根据上问题不断，屡受质疑。此外，在中国的刑法理论中，在涉及一些特殊行为认定的时候，比如正当防卫、紧急避险、被害人承诺致害等，没有犯罪概念理论参与，无论是通过犯罪构成理论还是借用正当行为理论，完全无法将该类型行为的正当性通过现有四要件犯罪构成理论解释清楚。再者，这部分问题还涉及立法上的差异，排除行为成罪性情节在中国学界被理解为是正当化行为，"情节"与"行为"是不能对应的两个范畴，由此引发的就是理论体系功能的不当使用。而且，中国在立法上只规定了必要防卫与紧急避险两个行为，在犯罪认定中一般是将其作为特殊行为处理，而俄罗斯则在立法中规定了六种排除行为成罪性情节，这一点也体现出俄罗斯比中国更加重视于对特殊情节的研究，并似合理性情况将具有该类情节的行为通过法律予以保护。

从以上阐述中我们应大致清楚，俄罗斯的犯罪认定基础与中国的四要件犯罪构成理论在功能上几乎完全相同。两者不同之处则在于中国的四要件犯罪构成理论等于一肩担多任，而其实际上并不完全能够承担对行为成罪与否的全部评价，因此间接成为中国学者批评四要件犯罪构成理论实质性功能与形式性功能混淆、价值判断与事实判断混淆、控诉与辩护、客观与主观、经验与规范、静态与过程等范畴之间关系混乱等指责的理由。① 过重的职能使得理论难以自足，从而必须被加以合理改造。本书认为，有关于此，应借鉴俄罗斯犯罪认定基础理论予以调整。从俄罗斯相应理论来看，犯罪行为认定的实体性判断基础依据于犯罪概念解决，而其法定性判断基础则依据于行为的事实特征与犯罪构成的法律特征间对比进行。正当化行为则应调整为排除行为成罪性情节。这样，实际上能够更好地将犯罪行为的内在与外在、性质与表现做了清楚的划分与结合。支持犯罪认定基础理论模式的俄罗斯学者一直认为，这是对当代俄罗斯法制原则价值实现的最好方法，司法实务人员不需要对犯罪性质进行过多的理性判断，只需要对其行为是否合乎法律规定进行一般性裁断，按照法律规定的犯罪构成特征认定行为人行为是否成罪，是此罪抑或彼罪，是重罪抑或轻罪即可。②

中国四要件犯罪构成理论之所以产生问题的根源之一在于部分学者将该理论的立法模型与理论模式混淆，该理论体系在基本功能设置上定位不当，部分学者以此为据论证中国犯罪论从整体结构组成上有缺失，由此又返回到其罪魁祸首是照搬来的苏式四要件犯罪构成。这种看法并不妥当，从俄罗斯犯罪认定理基础论体系的组成结构来看，在中国当前的刑事法体系内，都能找到与之相应的理论部分。且各部分理论的原则规范没有过多超越于移植前的理论。不过因为不同的立法宗旨，这些组成部分在功能设定时被赋予了不同职能，由此导致中国的犯罪构成理论就是四要件的犯罪构成理论。中国的犯罪概念理论仅仅

---

① 参见周光权：《犯罪构成理论：关系混淆及其克服》，载《政法论坛》2003 年第 6 期，第46～53 页。

② 参见：История государства и права России. Учебник для вузов/ Под ред. С. А. Чибиряева. М.：Былина，1998г. с－234.

只是犯罪概念理论，正当行为理论也仅仅只是两种特殊正当化的行为。实际上，中国四要件犯罪构成理论以部分结构组成承担犯罪认定基础理论的全部功能，无法不在认定犯罪时产生无法协调的问题。功能契合，组成结构缺失是中国四要件犯罪构成理论的弊端，但是，这也是中国犯罪构成理论借鉴俄罗斯犯罪认定基础理论进行改进的可塑条件。

需要说明，与中国四要件犯罪构成理论相同，俄罗斯犯罪认定基础理论同样依靠犯罪构成客观方面的客体特征表现行为成罪的实质（尽管犯罪客体在俄罗斯学者中多被认为是一个形式要件）。根据《俄罗斯联邦刑事法典》总则第 14 条犯罪概念的规定，行为构成犯罪实质上是因为其具有的四个特征，分则罪状的设定实际上是对行为成罪实质性应当在法律特征上具体表现为什么样态所作的声明，具有挂标签、盖记号的意味。中国的犯罪概念对行为成罪的实质性也有定义，但是却没有与四要件犯罪构成理论结合适用，这一点，直接造成与俄罗斯犯罪认定基础理论在判断根据上的差异。当下，俄罗斯学者对于本国刑事法理论中依靠犯罪认定的实质性特征判断基础与法律性特征判断基础共同结合认定犯罪这一理论模式是较为支持的，认为："犯罪构成应当是法定化的形式模型，它将犯罪的实体性在法律形式上做出体现，这应当是必须的，因为刑事法分则的作用就在于对司法实践具体定罪作出类别性、区分性的指导，基于法制原则的要求，这种实务定罪根据的必须是法定的罪刑模式而不是司法人员的理性思维的发散……大陆法系犯罪认定中的构成要件符合性同样包含了对犯罪实质性的判断，但是它又将实质性判断置于构成要件符合性之上，对行为再次进行有责性与违法性特征的排除，并且按照这个模式就需要依靠司法人员在审理阶段的理性发挥，实际上只能造成法制原则稳定的困扰，而不会更妥当地实现罪刑法定理念的追求。"[①] 犯罪认定因此就显现出一定的科学性。同时，俄罗斯学者认为，对于犯罪的实质性判断还是不便在司法操作过程中由法官进行自由裁断更能保证定罪与定刑的公正性、平等性与效力性的实现，从而使得法律的稳定性与公平性能够得到保障。从这一点上看，中国的四要件犯罪构成理论与俄罗斯犯罪认定基础理论的职能完全是相同的，而结构又是似是而非，不尽相同。本书强调于此，认为这正是当前中国四要件犯罪构成理论研究中应尽快关注、尽快解决的问题，对于俄罗斯犯罪认定基础理论基本构造的探讨将会对中国四要件犯罪认定理论的完善起到重要参考价值。

---

① 参见：Комментарий к Уголовному кодексу Российской Федерации（под ред. В. М. Лебедева）– М.：Юрайт – М, 2001. с –45.

（四）成罪评价模式的比较

从以上分析来看，导致中俄两国在犯罪认定的理论根据，或者说四要件犯罪构成与犯罪认定基础理论功能上大致相同，但功效大不相同的根本原因在于两国对犯罪实质性判断根据、排除行为成罪性情节在该理论体系内的地位与作用认识不同。由此导致在成罪评价模式上也有一定的区别与联系。以法定特征判断为例，中国四要件犯罪构成理论同俄罗斯犯罪认定基础理论之下的犯罪构成理论具有相通性，都是通过对犯罪主客观元素、基本犯罪构成特征组成相应的犯罪构成模式（中国学界一般将这部分内容称为犯罪构成的要件与要素）对行为人与行为进行事实与法律的对比评价，构成要件、要素的符合或者说犯罪主客观元素符合犯罪构成模式即告犯罪成立。由此来看，两种成罪模式较为近似，这也是中国四要件犯罪构成承引自俄罗斯犯罪构成理论最直接的部分。但不同之处在于，中国四要件犯罪构成理论在担当司法实务流程中犯罪认定法律特征判断这一功能之时，又同时兼具对行为进行实质性判断、排除罪质的功能。不得不说，中国的刑事立法赋予四要件犯罪构成的任务是极其艰巨的。既要从法律形式上显示、指导司法实务中的具体定罪，又要阐释犯罪之所以为犯罪的本质属性，还要对被排除犯罪属性的行为给予正当性认可，这就有一点强该理论所难了。法律上，它是行为与罪刑规范模型对比的桥梁，理论上它要探讨行为成罪的法律形式特征，又要探讨行为成罪的实质性基础，按照当下支持德日犯罪构成理论（或者说犯罪成立理论）学者们的观点，它似乎还是将正当防卫、紧急避险等行为正当化，进而适用排除犯罪性或违法阻却事由的立法与理论根据。这样，在犯罪评价模式上，四要件犯罪构成理论实际上身兼数职，同俄罗斯犯罪认定基础理论有着明显的区别。

本书擅自揣摩，以上差别产生的原因是否就在于，四要件犯罪构成在理论系统中摒弃了犯罪概念对犯罪实质性认证的职能，仅仅依靠犯罪客体概念来完成对行为实质性的判断，将犯罪概念视为定罪活动之外的一个理论体系，直接造成了犯罪认定定罪论体系功能与结构的缺失，这必然导致整体系统功能不调。对于这一问题，是否可以做出以下尝试，既然两国在犯罪认定基础理论的功能与构造上具有很多相似之处，基本职能也有重合，那么，借鉴俄罗斯犯罪认定的成罪模式，将犯罪概念实质性判断作为对行为人行为定罪的实体性评价根据，在四要件犯罪构成理论体系（或者说犯罪认定理论体系）当中添加实质性判断基础（犯罪概念），从而完善犯罪构成理论本身所不具有的实质性判断根据，这应当不会造成理论总体上的不协调。而且，这种结构与功能的补全，能够使得中国犯罪构成理论更加完善，相比于引进德日、英美等其他法系的相应理论，需要承担因此可能产生的刑法体系不协调与适用受阻风险的情况来讲，是比较妥当且节省法律资源的做法。在没有构建出具有当代中国特色的犯罪认定基础理论之前，也是较为实际的，具有实用功效的做法。不过，如果采取这种调整方式，还要注意一个问题，中国的犯罪概念与四要件犯罪构成理论体系虽然借鉴于俄罗斯，但是也已经被本土化了很多年，已经是颇具独立性的理论系统，与俄罗斯犯罪认定基础理论中的对应理论有着一定的差别，如何调整二者的具体结构与组成，在犯罪认定这一框架之下重新分配、调整理论功能，从而使中国犯罪构成理论得到完善，充分发挥应有功效还是需要进一步深入探讨的问题。

（五）基本原则与法制精神的比较

毫无疑问，犯罪的认定，无论是理论还是实践，都必须严格地遵循刑事立法的基本原则及其所体现的法制精神。俄罗斯的犯罪认定受到法制原则的限制，而中国的犯罪构成则同样要受到罪刑法定原则的约制。从刑事立法基本原则与法制精神上讲，两国具有很多相似之处。

俄罗斯刑事立法基本原则及其精神的发展状况具有时代特点。[①] 1993年12月12日，俄罗斯联邦举行全体公民投票，通过了俄罗斯联邦成立后的第一部宪法。其中第54条明文规定了："任何人不得对在其实施时不被认为是违法的行为承担责任。"[②] 为了与宪法呼应，现行《俄罗斯联邦刑事法典》第3条在继承《俄罗斯苏维埃社会主义共和国刑事法典》的基础上将法制原则进行调整，并规定为"行为的成罪性（行为构成犯罪时所应当具有的性质）及其应受刑事处罚性，与其他相应的刑事法律后果，仅由本法典予以确定；本刑事法禁止适用类推原则。"[③] 根据这一原则，要求刑事法律必须是具有书面形式的、由立法委员会通过并实行的成文立法规范体系，这就直接将司法判例和理论权威的解释排除在刑事法渊源之外。俄罗斯学者认为该原则体现了"法律没有明文规定不为罪，不受任何的处罚，也不应当承担任何相应的法律后果"。这是承自德国罪刑法定思想并经俄罗斯历史改造过的法制原则在立法上所体现出的俄罗斯现当代法制思想对民主与人权的全力保护。

---

① 俄罗斯刑事立法的基本原则及其精神是俄罗斯犯罪认定及其基础理论都必须一体遵循的。因本书重点关注于犯罪认定基础理论体系的构造，故此这部分内容不做过多述及。

② 参见：Конституция РФ30 августа 1995 г. // Ведомости Верховного Совета РФ 1995. № 3. с‑54.

③ 参见：Постатейный Комментарий к Уголовному кодексу РФ 1996 г. （под ред. А. В. Наумова）М., Гардарика，Фонд Правовая культура 1996 г. с‑67.

不过，俄罗斯学者认为法制原则体现的内涵并不仅限于此。B. C. Комиссаров 教授认为，俄罗斯的法制原则对于人权与民主的保护不仅仅体现在罪刑法定的规定上，从法制原则的内容出发应当做更宽泛的理解。从 B. C. Комиссаров 教授提出的以下关于法制原则的各种含义上看，似乎与中国的罪刑法定理论有些区别，但实质上二者并无不同。他提出，法制原则应当包括以下几个基本层面：第一，刑事法律的规定必须从属于宪法。作为在俄罗斯联邦全境内具有最高法律效力并直接作用与适用的宪法对于刑事立法中的罪刑规范的制定具有最直接的管辖权力，宪法中的基本原则刑事立法必须严格地服从。第二，不得违反俄罗斯联邦签署的国际条约与准则。这就意味着俄罗斯的犯罪认定理论不仅在价值上与罪刑法定内容相契合，同时也必须符合国际刑事法原则中有关的定罪规范，体现俄罗斯刑事立法的国际性。第三，行为是否成立犯罪以及是否应当据此受到刑罚处罚或者承担其他法律后果只能由刑事法律加以规定。这就要求，行为必须符合刑事法律规定的构成才能够被认定为是犯罪。法制原则要求，犯罪认定必须是对行为的定罪。即法律只能是将对个人、社会与国家利益造成损害的行为——刑事意义的行为（作为与不作为）进行定罪处罚。行为是否构成犯罪以及是否应当接受刑事处罚只在于实施了具体的、法定的社会危害行为，刑事法不对法律没有规定的诸如不具刑事意义的行为或者思想进行认定与处罚。[①] 这是法制原则具有独特性的一个方面，它既是俄罗斯学者对罪刑法定原则的扩展与延展，也是俄罗斯学者与立法者对于该条原则独特的理解。这里同时也要求对行为的其他法律后果的法定化进行认定。就是说，行为的其他法律后果必须由法律加以规定，认为刑罚只是犯罪的基本结果，但它不是犯罪的唯一结果，其他刑事法律后果也可以看作是犯罪的后果，比如说，免除刑事责任、减轻刑罚或者附条件提前释放等。而这都需要在犯罪认定的过程中予以明确，这一点是俄罗斯法制原则的狭义化概念，一般被俄罗斯学者称为"俄罗斯的罪刑法定原则"。第四，禁止类推的适用。这一点实际上是对第三点的延伸探讨。法制原则严禁类推的适用，禁止在刑事法典没有对行为作出规定应受刑事制裁时适用相近似的规范进行犯罪的认定。题外补充一点，有关禁止类推原则的适用在俄罗斯学界中争议较大，立法上也多次被提起，这一点与中国基本相同，例如认为："类推的部分适用可以使那些具有社会危害性，但是由于立法的不完善而导致不能裁处的行为不能躲避法律的规制，这对那些以为有些危害行为不具有犯罪构成就可以不受到处罚而实施这类

---

① 参见：B. C. Комиссаров. Российское уголовное право. Общая часть. Особенная часть. Совместно с кафедрой уголовного права МГЮА. М. , изд – во Проспект. 2006. c – 125.

行为的人来讲会产生一定的威慑作用，最主要的是这对减少犯罪的发生具有极大影响。"① 认为类推的价值不能被全部否认。而且从犯罪概念定义上看也算是有依据的，因为行为成为犯罪必须是实施刑事法律规定的危害社会的行为。② 这些观点与中国罪刑法定理论虽然在表述上有一些不同，但是实质上并无区别。

中国的刑事立法移植并借鉴了苏维埃刑事立法，俄罗斯联邦的刑事立法也直接承继于苏维埃，虽然现在俄罗斯的法制原则与中国的罪刑法定原则在表述有许多不同，但二者题下应有之义都包含了罪刑法定这一基本精神，其意都在于严格限制刑事法的发动与运行，条文都明确规定必须在法律作出规定的范围内认定犯罪，脱离现行立法规定的定罪行为绝对禁止。罪刑法定原则的实质与精髓在于限制国家刑罚权，保障人权，维护社会秩序的法制精神，这在中俄两国的刑事立法中都是通篇强调的。俄罗斯法则原则中的应有之义，中国的罪刑法定原则都有体现。

虽然，从立法上看，中国罪刑法定原则的内容多被俄罗斯法制原则所涵括，似乎只是其中的一个内容，但中国有关罪刑法定的理论研究却已远远超过了俄罗斯当前学界的研究状况，中国学者作出了系统而深入的研究将罪刑法定原则的思想上升到了一个更高的层次，李洁教授的《论罪刑法定的实现》一书将罪刑法定原则的理论探讨深入化、体系化，其主旨在于探索中国刑事法治理想的实现之路，③ 这为奠定中国刑事法治理念的铸造与传载增添了坚固的理论基础。"这一原则所蕴含的保障人权、限制司法权的价值追求，在它两百年的发展过程中，不论是从绝对化走向相对化，还是从形式化走向实质化，都是人权保障价值理念的自我扬弃，使其更加理性化，绝不是对社会保护价值的延纳与交融。因此，现阶段要使罪刑法定从原则转变成理念，从理论转变为现实，都需要极力弘扬刑事法人权保障的价值取向。同时，罪刑法定原则的完全

---

① 参见：Комментарий к Уголовному кодексу Российской Федерации（под ред. В. М. Лебедева）М. : Юрайт－М, 2001. с－87.

② 这里刑事法律规定性是犯罪的法律特征，而社会危害则是犯罪的实体特征。行为的社会危害必须是符合法定特征才能成为犯罪，类推原则由此被放弃。

③ 李洁教授认为，罪刑法定的实现应当从立法、司法以及法律解释三个方向寻找罪刑法定的实现之路。关于罪刑法定在立法上的实现，制定法要成为良法，就需要从立法程序、立法内容以及立法技巧三个方面予以努力。从立法程序上说，必须在观念和意识中坚定地确立程序优先理念，在法律的制度建构中以法律的程序制度建设为核心与重点，以民意充分表达的可能性为立法程序公正的标准。从立法内容来说，在罪的设定上，必须合理区分刑事犯罪与一般违法之界限，应该以行为性质而不是行为程度进行划分；在刑的设定上，中国废止死刑之路的基本路径，必须从刑事法、刑事诉讼法的调整以及观念更新上双管齐下，对于一般没收财产刑应予废止，在个罪法定刑的设定上，以行为的社会危害性程度作为法定刑的设定根据，以类型性的危害可能度进行危害程度判定。

实现，也有待于人权保障机制的建立和完善及司法制度的进一步改革。"①

中俄两国有关刑事立法的基本原则与精神在历史上的承继与延展为中国刑事立法的移植借鉴提供了匹配土壤。俄罗斯学者对于法制原则与精神的深刻思考为俄罗斯犯罪认定基础理论奠定了一个坚实根基，促进了俄罗斯刑事法制精神与基本原则理论体系的完善。这为中国刑事法制的改革，尤其是四要件犯罪构成理论的改进提供很多可以深思的东西。当然，谈及此事，中国学者近些年也有着丰硕的研究成果，老中青几代中国学者的不断奋发，已逐渐使得中国的刑法理论摆脱了旧有的樊篱，一个具有中国特色、时代特色的刑事法制体系正在逐渐形成，犯罪构成理论的研究也呈现百家争鸣、百花争艳的局面。而正因此，在中俄具有本质基本相通的基本原则与精神的刑事法体系内构造犯罪认定基础理论的问题，更应得到学界的极大关注。

三、理论完善的前提与思考

本书认为，对于中国的四要件犯罪构成理论体系，无法全面适用于司法实践、难以全面指导定罪的弊端显而易见，或完善或改造或重构定为发展的必然趋势。限于时势，当下更重要的问题不在于或是坚决保持该理论绝不动摇，或是片面否定现有的理论，或是必须全面移植哪个理论，毕竟还有诸如国家制度、国情、民情、传统等现实制约。而且，说实话，对于全面借鉴移植而不经本土化改革的设想，还需慎重考虑，远水永远解不了近渴，远方的和尚也未见得都会念经，会念的话，也要看那个东西听不听得懂，有没有排斥性。当下，谈及四要件犯罪构成理论问题，妥当的办法还是应当先予完善。借鉴俄罗斯犯罪认定基础理论体系的内容，在当下的刑事法体系内对四要件犯罪构成理论构造进行补全与改进则是较为便利的选择。这并不是说构建具有中国特色的犯罪构成理论，或者说是构建犯罪认定基础理论不重要。反而，本书认为，这恰恰应当是中国刑事法学界亟须解决的问题。但是，"罗马不是一天建成的"，我们也要给学者以辩论思考的时间，理论问题的研究需要时间的沉淀、积累与验证，毕竟没有多少人能够对此不做长久的、日积月累的渗洇，就能够构建起一座宏大的理论大厦。况且，既然谈及建构，那就应当以建构一个具有中国本民族特色的，就应当以建构一个科学、合理、协调的、蕴含当代刑事法制精髓的、彰显当代刑事法治精神的理论体系为奋斗目标。毕竟搭建理论体系不同于

---

① 参见陈庆安：《厚积薄发的一部力作——评李洁教授的〈论罪刑法定的实现〉》，载《河南师范大学学报》（哲学社会科学版）2007 年第 4 期。

急迫的救灾救难，不能匆匆忙忙为了应急而建房，与遍及国土四四方方的水泥积木相比，还是具有一点民族特色、传统文明、样式与色彩赏心悦目的建筑更能深得人心，也较能得以世代传载。作者深是赞同导师李洁教授的观点：搭建一个理论体系，就好比是建筑师设计房子，设计得好，并且能够将犯罪构成的各部分安置合理，保证其能够适用而不是塌方沦陷，并且能够保证它的美观与体系的和谐才是一个成功的构建者。因为，犯罪构成问题涉及范围极广，它已经不仅仅是一个行为是否为罪的问题，它其中蕴含着极其深厚的理性思考，涉及刑事法的各种基本理念、人权的保障、社会秩序的维护、法律的公正与公平、行为人无过错不得追究原则，涉及刑罚的具体措施适用，它的合理解决意味着整个刑事法体系内各种繁多问题的削减。而这样一个重要的理论问题不是短时间就能解决的。所以，作者在这里也对以犯罪构成理论重新构建为己任的学者满怀敬意与期待，希望本研究也能够在其中贡献一些微薄的力量。

但是，有关俄罗斯的犯罪认定基础理论，国内尚未有学者予以关注，本书对所作考察能否为中国四要件犯罪构成理论研究提供一个具体的解决方法也言之过早，就目前该理论在俄罗斯的研究现状与实践状况来看，对于中国四要件犯罪构成理论改革的探讨，在以下问题上它应当能够对我们有所启示。

（一）理论应当具有中国本土性

可以看到，在中国当前的刑事法学界，有关四要件犯罪构成理论的各种思想观点纷繁陈杂，众说纷纭。但是，由于严重缺乏一个统一的话语环境，几乎所有的论争都不是在一个共同的平台上展开的。各种理论观点在激烈探讨之余心照不宣地遮蔽了一些根本问题，我们研究的到底是什么？我们在研究谁的犯罪构成理论？我们为什么研究它们？我们所研究行为成罪理论其领域究竟应该做怎样的划分？犯罪论最有意义的根基理论应当是什么？其扩展的领域又涉及什么？我们有没有在一个话语平台上PK？诸位学者探讨的目的显而易见，都是为构建符合中国国情，具有中国特色的犯罪构成理论献力献策。但是，我们探讨的基础是基于"中国的"犯罪构成理论吗？实际上，自清末以来，我们的法学思想、我们的法律制度就已经渐渐失去了华夏民族原来的风貌。当代中国的刑事法学在历史上一直就在移植日本、参照英美、照搬苏维埃，民族传统的法制思想在刑事法律体系内所占份额越来越少。那么，究竟还有什么内容是来自于本民族的东西？历史给予的答案不必言明。而今，两个世纪过去，刑事法理论中传统的东西不断地减少，全盘照搬的状况则是越来越热。当代中国在近30年社会主义改革这样一个巨大的国家体制转型时期，在这个延续着三千年未有之变局的中国故事新篇中，犯罪构成理论将会怎样、应当怎样的问题确实值得我们深思。邓正来教授①在《中国法学向何处去》一书中曾经提出："中国法学之所以无力引领中国法制发展，实在是因为它们都受一种'现代化范式'的支配，而这种范式不仅间接地为中国法制发展提供了一幅'西方理想法律图景'，而且还使中国法学论者意识不到他们所提供的不是中国自己的'法律理想图景'。"② 我们可以看到，新中国成立后，刑事法学界大半个世纪都是在仿效苏维埃，前一段时期，则是对德日的刑事法理论备感倾心，近段时间又认为英美的刑事法理论更适合于我们当前的发展，一直以来，"没有自己的范畴和命题，更谈不上独立的研究范式，朝三暮四，缺乏学科起码的自信，基本理论框架没有定型化，在这种背景下，刑事法学何来的前途。"③ 反思俄罗斯犯罪认定基础理论的发展历程，该理论体系自始至终没有失去俄罗斯本民族的特色与属性，理论萌芽产生之初就将拜占庭的法律进行了大量改造，其后德国犯罪论的进入又被俄罗斯学者重新拆解后组成了俄罗斯的犯罪论系统，尤为显著的是 Ludwig Andreas Feuerbach 的罪刑法定思想与犯罪构成理论，无一不在移植后被俄罗斯人打上了俄罗斯本土标签。从千百年的俄罗斯刑事立法发展史来看，变动虽然是相当频繁，但其基本精髓一直未变，俄罗斯一千多年的民族精神与内涵一直充斥着刑事法全部发展历史。任何时间、任何场景，俄罗斯的刑事法制都没有失去本民族的特性，反而能够不断将外来的其他理念、原则、制度很好地在本国家法制体系内进行改造，从而不断使自己的理论体系更加完善。可见，理论的本土性对于理论生命的延续与活力的激发来讲具有多么重要的意义。

　　作者曾经在俄罗斯刑事法议会公报上看到一段话，深感震撼："一个国家之所以不同于其他国家，一个民族之所以不同于其他民族，就在于民族精神与民族文化的独特性上。这种民族特性体现了国家的特性，也决定了国家体制、

---

①　本书即将完稿之时，惊闻邓先生仙逝之讯，心中百感交集。毕业之后因诸多烦忧很少和先生联系，没想到几年之间便天人永隔。难忘吉大读书时同邓先生相处的时光，深深敬佩邓先生的学术品格，教导之恩永记在心，祝先生千古，精神永存。

②　文章以权利本位论理论模式为例，判定 26 年来之中国法学皆受制于西方现代化范式，以"西方法律理想图景"为圭臬，由此引发中国法学总体性的危机。更为堪忧的是，人们对中国法学缺失"中国法律理想图景"集体无意识。追问至深层处在于，不思考中国人究竟应当生活在何种社会秩序之中，不思考根据什么去思想中国。作为出路，人们被"命令"要立马开始思考"中国法律理想图景"，究其根本，是"中国理想图景"，以使中国拥有"主体性"。达致此目的之途径为，须重新认识或定义"中国"，依凭对中国现实的"问题化"理论处理，建构一种有关中国社会秩序之合法性的"中国自然法"。参见邓正来：《中国法学向何处去》，商务印书馆 2006 年版，第 2 页。

③　参见周光权：《中国刑事法学的想象力与前景》，载 http：//www.legaldaily.com.cn/misc/2007 - 01 /09/content_ 510652. htmJHJm1，访问日期：2006 年 12 月 24 日。

社会制度与法律制度。保持俄罗斯本国法律制度独特性的做法要延续，这是俄罗斯法制得以在法律制度全球化语境中保持了自身的性格……本土性是国家法制独立的重要支点。"① 笔者深以为然，强调国家与民族独特属性的精神对俄罗斯法制独立，甚至强国之奋做了一个很好的注脚。

本土性是每一个理论体系构架与发展都应注重的问题，更遑论是犯罪构成理论。世界上每个国家都有犯罪，每个国家都会在刑事立法体系中规定相应的定罪规则，无论理论体系构建之初是什么状况，各自的犯罪认定（或称为犯罪构成或犯罪成立理论）理论多多少少都会具有本国家独特的民族特色，能够在本民族形成并在其后得到持续发展本身就意味着这种理论具有很强的本土性。以独联体各国为例，苏维埃联盟解体后，虽然各国都曾具有相同的历史渊源与法律制度，但是，这并没有使得他们现行的法制完全相同。从独联体各加盟共和国的刑事法理论与制度上看，每个国家都具有自己的民族特色，各国的刑事法典体现的都是自己本民族的罪刑观念与裁判习惯，所以说，你不能因为俄罗斯伊斯兰教徒的多妻制度就判定它违反了天主教的教义。据此，本书认为，中国犯罪构成理论的建设不能简单地搬抄其他国家的犯罪成立或者是犯罪认定理论，支持中国学者构建具有中国特色的犯罪认定基础理论应当成为犯罪构成理论研究接续的指导思想。那么，这就需要对中国基本国情与民族特性加以思考，使得制定的理论系统能够体现出华夏民族特有的传统与民族精神。"立足本土，充分认识和了解中国国情，尊重中国法文化传统与现实政治法律制度，学习借鉴他国先进的刑事法制度和刑事法学理论，进而实现刑事法治正义的刑事法制度和刑事法学理论，才是当代中国刑事法学研究发展的正确方向。"②

（二）理论本土性与理论本土化

虽然理论的本土性具有重要意义，但是法律是社会发展的产物，法律中促进人类社会文明发展的内容是没有国界的，移民的流动带动了思想的散播，我们总是多多少少地能在不同的犯罪论体系中找到一些相同的特点。可以看到，没有任何一个国家的犯罪认定能够一点不受其他国家犯罪认定思想的影响。既然受到其他理论影响是一种必然，那么，如何处理好本土性理论与外来理论间

---

① 参见：Уголовный кодекс РК от 16. 07. 1997 //Ведомости Парламента РК. 1997. № 15 – 16. с – 211.

② 参见谢望原：《中国刑事法学研究向何处去》，载 http：//www.jcrb.com/n1/jcrb1372/ca623760.htm，访问日期：2007 年 12 月 4 日。

关系则是应当探讨的问题。

　　在犯罪构成理论完善过程中本土性格铸就的问题，需要关注的一个焦点就是犯罪构成的本土部分与移植部分间关系应当如何协调的问题。毫无疑问，必将涉及本土法与移植法间关系的探讨。本土法是有关法律本土性的学说，是指强调应以本土资源为主并以保护本土资源为价值取向进行一国法律体系构建的理论。① 而移植法实际上就是法律的本土化学说，强调的是对移植的法律资源进行改造以便其适应一国法律体系构建的理论。② 在犯罪构成本土性理论与理论本土化间，本土性的犯罪构成理论应当是位于主要地位，受到维护的。因为它体现的是本民族那些悠久优秀的传统观念与世俗习惯，很长一段时间内已经适应了国家与社会的建设与发展，而移植的法律体系往往需要一个适应的过程，这就会间接地导致对国家与社会发展的阻碍，往往需要一个吸收转化的本土化过程。从中国四要件构成理论的发展来看，其对原始移植而来自苏维埃的犯罪构成理论的本土化还是比较成功的，在司法实务中适用了一定的时间，也没有产生什么大的争议，当然，这与"文化大革命"以及前后一段时期中国刑事法理论研究没有得到很好的发展环境也有一定关系。

　　可以看到，在俄罗斯的犯罪认定基础理论形成与发展过程中，俄罗斯民族传统精神与文化、国家的政治、经济制度对其理论体系与法律模式的形成具有极大的影响。从俄罗斯犯罪认定基础理论的发展历程中可以看到，犯罪认定最初的思想萌芽产生于古老的始罗斯原始氏族部落时期，对于初罪概念所形成的认知已经具有一个简单的犯罪认定思想，这应当是其理论产生所具有的本土性土壤，其后由于受到古罗马拜占庭时期法律思想的影响，在基辅罗斯拜占庭条约中借鉴了古罗马法律的定罪判断标准，但是本国国情与民族特色一直贯穿了犯罪认定基础理论的形成与发展过程。如果说外来理论的本土化是俄罗斯犯罪认定基础理论形成今天这个模式所必须经历的过程，那么理论的本土性则是该理论得以持续发展完善的必要条件。我们也看到，18 世纪至 19 世纪末期，俄罗斯的犯罪认定基础理论渐成体系的时候，德国刑事古典学派的犯罪成立理论对其产生了一定的影响，犯罪认定基础理论的要素与特征在选择上很多都借鉴了德国的犯罪成立理论。但是，俄罗斯并没有将刑事古典学派的犯罪成立理论进行全盘的照搬与不加否定的适用，而是有技巧地吸收了其中一部分内容完善

---

① 参见：Комментарий к актам высших судебных органов Российской Федерации / Под ред. А. М. Эрделевского – М. : Новая правовая культура. – 2002. с – 45.

② 参见：О. Алексеева. Камеральные проверки. Готовимся к изменениям // Двойная запись. – 2006. – № 12. с – 12.

了自己的理论系统。这一点给予我们的经验和启迪是不应忽略的，正是因为这种巧妙截取、吸收的方法使得俄罗斯的犯罪认定基础理论能够得以发展而没有被其他法系的所谓的犯罪构成理论，诸如德国的犯罪成立理论所替代。俄罗斯的犯罪认定基础理论能够继续维持这个体系，能够在俄罗斯联邦时期继续保留当前的理论模式，应当是本土性理论与移植理论的本土化问题得到了合理的调节。

对当今三大法系相应理论对比后可以看到，任何一个法系的犯罪认定及其基础理论都具有一定排他性，但在犯罪认定具体的判断条件、组成结构上又都能找到大量相似之处，一定程度上也体现出本国理论与外来理论间的结合痕迹。不过，由于移植过来的理论在本土化方式、程度与内容上的不同导致了具有自身特色理论模式的形成。造成理论间、模式间的差异是一种必然——"不同国家的不同政治制度选择、经济发达水平和民族宗教变迁，以及在不同经济的、地域的、民族的群落中形成不同的法律文化背景，使得法律价值的差异（社会主义与资本主义）、法律精神的差异（集体主义与个体本位）、法律形式的差异（成文法与判例法）及法律运作的差异（法学家与法官的作用）长期存在，正是这些因素确定不移地影响并决定着21世纪法律文化多元化的未来表征。"① 这种差异性导致各国的犯罪构成理论在发展进程中，在不同法系之间相互赋予了一定的影响，基本的思想内涵、外在的法律形式产生了相互融通，有些方面可能会趋于一致（所以罪刑法定思想会在大多数国家得到确认），但是却不会完全一致，都呈现出了多样化发展的状态，这种共同与区别是一种必然，也注定是一种客观的现实存在。② "一种法律制度的历史在很大程度上乃是向他国法律制度借用材料以及将法律之外的材料加以同化的历史。"③ 可见，在犯罪构成理论发展过程中必然会涉及对其他国家相关理论的移植问题。本书认为，片面否认地移植他国理论或者全面肯定地移植他国理论都不是可取的途径。根据中国具体的国情与民族的法制传统精神、借鉴其他国家犯罪认定基础理论内容建构一个独具中国特色、具有长久生命力与旺盛活力的犯罪认定基础理论体系才是一条较为符合民族特性与国家发展的选择。

---

① 参见：И. Я. Козаченко. Уголовное право. Общая часть. 4 – е изд. Издательство：Инфра – М. Год：2008 г. с – 124.

② 参见曹伊清：《全球化背景下法律本土化资源的生存与发展》，载《引进与咨询》2005年第8期。

③ 参见［苏］阿兰·沃森：《法律移植论》，贺卫方译，载《比较法研究》1989年第1期。

（三）理论的完善与本土化改革

俄罗斯的法律制度对中国现代法制建设具有重大影响，尤其是其中一些具有技术性规范的法律在中国都得到了广泛的移植与应用。反思中国四要件犯罪构成理论，虽然适用中产生诸多问题导致实践中的难点与移植的理论不全面有关。但是，根本原因也在于俄罗斯的犯罪构成理论在中国本土化得不够彻底。因此，中国四要件犯罪构成理论需要改进，理论本土性与移植法律本土化二者如何处理的问题需要深入探讨。中国自古是一个封闭的国家，清代以前是绝对保守，清代以后又绝对开放。清代之前，一直有着自己的法律制度与思想，也很少受到国外法制思想的影响，法制环境封闭，但是在清代以后，大量的国外法律思想体系制度一涌而至，导致局面极其混乱，新中国的成立为其开创了一个新的法律局面，但是由于政治因素的影响，导致我们没有在博大精深的中华法律文化传统中去寻找我们自己的犯罪认定理论，而是全盘地照搬了苏维埃联盟的法律体系，经过几十年验证改造，四要件犯罪构成理论在基本能够适应中国的体制之后，又发现它存在着许多的弊端，学派争端因之而起。近年来，中国出现的"本土资源论"、"民间法"研究热潮说明法律人类学的研究对中国法学研究和法治建设是很有必要的。针对于中国近些年热衷于学习研究国外先进国家的法律制度，法学界"西化"风潮尤为严重的现状，如果忽视对本民族发展的历史研究，那么在探索适合本民族发展的法律制度时我们还会走更多的弯路。立足本民族是进行任何理论研究的根基，所以在任何时候都不能忽略了民族自身的文化遗产，中国犯罪认定基础理论的建构更是应当以此为基点。

再者，提到犯罪构成的本土性，它应当存在着一个时代的场景划分。如果以中华民族法律发展史为视角，民国时期适用的是大陆法系的犯罪认定理论。新中国成立，俄罗斯的犯罪构成理论又被吸收进来，至此以往所有有关认定犯罪的思想、原则与制度马上被全盘否定。那么，从本源上讲，我们当今适用的四要件犯罪构成理论实际上根本谈不上是具有什么本土性的理论，它只是一个被本土化的阶段性理论。相对于此，当角度设定在新中国成立之后刑事立法发展史时，又可以认为中国当前适用的四要件犯罪构成理论是很本土性的，这个时候移植国外的相关理论对其进行改进就是本土化问题了。将这个四要件犯罪构成理论放到几千年的华夏法律史当中，我们会发现，悠悠华夏几千年，却没有一点有关犯罪构成的探讨，而当下它又因本土化不强而不能完全适应中国社会主义的建设与发展。可见，无论基于始源，还是基于现实国情与民族特性对当前适用的四要件犯罪构成理论进行本土化改造显然十分必要。对于我们来讲，理论的本土化、理论本土性资源利用应当成为探讨犯罪构成理论改进过程中应当思考和解决的问题。那么在解决问题的过程中，关注中国现实国情与华夏民族特性这两方面，应当在我们自己的法律制度中大力提倡。

需要注意的是，法律制度的本土化绝非生搬硬套、全盘接收，而是一项复杂、系统的工程。一项法律制度要在陌生的法律语境下生根发芽，必然需要与之相应的制度支持和深层次的法治精神与法治观念土壤。以俄罗斯犯罪认定基础理论的发展历史为例，它在始罗斯时期是没有规范的犯罪判断方法的，其最初定罪的思想萌芽是借鉴于自古罗马拜占庭法，从基辅罗斯拜占庭条约中可以看到，其罪刑的设定完全是古罗马刑事规范的翻版，或许可以说如果没有这些条约古罗斯也会形成自己的犯罪认定制度，也或许借鉴其他法系的制度构建自己的法律制度。但是，这毕竟已是一个历史问题，应当承认的是，当代俄罗斯犯罪认定基础理论形成的一个最初根源就是移植于自古罗马的罪刑规范。在理论发展历史进程中，俄罗斯国家并不是处于一个封闭的系统之中，与东方国家毗邻使得它受到东方法律文化的影响，而与欧洲接壤的地理状况又使得西欧先进的文化与思想时刻在对其进行渗透，它的法律制度，如犯罪认定制度中的部分内容总是受到东西方法律思想的影响而不断得到调整，其后也因西欧先进法制思想的影响而得到完善。19 世纪初，罪刑法定思想的传播为犯罪认定基础理论的形成与完善贡献了一定的力量。可以说，没有罪刑法定思想与其后的法制原则确立，也就没有俄罗斯当今独具特色的犯罪构成认证模型与犯罪认定基础理论。

中国目前正处于法治建设的关键时期，移植具有较高质量的法律对于国家的发展来讲具有重要意义。但是，中国的传统文明和农村人口众多带来的伦理优先和熟人社会的阻力，必然要经过一个传统法律思想与近代法治思想的长期斗争与融合的过程。那么这种情况下，本土性法律与法律移植的本土化就有了探讨的必要。也是我们的刑事法理论尤其是犯罪构成理论改革中应当注重的首要问题。众所周知，人文社会科学不同于自然科学，其真理性并无统一的衡量标准。而刑事法学理论的真理性就在于它能够在公平正义的价值体系内有效解决犯罪问题。[①] 也正因为如此，无论是中国的四要件犯罪构成理论还是俄罗斯的犯罪认定基础理论，其目的都在于：第一，要如何制定规则用以公正、公平地解决犯罪与刑罚；第二，要如何在自己的体系内都尽可能地做到这一点。

经过上述探讨，实质问题是俄罗斯犯罪认定基础理论能否为中国犯罪构成理论改革有所帮助？本书认为，目前阶段，限于当代中国社会主义改革现实状

---

① 参见谢望远：《中国刑事法学研究向何处去》，载 http：//www. criminallaw. com. cn/article/default. asp? id =1460，访问日期：2008 年 1 月 23 日。

况与中华民族传统的法律环境与法律思想，对于俄罗斯犯罪认定基础理论的全面借鉴改造是否就能完全改变当代中国犯罪构成理论研究的局面，还不能给予肯定的回答。但是，应当认为，通过对俄罗斯犯罪认定基础理论的历史发展与基本状况的考察必将对中国犯罪构成理论的研究产生重要的启示意义。

俄罗斯犯罪认定基础理论的发展向我们展示了这样一个特点，即不论是外来法律制度和思想的影响，还是政权性质的时代更迭，不论是现有犯罪认定基础理论体系的形成，还是对比其他法系犯罪构成理论体系的研究，俄罗斯犯罪认定基础理论的探讨始终是在坚持对本土性理论的传承中进行的。在这个过程中，由犯罪概念、犯罪构成和排除行为成罪性情节所构成的一个完整的入罪与出罪的行为认定基础理论体系，其理论体系所必需的逻辑自足性得以形成。具体说来，若从其他法系的视角看，可能很难理解为何将犯罪概念作为犯罪认定基础理论体系的组成部分，而且是首要组成部分，更进一步，作为引导定罪的思维结构，犯罪认定体系中的犯罪概念是怎样发挥作用的，将它置于犯罪构成这一法律特征判断之前会不会违背法制原则？实际上，在依据行为的法律特征来区分罪与非罪这一点上，俄罗斯的犯罪认定基础理论与其他法系的犯罪构成理论并无不同，这是对形式化法制原则的坚持，而其之所以将犯罪概念置于体系之首，是在于强调在认定犯罪时应坚持实体判断与形式判断相结合，实体特征与法律特征相结合的整体认知方式，不能因为法律特征是明确表现出来的判断依据就忽视社会特征的判断，因此，俄罗斯的犯罪认定坚持的是犯罪实体判断与形式判断并举的定罪方式。对行为定罪的探讨一直是围绕着这种逻辑展开的，这种形式与实质相结合的逻辑自足性向来为俄罗斯学界与实务界所认可，这也是俄罗斯犯罪认定基础理论体系的本土性得以传承的关键所在。由此可见，理论体系的逻辑自足性对于其存在、发展和传承是至关重要的。经过多年的研究与实践，四要件犯罪构成理论已成为中国的本土理论，在研究与实践的过程中，主客观相统一、质与量的统一、实体判断与形式判断同在、价值判断与事实判断同在是普遍认可的中国四要件犯罪构成理论逻辑体系，这种逻辑结构要求认定犯罪时必须综合考虑各种因素，并要全面平衡地进行。由于近年来对德日构成要件理论研究的加强，递进式犯罪成立理论体系得到推崇，由此而来的是对该理论体系中各种概念的全面借鉴和对四要件犯罪构成理论的全面批判，事实上如果用德日构成要件理论的逻辑来评判中国四要件犯罪构成理论，那恐怕除推倒重建外，很难再有拯救之法，但从俄罗斯犯罪认定基础理论的本土性传承来看，对本土性理论逻辑自足性的深入探讨和发扬光大成为能够解决中国四要件犯罪构成理论问题的关键，这也是促使本土性理论得以健康发展并能有效吸纳外国理论的前提和基础。

关键问题在于，当代俄罗斯犯罪认定基础理论的基本内容在中国刑事法的基础理论中都能够找到相对应的参照，我们有类似的犯罪概念，犯罪构成理论，排除行为成罪性情节，几者不同之处只在于定义的确定、范围的分配以及职能的划分与在犯罪认定基础根据中的地位有所不同。事实上，在实体判断与形式判断相结合的理论逻辑上，中俄两国的理论似乎有异曲同工之妙，但我们应该发现，犯罪概念在俄罗斯犯罪认定基础理论中所起到的实体性判断作用是在综合性意义上谈的，是犯罪构成特征的实体性根据的集中表现，而这恰恰就是在追求形式与实质统一的过程中中国犯罪构成理论应当完善的地方。中国四要件犯罪构成理论中并不存在一个统合性的实体判断概念，实体性判断的职能是由四要件相互配合实现的，没有哪一个要件能单独实现全部的实体性判断职能，同时，形式判断与实质判断相混淆，事实判断与价值判断相混淆一向是中国四要件犯罪构成理论遭到批判的主要原因，而这还是源于该体系中缺乏一个统合性的实体判断概念，这样一个概念的缺乏使得中国四要件犯罪构成理论在追求全面科学地认定犯罪的过程中经常"误入歧途"，理论的逻辑自足性也难以满足。俄罗斯犯罪认定基础理论给我们的现实性启示意义就在于在犯罪认定基础理论体系中存在一个统合性的实体性判断概念——犯罪概念，这样就实现了实体性判断与法律性判断在职能上的分工明确和价值上的有机统一，不致再出现混淆。

那么，将中国刑法犯罪概念中对于犯罪本质进行判断的内容添加到四要件犯罪构成理论体系之内，参照俄罗斯犯罪认定基础理论的模式，将其作为行为特征的实质性判断根据，从结构上看，这样的体系基本就能够保证对行为的全面评价，既可以依据犯罪构成对其进行法律特征的判断，也可以依据犯罪概念解析犯罪的实体特性，在排除行为成罪性情节中也能够结合二者进行辅助认定，实际上这也是将移植于俄罗斯的犯罪构成理论在相同的体系内重新调整完善，也算是一种与俄罗斯犯罪认定基础理论模式契合的做法吧。而且，这种契合的优点在于不会带来体系上过大调整，对于保持法的安全、法的稳定与法的可适用性有着一定帮助。比之与我们全盘照搬其他法系的所谓犯罪构成理论，将其生硬地塞入中国刑事法理论系统当中来讲要妥当得多。当然，将其他法系的相关理论进行改造后再引进到中国的犯罪构成理论当中不是没有探讨的可能，那么，怎么改造？应该借鉴该理论系统的哪一部分？相应的四要件犯罪构成理论体系中又有哪一部分应该被替代？到目前为止，学界中还没有太好的提议。而且，其难处也显而易见。所以，提出借鉴大陆法系犯罪要件理论的学者多是提出全盘照搬而不能在具体改造内容上提出什么有创意的观点。这就好有一比，假设中国四要件犯罪构成理论是一个完整的苹果，将俄罗斯犯罪认定基础理论中实体性判断基础进行补充只不过是对这个苹果本身的成分与结构重新做了划分，苹果整体没受影响。但是，如果将其他法系犯罪构成理论放到这个苹果当中，就需要剜出中国四要件犯罪构成理论中的原有部分，将其他内容塞入，这种结合不同于嫁接，果树嫁接是直接从苹果生长的根基上进行改造，会产生新的品种，一般不会产生什么问题。而直接在现有的果实上进行剜除填补，结果很难预料。我们是否会因为四要件犯罪构成理论体系不足就必须要改变整个刑事法体系根基尚是一个有待探讨的问题，但目前这样做的唯一收获，毫无疑问是整个苹果的烂掉。

而从俄罗斯犯罪认定基础理论的结构上看，其实体性判断根据正是中国四要件犯罪构成理论所缺失的，难以补全的，如果加以借鉴，两个体系间相似的概念、相似的参照物、相似的职能、高度的契合度将会使中国四要件犯罪构成理论得到一定的完善和较为合理的适用，这种借鉴不仅能够使得当前四要件犯罪构成理论焕发新生，或许还会给中国本土性犯罪认定理论的构架在实践上提供以资可鉴的经验。

可以说，当代俄罗斯犯罪认定基础理论的发展历史作为人类社会历史进程中不可或缺的组成部分，清晰地记载了俄罗斯刑事法律演进的时代历程，彰显了俄罗斯民族精神与传统文化特质，同时也明示着俄罗斯不同历史时期各个社会阶段不同形式的经济兴衰、政治兴替与意识形态的兴亡。回顾俄罗斯犯罪认定基础理论的历史发展，第一，对于我们思考中国犯罪论系统当代状况与面临问题、探寻其未来发展的法律路径、构建妥当的理论体系与法律模型，具有一定的启示意义。第二，对于我们了解俄罗斯的犯罪认定系统甚至俄罗斯刑事法律体系的全貌具有前期的理论整理与预备借鉴作用。也就是说，对于俄罗斯犯罪认定基础理论发展状况的了解会使我们在探讨与研究俄罗斯刑事法理论，从而完善中国刑事法制建设时能够取得事半功倍的效果。

作为俄罗斯刑事法律基础理论中具有重要特色的一个理论体系，从始罗斯原始社会氏族部落时期初罪思想形成到当代俄罗斯采用的整体化犯罪认定理论模式，俄罗斯的犯罪认定基础理论经历了漫长的时代发展。从犯罪认定及其基础理论体系组成的发展变革中可以看到，当代俄罗斯犯罪认定基础理论模式的选择有着深刻的法律文化背景，对俄罗斯民族传统精神与文化特质、当代刑事政治以及司法适用等方面有着诸多的考虑。它依托俄罗斯联邦刑事法典总则明确的犯罪概念，参照分则各罪具体罪状设定的犯罪构成，对行为人的行为是否成罪进行实体性判断与法定特征的模型比照，结合行为的实体属性与法定特征对犯罪进行法律确证。特定行为则适用排除成罪化情节。据此模式，在一般行为的判断上，一个人的行为是否为罪，是此罪还是彼罪、是重罪还是轻罪的只能是因为在行为中具有刑事行为性、社会危害性、过错实施性与刑事违法性，而其行为在法定特征上则符合了当前刑事法律对犯罪所设定的各项犯罪构成主客观元素的组合。而在特殊行为的判断上，则是行为的危害因其目的正当而抵销，从而犯罪行为化有为无，进而无罪可断。

以上犯罪认定模式的形成与俄罗斯本民族的精神特质有着深刻的关系。可以看到，在多年的历史发展中，俄罗斯的犯罪认定基础理论吸取了其他国家、其他法系的一些理念、制度、思想学说，但是它并没有被其中任何理论所同化，在时代历程中，由简单的思想雏形逐渐发展为一个完整的理论体系，形成了俄罗斯本民族的法制特色。从中可见，法律理论的本土性在俄罗斯得到了很好的维护。这对当下中国四要件犯罪构成理论完善、将来犯罪认定基础理论构建问题的研究意义重大，如果我们想要一个具有长久生命力的、能够适应中国的社会发展需要的犯罪认定基础理论体系，那么从对俄罗斯犯罪认定基础理论发展状况的研究中或许可以得到一些启示与经验。本书对于俄罗斯犯罪认定基础理论的历史叙述与基本内容的考察的意义也就在于此，希望通过这种历史与实况的研究能够为中国四要件犯罪构成理论的发展，犯罪认定基础理论体系的建构提供一个可以参照的蓝本。

四、犯罪认定中的实质与形式①

犯罪认定基础理论所探讨的问题，实际也是犯罪论应当探讨的问题，限于作者的立意，本书仅关注于犯罪认定基础的三个部分，而它们既是犯罪认定基础理论的支撑，同时也是犯罪论体系的基础。在犯罪论中，几乎所有理论实际上都可以算作是犯罪认定理论中的内容，如刑法的基本原则、精神、价值、职能，再如时效、溯及、共犯、单位犯罪、数罪认定、完整犯罪与不完整犯罪认定等或抽象或实际的问题。林林总总，谈来及去，都逃不脱是为现实生活中的犯罪认定做指导。而犯罪的认定，归其根本，也不过是本书所提出的三部分内容为最基础的。这三部分实际上也有主次、前后的层序，不同视角与价值取向的划分，理论上谈及犯罪，首先涉及的就是"为什么是犯罪"，这是行为实质的内容，其次是"法律规定的是什么犯罪"，这是行为形式的内容，而特殊情况存在时，立法规定了"哪些行为被排除犯罪性质的情节"则是特例，此时的行为必然符合了实质和形式的共同要求，被排除在犯罪之外，是因为这些情

---

① 提及这段有关犯罪形式与实质的思考，在这里要向笔者的师弟中国刑事警察学院徐启明副教授再次致以谢意。他在笔者在反思中国刑事法问题的时候给了笔者很多的提示。

节产生的前提本身具有了符合人类社会道德与法律精神所要求的正当性。因此，对于犯罪的探讨，最基础的也不过就是犯罪的"实质"与犯罪的"形式"。这也是犯罪认定理论的本体部分，从俄罗斯当代犯罪认定理论基础构造上看，实质与形式相统一是认定犯罪的基本逻辑。而这一点，无论是在大陆法系，还是英美法系，抑或中俄都是一致的。关键的问题不是二者的统一，而是二者如何统一。具体来说，对这样两个问题的回答，一是实质和形式是融合在一起的，还是分开的，抑或是有所交叉的；二是实质和形式到底哪个更重要一些，表现在统一的过程中就是，是先实质后形式，还是先形式后实质，抑或是二者并列第一。

　　在第一个问题中我们所要解决的是事物本身的基本属性和认识事物的基本属性之间的矛盾。我们知道，任何事物的基本属性都是形式和实质的统一，对于事物本身而言实质和形式是不可分割地融合在一起的，但是这是否等于说我们在认定犯罪的过程中也要将实质和形式融合在一起来认识呢？并不一定能这样认为。就认识所得出的结论而言，其应该是形式与实质的统一，但这并不否定认识的过程是由浅入深，由表及里进行的，这就需要对"表"和"里"有所区分，也就是对形式和实质要有所区分，实际上人们创造出形式和实质这两个词汇本身就是在认识事物的过程中应该将形式和实质分开说明的最好证明，否则这两个词汇就没有独立存在的意义了。这样我们就知道了，形式和实质相融合是事物的本质属性，形式与实质相分立是认识过程的必然要求，二者并不矛盾。同时应该注意的是，认识的过程与认识的结论又是不同的，过程是分立的，这是认识的必然方法，但结论应该是融合的，也就是说，结论应反映事物的本质属性，这是认识的根本任务。那么分立是如何过渡到融合的呢？认识的过程是围绕着事物本身展开的，因此认识过程中虽然将形式和实质做了分立处理，但是分立不会也不可能割裂形式与实质所具有的天然存在的内在联系，即形式是反映实质的形式，实质是表现为形式的实质，这样形式和实质虽然是分立的，但又互相蕴含对方存在的因素，因此在俄罗斯的犯罪认定理论中作为实体判断基础的犯罪概念中包含刑事违法性特征，而作为法律判断基础的构成要件中包含犯罪客体的内容。

　　对于第二个问题，形式和实质相统一这个基本逻辑似乎给出了答案，即应该形式与实质并重，在认定过程中不分先后，但通过对第一个问题的讨论我们知道，认识的过程一定是由表及里的，而且一定要分开说明，如果是并重的话就等于否定了认识过程的存在和意义，也会造成在认识过程中形式与实质本已分立，结果又混淆在一起，让人无法清晰地认识，因此并重的理论是不成立的，在认识的过程中必须存在先后。还有一种解释是这样的，认定犯罪首先要解决何为罪的问题，然后再解决为何罪的问题，而何为罪是实质问题，为何罪是形式问题，因此是实质在先，形式在后。但何为罪和为何罪的认定过程不能必然得出这个结论，因为对何为罪的界定既可以是实质意义的（社会危害），也可以是形式意义的（刑事违法），即既有实质的犯罪概念也有形式的犯罪概念，而为何罪也未必只有形式意义，比如说偷和抢，杀人和骂人，即便没有形式上的规定，单从实质上人们也会把它们理解为不同的罪。所以这种解释也无法给出答案。实际上解释这个问题的关键在于认识坚持的价值取向。德日的递进式犯罪成立理论是先形式后实质的认识过程，其价值取向是罪刑法定（民主、人权），犯罪构成使人们对自己和国家的行为有所预见，从而防止权力恣意妄为；俄罗斯的犯罪认定基础理论是先实质后形式的认识过程，其价值取向是维护沙皇统治（专制独裁），只要是国家认为与专制统治相悖的观念和行为就可认定为犯罪，至于构成什么罪则取决于国家想要处以多重的刑罚，犯罪构成本身处于次要地位。回到对第二个问题本身的探讨，现在我们已经知道，认识必有先后，而先后取决于价值。

以上分析可以使我们了解基本逻辑对于任何一种认定理论中都是一样的，不一样的是在贯彻基本逻辑的过程中是否认识到认定犯罪是一个由分到合的过程以及在认定的过程中形式和实质的位阶关系，不同的位阶关系取决于不同的价值取向。

我们再来看中国四要件犯罪构成理论和俄罗斯的整体评价理论。中国四要件犯罪构成理论将形式和实质的判断融于犯罪构成之中，形式和实质不分立而且判断上不分先后，进行一体同时判断，符合犯罪构成的同时也就具备了犯罪的实质，具备犯罪的实质一定是符合犯罪构成的，很明显中国的理论将形式与实质相统一，即认定犯罪的基本逻辑作为了认定犯罪的价值取向，这是问题的根源所在，也就是说，四要件理论根本就没有表明它的价值取向。没有位阶的认定表现不出价值取向，这同样是俄罗斯的整体评价理论面临的问题，与中国四要件犯罪构成理论不同的是，整体评价理论将形式和实质在认定理论中做了区分，即犯罪概念和犯罪构成，这就使该理论符合了科学认定犯罪的第一个条件，有划分位阶的可能，这正是较四要件理论的进步之处。

代结语：俄罗斯联邦刑事法典修改及
对中国刑事立法的启示

　　刑事法典是国家刑事法制与刑事法理论发展状况的直接体现者。法典内容的修改体现着国家社会形势与思想形态的发展变动。俄罗斯联邦现行刑事法典自 1996 年 6 月 13 日签署颁布，1997 年 1 月 1 日实行之后，至今已有 13 年的历程。其间，俄罗斯联邦的国家政权还处于创建和巩固时期，社会传统的政治经济体制、社会思想观念、法律的价值追求渐渐受到西方国家推崇的自由、民主与个人本位至上等观念影响，从而导致社会形势与社会思潮起伏动荡。基于这种现实状况，俄罗斯联邦立法机关对现行刑事法典做了多次修改。这些修改使得这部法典与制定之初相比产生了许多不同。比之法典本身，它的历次修改具有更加重要的研究意义。故此，本书截取了这部法典历次修改的基本内容，通过介绍、阐释对法典历次修改的特点进行总结分析，进而提出这种修改对于中国的刑事立法所能产生的启示意义。同时，也对法典译文中未能说明的部分问题做一个提前的补充。

一、导言

　　俄罗斯联邦现行的刑事法典之所以形成及其后的不断修改很大程度上源于俄罗斯联邦现行宪法的修订。1993 年 12 月 12 日，俄罗斯联邦在举行议会选举的同时，在全联邦境内举行了对第四部新宪法草案的全民公决，结果以占参加投票选民 58.4% 的赞成票通过了新俄罗斯联邦宪法。这部宪法彻底摒弃了社会主义政治制度的根本原则，引进了西方"民主政治"、"主权在民"等基本的宪政思想与制度，确立了总统制为俄罗斯联邦民主共和政体形式。为了适应俄罗斯联邦宪政体制需要，为了促进俄罗斯联邦宪政制度的运行，促使俄罗斯联邦刑事政治与刑事立法能够契合俄罗斯联邦的宪政体制并且能够适用于俄罗斯联邦境内层出不穷的犯罪状况，俄罗斯联邦国家杜马于 1996 年 5 月 24 日制定并通过了俄罗斯联邦现行刑事法典。法典草案在递交到俄罗斯联邦委员会之后，于 1996 年 6 月 5 日获得批准，1996 年 6 月 13 日由当时在任的俄罗斯联邦总统叶利钦签署颁布，1997 年 1 月 1 日该法典正式产生法律效力。

　　该部法典由 12 篇 34 章 360 个条文组成，基本体现了俄罗斯刑事政治的价值追求和理论构想。法典在结构的设置上分为总则与分则两大部分。其下为各编、章、条、款、项与各段具体规定。法典的总则部分设定为 6 编 15 章 104 个条文，分别为刑事法、犯罪、刑罚、刑事责任免除与刑罚免除、未成年人刑事责任以及其他刑事性处罚措施 6 部分。分则分为 6 编 19 章 256 个条文共 6 大类罪。分别为侵害人身罪、经济领域罪、危害公共安全和社会秩序罪、危害国家政权罪、违反军役罪、危害人类和平与安全罪。依照犯罪行为的社会危害性性质与程度的严重性不同、犯罪行为所侵害社会客体的重要性不同，对犯罪人和被害人身份个性特征的说明不同为标准，对不同犯罪在具体条文之中分别予以规定，并指定了相应的刑事责任承担及因此应当接受的刑事处罚种类。此下，依据 6 大类罪各自侵犯客体的不同设立了不同的具体犯罪。再其下，根据犯罪行为侵害具体客体的差异，将其分别规定为更为详细的列举式罪种。此外，在总则部分第 15 章下附加规定了副 15 章，加入了 3 个副条文作为第 104 条的副属条文，在第 80 条下附加了一个副条文。分则部分的 16 种具体犯罪的条文之下附加规定了 25 个副条文。对于分则具体罪行中部分在司法实践适用时不便认定的内容，直接在法典中设置了 57 个附注进行限定说明。

　　这部法典于制定之初曾经被认为是俄罗斯联邦进行司法体制改革、完善个人权利和自由保障体系的一个典范。法典之中采用的新的刑事立法思想顺应了国家社会政治、经济、意识形态客观发展的需要，最大限度地促进了新型社会体制的形成，促进了国家法制原则、法律秩序以及涉及人的自由和安全的国际法律基本原则的确立，是俄罗斯联邦刑事立法民主化的一大飞跃。俄罗斯联邦刑事法学者曾经评价该部法典为一部具有民主性、科学性、进步性和时代性的刑事法典。但是，这样一部被赋予如此之高评价的刑事法典并没有能够适应俄罗斯联邦现实的社会需要，在其适用之后不久，就受到了俄罗斯联邦立法机关的不断修改，这也在一定程度上说明了该法典具有难以适用的缺陷和不足。

二、俄罗斯联邦刑事法典修改原因

　　任何一部刑事法的修改都不是随意的、偶然的现象。刑事法修改本质上是社会发展推动的结果，社会生活条件的变化是刑事法修改的根本动因。俄罗斯联邦自成立之后，社会形势一直处于一种动荡变化的状态之中，国际、国内发展变化的社会现实不断对这个新生的"自由与民主的宪政国家"产生着深刻的影响。俄罗斯联邦现行法典产生的根本原因正是源于这种动荡的社会形势推动，它是国际与国内社会政治、经济以及社会意识形态变化催生的直接产物。但是，该部法典适用后的实践证明，它并没能从根本上解决俄罗斯联邦现实社会中的诸多问题，同时亦暴露出自身很多不能适应客观社会发展现实需要的问题，因此，该法典面临修改的命运实难避免。

具体来讲，修改的原因主要有以下几点：

（一）形成之初的立法与司法之争

从法典形成过程与产生背景来看，法典自颁布实行之日起就面临着必然修改的结果。苏维埃联盟解体之后，俄罗斯联邦作为其继承者，政治上，告别了社会主义制度，迅速由人民代表苏维埃体制转向资本主义国家的三权分立和多党制。经济上，坚定地实行以"快速、无偿和股份制"为主要特征的私有化进程，由计划经济急骤地转向市场经济。① 俄罗斯联邦承继的、原本适用于社会主义制度的刑事法律体系也相应受到影响，不得不接受改变的命运。1991年年初，俄罗斯联邦司法部组织的刑事法典编纂小组成立，该小组由一些多年研究刑事法律理论的专家、学者以及联邦高法与检察机关的代表组成。同时，联邦立法委员会也组织了一些资深的学者、专家和相关部门的代表成立了立法机关的法典编纂小组。两个编纂小组对法典总则、分则的结构设置、内容安排等一系列问题存在着重大争议。因此，在该部法典制定过程之中一直充满了司法与立法两派的对立与斗争。立法、司法小组的注意力都集中在对法典制定权的争夺上，从而对法典的具体内容与客观实际效用如何，双方都没有从犯罪学、刑事政策学等方面进行过充分的认识和论证。这样就使得这部制定之时没有经过必要的探讨、通过之时没有经过细致的研读，理论上没有得到充分的论证、没有借鉴实践中的操作经验的法典在仓促之间草率出台。导致法典先天上就不可避免地存在着诸多立法上的缺陷。最后，这部混杂了两派观点的法典在适用之后的实际情况也证明了其中存在着诸多缺陷与不周延。许多规定出台之际就不能符合俄罗斯联邦社会客观发展状况的现实需要，一些规定不能适用于实务操作，一些规定已经落后于国际上先进的刑事法律规范。因此，如何使得法典能够进一步适应俄罗斯联邦现实社会的犯罪状况，及时规制新生犯罪就成

---

① 薛瑞麟：《俄罗斯刑事法研究》，中国政法大学出版社 2000 年版，第 61 页。

为法典历次修改的主要原因及重要任务之一。①

（二） 对社会发展状况没有做到客观的分析与预测

1990 年 6 月 12 日，俄罗斯联邦发表了主权宣言，强调本共和国的法律"至高无上"。接着一批加盟共和国仿效俄罗斯联邦也发表了主权宣言。国际与国内形势急剧动荡，俄罗斯联邦国内社会总体上也处于一种混乱无序的状态。这就导致高犯罪率、暴力犯罪、有组织犯罪、职业犯罪和贪利犯罪是没有先例的。② 而此时的俄罗斯联邦刑事立法对社会发展状况并没有作出充分估计，法典之中许多规范滞后于社会形势的发展状况。

东欧剧变之后，俄罗斯联邦摒弃了旧有的社会制度，开始独立自主地探索自己的发展道路。"戈尔巴乔夫时期建立起来的多党制、自由选举、出版自由、分权保留了下来。所有这些为在俄罗斯形成真正自由、民主的公民社会，为建立法治的文明国家打下了基础。"③ 然而，构建这种法治国家的基础是一个刚刚经历社会变革的激烈震荡并仍然处在不稳定时期的国家，社会之中处处充满了各种矛盾与冲突，国家权力急剧更替和位移，政治、经济制度建设严重滞后、社会意识形态极度混乱，这种混乱无序的社会状况直接冲击、破坏着国家新生的宪政体制、社会秩序和社会机制直至人们的思维方式、行为方式和道德准则。社会中充斥着大量的暴力行为、吸毒贩毒、卖淫、贪污、出卖国家财产和资源等社会问题。大量形形色色、林林总总不同形式和种类的犯罪在不断发生。思想混乱和法制观念薄弱的社会状况导致俄罗斯联邦境内犯罪状况急剧恶化，犯罪数量大幅增加。据统计，从 20 世纪 90 年代中期至今，俄罗斯国内的犯罪率水平短期内就增加了一倍。更为严重的是重度犯罪的比率比轻度犯罪的比率增加速度要快得多。随着"自由化"由"思想"上升到"主义"进而成为国家和社会的共同信仰之后，俄罗斯联邦境内集结性犯罪的犯罪率急剧达

---

① 例如，法典之中部分罪刑规范的内容难以符合有关人权保护的国际法律规范，法典制定之初也没有充分估计到现实社会犯罪现象的多变性与多发性，对犯罪种类与刑罚规定设定的合理性与合法性预先也没有进行充分论证。这就使得司法机关面对不断发生的一些侵害人身权利的犯罪，诸如贩卖人口、奴役劳动等严重犯罪；危害公共安全的犯罪，诸如恐怖主义活动、破坏生活保障设施、吸食精神致幻类药物等犯罪；危害国家安全的犯罪，诸如宗教分子实施的极端主义与分裂主义的犯罪和经济领域内藏匿税款、洗钱等形式的犯罪在法律上找不到合法制裁的理由与根据。

② 译自俄罗斯联邦列宁格勒国立大学社会科学院历史研究所研究员米罗诺夫教授《俄罗斯社会历史的发展》一文，文章来源于 2003 年 10 月米罗诺夫教授于吉大东亚研究所进行专题讲座时的部分手稿。

③ ［俄］Б. С. 戈尔舒勃基、Э. Д. 洛赞斯基：《俄罗斯的民主经验》，莫斯科"星期日"出版社 1998 年版，第 176 页。

到了以往从未达到的高度。以有组织犯罪形式表现出来的暴力重度犯罪和极其重度犯罪日益增加。分裂主义、极端主义以及恐怖主义活动犯罪已经不仅仅局限于某一个地区或是某一个联邦主体之内，这种犯罪呈现出一种国家到国家、国内到国际的蔓延势态。同时，经济领域内的犯罪现象大量增加，其中75%为贪利性的犯罪。以1985年时起向新经济关系过渡、失业现象产生、居民赤贫化及大多数居民价值观念、社会理想被改变这些重要现象为标记，经济领域内产生了许多新型的犯罪种类。国内的社会形势动荡不定，社会体制的变动更迭、社会意识形态的多元化、西方化等原因成为社会犯罪现象大量发生的根源之一。

以上的各种社会现实状况要求俄罗斯联邦整个刑事法律体系，其中包括刑事立法体系应当快速作出相应的变动。然而，现行法典在设立之初并没有过多地考虑到社会形势发展变化需要刑事立法与之不断适应的客观现实。法典之中大量罪刑规范的不周延、欠严谨使得司法机关面对不断发生的恶性犯罪无力应对。因此，对于法典之中不适当的条文与款项进行修改的要求与呼声随着社会形势恶化、犯罪现象剧增而越来越高。推动俄罗斯联邦刑事法典修改的客观因素由此产生。

（三）对政治形势的发展状况没有充分认识

苏维埃联盟解体后，承继其后的俄罗斯联邦，转变了国家政治制度，开始由原先的共产党一党高度集中的执政体制向多党派参政的民主议会制度过渡，"由于执政的民主派模仿西方国家实行的总统制、三权分立、议会民主、多党政治、自由选举等……这决定了俄罗斯政治转轨不仅是长期、曲折、复杂的，而且带有很大的不确定性并伴随着激烈的政治斗争。"[①] 激烈的政治斗争导致社会失去了正常秩序，大量犯罪由此产生。联邦新生的宪政制度在这种社会形势之下，受到了极大的冲击。因此，法典设立之初的一个重要任务就是适应政治体制变革需要，为国家新的宪制政体服务。法典制定之初也曾考虑到政治体制的变革对刑事法典内容的相应要求，但是，由于制定之时的草率和仓促使得法典对于俄罗斯联邦国家政坛动荡更迭的状况没有给予充分的关注。法典施行之后，便受到当时俄罗斯联邦社会政治状况的急速变化、政治系统权力主体的剧烈更迭等因素冲击，暴露出诸多不能适应社会发展现实需要、司法实践难以操作等问题。为使俄罗斯联邦的刑事立法能够适应社会政治形势，为使法典能够充分发挥对俄罗斯联邦宪法与国家政治体系的保障作用，俄罗斯联邦立法机关以俄罗斯联邦宪法为依托，调整刑事立法的指导思想，对立法规范之中部分

---

① 金雅娜主编：《俄罗斯国情》，哈尔滨工业大学出版社2001年版，第108页。

不适应宪政政权建立的罪刑规范、因政治体制更迭产生的新型犯罪以及失去刑罚制裁意义的政治行为的相关规定及时在法典之中予以适时修改，力求法典能够逐步适应社会政治形势的发展需要。

（四）对经济形势发展变化的现实状况估计不足

俄罗斯联邦成立之初，由于社会经济体制从计划经济向市场经济的骤然过渡，激进的经济变革导致法典为适应社会经济形势变化的实际需要而进行调整。法典制定之前，俄罗斯联邦刚刚经历了苏维埃联盟解体、俄罗斯联邦独立、从社会主义制度向民主主义体制转轨以及国家权力机构主体不断变动等社会客观现状引发的经济危机的考验，经济体制的混乱状况使得俄罗斯联邦国内治安状况急剧恶化。现行法典颁布施行之后，最大问题则在于在经济领域之中出现了诸多新型的犯罪形式适用现行法典难以制裁。为了改变这种被动状况，俄罗斯联邦立法机关在法典中增加了相应具体的罪刑规定，并对侵犯所有权、经济活动领域等类罪之中的部分涉利犯罪的规定进行了调整。①

（五）对社会意识形态多元化发展没有充分的意识

20世纪80年代中期，苏维埃联盟国内兴起"无条件的民主"和"意识形态多元化"思潮。随着俄罗斯联邦宪制政体的确立，这种思潮在奉行自由与民主的俄罗斯联邦国内找到了更大的发展空间。但是，因此也使得俄罗斯联邦社会内各种自由主义思潮的泛滥，多党制导致政治纷争不断，党派之间的政治对抗使得社会局势动荡，这些现象直接致使犯罪现象的大量发生。在思想意识形态急剧混乱的状态下，国家意识形态逐步消亡，国内一元的社会意识形态急剧分化。社会意识形态被各种思潮所分割，人民缺少思想上的共识。新的宪法为民众的个体主动精神和进取精神发展开拓了更为广阔、更为自由的空间，拓宽了社会规范所能允可的范围限度。但是，同时也促进了偏激行为的发展，这其中就包含了犯罪的一些形式。"感受到'自由滋味'的人民已经不想再回到从前的年代了。任何不通过可观的物质补偿就力图使得这种变革恢复回旧秩序

---

① 例如，在经济领域类罪之下增设了第171-1条"生产、购买、存储、运送或是销售无注册标识的商品和产品"、第174-1条"将行为人犯罪所得的钱款或其他财产合法化（洗钱）"与第185-1条"对投资者或监察机关蓄意逃避提供俄罗斯联邦证券法规规定信息"等新的罪刑规范。同时，因为社会经济形势发展，部分罪刑规定已经丧失规范意义。因此对如第182条"故意制作虚假广告"、第200条"欺骗消费者"等不再具有刑事制裁意义的法条在法典之中予以废除。

的做法招致了不断的抗议，新的抵抗浪潮成为激发犯罪率增长的一个新阶段。"① 由此可见，社会意识形态的扭曲对于一个国家与社会犯罪状况的发展有着多么重要的影响。

（六） 对动荡的国际形势未能及时做好应对之策

俄罗斯联邦联邦委员会与国家杜马在制定法典之时，并没有意识到国际局势正在发生着深刻的变革，没有看到国际形势中的不稳定、不确定因素在不断增加。国际社会形势的动荡不定随时都具有侵害俄罗斯联邦国家安全与稳定的危险。法典适用之后，联邦境内因传统的政治、思想观念、种族、宗教、领土等问题所引发的各种冲突在国际形势的影响下逐步扩大，并且随着恐怖主义、极端主义与分裂主义活动在世界范围内的蔓延，大量犯罪得以国际化和跨国化。近些年，发生的数十起极其恶劣的恐怖主义、分裂主义以及极端主义的犯罪活动，在俄罗斯联邦境内造成的危害不断加剧，使得俄罗斯联邦社会公共安全以及联邦国家宪政体制的运行遭受到极大的危害以及被危害的危险。这些，都是法典制定之初未能预见和规制的。②

（七） 部分罪刑规范与国家宪政制度要求不相符

1993 年俄罗斯联邦新宪法将人与人的权利和自由确定为法治国家的基本价值原则。宪法之中第 2 条明文规定，"人与人的权利和自由具有最高的价值"、"承认、恪守和保障人与公民的权利与自由是国家的应尽义务"等基本原则，要求把保护人与公民的权利和自由作为刑事法典和刑事诉讼法典的首要任务。人的权利与自由平等原则要求俄罗斯联邦刑事法典在立法上对此作出相

---

① 据统计，1960 年至 1985 年在苏维埃政权之下，在社会意识形态一元化条件下的犯罪率增长缓慢，但是当自由主义成为国家和社会的共同信仰之后，犯罪率急剧上升到了以往从未达到的高度。1985 年至 2000 年，社会向新经济关系过渡、大量失业现象产生、居民贫富差距巨大，以及大多数居民价值观念、社会理想被改变使得犯罪现象急剧增加。部分犯罪被大多数居民视为是一种正当的生活方式。例如，1998 年对 18 岁至 29 岁年龄的人进行过一次社会调查，对于"你对参与犯罪集团持怎样的态度？"这一问题，14.5% 被调查的男性和 9.2% 被调查的女性认为这是一种获得钱财的正当方式。被调查者中还有 28.3% 的男性和 12.7% 的女性认为，如果受到生活的逼迫可能会暂时参与。令人吃惊但是事实如此，有 5.8% 的男青年和 1.9% 的女青年把当强盗作为最威风的职业。资料来源于俄罗斯联邦列宁格勒国立大学社会科学院历史研究所研究员米罗诺夫教授 2003 年 10 月于吉林大学东北亚研究所作专题讲座的部分手稿。

② 为此，俄罗斯联邦立法机关一连在法典之中的危害公共安全罪一章之中增补了一系列条文和款项进行补充，并加大了部分罪行的刑事责任与刑罚。例如，增补了第 205 - 1 条"怂恿实施恐怖主义犯罪或者为实施恐怖主义犯罪提供其他帮助"、第 215 - 1 条"停止和限制提供电能或者切断其他生活保障能源"，以及第 215 - 2 条"致使生活保障设施停止运行"等新的犯罪类型。

应规定，并且在其后司法适用之中遵循该原则来不断调整自身的法律规定。现行法典第 2 条也明确刑事法典的任务就是"保护个人和公民的权利与自由，保护财产"，并将其放在"维护社会秩序和公共安全"、"捍卫俄罗斯联邦宪政制度"等任务之前。与此相应，法典分则部分章节的罪名在排列上也与之适应，按照侵犯个人、社会和国家利益的顺序重新排列各类犯罪，其后法典数次修改的主要内容也是针对法典规定之中不符合宪政制度的人道主义原则与人权要求的规定予以废除、调整或是补充。

（八）其他原因

以上几点可以说是法典历次修改的主要原因。但是，除此之外，法典需要修改还缘于法典制定之初的语言表述、语法使用上存在着诸多问题使得部分条文和款项存在难以解释和变通适用的缺陷。大部分的条文款项在逻辑上存在着定义不周延，规定含混之处，因此导致司法系统面对社会急剧变化产生的诸多犯罪不能够很好地运用法律手段进行制裁。另外，法典制定之初并没有经过一个充分的理论储备过程。由于上述第一点原因立法机关并没有充足的时间对法典进行理论上的研讨与论证，对犯罪现象的新特点和新趋势没有做到应予的考虑，立法思想仍就困顿于旧有的观念，这对于法典及时有效地打击现行犯罪来说未免有些滞后。再者，法典制定者没有及时对各国先进的立法规定以及国际上前沿的刑事法律思想进行吸收与借鉴也是法典适用之后不能够适用于客观社会形势发展需要的主要原因。凡此种种，法典在适用过程之中不可避免地存在诸多弊端需要调整。

三、俄罗斯联邦刑事法典的修改内容

俄罗斯联邦现行刑事法典自适用之后，经过一段时间的实践证明，法典并没有从根本上解决俄罗斯联邦现实社会之中的诸多问题，同时亦暴露出自身很多不能适应客观社会发展现实需要的问题。为使法典能够更加适应俄罗斯联邦宪政体制，适应国际形势与俄罗斯联邦社会政治、经济形势以及意识形态的发展需要，俄罗斯联邦联邦委员会、国家杜马和俄罗斯联邦宪法法院自 1998 年春季例会（1998 年 5 月 27 日）时起至今，先后 61 次颁布法律对现行俄罗斯联邦刑事法典中大半条文与款项进行了一系列的修改。总体上讲，历次修改之中涉及变动的条文款项几占法典总条文的 3/4。其中涉及变动的款项达到 816 处之多。

（一）整体结构的调整

从整体结构来讲，法典条文的修改方式主要有三种：一是对法典之中某些因社会政治、经济体系、价值观念、文化观念等社会范畴变化而不再具有实际适用性的规定，以及因此不再被认定为是犯罪的行为，通过颁布联邦法令的形式宣布其失去效力。但是，出于保持法典条文整体性结构的考虑，这部分失去效力的条文标号以及名称继续在法典之中予以保留。二是对于部分规定不符合社会情势客观发展要求，但是仍然具有适用价值的条文与款项，直接在法典之中进行修改、调整抑或添加附注加以限定说明。一般来讲，法典的历次修改基本上都是以这种调整修改为主要方式。三是对于因社会政治、经济形势发展、社会意识形态更迭而不断引发的新的刑事犯罪，在刑事法典中以新增条文的形式加以规定。可以说，法典在历次修改之中，条文总数没有变化，具体条文之下的款项则因需要而进行了适当废除、增加或者补充。部分条文款项的罪刑规范内容因此而扩大，而部分条文款项的内容又因需要而缩减。综观法典全文，几近 2/3 以上的条文款项都受到过不同程度的修改，有些条文甚至多次被修改，更有甚者，部分条文条款多次废除后又适用，适用后又废除。

（二）条文名称的修改

随着社会形势的不断变化，法典之中部分的条文名称在表述上已经不再适应社会犯罪发展现状与司法实践操作的需要。因此，俄罗斯联邦立法机关对这部分内容重新进行了表述。修改之后部分条文名称的表述转变为下列形式：总则部分的第六编修改为"其他刑事处罚性措施"，此编名称修改之后，将前期废除的刑事处罚方法——"没收财产刑"重新作为一种刑事处罚措施"没收财产"扩展到了法典中。其他的如将第 93 条修改为"附条件提前免除刑罚"、第 118 条修改为"过失重度伤害身体健康"、第 134 条修改为"同未满十六岁的人员实行性交或其他性行为"、第 169 条修改为"阻碍合法经营或阻碍其他的合法活动"、第 205 条修改为"恐怖活动"、第 220 条修改为"非法利用核材料或放射性材料"、第 221 条修改为"偷盗或敲诈勒索核材料或放射性材料"、第 222 条修改为"非法购买、转交、销售、存储、运送或者携带武器、武器的主要组装部件、弹药、炸药或是爆炸装置"、第 238 条修改为"生产、存储、运送，或者销售的商品或产品、从事的工作、提供的服务不符合安全标准"、第 260 条修改为"非法砍伐种植林林木"、第 261 条修改为"毁损种植林林木"、第 280 条修改为"公然鼓动实施极端主义活动"、第 307 条修改为"鉴定人、专家故意提供虚假证词、鉴定结论或者故意错误翻译"、第 325 条修改为"盗窃或损坏证件、图鉴、印章或者盗窃消费税税票、专有标志或相应标识"等名称，第 141 - 1 条"破坏候选人、选举同盟、竞选联盟进行选举运动与民公投倡议团体以及其他全民公投参加团体进行全民公投活动的资金拨付制度"临时适用并将于 2011 年重新修改。法典之中的这些条文名称和罪名经过修改之后，在表述内容的相当性、条文的总体概括性上显得更加严密和准确。

（三）条文款项内容的调整

这部分的修改主要包括了对大部分条文款项内容的废除、增设与补充。为应对俄罗斯联邦现实社会的犯罪状况，俄罗斯联邦立法委员会与国家杜马对法典之中已经没有适用与处罚意义的条文予以废除，停止其适用效力，对制定之初未作规定，然而现实之中不断产生的新的犯罪行为，做出了增补规定，对罪行不周延的部分条文款项进行了补充。

1. 丧失效力的条文与款项

根据社会形势发展的客观要求，对于部分不再具有或不完全具有俄罗斯联邦刑事法律所要求的犯罪属性，即社会危害性、刑事违法性、过错性与应受刑罚惩罚性的犯罪行为，就是说这种行为具有的特征已经不再或是部分被俄罗斯联邦的刑事法律认定为犯罪的条文与款项，在法典中停止适用效力。这样，人们就能够及时对法典的规范内容有一个正确的了解，能够恰当地选择适法行为。

具体讲，现行法典颁布之后至今，法典中丧失效力的条文一共有 7 条，款项约 63 个。废除效力的条文有：第 16 条"多次犯罪"、第 52 条"没收财产刑"、第 77 条"鉴于情势改变而免除刑事责任"、第 152 条"贩卖未成年人口"、第 182 条"故意制作虚假广告"、第 200 条"欺骗消费者"、第 265 条"逃离交通运输事故现场"。值得关注的是对于第 52 条"没收财产刑"的废除及重新规定。① 历次修改中约有 63 个款项被删除，这里不多赘述，感兴趣的读者可以参看译文注解。

2. 增设与补充的条文款项

条文款项的增补方式有以下两种：一是在法典部分单立条文之下增添附属副条文，对该种犯罪之中部分原先没有规定的犯罪行为予以特别规制；二是对

---

① 2006 年 7 月 27 日制定 2006 年 7 月 29 日颁布施行的俄罗斯联邦第 153 号联邦法律在法典中增设了第十五章副一章，将没收财产刑附设在第十六编"其他刑事处罚性措施"中，改变了其刑罚种类的属性，调整为处罚措施，下设了三个副条文对其作用进行了详细规定。

某些罪刑规范不周延的条文增设款项或是补充内容，在条文之中直接对缺陷之处进行修改使其完善。

历次增设的条文有：总则第十五章下副一章，分则的 16 个单设条文下的 25 个副条文。具体为第 80 条、第 141 条、第 142 条、第 145 条、第 171 条、第 174 条、第 185 条、第 242 条、第 322 条、第 327 条之各增设一个副条文；在第 127 条、第 199 条、第 205 条、第 228 条、第 282 条、第 285 条下各增设两个副条文；在第 104 条、第 215 条下各增设三个副条文对该类犯罪侵犯的具体客体加以补充。对规定不完整的条文款项进行的增设与补充较为烦琐，感兴趣的读者可以参看译文注解。

简言之，这种直接增设、补充条文款项的方式使得俄罗斯联邦现行的刑事法典对适用之初未能充分预测，现实社会却时有发生的犯罪行为在立法上有了处罚的根据和理由。在对法典总体结构不作改动的情况下，使得法典对有关犯罪的规定更加完善和明确，刑事法制裁范围有所扩大，而刑罚处罚也更加合理。

（四）有关附注的说明

俄罗斯联邦刑事法典之中的附注是个较为特殊的存在，它附设在具体条文之下，具有刑事法解释的作用。但是在俄罗斯联邦刑事法律理论体系之中并不认为条文的附注是一种所谓的立法解释，抑或是司法解释。就个人理解，它应当是一种司法解释以立法解释的形式在刑事法典之中被直接加以规定。俄罗斯联邦刑事法典的附注是直接规定在法典之中，具体体现在特定的法条之下的，为在司法实践中认定某些具体犯罪提供规范性的指导。作为俄罗斯联邦刑事法典中颇具特色的一种刑事规范，附注对于刑事法典在司法实践中的运用具有重要的指导意义。在俄罗斯联邦刑事法典分则体系规定的 258 种具体犯罪当中，共有 57 处针对具体行为的认定问题设置了附注。随着俄罗斯联邦刑事法典的不断修改与补充，附注也一直处于不断的修改与变革之中。经过历次的变动，法典中一共增设补充了附注 28 个，停止了 7 个附注的规范效力。对于附注的修改与调整同样显示了俄罗斯联邦刑事立法与刑事法理论价值追求的变更。

从以上修改情况之中可以看出，俄罗斯联邦刑事法典虽然在总体构设上仍然保留着现行法典的部分内容和特征，但是随着时间的推移，社会不断发展，其形式与内容已经越来越受到国际社会与其他国家刑事立法思想、刑事立法理论与模式的影响。这种影响之重要不仅在于它把新的法律理念和规范准则带入到俄罗斯联邦刑事法典之中，还因为它引发了其构成法律意识基础的刑事法概念和定义的重大变革，具有值得研究的特点。

四、俄罗斯联邦刑事法典修改特点评析

俄罗斯联邦刑事法理论与立法模式作为世界刑事法律理论体系之中的一个分支，与英美法系、大陆法系的刑事法理论和立法模式相比，有其独到的特点和个性。这一点我们从俄罗斯联邦刑事法典中的一些规定，例如犯罪概念的设定、犯罪成立条件的认定等及刑罚体系之中罪刑组合排列和对各种成罪行为及其适用的刑事处罚方法中能够窥得一斑。俄罗斯联邦刑事法典自制定之后适用至今，前后不下近六十几次的修改使得这部当初被认为是俄罗斯联邦在进行司法制度改革、完善个人权利和自由保障体系、刑事立法民主化等方面前进了一大步的刑事法典无论体例设置，还是内容安排，无论是指导思想，还是价值观念都发生了本质性的变化。受社会形势变化影响，法典从对国家利益的重点保护逐渐转变为更加注重于个人权益保障、对侵害个人、社会与国家的权利、安全与利益等犯罪的打击惩治力度逐步加重；对死刑以及刑罚体系的各刑种、具有刑事惩罚性质的处罚制度作出了更为合理和人道的调整；对于经济领域的犯罪重新加以规定，拓宽了刑事法对经济犯罪的打击力度，在部分经济犯罪中明确了法人替代商业组织成为犯罪主体的规定，从而显示了国家对从事市场经济活动主体在刑事立法方向上的指导性调整；取消了多次犯罪概念，将多次犯罪的部分内容与累犯制度整合，并且在此基础之上重新对累次犯罪的认定标准加以规定；取消没收财产刑将其修改为特殊的刑事处罚性措施、在刑事法分则之中对涉及应当处罚没收财产刑的犯罪以罚金刑替代、取消罚金刑以劳动报酬限度为基准，修改为用具体数额的卢布缴纳。与此同时，罚金刑的适用范围被扩大；取消了部分社会危害性不大的犯罪在刑罚判处适用时的最低有期自由刑起刑点，对最低起刑点的判断适用刑事法总则有关规定加以推算；扩大部分个罪的刑种选择范围，以及加大了教育感化性强制措施、医疗性强制措施、矫正性劳动刑与义务性劳动刑的适用等。总结俄罗斯联邦刑事法典的历次修改，主要体现出以下的特点和属性：

（一）契合了国内社会形势与意识形态的客观发展要求

俄罗斯联邦刑事法典制定之初及其后的适用过程充分显示了这一显著特点。法典的每一次修改，都直接或间接受到了俄罗斯联邦社会形势与社会意识形态发展变动的影响。是社会意识形态的多元化发展促使俄罗斯联邦国内社会政治经济形势发生根本性的改变，还是社会政治经济形势的发展促使社会意识产生实质性的多元化，这个问题在俄罗斯联邦学界存在着一定的争论。究其实

质，更应是社会意识的改变导致了俄罗斯联邦的社会形态发生了改变。① 苏维埃联盟解体，俄罗斯联邦宪政体制的建立，无不与当时在俄罗斯国内流行的自由化与民主化思潮紧密相关。俄罗斯联邦成立之后，历经苏维埃联盟解体、联邦独立、新旧体制转轨以及国家权力机构不断变动等社会客观现状引发的国内经济系统危机和政治体系动荡，社会意识形态极度混乱，人们的法制观念相当薄弱，国内社会状况急剧恶化。犯罪数量急剧增长，犯罪形式也发生了质的变化，侵害新生宪制政体的新型犯罪比率急剧增高。联邦政府意识到对国家宪政体制的维护对国家强大、人民生活状况改善和人身权利保障以及社会的发展具有重要意义。所以，为改变这种现实状况，立法机关适时修订了俄罗斯联邦刑事法典和刑事诉讼法典，对立法机关未能事先规定，依据现行法典不能够规制的各类侵害宪法规定的犯罪行为及时进行增补。同时对制裁效果不明显的部分罪刑规范重新调整了罪状的表述和刑罚的程度。

可以说，刑事法特别敏感地反映着社会形势以及社会意识形态的转变。刑事法的样态是该社会中社会意识的真实反映。俄罗斯联邦产生于苏维埃联盟社会制度急剧变化过程之中，国内社会制度和外部环境的巨大变化、新国家形式的民主化、自由化推进使得全俄民族的社会意识形态发生了根本性质的转变，多元化新思维在国家范围之内受到推崇。这种更迭随之影响到社会的方方面面，社会的政治、经济形态的发展无不受到这种多元化思维的影响。作为刑事立法形式之一的俄罗斯联邦刑事法典也因为这种社会客观意识形态的不断变动而时时处于不断的调整之中。这种调整变动充分显示了俄罗斯联邦适应社会意识形态改变之时的刑事立法趋向与价值追求的转换。形式上看，俄罗斯联邦刑事法典似乎只是在法律条文的数量与内容上进行了一定的补充或调整。或是条文的增加，抑或条文的删减。但是分析法典历次修改的内容，我们就会看到这种修改有着更深层的实质。每一次的修改无不紧密地联系着俄罗斯联邦政治、经济社会形势的变动，而这种变动又是深受俄罗斯联邦社会意识形态变化的推动。社会意识形态的改变使得俄罗斯联邦国内社会政治、经济形势以及对外国际交往受到极大影响，进而导致其不得不断调整刑事法典的整体构造和内容以求对社会总体形势变动的适应。

（二）对刑事立法的指导思想、方针与价值追求的充分调整

法典的修改体现了俄罗斯联邦刑事立法指导思想、方针与价值追求的变

---

① ［俄］Н. Ф. 库兹涅佐娃等主编：《犯罪与刑罚——俄联邦政治社会现象下的刑事犯罪学的探讨文集》，莫斯科 "АЛЬФА – М" 出版社 2004 年俄文版，第 167 页。

化。法典制定之时，社会正处于动荡之中，社会矛盾极其尖锐，这就使得犯罪大量发生，犯罪率在极短时间内达到了一个前所未有的程度。联邦立法者为应对这种恶劣的现实状况，确立刑事法权威，加大刑事打击力度成为一种必然。强调刑罚的报应与遏制，反映在法典之中就是部分罪刑规范严厉苛刻，注重对相关犯罪的震慑效力。因此，法典最初的修改主要以协调和适应当时的社会现状和各种变化了的社会关系以确保其在全联邦范围内适用为目的。① 调整内容更多地表现为对部分犯罪的侧重和法定刑加重。

但是，面对社会形势的不断发展、犯罪状况的不断改变，旧有的社会价值观念受到了不断的冲击，兼之受各国和国际刑事法理论的影响，俄罗斯联邦刑事法学界的学者们对刑事法的目的重新开始了深刻的反思，推动了俄罗斯联邦的刑事立法思想从强调报应刑的适用逐渐倾向于教育目的与个别预防的发展，从强调刑事法的社会防卫作用转而专注与对行为人个性特征，特别是行为人的犯罪意志和动机给予特别的关注，受学界影响，立法机关在此基础上对某些行为做了重新规定。俄罗斯联邦刑事政治也因此而发生转变。最引人注目的一种趋势是适应刑事立法指导思想与价值追求的逐步发展，适应刑事政策渐进转变的需要，立法机关扩展了刑事法的调整范围，将现行法典设定之初没有涵盖的许多犯罪行为置于刑事法管辖范围之内。对法典之中的许多涉及侵犯人权，以及不恰当的、过于严苛的罪刑规定进行了修改，使得法典在调整和保护社会关系与社会秩序方面的作用更加明显。同时，因为刑事政策的调整，法典在不断的修改当中，逐步扩大了医疗性强制措施、强制性门诊观查与精神病学家诊治以及义务性劳动刑、矫正性劳动刑的适用范围，逐步减轻对经济领域内部分刑罚过重的犯罪所定的刑罚。对部分社会危害性轻微的犯罪降低了刑罚处罚的程度，同时也是为了适应刑事政策的需要，提高了部分犯罪的刑事处罚。较为鲜明之处在于对侵犯人身自由、荣誉与人格尊严、侵犯公民与个人宪法权利和自由、干扰经济领域活动、危害公共安全、生态环境和打击有组织领域内的这部分犯罪的法律评价逐步得以完善。同时，对未成年人、妇女、儿童的人道保护，尤其是有孕以及尚有幼子需要哺育的女性犯罪人的人道保护被纳入刑事法的调整范围。而其前俄罗斯联邦的学者曾经提出：如果行为人在实施重度犯罪或者是极其重度犯罪的情况下，有年幼子女并不应当对裁定刑罚和刑种具有重

---

① ［俄］Н. Ф. 库兹涅佐娃、В. В. 鲁涅耶娃：《犯罪学教科书》，莫斯科"ВОЛТЕРСКЛУВЕ"出版社 2004 年俄文版，第 213 页。

要影响。① 这种转变充分显示出俄罗斯联邦刑事立法指导思想与价值追求能够积极适应时代的发展要求，力求与俄罗斯联邦宪法原则的基本要求的趋同一致。

（三） 改变了罪刑规范的评价标准

改变了罪刑规范的评价标准主要表现在两个方面。首先，通过犯罪化或排除犯罪化的方式重新确立了犯罪的内容和范围、对犯罪圈重新进行了划分。现行法典实行之后，俄罗斯联邦国内形势不断发展，社会关系相应发生根本变化。因此，犯罪的形式、内容与范围也不断随之变动。对于这种社会现实状况，俄罗斯联邦立法机关适时调整了具体的刑事法律规范，依据现实的社会关系调整罪刑结构，重新确定犯罪的范围与内容。将因社会发展不再具有社会危害性的行为排除犯罪化，将其排除在犯罪认定之外。同时为适应刑事政策转变需要，将具有刑罚当处性质的行为犯罪化，将其归入犯罪认定范围之内。在犯罪认定范围之内合理地确定其内容、种类、限度与应当承担的刑事责任与刑罚种类。其次，对部分犯罪在罪名设定、罪状表述与刑罚规定等方面依据客观现实发展需要适当予以调整。删除了部分罪行的名称与内容，将部分内容合并到其他相关罪行的规定之中。对罪状内容逐步完善使其明确化、规范化、周延化。刑罚调整主要依据特定犯罪行为在变化了的社会关系中所侵害权利的性质和危害社会程度的不同而做出不同的制裁规定。依据社会现实需要，提高某些犯罪的法定刑幅度，同时也因此而降低某些犯罪的法定刑幅度，对适用于某些犯罪的自由刑种类予以扩大，加强了教育感化性强制措施、医疗性强制措施、矫正性劳动刑与义务性劳动刑的适用，取消了没收财产刑等部分在司法实践之中操作性不强的刑罚种类，大量适用罚金刑等实用性较强的刑罚，重新调整了部分刑罚阶段相应刑种主次的排列次序。

（四） 提高立法技术明确刑事规范的内容

法律规定的不明确性使得国民不能够认识什么样的行为是犯罪，又该怎样选择适当的行为。所以，一部法典要想以有限的明文规定来规制现实生活之中形形色色的犯罪行为，指导人们实施正当的适法行为，保护正当的合法权益，就应当不断提高立法技术，以使法典条文在语言内容表述、罪刑规范设定上更加合理、明确和充实。俄罗斯联邦刑事法典在制定之初对于条文结构的设置、

---

① ［俄］B. 库德里雅夫采夫等主编：《俄罗斯刑事法总论》，"СПАРК"出版社 1997 年俄文版，第 312 页。

法律语言表述的规范性、合理性与逻辑性并没有充分的考虑。随着现行法典在司法实践中的应用产生许多诸如罪刑设置混乱、法条表述不清、语言用意不明确导致实际适用难以操作等问题之后，立法机关不断对法典的结构设置、条文的文字表述进行修改，以使刑事法律规范内容更加明确与详细。以条文与罪状的描述为例，法典制定之初，立法者并没有对文本中的条文名称与罪状的描述予以过多的考虑。但是，随着法典适用以及其后社会形势的发展，法典之中部分规定的表述不能与现实行为对应，部分犯罪行为在行为状态上产生新的变化，部分犯罪行为现实社会很少发生，另外，部分条文名称与具体规定内容也存在了许多不协调的地方。鉴于此，俄罗斯联邦立法机关采取了多种方法提高立法技术，对上述不准确的地方进行了补充完善。使得现行法典中的条文语言表述明确、规范设置清晰、罪刑列举详细，各条文的内容也能够与现实社会的具体行为恰当地对应比照。

（五）注重刑事司法实践的实用与操作

司法实践上的实用性与可操作性也是俄罗斯联邦刑事法典修改的侧重点。比如，针对没收财产刑在司法实践之中存在着诸如认定犯罪人的个人财产较难，有些犯罪人常常会为了逃避法律的制裁而事先将自己的财产进行转移、与犯罪人家属分割财产与对保留一部分财产用于犯罪人生活需要的尺度不好掌握等执行上的难题。[①] 俄罗斯联邦委员会与国家杜马于 2003 年 12 月 8 日颁布了第 162 号联邦法令对没收财产刑予以废除。这就解决了没收财产刑在司法实践中难以操作的问题，在节约法律成本的同时，使得刑事处罚更加具有实际效用。为解决取消没收财产刑之后对相应犯罪规制的需要，用罚金刑代替没收财产刑适用。同时也是为应对罚金刑在司法上的适用问题，在加大罚金刑处罚范围的同时，将罚金刑由要求最低劳动报酬限度的百分比数额换算的缴纳方式变为以固定的钱币金额直接缴纳的方式。再如，因多次犯罪在司法认定之中与总合数罪、累次犯罪存在混杂、难以辨析等弊端，俄罗斯联邦委员会与国家杜马于 2003 年 12 月 8 日例会颁布法令取消了关于多次犯罪的规定，将其部分内容与总合数罪、累次犯罪规定结合，使得罪数理论更加完善。也是为了在司法层面规制犯罪的实用与操作的需要，对黑帮犯罪、恐怖主义犯罪、极端主义与分裂主义犯罪的打击力度逐步在立法上加强了限定。这种注重司法实践的可操作性与实用性还表现在俄罗斯联邦立法机关对生态环境保护在立法上有关规定的

---

① ［俄］Л. 克鲁格利科夫主编：《俄罗斯刑事法总论》，莫斯科"БЕК"出版社 2002 年俄文版，第 350 页。

修改之中。

（六）对传统规范的传承、补充与完善

黑格尔指出，传统并不仅仅是一个管家婆，只是把她所接受过来的忠实地保存着，然后毫不改变地保持着并传给后代。传统不是永久不变的传承，传统是在改变之中得以发展和继承的。这种改变需要根据社会发展的价值取向并通过对传统罪刑规定进行选择、改造和发展来实现的，而不是要我们抛弃传统的立法理论与模式去独立地再进行创造和发明。俄罗斯联邦现行法典的历次修改，虽然一定程度上是与各国以及国际上先进的刑事立法理论影响有关，但是立法者并不是只选择这些先进的刑事法思想与模式应用于法典之中。修改的内容更多的是对传统刑事立法理论之中的不完善或是不周延之处进行补充和完善。在促进法典适应社会形势的现实要求的同时，保留了传统内容之中具有自身法律特色的诸多立法规定。以生态犯罪为例，它是俄罗斯联邦刑事立法之中颇具特色的规定。沿袭了 1960 年《苏俄刑事法典》之中的部分内容。在历次修改过程之中，鉴于生态刑事法的规定对联邦境内以及联邦大陆架与专属经济区的生态环境起到了积极保护作用，法典在历次修改之中对该类罪的修改都予以了最大的关注，进行修改时也很慎重，只在能使该类规定更加合理适用的基础上才对罪状表述与刑罚规定进行一定的完善与补充。[①] 通过对生态犯罪的罪刑规定修改可以看到，立法者对于自然保护立法在承继传统规定的同时，不断通过立法手段使其逐渐严密，目的在于使传统规定能够在现代社会发展之中继续发挥其实质作用。对此予以关注，对于中国改革旧有的环境立法规定、完善与发展环境刑事立法具有一定意义。

（七）客观对待各国与国际上刑事法律的多变性

俄罗斯联邦刑事法典历次修改体现了联邦立法机关对各国与国际刑事法律发展状况的关注。历次修改加强了对各国先进的刑事立法经验以及国际刑事法

[①] 例如，对第 249 条"违反家畜疾病防治法规与植物病虫害防治法规"和第 251 条"污染大气"的主观过错限制为过失行为时构成本罪。再如，2003 年 12 月 8 日，联邦立法委员会颁布第 162 号联邦法令，对法典第二十六章的 17 个生态犯罪的罚金刑进行了修改。将第 246 条"生产施工时违反环境保护法规"，第 247 条"违反有害物质和废料生态性转化处理法规"，第 248 条"违反微生物、其他生物制剂或生物毒素安全转化处理法规"，第 253 条"违反俄罗斯联邦关于俄罗斯联邦大陆架和俄罗斯联邦专属经济区的相关法令"，第 255 条"违反地下资源（矿藏）保护与使用法规"，第 259 条"毁灭《俄罗斯联邦红皮书》所列生物的重要栖息地"，第 262 条"违反特别自然保护区域和自然保护对象的制度"等 17 种具体罪行的罚金刑修改为以具体数额卢布直接进行缴纳，而不是以往以最低限度劳动报酬为参照标准，使得对这些犯罪的制裁能够更顺利实现。

前沿理论的吸收与融合。现行法典虽然总体结构上仍然保持着制定之初的部分内容和特征，但是，随着国际形势的不断发展，时间推移，法典的形式与内容已经渐渐受到各国与国际前沿的立法理论与思想的冲击和影响。这种冲击和影响对于俄罗斯联邦刑事法典发展的重要性不仅在于它把各国与国际上新的法律理念和准则带入到法典之中，还因为它引发了其构成法律意识基础的刑事法概念和定义的重大变革。借鉴和吸收他国与国际先进的刑事立法经验，拓宽与充实自身刑事法理论内容的范围，在立法上合理地调整罪刑规范是俄罗斯联邦刑事法典历次修改的显著特点之一。

俄罗斯联邦著名刑事法学家、莫斯科罗曼诺索夫国立大学刑事法与犯罪学教研室的 Н. Ф. Кузнецова 教授（Н. Ф. 库兹涅佐娃）对此曾提出，俄罗斯联邦委员会与国家杜马借鉴外国与国际刑事立法之中的有益经验，制定一部科学的现代化刑事法典是完全正确的选择，这既反映了俄罗斯联邦现阶段政治经济发展的客观要求，切合国家社会意识形态发展的实际状况，也符合国家在今后一段发展时期内的客观需要。俄罗斯联邦立法机关在对法典进行修改的过程之中，不仅总结了本国刑事立法经验与教训，而且同时对世界上多个国家的现行刑事法典作了较为系统的研究与比较，吸收与借鉴了部分发达国家在刑事立法上的经验，依据客观形势需要和宪政制度的要求对刑事法典进行了合理的补充和调整。充分体现了俄罗斯联邦以国际法公认原则和准则与联邦签署生效的国际条约为法典修改依据、在刑事立法上加强同各国在刑事领域的国际司法协助与联合各国惩治恐怖主义、极端主义、分裂主义犯罪的国际合作，以及在刑事处罚上更加趋同于各国与国际上先进的刑事法治理念等显著的特点。可以说，俄罗斯联邦刑事立法在不断发展变动过程中，既保持了自身独特的性质又呈现出与各国和国际上的先进刑事法律不断融合的趋势。通过不断将不同法系、不同学派和学说的内容吸收到法典之中，不断进行修改和增补，使法典能够及时为俄罗斯联邦社会的政治、经济、文化的发展提供保障。

五、俄罗斯联邦刑事法典修改对中国刑事立法的启示

理想的法律是不存在的。试看世界各国，没有哪个国家的法律是永恒不变的。没有哪一部法典能够在制定之初就注定能够与其后不断发展变化的社会政治、经济形势与社会意识形态相适应。俄罗斯联邦刑事法典自制定之初的不完善到不断修改增补之后日益得到完善的过程与俄罗斯联邦国家政治、经济形势、社会意识形态的变动是紧密相连的。正是这种为适应多变的社会情势而不断修改和补充刑事立法规定的行动，才能够使得法典在不断发展的社会形势之

下保持自身的稳定、持续和权威的特性。由此可以看到，社会的发展要求推动刑事立法理论与模式的变革是一种历史的必然。

中国的法律制度基本上是按照苏维埃联盟法律制度的模式构建起来的。中国现行刑事法典模式最早也源于苏维埃联盟。但是，经历了苏维埃联盟解体、宪政制度建立、社会形势变革影响等因素的影响，俄罗斯联邦刑事法典在不断修改中已逐渐形成一个独具特色的刑事法律体系，显示出一定的属性和特点。应当注意这种变动对中国刑事立法改革所提供的几点启示。

（一）刑事立法应当具有适时性

立法内容的适时性是法律存在与发展的重要途径。随着社会的不断发展，刑事法也应当立足于实际，实事求是，反映时代的要求，接受时代的制约。社会形势与意识形态的不断更迭，相应的刑事法体系也应当随之在法律本质、目的或任务以及规定的具体内容方面互为应合，产生相应变化。庞德曾在《法律史解释》中指出"法律必须稳定，但又不能静止不变"，这说明法律的适时修改是法律发展的本质属性。从俄罗斯联邦刑事法典的不断修改的过程中可以看到这是适应社会政治、经济形势与意识形态发展的必然结果。俄罗斯联邦立法机关为使国内的刑事立法能够适应社会发展需要，适应新的刑事政策与刑事理念而不断对法典加以调整。对不再适应社会发展要求的犯罪、因社会发展产生的新的犯罪及时在刑事法典中适时废除或增设。这种适应社会发展要求修改刑事法的适时属性，在一定程度上克服了法典本身所具有的滞后性。从法典历次修改的历程我们可以看到，法典颁布之初仅仅经过一段短暂的稳定与停滞之后，就开始随着国际、国内社会形势的变动不断受到调整，这就使得这部充满矛盾的法典在适用其后的过程中并没有被加以摒弃，反而起到了遏制犯罪，保障人权与俄罗斯联邦政治经济制度的作用。

目前，中国社会政治稳定，经济快速发展，社会总体形势处于一种稳定前进的状态。与此相应，在法律制度上也要求有一套符合社会发展形势的刑事法律体系来适应社会政治经济制度与社会意识形态的发展。自 1979 年刑法全面补充修订以来，中国的立法机关为适应社会形势发展要求，一直努力进行着刑事法的完善与补充。可以看到为适应时代发展要求，中国刑事法明文确定了罪刑法定原则、平等适用原则与罪责刑相适应原则，强调禁止类推适用，禁止溯及既往等原则，按照社会客观形势发展需要将具有社会危害性的行为规定为犯罪，将不再具有社会危害性的行为排除在刑事法典规制范围之外。这在一定程度上实现了刑事法适应时代发展对社会保护和人权保障的要求。也很大程度上体现了刑事法对适应社会形势发展的适时性的要求。但是，我们也应当看到，中国刑事法对立法的适时性体现的仍就不够充分。例如，关于人权的保障问题，是否应当进一步扩大刑事法典中关于涉及人权侵害的犯罪。对于这一点，俄罗斯联邦刑事法典已经给我们作出了一个很好的事例。再如，中国刑事法典对国际犯罪种类的增设需进一步加强。目前，中国刑事法典之中规定了国际公约之中的几种国际犯罪，相当数量的严重国际犯罪还没有被纳入刑事法典之中。而我们在俄罗斯联邦刑事法典中可以看到俄罗斯联邦对国际犯罪的重视程度。① 反观中国，只是将部分相关的行为规定在刑事法典分则第二章"危害公共安全罪"类罪之中，使得这部分罪刑规定分散、凌乱，规制的主旨并不明确。另外，中国的刑事法典对于反映时代特点的一些国际性犯罪行为，例如"谋划、预备、策动或进行侵略战争"、"公开号召发动战争"、"研制、制造、收藏、购买或销售大规模杀伤性武器"、"使用禁止的方法与手段进行战争"、"灭绝种族"、"生态灭绝"、"雇佣军人"、"袭击受到国际社会保护的人员与机构"、"反人道"、"酷刑"、"种族歧视"、"海盗"、"奴役"、"扣留人质"等的国际犯罪没有在法典之中及时予以体现，显现出了中国刑事法对这些当代时有发生的犯罪现象在立法上反应迟钝与缓慢。

学者有言，刑事法对时代性要求体现得越充分，刑事法的效能就会发挥得越好。在加强刑事立法适时性这一点上，我们应当借鉴俄罗斯联邦刑事法典的做法。依据时代发展需要，逐步在中国刑事法之中适当删除不符合时代发展要求的规定，及时补充具有时代特点、符合时代要求的罪刑规范。

（二）刑事立法应当考虑实效性

刑事法的产生根植于社会实践。刑事法的制定源自社会实际需要。刑事法修改是为适应社会发展的必然结果。但是，无论我们怎样设置刑事法，最后的法律规定都要通过具体的司法实践应用于社会。这就要求我们制定的法律要具有实际效果，在司法实践当中应当具有可操作性。只有具有实际效用的刑事规定才能够保证刑事法最大限度地发挥其所应有的作用。只有注重刑事法的可操作性和实际效能才能确保刑事法发挥其所应有的作用。

所以，法律的制定者应当叫法律规范更实用主义一点，用康奈尔·韦斯特的提议来说，实用主义的"公分母"就是"一种努力以思想为武器、使更有

---

① 俄罗斯联邦刑事法典之中单设了第三十四章"危害人类和平与安全罪"，将对全人类的安全构成危险的国际犯罪归置在一起。在俄罗斯联邦，学者们将危害人类与安全的犯罪视为一种个人、社会、国家之外的侵害全人类利益的犯罪。认为危害人类和平和安全的犯罪已经不是针对于个人，而是针对多数人的，即对整个人类构成危害，应当予以特殊规定。

成效的活动成为可能，并以未来为导向的工具主义"。法律是我们适用的工具，所有在理论上对工具实用性的探讨与设定最后都要将其应用于社会实践。在这一点上，俄罗斯联邦立法机关所作的工作值得我们借鉴。在历次的法典修改中，俄罗斯联邦立法机关不仅仅是为应对社会政治经济形势以及意识形态不断更迭动荡而引发的大量不同性质、不同形式的犯罪而在法典之中对部分条文做废止、增设抑或修改的决定。其更深刻的实质是为加强刑事立法规定对现实社会繁多的犯罪现象在司法实践上具有更实际的规制效果。基于这一实质，俄罗斯联邦立法机关取消了实践操作之中不好掌握、不好认定，也不好适用的诸多原则规定和罪刑规范。① 同时，也正是基于注重司法实践的实际效果这一原因，联邦立法机关对法典总则与分则内容诸如基本指导原则、罪状认定、刑罚处罚、刑种轻重次序都作了新的调整。

对于俄罗斯联邦刑事立法注重司法实践实际效用这一点，我们在借鉴和吸取俄罗斯联邦刑事法典改革经验，适时调整中国刑事立法指导思想与刑事政策方向的时候，应当加以关注。中国自 1997 年刑法修订之后，虽然在刑事立法层面法律规定不断得到完善，但是，在对实际应用效果的关注方面还是存在着一些缺陷和不足，应当继续加强和完善。例如，中国刑事法对环境保护、经济领域、公共安全等方面相关犯罪的规定，在具体的司法实践之中总是存在着实际操作的困难。对于此，我们既需要立足于国家与社会政治经济的实际发展状况，又要考虑如何完善惩治这些犯罪的立法根据。再如，对于教育感化性强制措施、医疗性强制措施、义务性劳动刑与矫正性劳动刑是否应当在中国的刑事法律体系中赋予一定的地位，是否对中国的司法实践操作具有一定的实用价值，需要认真地进行立法上的探讨和研究。最后，对于法典总则与分则之中不完善的、不具有实际效用的罪刑规定，我们需要站在实效性的角度进一步补充和完善。

（三）刑事立法应当融合国际性

科学在不断地发展，世界在不断地前进。由于现代科学技术的发展、交通与通信的发达，给人类生活和经济活动带来了巨大便利，但是同时也促使犯罪在全世界蔓延的趋势加快。大量原本局限于一个国家之内的犯罪在短短时间之

---

① 例如，对法典总则第 16 条"多次犯罪"、第 52 条"没收财产刑"与第 77 条"鉴于情势改变而免除刑事责任"这三条原则性规定的删除，对分则的第 152 条"贩卖未成年人口"、第 182 条"故意制作虚假广告"、第 200 条"欺骗消费者"与第 265 条"逃离（遗弃）交通运输道路事故现场"几种实践之中不再具有实际规制效果的条文取消效力。

内不断快速地国际化、跨国化。我们可以看到，恐怖主义犯罪活动的结果给全世界的人民带来了强烈的震撼。极端主义、分裂主义活动分子已经不满足于对某一个国家的政治经济意识形态造成危害或者在某一个国家之内造成动乱为目的，限于政治性或者经济性的目的使得这些犯罪以造成国际性的影响为犯罪目的最终追求。这些犯罪给各国和国际社会的安全与稳定造成了极大的破坏。因此，对于这些犯罪在刑事法之中及时加以规定，对于我们及时处罚相应的犯罪在立法层面上就有了惩治根据和理由。

可以看到，俄罗斯联邦的刑事立法对这些具有跨国性与国际性的犯罪予以了极大的关注。法典的体例设置充分显示了俄罗斯联邦政府对这些犯罪的重视程度。以往，在俄罗斯适用的刑事法典之中并没有关于"危害人类和平与安全罪"的规定。现行法典在分则之中单设了第三十四章，将危害人类和平与安全的犯罪归置于一起。将实施谋划、预备、策动或进行侵略战争，公开号召发动战争，研制、制造、收藏、购买或销售大规模杀伤性武器，灭绝种族，生态灭绝，袭击受到国际社会保护的人员与机构等行为规定为是破坏人类和平和安全的犯罪，并规定了严厉的刑事处罚。在其后的一段时间内，鉴于国际形势发展需要，俄罗斯联邦委员会与国家杜马于 2001 年 6 月 19 日联邦会议上颁布了第 84 号联邦法令，将第 355 条"生产或扩散大规模杀伤性武器"的名称修改为"研制、制造、收藏、购买或销售大规模杀伤性武器"，相应的罪状也就被修改为"研制、制造、收藏、购买或销售化学武器、生物武器、毒质武器抑或俄罗斯联邦签署加入的国际和约中禁止使用的其他形式的大规模杀伤性武器"。在 2003 年 12 月 8 日联邦会议上颁布了第 162 号联邦法令将第 360 条"袭击受到国际社会保护的人员与机构"的一个条款拆解为两个条款，加大了刑罚处罚的强度。可以说，法条修改之后扩大了对犯罪行为的规制范围，提高了法条规定的严谨性与司法实践之中的可操作性，同时也显示出俄罗斯联邦刑事立法对国际社会打击恐怖主义活动的支持态度。中国的刑事立法应当而且也是必须面对犯罪国际化和跨国化的现实状况，重视刑事立法应当反映出一个国家刑事法具有国际性的要求。俄罗斯联邦刑事法典在这方面的修改为我们提供了可贵的参照资料。

（四）刑事立法应当保持稳定性

李洁教授曾经说过："法是规则，规则以遵守为前提。遵守的前提是国民了解法律。不稳定的法律，不断变化的法律，不但使国民难以及时把握和了解，也会导致民众对了解法律之必要性的怀疑。"在世界范围内，俄罗斯联邦的刑事法典无论是在结构设置还是实质内容上讲都是一部很先进的刑事法典。

法典之中的许多规定都充分体现了时代的发展要求。但是我们也应当看到，法典在适用之后的十多年内就进行了几近六十几次的修改，这也从侧面说明了法典具有极大的不稳定性。法典之中许多规定存在着内容滞后、效能低下等问题。由此可以推知，国民对这种不稳定的法典的把握和了解会达到什么样子。这种频繁的修改行为使得法律的稳定性、连续性和权威性受到了极大的侵害。而刑事法典作为维护国家系统运行的主要法律工具，应该具有一定的稳定性。如果频繁修改，势必影响刑事法的权威性在适用上的诸多不便。同时，这种频繁修改使得刑事法的严肃性受到损害，也造成刑事立法在逻辑上、体系上的不协调，从而引起一系列问题。所以，为使刑事法具有稳定性，修改刑事法当然需要十分谨慎，更不能感情用事。

从俄罗斯联邦刑事法典不断的修改之中我们也看到，无论立法者对刑事法进行了多少次的修改和制定，人为的法律规定都将落后于时代的发展脚步。法典的频繁修改，说明法典或多或少存在着不适应现实情况的问题。而且，法典的这种不断变动也给国民了解法律带来了一定的困难。如何能够使得俄罗斯联邦刑事法典中的弊端不会在中国刑事法典修订时重蹈覆辙，保持刑事立法的稳定性，是学界应当予以关注和研究的问题。

中国现行刑事法典是1997年修订颁布的。刑事法适用之后一段时间，出现了许多规定滞后于社会发展状况，运用传统刑事法学理论对此难以做出合理解释的问题。颁布至今已经做过多次重要的修改或补充。然而，法典之中仍旧有许多规定不能够适应社会的发展状况。例如，关于经济犯罪的相关规定已严重滞后于社会经济发展现状，无法起到为经济发展保驾护航的作用。再如，网络犯罪规定滞后、环境污染犯罪处罚不力等问题。法律规定未对此加以预测使得条文适用之中困难重重。所以我们应当借鉴俄罗斯联邦的立法经验。在中国今后的刑事立法改革之中，加大刑事立法的预测性，注重解释学的理论研究。通过在立法上最大限度地超前规定，对现有的法律规定采取适当地合理解释，从而减少刑事法修改次数对立法稳定性的干扰。如把刑事法学和犯罪学、刑事侦察学的研究有机结合，通过对犯罪学、刑事侦察学的研究，了解未来犯罪的趋势和犯罪防控重点；建构开放性的刑事立法模式，将稳定的罪刑设置与不断变化的社会经济形式结合起来，从而将刑事法的超前性与稳定性建立在科学、稳固的基础之上，以求保持刑事法稳定性。同时，在这两点基础之上，还应当扩大司法解释的适用。通过恰当的运用司法解释，将立法上规定得不完善、不明确的法律条文解释得周延、明确，以补充条文之中的缺陷，近而使中国现行法典能够避免不断修改所导致的不稳定性。

最后，虽然中国在政治经济建设与法治建设等许多方面都要超过俄罗斯联邦，但是，中国的刑事立法之中某些规范仍旧需要借鉴和吸收俄罗斯联邦以及世界各国乃至国际通行的先进立法成果。随着世界范围内刑事法理论的交融互通，刑事立法不仅要求应当具有合理性、合法性和可操作性，而且也要符合现今国际社会强调的人道化与民主化。因此，鉴于俄罗斯联邦刑事法典的立法经验，中国在修订刑事法的时候，应当立足于中国还处在社会主义初级阶段这一基本国情，清楚地认识到国际、国内社会形势、社会意识形态的变化对刑事法典的发展具有的重要影响。同时，也要看到各国国内与国际刑事立法理论的发展趋势，注重吸收各国与国际上先进的立法经验和元素，积极合理地在司法实践之中加以运用，以便进一步促进中国法治建设的发展。

附文：对俄罗斯当代刑事法律发展状况的基本解读

俄罗斯联邦的刑事法律体系由现行的《俄罗斯联邦刑事法典》组成，该法典于 1996 年制定，1997 年 1 月 1 日起正式颁布实施，由于新刑事法典在俄罗斯联邦构建了一个全方位的刑事法制体系，所以当前俄罗斯联邦①社会的各个方面在不同程度上都受到了它的保护。这部法典至今在俄罗斯联邦适用已经将近 13 年，应当说，它契合了俄罗斯当代国家变革之后新的社会政治与经济形势，体现出新形势下俄罗斯联邦国家刑事法制改革与发展的主导思想，也在一定程度上彰显了俄罗斯刑事政治的调整方向。

一、俄罗斯联邦刑事法典的基本结构与发展状况

自 20 世纪 80 年代末、90 年代初期东欧剧变、苏维埃联盟解体后，俄罗斯联邦成为原苏维埃联盟的最大承继国。这一阶段，俄罗斯国家的发展方向与社会状况发生了根本性转变，此时，在俄罗斯适用的还是 1960 年苏维埃联盟时期颁布的《俄罗斯苏维埃联盟社会主义共和国刑事法典》（以下简称《俄苏刑事法典》），这部法典被认为是在高度中央集权的国家体制下设置的一部刑事法律规范，适用于俄罗斯苏维埃联盟时期的计划经济模式。而新颁布的刑事法典与 1960 年《俄苏刑事法典》比较而言在整体程度上做出了很大调整，新刑事法典的保护方向与规范内容更加适合于俄罗斯社会新的政治经济条件、民主化与自由化的时代要求，更加拓展了俄罗斯国家政治民主、人权自由、经济多元化发展变革的维度，提供了更为宽泛的个人、社会与国家保障。但是，应

---

① 按照《俄罗斯联邦宪法》规定，"俄罗斯"与"俄罗斯联邦"具有相同的名称效力。本书为更好地区分俄罗斯不同时期与年代的称谓，将俄罗斯联邦确指为自 1991 年东欧剧变之后成立的俄罗斯联邦，苏维埃联盟确指为自 1917 年至 1991 年期间的俄罗斯苏维埃联盟社会主义共和国，俄罗斯则从整体上泛指俄罗斯国家与民族从历史到现时的不同历史阶段与各个时期。

当说，在旧有的刑事法制体系基础上构建的现行《俄罗斯联邦刑事法典》某种程度上依然是对原《俄苏刑事法典》的承载和延续，新法典保留了《俄苏刑事法典》的基本结构与体例，框架上依旧划分为总则与分则两个部分。应当指出的是，根据现行《俄罗斯联邦刑事法典》① 第一章第 1 条第 1 款的规定，俄罗斯联邦刑事法律的唯一渊源只能是该法典，其他具有刑事法律性质的规范与法令都应当归列于其中。如果没有归列于该法典，则这些刑事法律规范与法令就不具有法律上的效力。也就是说，在俄罗斯联邦，所有就刑事法律关系所做的调整都应当在该法典中予以体现，而所有针对于刑事立法所做的法律修改与修订也都必须归列于该法典。

（一）俄罗斯联邦刑事法典的基本结构

俄罗斯联邦现今适用的刑事法典在结构上划分为两个部分——总则与分则。这两部分共计为十二编，其中总则六编②，分则六编③，法典整体上一共设置有 360 个条文。应当说，随着时间的推移，经过近 13 年的修改与修订，现今适用的刑事法典，其实际增设的条文已经远远超出 360 个条文。但是，法典中的条文在总体数量上没有变动，增设的条文多是以附属条文形式

---

① 俄罗斯学者也常将其称为"新刑事法典"或"96 刑事法典"。

② 总则六编分别为刑事法律、犯罪、刑罚、刑事责任免除与刑罚免除、未成年人刑事责任、其他刑事处罚性措施。

③ 分则六编分别为侵害人身类罪、经济领域类罪、危害公共安全与社会秩序类罪、危害国家政权类罪、违反军役类罪、侵害人类和平与安全类罪。

附设于部分主条文之下，这些附属条文约为十五条。① 与中国刑事法典的体例结构相同，俄罗斯联邦的刑事法典也是根据刑事法律保护客体的不同相应在法典分则体系中设定了不同的编章条目。而不同之处在于，俄罗斯联邦宪法对应当保护的社会价值在法律上作出了明确的规定，根据法律保护价值的重要性不同，俄罗斯联邦宪法认为是处于第一位的，也是最重要的法律保护价值应当是对个人人身权利——人权的保护。顺应宪法，在俄罗斯联邦刑事法典体系中相应地设置了不同的保护客体，其中最重要的，也是位于刑事法律保护客体价值目标第一阶梯的就是对个人人身侵犯的刑事法保护。根据这种法律保护客体重要性序列不同，现行《俄罗斯联邦刑事法典》分则的第一编就是侵犯人身的各类犯罪，按照犯罪严重性程度的不同，将侵犯人身的各种犯罪视为是最严重级别的刑事犯罪。接下来，分则第二编也就是处于法律保护客体价值目标第二阶梯的，是与侵犯人权，以及侵犯社会与国家利益相关的新型犯罪种类——经济领域类罪，依据俄罗斯联邦法律，经济犯罪侵害的是对社会利益、公共利益的整体保护，是仅次于侵犯人身犯罪的一个类别。最后，处于现行《俄罗斯联邦刑事法典》第三阶梯的客体才是对国家利益的法律保护。那么，可以清楚地看到，根据俄罗斯联邦宪法对社会基本价值保护重点的不同，现行《俄罗斯联邦刑事法典》中刑事法律保护客体按照保护价值的重要性排列就是对个人人身、社会以及国家利益逐层递进的三层次保护，俄罗斯学者将其称为

① 根据 2008 年 12 月 30 日最新修订的现行《俄罗斯联邦刑事法典》，在法典中增设的附属条文一共有 29 条，同时在总则中还增设了一个附属章节——第十五章附一章没收财产。自 1996 年新刑事法典制定颁布以来，增设的附属条文有第 80 - 1 条鉴于情势改变而免除刑罚、第 104 - 1 条没收财产、第 104 - 2 条没收钱款抵充财产、第 104 - 3 条致害赔偿、第 127 - 1 条交易人口、第 127 - 2 条役使奴隶性劳动、第 141 - 1 条破坏候选人、选举同盟、竞选联盟进行选举活动与全民公投倡议团体以及其他全民公投参加团体进行全民公投活动的资金拨付制度、第 142 - 1 条伪造投票结果、第 145 - 1 条拖欠应当支付的工资、养老金、助学金、补助金或其他款项、第 171 - 1 条生产、购买、存储、运送或是销售无注册标识的产品或商品、第 174 - 1 条将行为人犯罪所得钱款或其他财产合法化（洗钱）、第 185 - 1 条蓄意逃避对投资者或监察机关提供俄罗斯联邦证券法规规定信息、第 199 - 1 条税收人员不履行职责、第 199 - 2 条藏匿组织机构或个体业主应当作为税款或收费缴纳的钱款或财产、第 205 - 1 条协助实施恐怖活动、第 205 - 2 条公开号召实施恐怖活动或当众为恐怖主义进行辩解、第 215 - 1 条停止或限制提供电能及切断其他生活保障能源、第 215 - 2 条致使生活保障设施无法运行、第 215 - 3 条致使输油管道、石油产品输出管道与煤气管道无法运行、第 228 - 1 条非法生产、销售或者寄送麻醉药品、精神致幻药物或者麻醉药品、精神致幻药物类似物、第 228 - 2 条违反麻醉药品、精神致幻药物或者麻醉药品、精神致幻药物类似物交易规定、第 242 - 1 条制作或交易含有未成年人淫秽图片的资料或物品、第 282 - 1 条组建极端主义集团、第 282 - 2 条组织极端主义团体活动、第 285 - 1 条对预算资金未作专项使用、第 285 - 2 条对国家预算外基金经费未作专项使用、第 292 - 1 条非法签发俄罗斯联邦公民护照，以及故意在证件中填载虚假信息非法取得俄罗斯联邦国籍、第 322 - 1 条组织非法移民、第 327 - 1 条制作、销售或者使用伪造的消费税税票、专有标志或相应标识。

三阶梯式保护结构。

在这三类主要的法律保护客体之外，俄罗斯联邦刑事法典分则体系中还设置了几类专门的法律保护客体，如设置了独立一编——"侵犯人类和平与安全的犯罪"，其目的在于将人类的和平与安全纳入俄罗斯联邦刑事法律的保护范围。① 除以上设置之外，俄罗斯联邦的刑事法律体系中还设置有较为重要的一类法律保护客体，即有关军事犯罪的各项规定，多是针对于部队服役、执勤、军务活动等方面的犯罪行为，从而在刑事法律规范之下对俄罗斯联邦的军役制度做出了法律保障。② 应当说，这样排列并不是说阻止侵犯人类和平与安全的犯罪不比个人、社会或者国家的利益重要，俄罗斯学者认为这只是一种立法体例的设定方式，刑事法典作出这样的体系设定与结构安排、刑事法依据这样的结构体系设定不同的刑事法律规范完全是基于对法典体系的完整性考虑而做出的。

（二）俄罗斯联邦刑事法典的变动状况

俄罗斯联邦成立之后，俄罗斯社会开始了新的发展阶段。时代的变革要求刑事法典作出相应调整，该法典中大部分规范因此多次变动，一些传统犯罪被保留下来，诸如杀人、强奸、盗窃、抢劫等经典的犯罪种类。这些犯罪，不仅仅是在俄罗斯，在任何国家或任何历史时期都是同样存在的，俄罗斯的刑事法典也不例外；同时，对于新的社会形势引发的原先未曾出现过的新型犯罪，俄罗斯联邦的刑事法典也相应设置了新的条文与规范，如俄罗斯联邦刑事法典第八编"破坏经济领域活动的犯罪"就是新出现的一种犯罪类别。其中的非法经营活动、阻碍合法经营或其他合法活动、非法从事银行业务、虚假经营、洗钱等一系列犯罪都是新生的犯罪形式；③ 随着新经济模式——市场经济模式的不断发展完善，在俄罗斯联邦经济领域中出现了诸如规制税收犯罪、商业活动

---

① 如果按照俄罗斯联邦刑事法律保护客体在法典地位的排列，应当说侵犯人类和平与安全犯罪在现行《俄罗斯联邦刑事法典》中是法律保护客体的最后一位，在现行《俄罗斯联邦刑事法典》中对于个人人身、社会与国家利益的保护之后实际上是对军事利益的保护，其后才是对侵犯人类和平与安全利益的法律保护。这是因为在许多俄罗斯学者看来，侵犯人类和平与安全犯罪是属于涉及国际刑事法律规范的犯罪，国内法律规范作为一个单独的体系应当放在刑事法典的前列，而国际法律规范的国内规范化体现则应当是位于国内规范之后的刑事法律体系。

② 这一编准确地说应当为"违反军役犯罪"，与俄罗斯学者平常探讨的军事犯罪在概念与范畴上还有一些不同。现行《俄罗斯联邦刑事法典》第十一编为该类罪，共一章22条，主要针对的是部队服役、执勤、军务活动等犯罪的规制。

③ 该编一共有32条规定，5条附属条文共37类经济犯罪，从条文名称上看我们能够大致了解到俄罗斯联邦对于新型犯罪的规制导向。

犯罪等这样一些罪刑规范，因此，刑事法典及时设立了有关保护商业组织活动的条文，对于经济主体的地位以及其从事经济活动的自由与正当权利都予以了刑事法的保护；在科技风暴席卷全球的大局势下，俄罗斯的社会经济与科学技术也不断得以发展，因此也出现了科技犯罪现象，产生了大量的网络犯罪与计算机犯罪，这些犯罪在俄罗斯联邦都属于新的犯罪形式，刑事法典中相应就出现了一章新的规定——计算机信息领域罪。① 总体上说，刑事法典中新出现的这些罪名与规范基本上都是为适应俄罗斯联邦社会新时期的发展状况而设定的。这些新置的法律规范为俄罗斯当代社会的发展与进步起到了一定的保障作用。

二、俄罗斯当代社会犯罪现象与相应的刑事规范

（一）俄罗斯当代犯罪现象的总体状况

在近 15 年期间，俄罗斯的犯罪学家发现，俄罗斯社会现实的发展状况导致了大量的犯罪发生，犯罪率因此不断上升。根据官方统计资料显示，每年在俄罗斯都会有三百多万起犯罪发生。而且，这个犯罪率只是官方资料提供的数据，一些学者与调查家的资料显示，犯罪的实际状况其实更加恶劣。每一年在俄罗斯都会有 1000 万到 1200 万起的犯罪发生。而一些专门从事犯罪调查的研究者更是认为，在俄罗斯，事实上每一年的犯罪都已经达到两千万起以上。将学者与官方的统计数据进行对比后可以发现，官方统计的犯罪数据实际上只是现实犯罪数据的 1/4 而已。令人遗憾的是，现行《俄罗斯联邦刑事法典》在刑罚裁处程度上虽然要高于 1960 年《俄苏刑事法典》，② 但如此严厉的刑罚并没有有效地遏制犯罪率的增长。截止到 2006 年，俄罗斯的犯罪率一直处于不断上升的趋势。只是到了 2007 年的时候，官方的调查数据作出了俄罗斯犯罪率有所下降的结论。学界中很多专家与学者对于这个结论存有疑问，认为这个结论的得出存在着一个背景——俄罗斯联邦内务部在犯罪调查中使用了新的统计方法。因此，1960 年之前的犯罪率呈现不断上升的趋势，2007 年的犯罪率则是下降趋势并不等于说犯罪率真正得以降低。他们认为，按照新统计方法得

---

① 该章目前只有三个条文，第 272 条非法获取计算机信息、第 273 条编制、使用与传播有害的电子计算机程序（计算机病毒），第 274 条违反电子计算机、电子计算机系统及其网络的使用规定。俄罗斯学者提出对于该章的条文规范应当予以增加，将利用计算机等从事诈骗、卖淫、传播不良信息、非法商业活动等内容扩充进来，目前俄罗斯联邦杜马议会也在探讨有关该议案的草拟。

② 1960 年的《俄苏刑事法典》中有期剥夺自由刑的最高刑罚期限为 15 年，而现在新刑事法典中有期剥夺自由刑在数罪并罚的情况下最高刑罚期限可达到 30 年。

到的数据不具有说明性，这种统计方式的使用使得很多原先被认定为是犯罪的行为并没有被计入到犯罪统计数据当中。所以，这应当是统计方法的变更使得犯罪率有所下降而不是犯罪率真正得到了降低。

（二）俄罗斯社会中几类典型犯罪现象与相应的刑事规范

1. 杀人犯罪。根据俄罗斯联邦的官方调查资料可以得知，每年在俄罗斯都会发生 3 万多起的杀人犯罪，有 2.5 万多人失踪后找不到任何痕迹，有 2.5 万多人受到重度身体健康伤害，之所以强调这个问题是因为这些人由于严重的伤势很快就会丧失生命，但是这些数据在官方相关杀人犯罪的统计资料中根本没有任何显示。实际上，将官方统计数据与学者调查数据进行平衡之后可以得出这样一个结论，即每年在俄罗斯联邦都会有 8 万到 9 万起的杀人案件发生，从中也可以发现这样一个现象，即这种状况并不取决于法律上对杀人犯罪规定的刑事责任是否严厉。我们从俄罗斯联邦刑事法典中可以看到，对于杀人罪的法律处罚在刑事法典中是最严厉的，最严重的情况下可以直接判处死刑，但这并没有使得现实的杀人犯罪有所减少。

在现行的现行《俄罗斯联邦刑事法典》中，对于有关死刑的犯罪一共设置了五种罪刑规范，这五种犯罪都与蓄意致使他人死亡的犯罪有关。需要说明的是，虽然法律上对这几种犯罪作出可以裁处死刑的规定，但在俄罗斯联邦，死刑并没有任何实际上的适用。也就是说，按照刑事法律规定，只有在实施了故意致人死亡的极其重度犯罪这种情况下才可以判处死刑，而在司法裁判中死刑是不予适用的。因此，对于蓄意杀人的犯罪，俄罗斯联邦法院裁处的最高刑罚只能是终生剥夺自由刑或是 20 年剥夺自由刑。如上所述，立法上设置了如此严厉的重刑处罚并没有对俄罗斯联邦的杀人犯罪起到多大的震慑作用，杀人案件的比率依旧很高。[①]

2. 经济类罪。俄罗斯当前最严重的犯罪问题是发生于经济领域的犯罪，有近 70% 的经济犯罪属于贪利性犯罪。之所以产生这种状况的很大一部分原因在于国家对惩治一些新形式的经济犯罪没有实践经验。众所周知，俄罗斯在成立之前一直实行的是计划经济体制，国家政治体制变革之后，经济体制是骤然转变为市场经济的，所以对于一些诸如银行破产、非法从事银行业务、虚假经营等市场经济时代的犯罪形式根本没有既定的法律可以遵循，立法上多是借助于其他国家相关的法律规范予以规制。而且，尽管俄罗斯的刑事立法移植了

---

① 在俄罗斯联邦的刑事执行系统中，对于被裁处终身剥夺自由刑的被处刑人员设置有五种形式的刑罚执行机构。根据资料显示，目前一共有 1500 多名被判处终身剥夺自由刑的人员被囚禁于该机构。

这些法律规范，它们也没能够很好地与俄罗斯联邦现实的社会生活状况结合。据俄罗斯学者推测，俄罗斯联邦经济领域内的犯罪数字实际上要十倍于官方的统计数据。因此，近几年，调整经济领域内罪刑规范内容，在编章中设置促进社会经济发展的罪刑规范、删除司法实务中很少或者根本不做适用的相关经济犯罪条文，提高对当前社会经济犯罪刑事处罚效力是俄罗斯立法机关与学者们共同关注的话题。

3. 非法适用医疗性麻醉制剂的犯罪。① 俄罗斯还存在着一个最严重的社会犯罪问题，就是非法使用医疗性麻醉制剂的犯罪。据俄罗斯毒品与麻醉制剂用品犯罪学家统计，俄罗斯现在有近 400 万到 600 万的人群非法使用医疗性麻醉制剂，这在俄罗斯是一种非常严重的社会现象，吸食麻醉剂不仅对人的身体产生损害，而且也会在很大程度上降低人的人身个性与人格。鉴于此，立法者在刑事法典中进行了一些修改，通过一些刑事法律规范加强对非法使用医疗性麻醉制剂犯罪的惩治。遗憾的是，俄罗斯 1996 刑法取消了对麻醉剂戒除进行强制医疗的可能性，这一决策受到了学者们的指责，多数人提出这样是导致了俄罗斯民主法制的倒退。相比较而言，1960 年的《俄苏刑事法典》对此作出过相关规定。例如，1960 年俄苏刑事法典曾规定，如果你是在吸食医疗性麻醉制剂的情况下实施犯罪的，就会被判处强制性医疗戒除措施。而现在，戒与不戒完全取决于行为人的个人意愿，如果愿意，国家提供强制戒毒的条件，如果个人没有这个意愿，国家也不会对你采取强制性措施。俄罗斯学者曾经自嘲，这也许就是一种所谓的民主化产物吧。

4. 恐怖主义犯罪。此外，目前在俄罗斯有关新型犯罪还有一个受到关注的问题，即上海合作组织公约中提到的有关共同惩治恐怖主义犯罪问题。实际上，在俄罗斯联邦领域内有关于恐怖主义活动的犯罪数量并不多，截止到 2006 年，俄罗斯联邦总共只有 112 起有关恐怖主义活动的犯罪发生。而在 2007 年，俄罗斯联邦只有 38 起有关恐怖主义活动的犯罪发生。问题在于，恐怖主义活动犯罪数量虽然不多，但是它所造成的后果和危害却极其严重，导致人员的大量伤亡和重大的社会财产损失。现在俄罗斯联邦的恐怖主义活动出现了一种新的趋向，重点转向劫持人质、劫持船只车辆等重度犯罪，按照俄罗斯联邦学者 В. С. Комиссаров 教授（В. С. 卡弥撒拉夫）的观点，恐怖活动犯罪的数量在以后一段期间内还会有所增加。从现行《俄罗斯联邦刑事法典》相关条文的变动情况也可以看到，俄罗斯联邦有关打击恐怖主义活动犯罪的条款在 11 年期间内已多次调整，现行《俄罗斯联邦刑事法典》第 205 条有关于恐

---

① 也被中国学者译为毒品犯罪。

怖主义活动犯罪的条款在 11 年间已修改了 4 次。① 这也似乎从一个角度说明了俄罗斯的立法者对于恐怖犯罪的无奈，不间断修改法律破坏了法律的稳定性，不修改法律又不能够使其有效适用。②

除了以上提到的几种犯罪，在俄罗斯联邦现今适用的刑事法典中还设置有很多有关新型犯罪的罪刑规范，例如法典第二十六章的生态犯罪、第三十一章的妨碍司法犯罪等章节中的部分条文。面对社会发展中日新月异、形形色色的各种现实状况，关键问题还在于针对这些新出现的犯罪，国家的立法机关应当作出什么样的应对策略完善与发展刑事法律以便更加有效地惩治与预防犯罪。俄罗斯的专家与学者一再坚持应当重新修订当前的刑事法典，学者们很希望这种建议能够被决策者所采纳，及时对当前适用的刑事法典进行补充修订。虽然这样也是对法律稳定性的无形破坏，但是这应当是促进法律完善的一种无奈之举。从立法委员会与国家杜马议案中可以看出，近一段时间到 2010 年之前，俄罗斯联邦刑事法典还会受到一些新的、重要的修改。日前，俄罗斯联邦立法机关国家杜马议会正在探讨的一个法律草案就是有关于惩治贪污贿赂犯罪法律规定的修改，③ 即将出台的惩治贪污贿赂法是一部综合性法律，其目的在于加强打击贪污贿赂犯罪的处罚力度，它涉及国家公职人员法律地位的调整与税收制度改革，同时也影响到刑事法典中相关规范的变更。这部草案审核之后，俄罗斯联邦立法机关要讨论的另一个新的法律草案就是如何加强国家权力对另一严重犯罪——有组织犯罪的惩治。根据俄罗斯联邦国家杜马议会的工作安排，惩治贪污贿赂法通过之后应当就是解决有组织犯罪的提案。

三、俄罗斯当代刑事法律的变动与发展

同世界各国一样，处于国际化大时代背景下的俄罗斯正在经历一场巨大的社会变革。社会变革导致了社会犯罪现象的大量产生，立法机关审核了越来越

---

① 该类犯罪被规定在现行《俄罗斯联邦刑事法典》第九编危害公共安全与社会利益秩序中第 24 章危害公共安全类罪之下，原为三个条文，即第 205 条恐怖活动罪、第 206 条劫持人质罪、第 207 条故意举报虚假的恐怖主义活动罪。俄罗斯联邦立法机关分别于 2002 年、2003 年、2004 年与 2006 年对该部分条文的罪刑规范进行了调整修改，扩充了条文罪状的覆及范围，加重了刑事责任程度与刑事处罚力度。同时，根据 2006 年立法委员会议案在第 205 条之下增加了两个附属条文——第 205 - 1 条协助实施恐怖活动罪与第 205 - 2 条公开号召实施恐怖活动或当众为恐怖主义活动辩解罪。

② 可以说，破坏法律稳定性的首先就是立法者，法律稳定性的破坏因此又导致一些消极状况产生，从而不能有效打击犯罪进而不断再次修订，归其原因，立法上的不严谨和疏落成为不能有效打击犯罪的一个重要方面。

③ 也被中国学者译为反腐败法案。

多有关制定刑事责任承担规范的提案，刑事法典中增添了一系列的新型犯罪。近13年期间，俄罗斯的刑事法律中逐渐增加了十多类新的犯罪构成类别，这样就造成了这样一种结果，就是俄罗斯当前犯罪数量的总量不断增多，刑事法律规范内容也在不断扩大，也可以说这是在俄罗斯联邦刑事立法总体发展背景下产生的状况。但是，从学者的角度来讲，则是认为立法者在不断扩大犯罪圈，不断致力于行为的犯罪化。许多人认为，很多行为实际上是不应当被认定为犯罪的。因此，俄罗斯学者曾经多次主张在这种泛罪化的状况中脱离出来，将一些危害性轻微的侵害行为作为非罪行为处理。可以说，虽然人道化这一基本原则在俄罗斯被不断强调，但是，这个原则实际上正在被立法者不断弱化。详细来讲，俄罗斯刑事法律的变动与发展主要体现在以下几个方面：

（一）未成年犯罪人的处遇人道化

最近一段时间，俄罗斯联邦在人道化改善方面做得比较多的应当是对未成年人犯罪的惩治与预防。俄罗斯立法机关规定对于未成年犯罪者实施的犯罪，如果不是重度犯罪的话禁止适用剥夺自由刑，如果实施的是重度以上的犯罪，对其裁处的刑罚也不能超过现有刑罚最高期限的一半。之前俄罗斯有关的刑事立法对于未成年人禁止适用罚金刑，但是现在在新刑事法典中对于未成年人规定可以适用罚金刑，只不过这个罚金刑承担的主体是未成年人的父母。所以，法院对于未成年人裁处罚金刑，而罚金则由其父母予以承担。那么就出现了这样一种状况，一方面这个立法反映了人道化主义的实现，但是另一方面法律又妨碍了个人的刑事责任承担原则。因此出现了一个悖论，法律坚持的是应当由犯罪人个人承担实施犯罪后的刑事责任，而实际上最终结果却是犯罪人实施犯罪而犯罪后果由未成年人父母承担。

（二）行为的应受刑事处罚性逐渐加重

俄罗斯学者们发现刑事立法上的另一个明显取向就是行为的应受刑罚处罚性被不断加重。新刑事法典刚刚颁布适用之时，终身剥夺自由刑只适用于与死刑有关的犯罪。从当时的法律规定上看，终身剥夺自由刑只是法院作为死刑的一种替代性刑罚措施进行裁处的。现行《俄罗斯联邦刑事法典》中有一个特别条文即第205条，该条文没有将死刑作为最高限度的刑罚种类，立法者也没有对其进行调整，直接将最高刑罚设定为终身剥夺自由刑，该条文就是以上提到的有关于恐怖主义活动犯罪的惩处条款，俄罗斯学者认为这实际上就是一种加重刑罚的体现，在该立法中没有体现出俄罗斯当代非刑罚化或者刑罚轻缓化的状况。因此，现在俄罗斯有学者提出，应当将许多没有实效、无益的刑事法律规范与条文从刑事法典中剔除出去，将那些无效的并不应当规定为犯罪的行为作排除犯罪化处理，对一些危害性不是极其严重但被规定为犯罪的行为应当做出减轻刑罚的处理。遗憾的是，这些建议没有被俄罗斯联邦的立法机关所接受，很明显，从立法者不断加重刑罚、扩大刑事处罚适用这些条款来看，他们是认为可以依靠泛罪化与加重刑罚来专门解决这些问题进而有效遏制犯罪，排除犯罪化与刑罚轻缓化原则因此并不能落实到具体。

很早之前，各国与俄罗斯联邦的刑事法与犯罪学学者们就已提出，刑事法律并不是惩罚犯罪最有效的方式与手段，加重刑事处罚也不见得就能够有效地遏制犯罪。目前，这一点已被世界各国的学界所证实，最有效的防治措施应当是从社会经济入手进行犯罪防治。可以设想，如果过错人有很高的工资收入，各方面生活需要都很充足，基本上他是不会过多地去摄取什么经济利益，即使会的话也会少摄取一些。例如针对贪污贿赂犯罪，更好的方法应当是采用高薪养廉的措施予以处理，如果有很高的经济收入，那么他们很少会实施犯罪。犯罪预防措施更应当采取具有实效的方法，刑事法中关于严厉刑罚的规定无论从内容上来讲还是从手段上来说都应当只在绝对严重的状况下才可以适用。

（三）刑事责任区别化

据俄罗斯学者观察，刑事立法发展中有一个特别的现象就是刑事责任的区别化加强。针对不同行为人所实施的不同严重程度的犯罪应当适用具有不同刑事法律处罚效果的措施。尽管目前这种刑事责任区别化的趋势不是很明显，但是已经呈现了这样的一个发展态势。同时，也应当看到，立法者在进行刑事责任区别化尝试的过程中出现了很多错误。例如，在 2003 年之前，新刑事法典中规定累次犯罪人在实施新的犯罪时应当加重刑事责任而不是减轻，其加重刑罚应当超过累次犯罪人初次犯罪时所处刑罚的一半以上。那么，如果对其已实施的犯罪所裁处的剥夺自由刑罚期限是 10 年的话，法院就不能对其裁处 5 年以下的剥夺自由刑。① 这只是一般累次犯罪人的规定，按照 1996 年刑事法典对累次犯罪人不同的划分界限，如果是实施重度犯罪或是极其重度犯罪的危险累次犯罪人，那么法律规定对其判处的刑罚应当不低于曾处刑罚的 2/3。由此

① 该条文于 2003 年曾作出修改，对于初次累次犯罪人的刑罚裁定在不具有减轻情节的条件下，一般只为原先已然犯罪的 1/3。详见现行《俄罗斯联邦刑事法典》第 68 条第 2 款规定：对任何形式的累次犯罪裁定刑罚时，刑罚期限不得低于其已然犯罪所规定的最严厉刑种最高期限的 1/3。但是应当在本法典分则相应条文规定准许的制裁范围内予以裁定。对危险的累次犯罪裁定刑罚的时候，该刑罚期限不得低于对其已然犯罪所规定的最严厉刑种最高期限的 2/3，而对极其危险的累次犯罪裁定的刑罚期限，不得低于对其已然犯罪所规定的最严厉刑种最高期限的 3/4。

可以看出，对于不同的累次犯罪人实际上是根据其犯罪的危害性与人身危险性程度的不同而裁处不同的刑罚。2003 年立法者对法律进行修订补充的时候取消了这一累次犯罪人责任区分的规定，现在，根据修订后的立法，法庭也可以对累次犯罪人适用最低限度的刑罚。俄罗斯学者认为，这种做法十分不妥，因为累次犯罪人实施的是多次犯罪而不是一次犯罪，这个修改违背了刑事法律的公正原则，从法典修改后的情况来看，立法者还是坚持了这一规定。

（四）没收财产由具有刑事处罚性质的刑罚变更为具有刑事处罚作用的措施

2003 年刑事法典修改之后，遭到学者批评的另一个问题就是将刑罚种类中的没收财产刑取消。3 年后，立法者在法典中又恢复了有关没收财产的规定。不过，没收财产这一规定的性质已被改变。在现行的现行《俄罗斯联邦刑事法典》中它已经不是一个具有刑事处罚性质的刑罚种类，立法者将其安置在其他具有刑事处罚作用的措施当中作为一种具有补充性的刑事处罚措施予以应用。该条文没有修改之前，没收财产刑作为刑罚种类在犯罪人实施犯罪时可以作为刑罚种类予以裁处。法院可以裁处依法没收行为人的全部财产或者部分财产，而按照现在的没收财产规定则只能是：第一，没收因为实施某些犯罪而获得的财产；第二，没收通过实施某些犯罪所获财产的收益抑或用于犯罪实施的资金。那么，如果犯罪人的财产是通过合法途径取得的话，就不能对他适用没收财产的措施。过去可以对犯罪人的合法财产直接予以全部或部分没收，而现在则只能没收与犯罪相关的所得或者所得收益与犯罪资金，而不能对其适用没收财产刑，没收财产失去了它所应具有的刑事处罚的性质。① 虽然俄罗斯

---

① 有关于没收财产的规定，在俄罗斯联邦刑事法典第 104 - 1 条，其具体罪状表述为"1. 没收财产，是指依据法院下达的刑事案判决将下列财产无偿地收归国有：（1）因实施本法典第 105 条第 2 款、第 111 条第 2 款、第 126 条第 2 款、第 127 - 1 条、第 127 - 2 条、第 146 条、第 147 条、第 164 条、第 184 条第 3 款与第 4 款、第 186 条、第 187 条、第 188 条、第 189 条、第 204 条第 3 款与第 4 款、第 205 条、第 205 - 1 条、第 205 - 2 条、第 206 条、第 208 条、第 209 条、第 210 条、第 212 条、第 222 条、第 227 条、第 228 - 1 条、第 229 条。第 231 条、第 232 条、第 234 条、第 240 条、第 241 条、第 242 条、第 242 - 1 条、第 275 条、第 276 条、第 277 条、第 278 条、第 279 条、第 281 条、第 282 - 1 条、第 282 - 2 条、第 285 条、第 290 条、第 355 条、第 359 条第 3 款规定的犯罪行为而获得的钱款、有价证券与其他财产；（2）因实施犯罪而获得的财产以及利用该财产所取得的部分或全部转化性收益，也应当属于钱款、有价证券与其他财产；（3）用于恐怖主义活动、有组织犯罪团伙、非法武装团体、犯罪集团资金款项的钱款、有价证券与其他财产；（4）属于被告人所有的犯罪实施工具、设备与其他犯罪装备。2. 通过对该犯罪获取的财产或利用该犯罪获得的收益，如果混附在通过合法途径获得的财产中，应当按照相应价值对该财产中混附部分的财产与收益予以没收。3. 本条文第 1 款与第 2 款规定财产，由被处刑人员转交其他人（组织）的，如果财产接受者明知或应当知道他所接受的财产是通过实施犯罪行为获得的，则应当予以没收。"

学界学者对此意见很多，但立法者只是一直热衷于对该法条进行补充与修订，而并没有将该种刑罚重新恢复。①

（五）司法机关参与犯罪认定规范的创制活动

在俄罗斯的刑事法律发展过程中，应当注意的一个情况就是近期俄罗斯联邦的最高审判机关开始积极参与到惩治犯罪规范制定的一系列活动当中。司法实践中，很多刑事法律所规定的犯罪构成仅仅依靠立法规范不能得以认定，这样就需要在司法上进一步具体确定。例如，根据司法规定，偷窃罪的犯罪构成是秘密地窃取他人财产，那么该怎样认定什么是秘密窃取行为？法律上对此没有作出详细规定，俄罗斯联邦最高司法机关——最高法院就此出台了解释性决定，② 将秘密窃取行为定性为是在没有任何人在场的情况下取得他人的财产，或者说有人员在场，但该人并不知道偷窃者这种取得他人财产的行为是非法的取得行为，这种情况下也应当被认定为是秘密窃取。尽管最高法院对此作出的解释性决定对于下级管辖司法机关以及检察机关如何认定秘密窃取中的"秘密"二字有了指导性影响，但是这种解释性决定并不能够成为刑事法律的渊源。法官在司法审判过程中必须独立遵从于法律，这些解释性的决定并不具有法律上的效力，最高法院也不能强迫法官必须就遵行该解释性决定审理案件。这就造成了两种情况，或是法官认为最高法院所做的解释性规定具有合理性可以适用，或是不予采纳。再如立法上所规定的出于贪利动机的杀人，那么什么是出于"贪利"的动机，立法上也没有具体说明。既然立法上没有说明，对其进行解释的任务依旧由最高司法机关——最高法院来完成，这样一来，最高司法机关实际上也就是在参与刑事立法的创制活动。那么，根据最高法院的解释性决定这种"贪利"实际上贪图追求的或许是非法的财产，或许是合法的财产。有这样一个例子，离婚父母按照法律规定对孩子负有支付抚养费的义务，但是不想履行抚养费支付责任而将孩子杀死，按照俄罗斯联邦最高司法机关的解释性决定这种情况就是一种出于贪利动机的杀人犯罪，实际上也就是将

---

① 俄罗斯联邦原九六刑事法典第 44 条第 7 款规定了没收财产刑，该条于 2003 年废除，但是该款规定在刑事法典中的编号予以保留。2006 年该项规定再次调整，立法机关将其作为一个单独的附属章节安置在第十五章之下，分解为三种措施，即第 104－1 条没收财产、第 104－2 条没收钱款抵充财产、第 104－3 条致害赔偿。

② 中国有学者将其理解为司法性解释，实际上俄罗斯联邦最高法院所做的这种解释性决定与中国通常所说的司法解释还具有一定差别。我们的司法解释具有法律上的效力，应当为下辖检察机关与审判机关在办理、审理案件时所遵循，而在俄罗斯，这种解释性决定只能作为上级管辖机关的一种建议，并不具有法律上的效力，下辖检察与审判机关可以遵从该决定办理或审理案件，也可以不遵从该决定办理审理案件。

负有义务不履行义务的杀人犯罪解释为具有贪利动机的杀人犯罪。该行为如果按照普通杀人罪进行处罚的最高刑罚期限为 12 年剥夺自由刑，但是按照具有贪利动机这一加重情节的犯罪进行处罚的话，则最高刑罚期限可达 20 年剥夺自由刑或者是终身剥夺自由刑。不仅以上两种例子，俄罗斯联邦最高司法机关曾下达了许多这样的解释性决定，如法律上有关强奸、欺诈、抢劫以及其他一些犯罪都规定了加重情节，那么什么是加重情节？立法上没有统一的定义与解释，对此进行说明解释的任务最终都是由最高法院通过解释性决定予以解决的。这样做的结果实际上就是导致司法实践中刑事立法不能被适用，因此涉及刑事法律的基本原则问题，俄罗斯联邦最高法院通过一系列个案作出这样一些司法解释性的决定虽然不能够作为刑事立法明确适用，但是通过这种方式对司法审判予以影响实际上等于违反了俄罗斯联邦刑事法典中法制原则、公平公正原则以及法律面前公民平等这样一些基本原则。

（六）刑罚体系的调整问题急需解决

在俄罗斯还有一个需要面对的重要问题就是刑罚体系的设定问题，俄罗斯联邦新刑事法典制定之初曾经有过这样一个设想，降低整个刑罚体系中最严重刑罚种类——剥夺自由刑的比例，剥夺自由刑一般不应超过整体刑罚规定的 35% ~ 45%。因为剥夺自由刑是一种严厉的刑罚，它剥夺了人的自由、人的正常生活交往条件，使人同整个的社会生活环境相隔绝，这意味着犯罪人重新回归社会，重新恢复社会联系是相当难的事情。如果行为人年龄较大，那么给他判处一个 15 年的剥夺自由刑，他的后半生也许就会在监狱中结束。所以当初设想在整体上减轻判处剥夺自由刑的规定，并在刑事法典中设置了一些原先没有的刑事处罚种类，例如将拘禁刑①作为一种具有刑事法律性质的刑罚种类列入刑罚体系。比方说将犯罪人在监狱单身囚室里囚禁上 2 个月，在这样一段期间内杜绝犯罪人与外界的联系，杜绝与亲人见面、杜绝参与社会上的一些活动，俄罗斯学者认为这应当是一种比较严厉的刑罚。再如义务性劳动，假如商业人士实施了犯罪，法院可以对其判处在其工作地履行 80 小时的义务性劳动

---

① 有学者将其理解为拘役刑，按照法条与该词原意，本书认为将其译为拘禁刑更为妥当，拘役刑有劳动的性质，而在俄罗斯拘禁刑类似一种禁闭处罚，对于拘禁刑，立法上的定义是：拘禁刑是指将被处刑人员监禁在与社会严加隔离的条件下，时间为 1 个月以上 6 个月以下期限内的刑罚，详见现行《俄罗斯联邦刑事法典》第 54 条文意。

刑作为一种惩罚措施,① 如打扫卫生、清理垃圾等义务性劳动,这样会使他反思他怎么做是正确的,他为什么会在这里做这样的劳动。遗憾的是,这些刑罚措施的规定在刑事法典中早就制定出来,但是很少付诸实施。所以现在与以往一样,俄罗斯联邦依然有 35% 左右的犯罪还在适用剥夺自由刑。俄罗斯学者认为这个比例相当高,因此,法庭在这种情况下没有其他选择,只得先判处剥夺自由刑,然后再对其适用缓刑。这必然就会影响到刑罚种类本身的积极作用,整体上也降低了刑事法典中刑罚体系的作用与效果。但是目前也没有办法在刑事法典中添置其他刑罚种类,学者与立法机关暂时还没有找到一个完全适合俄罗斯联邦刑事法典的刑罚体系。

(七) 有关于国际犯罪的确定

立法机关在现行《俄罗斯联邦刑事法典》分则体系最后部分设置了一个新的编章"侵犯人类和平与安全的犯罪",之前的《俄苏刑事法典》中没有关于这一编的规定,所以对于一些像灭绝种族、生态灭绝等这样的犯罪没有办法在法律上追究刑事责任,只能援引法典中其他条款按照诸如杀人、污染环境等一般罪名进行惩处。现在,俄罗斯联邦立法者认为俄罗斯联邦作为苏维埃联盟在国际法上的继承者,其本身也是许多国际条约的参加者,签署加入了很多国际条约,因此有义务将这些国际公约在国内法中予以体现,这也就是在刑事法典体系中出现"侵犯人类和平与安全的犯罪"这一编的原因,这也体现出俄罗斯联邦开展国际法律合作的一个新的趋向,通过这些章节条文规定来加强同国际社会其他国家的刑事法律合作关系,共同惩治犯罪,因为这些犯罪可以说被公认为是对世界和平与人类安全最严重的犯罪,其对于国际社会与各国的危害性质不言而喻。但这并不等于说苏维埃联盟时期俄罗斯的刑事法律中没有国际公约国内化的做法,比如说曾于 1961 年参加的打击医疗性麻醉制剂合作公约,那时只是将相关犯罪作为独立的罪名在刑事法典中进行规范,没有设置一个独立的编章。在现行《俄罗斯联邦刑事法典》中除了这一编做了统一规定,现在在法典中还有一种普遍的做法,就是将较为零散的个罪分散规定在不同的

---

① 按照现行《俄罗斯联邦刑事法典》第 49 条规定,义务性劳动刑是指被处刑人员在基本工作和学习之余的自由时间内,无偿地进行有益的社会性劳动。义务性劳动刑的种类与被处刑人员的劳动对象 (劳动目标),由地方自治机关与刑事执行监察机构共同协商确定。一般来讲,义务性劳动刑的刑罚期限为 60 小时以上 240 小时以下,且每日刑罚履行的时间不得超过 4 小时。按照法律规定,义务性劳动刑不得对被认定为是一级残障的人员、孕妇、尚有子女未满 3 岁的女性、应征入伍的现役军人以及依据兵士与军士军职合约服役的现役军人判处义务性劳动刑,如果他们在法院下达刑事案件判决是尚未全部履行法定的兵役期限。

编章之中。例如俄罗斯联邦参加了惩治贪污贿赂公约，那么相应地就在刑事法典分则部分将打击贪污贿赂的个罪规范放入相应章节。

国际犯罪中较为复杂的是关于国际恐怖主义活动犯罪的确定问题，按照俄罗斯联邦刑事法典中的认定标准，恐怖主义犯罪不是国际犯罪，它不是对全世界人类生命安全造成侵害，它只是一种具有国际性质的犯罪。俄罗斯学者认为这种具有国际性质的犯罪其危害性应当低于现行《俄罗斯联邦刑事法典》中有关"侵犯人类和平与安全"的国际犯罪，如灭绝种族罪其危害性就要比恐怖主义犯罪严重。将其定性为国际性质的犯罪实际上是因为恐怖犯罪如果是针对国内政权提出一些要求然后实施恐怖活动的话，就不能认为是一种国际性质的犯罪，更不能认为是一种国际犯罪。如果这种恐怖活动具有强迫国际社会或国际组织作出一些行为或者对某些要求作出妥协的话，这时该行为才具有了国际恐怖活动的性质，应当按照国际犯罪来进行定性。立法者采取这种不同的做法，一方面根据不同的情况采取不同的措施有效地打击这种犯罪，另一方面也是为了保护个人、社会与国家的利益。虽然，这种设想在一些情况下也具有不能实现性，但是这种情况在任何国家都是存在的，因此各个国家应当根据自己不同的国情制定不同的应对措施，并不一定所有的问题都需要通过国际社会的方式来进行解决。

四、俄罗斯联邦刑事法中应予特别探讨的几个问题

（一）构建犯罪惩治的刑事法律政治体系问题

俄罗斯学者对构建犯罪惩治的刑事法律政治体系问题较为关注，多数学者撰写的专著或法学教材中都已将刑事法律政治作为刑事法律基本理论中的一个组成内容予以阐述。按这些学者的观点，俄罗斯当前的犯罪形势如此严峻，但俄罗斯联邦国家权力机关到目前为止还没有形成一个明确、完整、清晰的有关犯罪惩治的刑事法律政治，[①] 对于各种犯罪实施的惩治活动一直都是在零敲碎打、没有什么系统的战略、策略，这样既不利于长久的犯罪惩治活动，也不利于形成系统有效的犯罪惩治指导思想体系。回视俄罗斯联邦刑事法律政治的方

---

① 从语言本意理解，本书认为应当将"Уголовная политика"译为刑事政治较为妥当。第一，在俄罗斯刑事政策另有专门的词汇表示，我们所说的刑事政策在很大程度上是被理解为刑事策略的，也有俄罗斯学者将我们的刑事政策概念解析为"刑事政治与策略"（详细内容另有专门文章进行论述）。第二，对于该词如何定义在当前的俄罗斯学界也充满争议，没有定论。故此本书遵从语言原意，直接译为"刑事政治"。

针政策，有专门打击贪污贿赂犯罪的、有惩治有组织犯罪的、有惩治毒品犯罪的，也许以后又会有某些治理其他犯罪的单独的刑事指导策略，但在总体上从未形成统一的犯罪惩治目标与价值追求、没有统一的指导思想、没有统一的理论体系、没有统一的保障措施，也没有形成一个整体的纲领性文件来指导当前总的犯罪形势，更未能在思想方针上对犯罪惩治活动确定一个方向。相关于以上问题的法律文件一直都有探讨，但是至今也都没有制定出来，总是在分阶段分别针对不同的具体犯罪制定不同的刑事法律应对策略。

那么，俄罗斯联邦的国家立法机关在这段期间都在做些什么？从俄罗斯联邦刑事法典不同时期的文本变动来看，立法者不能制定任何总的刑事法律政治纲领，只能在近十几年的期间内将精力集中在法律的修改上。所以，我们可以看到俄罗斯联邦的刑事法典在这段期间经过了不下 60 次的修订与变更，[①] 法典中处处都有修改变动的条款，"几乎每两个月国家最高立法机关的议员就要考虑考虑如何修改刑事法典的事情，遗憾的是，他们的每一次修改与修订也都不是系统性的。"分则中有近 70% 的条文款项被调整，法典中许多内容已远不是 96 年新刑事法典制定之初的内容。这种非体系化的法律修订导致法律不稳定的状况已经严重影响到了刑事法典的实施效力，妨碍了犯罪惩治措施的具体实行，也降低了法律本身的安定性。俄罗斯联邦法律专家对于立法者的这种做法争议较多，他们认为刑事法典的修订应当体系化，也提出应当重新制定一部新的刑事法典，遗憾的是俄罗斯联邦国家的立法机关一直对学者们的意见未予采纳。

（二）俄罗斯联邦在国际公约国内化进程中关于灭绝种族罪适用的问题

俄罗斯联邦是一个多民族国家，所以谈到灭绝种族犯罪时对于该犯罪的定义是在一个更加宽泛的民族类群的层次上去理解的。它不能定义是一种单纯地剥夺了五六十个人生命权利的普通犯罪，而是一种针对于某一整个人类种群实施的犯罪。在俄罗斯学界，在将有关涉及该罪的国际条约在国内法中予以体现的问题上学者们一直没有产生过任何争议。这是因为俄罗斯的学者大多认为，在这种和平共处的国际社会大氛围下，这种灭绝种族的犯罪是一种侵害人类种群生命权利的最严重的犯罪。应予说明的是，虽然该罪在俄罗斯联邦的刑事立法中做了规定，但司法实践中暂时还没有适用的情况。2008 年 8 月 8 日中国召开奥运会的时候，格鲁吉亚侵入了南奥塞梯地区，当时有一千多南奥塞梯人

---

① 按照 2008 年 12 月 30 日最新修订的文本计算，现行《俄罗斯联邦刑事法典》已经经过了 60 次修订。

被杀害，据俄罗斯学者讲述，现在俄罗斯联邦的检察官正在搜寻证据准备对其进行起诉，但是能不能以灭绝种族罪予以起诉还存在一些问题。虽然这种行为直接地指向的是要消灭南奥塞梯民族，但并不一定就能说该犯罪就是以消灭南奥塞梯民族为目的，只是不排除具有这种犯罪意图的可能性。目前该案件还处于侦查阶段，暂时还没有进入俄罗斯司法诉讼程序。

（三）女性不裁处终身剥夺自由刑与死刑的问题

俄罗斯联邦的刑事立法者第一次在俄罗斯刑事法律历史上规定了基本的刑事法律原则。[①] 与中国刑事法律原则相同，俄罗斯联邦的刑事基本原则是指导刑事立法与刑事司法的一个基本的指导性规则。对女性不裁处终身剥夺自由刑与死刑规定的作出基于的正是刑事法中的人道主义原则。实际上，终身剥夺自由刑与死刑在俄罗斯联邦不仅仅是对女性不做裁处，它针对的是一个特殊的人群。这种对于特殊人群不裁处终身剥夺自由刑与死刑的规定有 3 个对象，不适用于女性、不适用于未满 18 岁的未成年人、不适用于已满 65 岁的老人。这是因为，国家的立法者认为未成年人的心智还没有达到成年人的心理状态，而上了年纪的老人工作了很多年，为国家和社会做出了很多贡献，且在这个年龄也有一些是处于一种多病、生活艰难等状况，对其裁处终身剥夺自由刑与死刑不符合人道主义精神。而对于女性不裁处死刑则是从女性本身的自然属性上来做的考虑，因为女性承担着人类繁衍后代的任务，因此国家的立法者基于此种考虑，从人道主义角度出发对女性不裁处这一类刑罚。当然，女性本身也可能具有很大的人身危险性，也可能实施极其重度的犯罪，也可能会蓄意致使他人死亡，但是对于女性俄罗斯联邦的立法者认为依然不应当对其适用此类刑罚。在俄罗斯刑事法典中，只有五种犯罪规定了死刑，针对的都是极其重度的蓄意侵害他人生命的犯罪。而女性实际上很少会实施这么残酷的故意杀人犯罪，尽管在俄罗斯也有个别案件中有女性受到雇用充当杀手实施杀人的，但是这种状况并不是一种普遍现象。所以俄罗斯学者认为应当坚持人道主义原则，对自己的母亲、女儿、姐妹、妻子不适用死刑，这也许就是俄罗斯立法者与学者对刑事法律基本原则——人道主义原则最好的理解吧。

（四）有关刑事政治中刑罚轻缓化策略的问题以及死刑不做适用的问题

有关刑罚轻缓化策略问题。肯定地说就是刑罚轻缓化策略不是对所有犯罪

---

① 按照 2008 年 12 月 30 日最新修订的文本计算，现行《俄罗斯联邦刑事法典》已经经过了 60 次修订。

都做适用的。应当说，刑罚轻缓化原则的适用是有一定前提存在的。当前，在俄罗斯联邦犯罪体系中犯罪种类分为四种，① 只有轻度犯罪、中度犯罪这两类犯罪可以适用刑罚轻缓化策略，因此可以说，这种刑事政策并不针对所有犯罪。像是对重度与极其重度的犯罪，如杀人、强奸、黑帮以及恐怖主义等严重程度很大的犯罪适用刑罚轻缓化策略是不可能的事情。而且在这种情况下，要最大限度严格限制法院尽量少适用刑罚轻缓化原则，对于重度或是极其重度犯罪，刑罚轻缓化策略越少适用越为妥当，尽管法庭会在一些具体案件中适用刑罚轻缓化，但是，这应当是对案件具体状况作出特殊考虑的情况下才可实行的。

有关死刑不作适用的问题。1999 年，俄罗斯联邦宪法法院曾就死刑问题下达了一个决定，通过了死刑不做适用的决议。宪法法院之所以作出这个决定是出于一些特殊的考虑，主要是出于政治上的考虑。当时一些俄罗斯联邦主体在案件审理程序中还有无陪审员参与审理的情况，而按照俄罗斯宪法规定，判处死刑的案件必须有陪审员参加，如果对没有陪审员参与审理的案件判处死刑，就是侵犯人权。而现实状况则是，一部分联邦主体在案件审理程序中有陪审员参与，另一部分联邦主体的案件审理则没有陪审员参与。因此，宪法法院下达了这个决定，规定只有在所有联邦主体都有陪审团参与案件审理的情况下才可以判处死刑。而现在在俄罗斯联邦只有车臣地区还没有陪审员参与案件审理。俄罗斯学者认为，形式上可以这样说，如果车臣也设立陪审员参与审判的制度，那么宪法法院的这个决定也就丧失了效力。从政治的角度上来说政治权力是拒绝恢复死刑的，但是法律效力上讲，死刑则可以适用。而且俄罗斯的大部分居民也都是赞同适用死刑，目前现状就是处于一种政治权力决策与民众意愿间角搏的状态，是政治权力说服民众意愿，还是民众意愿战胜政治权力，尚难定论。

五、结论

通过以上对俄罗斯联邦当前的刑事法律状况与发展趋势的基本了解，我们应当看到，俄罗斯法律学者与立法者之间观念上的冲突、官方的犯罪统计数据

---

① 按照现行《俄罗斯联邦刑事法典》的规定，俄罗斯联邦的犯罪种类被设定为四个类别，"轻度犯罪" Преступления небольшой тяжести、"中度犯罪" Преступления средней тяжести、"重度犯罪" Тяжкие преступления 与 "极其重度犯罪" Особо тяжкие преступления。本书在这一点与中国学者以往翻译的理解不同，以往多直译为"轻微程度的犯罪"、"中等程度的犯罪"、"严重的犯罪"与"极其严重的犯罪"，特此说明。

与民间统计数据差别过大、刑事法典修改过频导致刑事法律的不稳定、最高司法机关的解释性决议不能够作为法律渊源一体遵行、刑事政治在立法上的不明确等问题都是俄罗斯联邦学界与立法机关所应正视与解决的问题，如果这些问题依旧存在势必对俄罗斯联邦刑事法治的发展造成一定阻碍，也必然影响到俄罗斯刑事法律同世界各国刑事法律的交流与融通。

同时，作为世界刑事法律体系中的一个独立系统，俄罗斯联邦的刑事立法仍然具有很多独特的性质，其中有很多优秀的立法经验值得我们学习借鉴。如俄罗斯联邦在刑事法律理论与司法实务中对刑事法律基本原则如法制原则、人道主义原则的遵行程度较为认真，再如法典中设置了许多体系化的罪刑规范，如生态类犯罪规定、侵犯人类和平与安全类的犯罪以及自成系统的军事犯罪的规范都是我们应当参考学习的，再如俄罗斯联邦对国际公约国内化问题的解决，很显然是走在了我们的前列。而且，也应当看到，对于死刑不裁处、不适用的问题，俄罗斯学者与立法者的思考对于中国死刑问题的探讨应当是具有一定的启示意义。

参考文献

一、中文参考文献

（一）著作

1. ［苏］A. A. 皮昂特科夫斯基等：《苏维埃联盟刑事法科学史》，曹子丹等译，法律出版社 1984 年版。

2. ［苏］孟沙金主编：《苏维埃联盟刑事法总论》，彭仲文译，大东书局 1950 年版。

3. ［俄］H. φ. 库兹涅佐娃、N. M. 佳日科娃：《俄罗斯刑事法教程（总论）》（上卷·犯罪论），黄道秀译，中国法制出版社 2002 年版。

4. ［苏］H. A. 别利亚耶夫、M. И. 科瓦廖夫主：《苏维埃刑事法总论》，马改秀、张广贤译，群众出版社 1987 年版。

5. ［苏］A. H. 特拉伊宁：《犯罪构成的一般学说》，王作富等译，中国人民大学出版社 1958 年版。

6. ［苏］T. B. 采列捷里、B. T. 马卡什维里：《犯罪构成是刑事责任的基础》，载《苏维埃刑事法论文选译》（第 1 辑），中国人民大学出版社 1955 年版。

7. ［苏］A. A. 毕昂特科夫斯基：《社会主义法制的巩固与犯罪构成学说的基本问题》，载《苏维埃刑事法论文选译》（第 1 辑），中国人民大学出版社 1955 年版。

8. ［苏］A. B. 哈萨洛夫：《关于犯罪构成概念的问题》，载《苏维埃刑事法论文选译》（第 1 辑），中国人民大学出版社 1955 年版。

9. 薛瑞麟：《俄罗斯刑事法研究》，中国政法大学出版社 2000 年版。

10. 王志远：《犯罪成立理论原理——前序性研究》，中国方正出版社 2005 年版。

11. 王钺：《罗斯法典译注》，兰州大学出版社 1987 年版。

12. 王钺：《往年纪事译注》，甘肃民族出版社 1994 年版。

13. ［俄］克柳切夫斯基：《俄罗斯史教程》（第1、2卷），商务印书馆 1997年版。

14. ［俄］H.φ.库兹涅佐娃、N.M.佳日科娃：《俄罗斯刑事法教程（总论）》（上卷·刑罚论），黄道秀译，中国法制出版社2002年版。

15. ［俄］克柳切夫斯基：《俄罗斯史教程》（第3卷），商务印书馆1996年版。

16. ［俄］弗兰克：《俄罗斯知识人与精神偶像》，徐凤林译，学林出版社 1999年版。

17. ［俄］别尔嘉耶夫：《人的奴役与自由》，徐黎明译，贵州人民出版社 1994年版。

18. ［苏］以赛亚·伯林：《俄罗斯思想家》，彭淮栋译，译林出版社2003 年版。

19. ［俄］别尔加耶夫：《俄罗斯思想》，雷永生、邱守娟译，北京三联出版社1995年版。

20. ［俄］恰达耶夫：《哲学书简》，刘文飞译，作家出版社1998年版。

21. ［俄］基斯嘉柯夫斯基：《路标集》，曾平译，云南人民出版社1999 年版。

22. ［法］孟德斯鸠：《论法的精神》，商务印书馆1961年版。

23. ［德］萨维尼：《论立法与法学的当代使命》，中国法制出版社2001 年版。

24. ［美］克利福德·吉尔兹：《地方性知识：事实与法律的比较透视》，载梁治平主编：《法律的文化解释》，北京三联出版社1994年版。

25. ［德］汉斯·海因里希·耶赛克、托马斯·魏根特：《德国刑事法教科书》（总论），徐久生译，中国法制出版社2001年版。

26. ［苏］诺索夫：《苏维埃联盟简史》，北京三联出版社1977年版。

27. ［意］贝卡利亚：《论犯罪与刑罚》，黄风译，中国法制出版社2002 年版。

28. 李洁：《犯罪结果论》，吉林大学出版社1994年版。

29. 李洁：《犯罪对象研究》，中国政法大学出版社1998年版。

30. 李洁：《论罪刑法定的实现》，清华大学出版社2006年版。

31. 李海东：《刑事法原理入门》（犯罪论基础），法律出版社1998年版。

32. 张寿民：《俄罗斯法律发达史》，法律出版社2000年版。

33. 刘生荣：《犯罪构成原理》，中国人民大学出版社1996年版。

34. 陈忠林：《意大利刑事法纲要》，中国人民大学出版社1999年版。

35. 赵微:《俄罗斯联邦刑事法》,法律出版社 2003 年版。

36. 高铭暄:《刑事法学原理》,中国人民大学出版社 1992 年版。

37. 赵秉志:《外国刑事法原理》(大陆法系),中国人民大学出版社 2000 年版。

38. 何秉松:《犯罪构成系统论》,中国法制出版社 1995 年版。

39. 樊凤林主编:《犯罪构成论》,法律出版社 1987 年版。

40. 曹维安:《俄罗斯史新论——影响中国历史发展的基本问题》,中国社会科学出版社 2002 年版。

41. 肖中华:《犯罪构成及其关系论》,中国人民大学出版社 2000 年版。

42. 陈兴良主编、周光权副主编:《刑事法学》,上海复旦大学出版社 2003 年版。

43. 陈兴良、周光权:《刑事法学的现代展开》,中国人民大学出版社 2006 年版。

44. 肖中华:《犯罪构成及其关系论》,中国人民大学出版社 2000 年版。

45. 周光权:《刑事法学的向度》,中国政法大学出版社 2004 年版。

46. 田宏杰:《刑事法中的正当化行为》,中国检察出版社 2004 年版。

47. 苏力:《法治及其本土资源》,中国政法大学出版社 1996 年版。

48. 陈兴良主编:《犯罪论体系研究》,清华大学出版社 2005 年版。

49. 储槐植、江溯:《美国刑法》,北京大学出版社 2012 年版。

(二)论文

1. 李洁:《论犯罪对象》,载《法律科学》1996 年第 5 期。

2. 李洁:《论犯罪对象的体系性地位》,载《国家检察官学院学报》1997 年第 2 期。

3. 李洁:《论犯罪对象与行为对象》,载《吉林大学社会科学学报》1998 年第 2 期。

4. 陈兴良:《刑事法知识的去俄罗斯苏维社会主义共和国联盟化》,载《政法论坛》2006 年第 5 期。

5. 陈兴良:《违法性理论:一个反思性检讨》,载《中国法学》2007 年第 3 期。

6. 陈兴良:《社会危害性理论:进一步的批判性清理》,载《中国法学》2006 年第 4 期。

7. 陈兴良:《犯罪构成的体系性思考》,载《法制与社会发展》2000 年第 3 期。

8. 苏彩霞、刘志伟：《混合的犯罪概念之提倡——兼与陈兴良教授商榷》，载《法学》2006 年第 3 期。

9. 陈忠林：《从外在形式到内在价值的追求——论罪刑法定原则蕴含的价值冲突及中国刑事法应有的立法选择》，载《现代法学》1997 年第 1 期。

10. 王世洲：《中国刑事法理论中犯罪概念的双重结构和功能》，载《法学研究》1998 年第 5 期。

11. 樊文：《罪刑法定与社会危害性的冲突——兼析新刑事法第 13 条关于犯罪的概念》，载《法律科学》1995 年第 1 期。

12. 刘艳红：《社会危害性理论之辩正》，载《中国法学》2002 年第 2 期。

13. 李立众、柯赛龙：《为现行犯罪概念辩护》，载《法律科学》1999 年第 2 期。

14. 梁根林、付立庆：《刑事领域违法性的冲突及其救济——以社会危害性理论的检讨与反思为切入》，载陈兴良主编：《刑事法评论》（第 10 卷），中国政法大学出版社 2002 年版。

15. 黎宏：《罪刑法定原则下犯罪的概念及其特征——犯罪概念新解》，载《法学评论》2002 年第 4 期。

16. 陈兴良：《转型与变革：刑事法学的一种知识论考察》，载《华东政法学院学报》2006 年第 3 期。

17. 曹维安：《诺曼说新探与诺曼学派》，载《世界历史》1998 年第 1 期。

18. 刘艳红：《社会危害性理论的辨正》，载《中国法学》2002 年第 2 期。

19. 陈兴良、刘树德：《犯罪概念的形式化与实质化辨正》，载《法律科学》1999 年第 6 期。

20. 陈兴良：《犯罪：规范与事实的双重视角及其分野》，载《北大法律评论》2000 年第 3 期。

21. 邓正来：《中国法学向何处去》（下），载《政法论坛》2005 年第 3 期。

22. 蒋慧玲：《俄罗斯当代刑事立法关于犯罪概念的变革——兼与中国现行刑事立法相比较》，载 http：//law. law-star. com/txtcac/lwk/017/lwk017s664. txt. htm。

23. 薛瑞林：《俄罗斯刑事法中的犯罪概念》，载《法制与社会发展》2000 年第 2 期。

24. 侯国云：《当今犯罪构成理论的八大矛盾》，载《政法论坛》2004 年 7 月第 22 卷。

25. 陈建清：《中国犯罪构成体系完善探略》，载《法律科学》2003 年第 4 期。

26. 宋振武：《犯罪客体论》，载《烟台大学学报》（哲社版）1999 年第 1 期。

27. 刘生荣：《犯罪对象新论》，载《法律科学》1997 年第 2 期。

28. 王学沛：《关于犯罪对象若干观点的质疑》，载《法律科学》1998 年第 5 期。

29. 徐振华：《犯罪客体新探——兼谈犯罪对象在犯罪构成体系中应有的地位》，载《法商研究》2002 年第 2 期。

30. 唐世月：《犯罪客体不应作为犯罪构成要件》，载《法学杂志》1998 年第 6 期。

31. 李晓明：《论对犯罪客体的质疑》，载《法学杂志》2001 年第 5 期。

32. 江礼华：《再论犯罪客体的概念问题》，载《国家检察官学院学报》2003 年第 1 期。

33. 叶肖华、张铁雁：《犯罪客体的检讨与定位》，载《当代法学》2003 年第 3 期。

34. 谢望原：《中国刑事法学研究向何处去》，载 http：//www. criminal-law. com. cn/article/default. asp？id = 1460。

35. 曹伊清：《全球化背景下法律本土化资源的生存与发展》，载《引进与咨询》2005 年第 8 期。

36. ［苏］阿兰. 沃森：《法律移植论》，贺卫方译，载《比较法研究》1989 年第 1 期。

37. 陈庆安：《厚积薄发的一部力作——评李洁教授的〈论罪刑法定的实现〉》，载《河南师范大学学报：哲学社会科学版》2007 年第 4 期。

38. 高全喜：《中国现代法学之道：价值、对象与方法——关于邓正来：〈中国法学向何处去〉》，载 http：//www. zblawfirm. com/Html/zbdt/ 337010314. html。

39. 吴国贵、陈泉生：《环境刑事责任初论》，载《2004 年中国法学会环境资源法学研究会年会论文集》，载 http：//www. riel. whu. edu. cn/show. asp？ID = 1618。

40. 李晓明：《犯罪本质论》，载 http：//bnulaw. bnu. edu. cn/bks/2007/ 0509/ bks_ 256. htm。

41. 付立庆：《重构中国犯罪论体系的宣言与自省》，载 http：//www. criminallaw. com. cn/article/default. asp？id = 7851。

二、俄文参考文献

（一）著作

1. В. Н. Кудрявцев. Общая теория квалификации преступлений, М. , ？Юридическая литература？. 1972.

2. Л. Д. Гаухман. Квалификация преступлений: закон, теория, практика. — М. : АО ？ Центр ЮрИнфоР？. 2001.

3. В. В. Мальцев. Проблема уголовно-правовой оценки общественно опасных последствий. Изд – во Са-рат. ун-та, 1989.

4. Теоретические основы квалификации преступлений: Учебное пособие. Ю. В. Николаева, Учебно-методические материалы – М. : МИЭМП, 2005.

5. А. В. Корнеева. Теоретические основы квалификации преступлений. М: 《Проспект》, 2008.

6. А. А. Толкаченко. Теоретические основы квалификации преступлений. М. : Юнити ; Закон и право, 2004.

7. А. И. Плотников. Теоретические основы квалификации преступлений. Оренбург: Изд – во ОИ МГЮА, 2001.

8. Е. И. Каиржанов. Уголовное право Республики Казахстан (Общ. часть): Учебник. 2 – е изд. доп. Алматы: Компьют. – изд. центр ？ VITA？. 1998.

9. Курс уголовного права： В 5 т. Т. 1： Общая часть. Учение о преступлении / Под ред. Н. Кузнецовой, И. Тяжковой. М. : Зерцало, 2002.

10. Х. Д. Аликперов, К. Ш. Курбанова. Уголовный кодекс Российской Федерации и некоторые проблемы освобождения от уголовной ответственности // Государство и право. 2000.

11. Н. А. Беляев. Уголовно – правовая политика и пути ее реализации. Л. , 1986.

12. История государства и права России / Под ред. С. А. Чибиряева. М. , 1998.

13. А. И. Бойцов. Действие уголовного закона во времени и пространстве. СПб. , 1995.

14. Н. И. Ветров. Уголовное право. Общая и Особенная часть: М. : Юрайт, 2002.

15. В. К. Глистин. Проблемы уголовно – правовой охраны общественных

отношений（объект и квалификация преступлений）. Л. , 1979.

16. Л. В. Головко. Освобождение от уголовной ответственности и освобождение от уголовного преследования： соотношение понятий // Государство и право. 2000.

17. Е. А. Горяйнова. Условное осуждение по советскому уголовному праву： Автореф. дис канд. юрид. наук. М. , 1987.

18. У. С. Джекебаев. Мотивация преступления и уголовная ответственность. Алма－Ата, 1987.

19. Н. П. Дубинин. Генетика. Поведение. Ответственность（о природе антиобщественных поступков и путях их предупреждения）. М. ： Политиздат, 1982.

20. Н. О. Дулатбеков. Преступление и наказание. Караганда, 1999.

21. Н. Д. Дурманов. Понятие преступления. М. , 1948.

22. В. В. Ераксин. Ответственность за преступление. М. , 1979.

23. Б. Ж. Жунусов. Проблемы уголовно-правовой политики. Алматы, 1993.

24. С. Г. Келина, В. Н. Кудрявцев. Принципы советского уголовного права. М. , 1988.

25. А. И. Коробеев. Советская уголовно-правовая политика： проблемы криминализации и пенализации. Владивосток, 1987.

26. Уголовное право. Общая часть. Лекция 1. А. Н. Игнатов. Введение в изучение уголовного права. Уголовный закон. -М. ： Издательство Норма, 1996.

27. Н. Е. Крылова, А. В. Серебренникова. Уголовное право зарубежных стран（Англия, США, Франция, Германия）. М. , 1998.

28. Н. Д. Дурманов. Советский уголовный закон М. Юридическая литература, 1967.

29. Комментарий к Уголовному Кодексу Российской Федерации /Под ред. Ю. И. Скуратова, В. М. Лебедева. -Изд. 3-е, изм. и доп. -М. ： Норма － Инфра － М, 1999.

30. Курс советского уголовного права. Т. 1 /Под ред. А. А. Пионтковского, П. С. Ромашкина, В. М. Чхиквадзе. М. ： Юридическая литература, 1970.

31. О. Э. Лейст. Санкции в советском праве. М. ： Юридическая литература, 1962.

32. Марксистско － ленинская общая теория государства и права. Социалистическое право. /Под ред. Е. А. Лукашевой. М. ： Наука и жизнь, 1973.

33. А. В. Наумов. Российское уголовное право. Общая часть. Курс лекций.

– М. : Издательство БЕК, 1997.

34. Б. Т. Разгильдяев. Задачи уголовного права Российской Федерации и их реализация. Саратов, 1993.

35. Словарь по уголовному праву /Под ред. А. В. Наумова. -М. : БЕК, 1997.

36. Теория государства и права. /Отв. ред. А. И. Королев, Л. С. Явич. Л. : Наука, 1987.

37. Теория государства и права. /Под ред. А. Ф. Шебанова. М. : Юридическая литература, 1968.

38. Уголовное право. Общая часть. /Под ред. В. И. Ветрова. – М. : Новый Юрист, 1997.

39. Уголовное право Российской Федерации. Общая часть: Учебник / Под ред. проф. Б. В. Здравомыслова. -Изд. 2-е, перераб. и доп. -М. : Юристъ, 1999.

40. Общее учение о составе преступления / А. Н. Трайнин. Госюриздат, 1957.

41. В. С. Комиссаров. Российское уголовное право. Общая часть. Особенная часть. Совместно с кафедрой уголовного права МГЮА. М. , изд – во " Проспект" . 2006.

42. Н. С. Таганцев. Русское уголовное право: Часть общая. Лекции 2 – е изд. , пересмотр. и доп. . Т. 2.

43. В. С. Комиссаров. Курс уголовного права. Общая часть Т. 1, 2. М. , изд – во " Зерцало", 2002 г. 2 – е изд. Курс уголовного права. Особенная часть. Т. 3, 4, 5. М. , изд – во " Зерцало" . 2002.

44. Б. В. Здравомыслов. Уголовное право России. Общая часть, М. : Юристъ, 2000г. С. 179.

45. И. А. Исаев. История государства и права России. М. : Юристъ, 1994. с – 142.

46. И. Я. Козаченко. Уголовное право. Общая часть. 4 – е изд. Издательство: Инфра – М. Год: 2 008 г.

47. Курс уголовного права. Том 1. Общая часть. Учение о преступлении – Под ред. Н. Ф. Кузнецовой, И. М. Тяжковой. 2004.

48. А. Н. Игнатов, Ю. А. Красиков, А. Н. Игнатов, Ю. А. Красиков, Н. А. Лопашенко. Уголовное право России Учебник для вузов В 2 – х томахИздательская группа НОРМА – ИНФРА. 195, Москва, 2005, Издательство: НОРМА, ИЗДАТЕЛЬСТВО, 2005 г.

（二）规范法令与论文

1. Л. В. Иногамова – Хегай. Конкуренция уголовно – правовых норм о назначении наказания // Государство и право. 2001. № 5.

2. А. С. Жаппарова. Квалификация неоднократности преступления и назначение наказания // Науч. тр. ?? ділет? . 2004. №1（15）.

3. М. А. Кауфман. Некоторые вопросы применения норм Общей части УК РФ // Государство и право. 2000. № 6.

4. И. Я. Козаченко, Б. А. Спасенников. Вопросы уголовной ответственности и наказания лиц, страдающих психическими расстройствами, не исключающими вменяемости // Государство и право. 2001. № 5.

5. В. А. Нерсесян. Ответственность за неосторожные преступления: состояние и пути совершенствования // Государство и право. 2002. №3.

6. А. С. Никифоров. О смертной казни // Государство и право. 2001. № 4.

7. Артикул воинский // Хрестоматия по истории государства и права / Сост. Ю. П. Титов. М. , 1997.

8. Трайнин А. Н. Учение о составе преступления и проблемы общей части // Вопросы уголовного права. – М. : Юрид. изд – во НКЮ СССР, 1944.

9. А. Н. Трайнин. Правильное понимание элементов состава преступления – необходимое условие укрепления социалистической законности // Социалистическая законность. – М. : Госюриздат, 1956, № 5.

10. А. Н. Трайнин. Понятие преступления и состав преступления // Советское государство и право. – М. : Наука, 1955.

11. Алексеева О. Камеральные проверки. Готовимся к изменениям // Двойная запись. – 2006. – № 12.

12. Конституция РФ30 августа 1995 г. // Ведомости Верховного Совета РФ 1995. № 3.

13. Уголовный кодекс РК от 16. 07. 1997 //Ведомости Парламента РК. 1997. № 15 – 16.

14. О нормативных правовых актах: Закон РК от 24. 03. 1998 г. // Ведомости Парламента РК. 1998. №1.

15. Об амнистии в связи с Годом единства и преемственности поколений: Закон РК от 13. 07. 1999 г. // Ведомости Парламента РК. 1999. № 19.

16. Об амнистии в связи с десятой годовщиной принятия Декларации о государственном суверенитете Республики Казахстан: Закон РК от 29. 12. 2000 г. // Ведомости Парламента РК. 2000. № 24.

17. Об амнистии в связи с десятилетием независимости Республики Казахстан: Закон РК от 19. 02. 2002 г. // Ведомости Парламента РК. 2002. № 4.

18. О государственной границе Республики Казахстан: Закон РК от 13. 01. 1993 г. // Ведомости Верховного Совета РК. 1993. № 1.

19. О комиссии по правам человека при Президенте РК: Указ Президента РК от 19. 03. 2003 г. // САПП РК. 2003. №11.

20. Концепция правовой политики Республики Казахстан // Предупреждение преступности. 2003. № 2.

21. Международные договоры, ратифицированные Республикой Казахстан, в сфере борьбы с преступностью, оказания правовой помощи по гражданским, семейным и уголовным делам: Сб. междунар. актов / Сост.: И. В. Межибовская, Э. Б. Мухамеджанов. Алматы: Жеті жар? ы, 2001.

22. О некоторых вопросах назначения наказания в виде лишения свободы: Нормативное постановление №15 Верховного Суда РК от 19. 10. 2001 г. // Бюл. Верховного Суда РК. 2001. №10.

23. О некоторых вопросах применения судами законодательства об ответственности за бандитизм и другие преступления, совершенные в соучастии: Нормат. постановление №2 Верховного Суда РК от 21. 06. 2001 г. // Бюл. Верховного Суда РК. 2001. №6.

24. О судебной практике по применению статьи 67 УК РК: Нормат. постановление №4 Верховного Суда РК от 21. 06. 2001 г. // Бюл. Верховного Суда РК. 2001. №6.

25. Об освобождении от дальнейшего отбывания наказания в связи с болезнью: Нормат. постановление №7 Верховного Суда РК от 11. 04. 2002 г. // Бюл. Верховного Суда РК. 2002. №4.

26. Об условно - досрочном освобождении от наказания и замене неотбытой части наказания более мягким видом наказания: Нормат. постановление №20 Верховного Суда РК от 13. 12. 2001 г. // Бюл. Верховного Суда РК. 2001. №12.

27. Сборник Постановлений Пленума Верховного Суда Республики

Казахстан（1992 – 2002）. Алматы, 2002.

28. Комментарий к Уголовному кодексу Республики Казахстан / Под ред. И. И. Рогова, С. М. Рахметова. Алматы: Баспа, 1999.

29. Уголовный Кодекс Российской Федерации от 24 мая 1996 года. – М. : Юристъ, 1999.

30. Комментарий к Уголовному Кодексу РФ. Постатейный. Издательство: Волтерс Клувер. Автор: Л. Л. Кругликов. Год издания: 2005.

31. Комментарий к Уголовному кодексу Российской Федерации. 2 – е изд. К. В. Питулько, В. В. Коряковцев, Год издания: 2005.

作者相关研究成果

一、论文

1.《流动人口犯罪成因简析及预防体系的构建》，载《检察之声》2008年第2期。

2.《俄罗斯联邦军事检察制度历史背景、现状与基本特点》，载《当代法学》2008年第2期。

3.《俄联邦刑事法典的修改与增补及其对中国刑事立法的启示》，载《河南科技学院学报》2008年第1期。

4.《生活方式·犯罪·域外考察：对俄罗斯法域犯罪学基本思想的一个展示》，载《生活方式与犯罪》2008年版。

5.《俄罗斯联邦检察监督职能权限浅谈》，载《检察之声》2007年第6期。

6.《延续死刑之争的探讨》，载《检察之声》2004年第2期。

7.《关于刑事被害人国家救助制度构建问题的几点探讨》，载《检察之声》2007年第2期。

8.《俄罗斯联邦军事检察制度历史背景、现状与基本特点》，载《当代法学》2008年第2期。

9.《俄联邦刑法典的修改与增补及其对中国刑事立法的启示》，载《河南科技学院学报》2008年第1期。

10.《生活方式·犯罪，域外考察：对俄罗斯法域犯罪学基本思想的一个展示》，载《生活方式与犯罪》2008年版。

11.《俄罗斯刑事执行立法：法律本原、体系与启示》，载《刑法论丛》2009年第4卷。

12.《现状与问题：对俄罗斯当代刑事立法的几点解读》，载《刑法论丛》，法律出版社2010年第4卷。

13.《俄罗斯联邦检察机关法》（2009年7月7日修订文本），载《检察论丛》，法律出版社 2010 年第 14 卷。

14.《俄罗斯联邦检察制度的发展及对中国的启示》，载《检察论丛》，法律出版社 2010 年第 14 卷。

15.《俄罗斯刑事执行法典的发展变革及其对中国的启示》，载《山东科技大学学报》2009 年第 5 期。

16.《俄罗斯联邦刑事执行法（一）至（十一）》，载《犯罪与改造研究》2009 年第 7 期~2010 年第 5 期。

17.《解析俄罗斯联邦刑法变革中的几点问题——由立法规范调整引发的探讨》，载《第二届全球化时代犯罪与刑法国际论坛论文集》。

18.《白俄罗斯，检察院监督法律的准确执行》，载《检察日报》2012 年 2 月 2 日。

19.《完善条约加强中俄刑事司法协助》，载《检察日报》2012 年 11 月 11 日第 3 版。

二、译著

1.《俄罗斯联邦刑事法典》，中国人民公安大学出版社 2009 年版。
2.《俄罗斯联邦刑事执行法典》，中国人民公安大学出版社 2009 年版。

三、编著

1.《刑事典型疑难问题适用指导——总则卷》，中国检察出版社 2013 年版。

2.《刑事典型疑难问题适用指导——破坏社会主义市场经济秩序罪》，中国检察出版社 2013 年版。

3.《刑事典型疑难问题适用指导——妨害社会主义经济秩序罪》，中国检察出版社 2013 年版。

4.《检察学的基本范畴》，中国检察出版社 2010 年版。

5.《外国刑事诉讼法》，北京大学出版社 2011 年版。

国外专家姓名索引

1. А. А. Абол （А. А. 阿波尔）

2. А. В. Бердников （А. В. 别尔金科夫）

3. А. В. Наумов （А. В. 纳乌莫夫）

4. А. И. Коробеев （А. И. 格拉别耶夫）

5. А. А. Пионтковский （А. А. 皮昂特科夫斯基）

6. А. В. Карнева （А. В. 卡勒涅耶娃）

7. А. В. Михеев （А. В. 米赫耶夫）

8. А. И. Бойцов （А. И. 巴伊措夫）

9. А. И. Марцев （А. И. 马尔采夫）

10. А. И. Рарог （А. И. 拉罗格）

11. А. Н. Игнатов （А. Н. 伊格纳托夫）

12. А. Н. Трайнин （А. Н. 特拉伊宁）

13. А. Ф. Кистяковский （А. Ф. 季斯佳科夫斯基）

14. А. Э. Жа-линский （А. Э. 扎林斯基）

15. А. Я. Вышинский （А. Я. 维辛斯基）

16. А. Я. Марков （А. Я. 马尔科夫）

17. Б. М. Кедров （Б. М. 凯德洛夫）

18. Б. С. Утевский （Б. С. 乌捷夫斯基）

19. Б. С. Маньковский （Б. С. 曼尼科夫斯基）

20. В. В. Тяжникова （В. В. 嘉日尼科娃）

21. В. Д. Филимонов （В. Д. 费立莫诺夫）

22. В. Е. Мельникова （В. Е. 麦利尼科娃）

23. В. И. Ползиков （В. И. 波尔济克夫）

24. В. Н. Кудрявцев （В. Н. 库德里雅弗采夫）

25. В. С. Комиссаров （В. С. 卡弥萨拉夫）

26. Г. К. Брахлов （Г. К. 普拉霍洛夫）

27. Г. П. Новоселов （Г. П. 诺沃谢洛夫）

28. Граф Бурудов （布鲁多夫伯爵）

29. Д. С. Александрина （Д. С. 亚历山大琳娜）

30. Е. Л. Забарчук （Е. Л. 扎巴尔丘克）

31. И. А. Исаев （И. А. 伊萨耶夫）

32. И. М. Тяжково （И. М. 佳日科娃）

33. И. Ф. Крылов （И. Ф. 克雷洛夫）

34. Л. Д. Геухман （Л. Д. 戈乌赫曼）

35. Л. И. Спиридонов （Л. И. 斯皮里多诺夫）

36. Л. Л. Кругликов （Л. Л. 克鲁格利可夫）

37. М. А. Чельцов – Бебутов （М. А. 切利佐夫 – 别布托夫）

38. М. И. Ковалев （М. И. 克瓦廖夫）

39. М. М. Ковалевский （М. М. 科瓦列夫斯基）

40. М. М. Сперанский （М. М. 斯佩兰斯基）

41. М. М. Смирнов （М. М. 斯米尔诺夫）

42. М. З. Ильчуков （М. З. 伊里丘括夫）

43. Н. А. Бердяев （Н. А. 别尔嘉耶夫）

44. Н. А. Беляев （Н. А. 别利亚耶夫）

45. Н. Д. Дурманов （Н. Д. 杜尔曼诺夫）

46. Н. Ф. Кузнецова （Н. Ф. 库兹涅佐娃）

47. Н. С. Таганцев （Н. С. 塔甘采夫）

48. Н. М. Кропачев （Н. М. 克洛巴契夫）

49. О. Ф. Шишов （О. Ф. 瑟邵夫）

50. П. Н. Савицкий （П. Н. 萨维茨基）

51. П. С. Ромашкин （П. С. 拉曼斯金）

52. П. Я. Чадаев （П. Я. 恰达耶夫）

53. С. А. Котляревский （С. А. 科特里亚列夫斯基）

54. С. В. Кульнов （С. В. 库里诺夫）

55. С. В. Дияков （С. В. 季雅克夫）

56. С. М. Миронов （С. М. 米罗诺夫）

57. Т. В. Кондрашова （Т. В. 孔德拉绍娃）

58. Т. С. Явец （Т. С. 雅维茨）

59. Ю. А. Красиков （Ю. А. 克拉西科夫）

60. Ю. В. Баранов （Ю. В. 巴拉诺夫）

61. Ю. И. Скуратов （Ю. И. 斯库拉托夫）

62. Ю. И. Семёнов （Ю. И. 谢苗诺夫）

63. Я. М. Брайнин （Я. М. 布拉伊宁）

64. Cesare Bonesana Beccaria （切萨雷·贝卡利亚）

65. Ernst Cassirer （恩斯特．卡西尔）

66. Friedrich. Von. Engels （弗里德里希·冯·恩格斯）

67. Friedrich Carl von Savigny （弗里德里希·卡尔·冯·萨维尼萨维尼）

68. Ludwig Andreas Feuerbach （路德维希·安德列斯·费尔巴哈）

69. Pheophan. Prokopovich （费奥凡·普罗科波维奇）

后　记

　　2013 年 9 月至今，因得到国家留学基金委员会赞助公派到俄罗斯联邦圣彼得堡国立大学法学院做访问学者，我在这个被誉为"国家法律中心"的俄罗斯最高法律学府，接触到俄罗斯法学最前沿与最中心的理论和思想，同俄罗斯当前法律界领衔的学者与实务人员切实的沟通与交流使我对俄罗斯当代的法律体系与法的理论有了更为深入的了解。对于犯罪认定基础理论问题在俄罗斯、我国以及其他国家刑法理论体系中的现实状况与应有状况有了新的理解和思考，也坚定了自己继续研究该问题的信心与决心。

　　我在吉林大学法学院就读博士期间，就萌发了写一本有关俄罗斯犯罪认定基础理论问题的书的念头，我的恩师李洁教授充分肯定和支持我的想法，希望我先从论文入手开始研究与写作，并给予了大量的指导。其他几位恩师：孙谦教授、张旭教授、闵春雷教授、徐岱教授、李韧夫教授等师长与学者对于该研究也给予了殷切的关怀与帮助。各位恩师多年来对我传道、授业、解惑、答疑，如亲人一般相待的恩情让我永远难忘。我的博士论文《当代俄罗斯犯罪认定理论基础问题研究——兼论其对中国犯罪构成理论研究的启示》是本书重要的研究基础，因此在《俄罗斯犯罪认定基础要论》一书付梓之际，我首先要感谢的就是诸位恩师的辛勤教导。可以说，没有在刑法及法学理论研究中享有盛誉的各位师长所给予的支持和帮助，没有答辩时北京师范大学刑事法律科学研究院党委书记张远煌教授与证据所所长刘广三教授的批评与指导，没有一同为学的各位师兄弟姐妹，师姐刘瑞瑞教授及家人、刘晓莉教授，师兄陈凤超检察长、王充教授、郑军男教授、王志远教授，师弟徐启明副教授，师妹曲晟等诸位同学在求学期间的支持和帮助，尤其是师弟徐启明副教授在初稿完成后不断帮我磨合论文，师妹曲晟辛苦熬夜帮助校稿，就没有我博士毕业论文的顺利通过及吉林大学法学院优秀博士论文的殊荣。我为能够师从以上各位治学严谨且为师亲和的老师深感自豪，为能够同这些一心为学、诚挚以待并成就非凡的师兄弟姐妹们同修学业而引以为傲。

我一直坚信，犯罪认定基础是刑法的最根基问题，它的重要性远远超过所谓的四要件犯罪构成。某种程度上，各国学者所经常争论不休的犯罪构成、犯罪成立抑或是所谓的构成要件等问题，实际上都是关于犯罪认定基础如何设定的问题。各国的刑法，乃至国际的刑事法律与规则，长篇累牍、浩如烟海的刑法书著、文章无一规定、探讨的不是这样一个问题——如何对犯罪的行为属性进行正确认定、依据什么对其进行正确认定从而对行为人进行公正处理。而这个问题，只有通过犯罪认定基础理论才能全面解释，而仅运用当前四要件犯罪构成理论无法得到全面的解释。

在历史上，我们的刑事立法曾借鉴于俄罗斯苏维埃时期的刑事立法，借鉴过程中因各种因素干扰难免有一些错误理解导致刑法出现偏差，总则基本原则规定不明确，分则个罪罪刑规范累赘拖沓，其结果就是现行立法不能很好地适用于司法实践。究其根源，还是在于犯罪认定基础理论上存在组成、结构、职能等设定不当而导致的立法与司法问题，厘清犯罪认定问题，调整和修正现行刑法，将促进我国刑法的合理和科学。同时，对于俄罗斯犯罪认定基础问题的研究应当使我们认清，四要件犯罪构成理论固然重要，其实质依旧是探讨立法上犯罪的结构组成，一切以法定条件为前提，其理论意义只限于对现行立法构设出的犯罪模型的探讨，并不能直接触及作为社会现象的犯罪行为的实质。

研究四要件犯罪构成理论最有成效的是中国学者。但是，在中国学者一直将目光投放到四要件犯罪构成之上时，似乎从未考虑，既然四要件犯罪构成如此重要，为什么俄罗斯理论界未将过多目光投射到四要件犯罪构成上？如此重要的一个理论问题，竟然自特拉伊宁教授之后再无经典论著，甚至是没有什么专著？近几十年，有关犯罪构成的文章与专著在俄罗斯少见于世，且探讨犯罪构成的文章也多见于学生的实践论文,俄罗斯当代学界少有学者,尤其是欧美派别的学者对此进行反复不断、深入探讨的。不知热衷四要件犯罪构成理论研究的中国学者是否想过,为什么中俄两国理论界对于四要件犯罪构成研究的反差如此之大?如果该理论具有如此重要的地位,在创造了这套理论体系并有多年实践经验的俄罗斯,这样的冷遇简直不可思议。况且俄罗斯学界在科学实践探讨上还算得上是活跃一族,并不像有些学者认为的所谓"四要件犯罪构成理论研究在俄罗斯不热的原因在于俄罗斯的理论研究陈旧落后",其原委这里也似乎无须多言。简而言之,特拉伊宁教授铸就了四要件犯罪构成理论的经典地位,一部《犯罪构成一般理论》成为很多中国刑法学者推崇奉行的"圣经",但在"原产地",其科学意义并没有达致如此强烈的地步,可见,"上帝也并不是人类唯一的信仰"。

俄罗斯成立后,其法制,尤其是刑事法典与刑事法理论也历经大幅度变革,有关犯罪认定的基本原则逐渐体系化,司法适用也趋向合理、科学,对于这一理论体系的了解与借鉴对促进我国刑事法治的建设、刑事制度的完善无疑具有重要的意义。本书很想通过对俄罗斯犯罪认定基础理论的阐述申明一点,鉴于四要件犯罪构成理论体系在我国刑事法中职能错位导致现行刑法体系不协调、罪刑认定规则不明确等问题,应尽快借鉴俄罗斯乃至其他国家先进的刑事立法与实践经验,在立足现实国情、倡导本民族精神与文化传承的同时,以"相对罪刑法定"原则为基点,倡导人权保障与人道主义精神,以彰显法律的公正与公平为价值所求,构建一个具有中国特色、兼具科学、合理、实效的犯罪认定基础理论体系。但应当说,到目前为止,这还只是一个美好的愿景,本书的遗憾也正在于此。鉴于当年研究与写作时框架和范围的限定,不能将本人在彼得堡国立大学法学院访学这段时间的收获和想法兼容并收。而且,对于犯罪认定及其基础理论的研究,在俄罗斯刑事法学体系中也日渐完善且体系庞大,其全部内容难以为本书所承载。因此,本书只是谈及其认定的三个基础,未尽之论只好留在今后研究中继续深入探讨和逐渐体系化。某种程度上,这本书只能说是对过往研究与思考的总结,是对俄罗斯刑法基础理论与当代刑法理论体系化研究的一个阶段性成果。

　　我对俄罗斯犯罪认定基础理论问题的研究持续了很长一段时间，后得到北京师范大学自主科研基金——中央高校基本科研业务费专项资金资助后得以继续深入，在出版资金上得到教育部区域和国别研究培育基地北京师范大学俄罗斯研究中心的赞助和支持。在这里向以上给予帮助与支持的各科研机构，以及相关负责人与执行人员，尤其是我的恩师——最高人民检察院孙谦副检察长，以及北京师范大学外国语学院刘娟副院长、中国检察出版社阮丹生社长致以深深的谢意，没有以上诸位的支持和帮助，这本研究持续 5 年多的书著或许出版的日子还要很久。

　　除以上诸位，这里还要向我任教的北京师范大学的党委副书记王炳林教授、原副校长（现北京外国语大学校长）韩震教授、副校长许芳华教授与曹卫东教授、法学院与刑科院院长赵秉志教授及其领导的学术团队中的各位前辈和同仁致谢。研究能够得以在毕业任教后继续进行，很大程度上得到了北京师范大学各位领导与同仁的关心和帮助，赵院长还对本书的名字提出了提纲挈领的建议，在这里向以上诸位致以深深的谢意。

　　本书研究还要感谢俄罗斯著名刑法学家：莫斯科国立大学法学院刑事法教研室主任卡弥萨拉夫教授、远东联邦大学法学院刑法教研室主任格拉别耶夫教授、俄罗斯圣彼得堡国立大学校长克洛巴契夫教授与法学院院长舍维廖娃教授及俄罗斯的诸位同仁。卡弥萨拉夫教授与格拉别耶夫教授在本书写作时提供了大量的资料和指导，尤其是卡教授曾两次将自己主编的《俄罗斯刑法教科书》文稿电邮给我作为参考资料，而我在圣彼得堡国立大学法学院研修时的合作大导师克洛巴契夫教授对我在法学院时的学习和研究给予了切实的帮助和指导。同时，向法学院刑事法教研室专门研究犯罪认定理论问题的舍别里科夫教授致谢，当得知我在作犯罪认定问题研究时，舍教授多次与我探讨犯罪认定及其基础构造的问题，提出了很多自己的观点并欣然为本书作序。

　　从起笔直至付梓成书，6 年时光飞速而过。我为此感叹，也因此获益良多。万幸，艰难晦涩的道路没有摧毁我对人生、理想及生活中那些美好事物的感怀与憧憬。如今，当心情渐趋平静的时候，想说的、想做的只有感谢，尤其是我的恩师，虽然单是感谢已不能囊括我对所有给予理解和帮助的人的这份感激之情。但一个人，如果一生中永远有值得选择的道路，永远有值得感谢和感恩的人和事，应当是幸运和幸福的。因此，这应当是一个感恩和致谢的后记，向给予我无数关怀和帮助的、尊敬的诸位致以深深的谢意。

此外，也向能够在浩瀚如海、汗牛充栋的刑法学理论著作中关注到这本书的、各位敬爱的读者致以谢意。有关本书主题，有关犯罪认定的思维逻辑与基本规则，甚至于有关刑法的真理与刑法的改革，这是一个仁者见仁、智者见智的问题。希望每一位读者，每一个关心中国刑事法治发展的人，都能够在这里找到一些自己想要的东西。同时，因本人研究能力所限，对于书中未能涉及或表述不当的内容，还望诸位读者不吝指教。

最后，向一直默默支持和关心我的家人与师友致以深深的谢意与歉意。人生之路如此漫长，还好有各位相伴，感谢有各位相伴。

赵　路

2014 年 3 月

于圣彼得堡国立大学法学院叶利钦总统图书馆